乡土记忆

抚州传统村落保护利用与社区参与

李育菁 谢雅卉 赵政原 竺 頔 尤佳丽 著

中国出版集团公司
華文出版社

图书在版编目（CIP）数据

乡土记忆 ：抚州传统村落保护利用与社区参与 / 李育菁等著. -- 北京 ：华文出版社，2022.9
(中华文化传承与创新研究智库丛书 / 彭锋主编)
ISBN 978-7-5075-5552-3

Ⅰ. ①乡… Ⅱ. ①李… Ⅲ. ①村落－保护－研究－抚州 Ⅳ. ①K925.63

中国版本图书馆CIP数据核字(2022)第168676号

乡土记忆：抚州传统村落保护利用与社区参与

著　　者：李育菁　谢雅卉　赵政原　竺　岫　尤佳丽
策划编辑：杨艳丽
责任编辑：袁　博
出版发行：华文出版社
地　　址：北京市西城区广安门外大街 305 号 8 区 2 号楼
邮政编码：100055
网　　址：http://www.hwcbs.cn
电　　话：总 编 室 010-58336210　发 行 部 010-58336267 010-58336202
责任编辑 010-58336191
经　　销：新华书店
印　　刷：三河市龙大印装有限公司
开　　本：710mm × 1000mm　1/16
印　　张：21.5
字　　数：380 千字
版　　次：2022 年 9 月第 1 版
印　　次：2022 年 9 月第 1 次印刷
标准书号：ISBN 978-7-5075-5552-3
定　　价：88.00 元

中华文化传承与创新研究智库丛书

编　委　会

主　　编　彭　锋
副 主 编　向　勇　赵冬梅
执行主编　杨玉娟　芦秋婉

专家委员会（按姓氏笔画排序）

吴必虎（北京大学）
吴建发（抚州市政协）
张晓松（万源企业）
陈　勇（中共抚州市委宣传部）
陈云斐（抚州市政协）
康　涛（北京大学）
强世功（北京大学）
谭玉英（抚州市文化广电新闻出版旅游局）

编委（按姓氏笔画排序）

上官民哲　乐伟欢　曲文鹏　刘　欢　刘文政
闫小青　李耀宗　邹彦宇　宋　亮　项　玥
傅艺玮　谢周莹　靳凌志　熊君玥

《中华文化传承与创新研究智库丛书》总序

文化兴国运兴，文化强民族强。五千年中华传统文明的历史长河，涌现出了许多珍贵的思想理论。这些灿若明珠般的思想理论哺育了一代又一代华夏儿女，铸就了中华民族之魂，为中华民族克服困难、生生不息提供了强大的精神支撑，也是推进社会主义文化强国建设、提高国家文化软实力的重要内容。在新时代背景下，不忘本来，开辟未来，中华优秀传统文化展现着独特魅力和时代风采。

文化传承创新与思想发展相辅相成，当今中国正面临百年未有之大变局，对思想理论的需求也是空前的。习近平总书记强调："一切有理想、有抱负的哲学社会科学工作者都应该立时代之潮头、通古今之变化、发思想之先声，积极为党和人民述学立论、建言献策，担负起历史赋予的光荣使命。"北京大学作为新文化运动的中心、五四运动的策源地、中国传播马克思主义和民主科学思想的最初基地，有责任肩负起传承发展中华优秀传统文化的重要历史使命，不断守正创新，焕发强大的时代生命力。

作为优秀传统文化传播和新思想发展的重要高地，将现代教育与中华优秀传统文化相融合是高校工作者的责任与担当。智库作为人才的聚集地，思想的汇集地，无疑是符合时代需要的创新理念。近年来，国家高度重视智库建设，提出了一系列智库建设新理念新思想新战略，中国智库发展迅速，整体实力不断上升。大力推进智库建设，是时代要求与形势所趋，也是新时代中国特色社会主义现代化发展战略和政府公共理性的内在诉求。

作为人才培养的基地和智库建设的主力军，高校为智库输送大量学术人才，助力智库发展。与此同时，智库的发展也促进学术研究走出象牙塔殿堂，与生动鲜活的现实相结合，扎根城市，迈上为地方政府决策提供咨询服务的道路。北京大学历史悠久，有着深厚的学术积淀，在社会科学领域的前沿硕果累累。北京大学文化传承与创新研究院（抚州）紧密依托北京大学的学术优势和抚州地方的资源优势，不仅是二者积极合作的重要成果，更是北京大学服务地方经济社会发展的生动展示。

北大抚州创新研究院作为服务于抚州市委、市政府的地方性特色智库机构，以宏观政策为导向，以传承中华传统文化与引领高科技创新发展为己任，于2021年8月16日向国内外三十余所一流高校发出了成立中华文化传承与创新智库联盟的号召。依托北大抚州创新研究院搭建的中华文化传承与科技创新的智库平台，整合国内外智库资源，建立中华文化传承与科技创新重大选题库，推动中华优秀传统文化的创造性转化和创新性发展，积极对接各级政府的政策决策和企业的创新发展。智库联盟坚持资源共享，全体成员精诚合作，共同努力，积极发挥各自单位的学科优势、专业优势、人才优势和资源优势，致力于为推动我国社会经济繁荣发展、为实现中华民族伟大复兴作出新的更大的贡献。

《中华文化传承与创新研究智库丛书》是全国顶级的学术机构、文化资源深厚的地方政府合作共创的重要成果，坚持需求导向，围绕抚州经济转型、社会发展、产业振兴、生态文明建设等有关地方发展的重大议题，积极开展务实有效的应用研究和成果转化，致力于发掘抚州文化亮点、彰显抚州产业特色、全面展示抚州文化与科技创新的成果。该系列丛书植根于抚州的发展背景，始终以抚州文化的发展传承和经济社会的进步为研究目标，以多重角度解读分析抚州的人文环境和发展道路，助力抚州实现高质量跨越式发展，为服务地方发展的新型城市智库打造优秀范式。

编委会

目　录

第一章　绪　论

第一节　研究背景与意义

一、研究背景

传统村落是我国传统文化的重要载体之一，孕育了具有鲜明地方特色的农耕文化、儒家文化与宗族文化，是多元一体的中华文化的具体呈现。由于村落文化具有聚族群体性和血缘延续性，承载了中华文明悠久的历史演进过程，极具民族文化的本源性和传承性，因此村落成员的生产生活，以及与之相关的有形或无形的文化形态，从表面化一般形式的呈现，到隐性化深层次的内在文化结构与内涵，在很大程度上折射出国家与民族的文化传统。然而，在当前快速城镇化的背景下，大量传统村落面临着原真性丧失、空间利用失序、社会关系结构瓦解等问题。2014 年 4 月，住房和城乡建设部、文化部等相关部委联合下发了《关于切实加强中国传统村落保护的指导意见》，明确将“保持传统村落的完整性、真实性、延续性”作为传统村落保护发展的基本要求。在此背景下，传统村落保护成为近年来中国文化领域面临的最大问题之一。围绕传统村落的文化保护与传承，文化艺术、历史地理、建筑规划等领域的学者均展开了大量的调查和研究。

抚州是我国的历史文化名城，也是全国古村落资源最为丰富的地区之一，作为全国传统村落集中连片保护利用示范市，抚州的古村落在数量和质量上均在全国位居前列。由于地理环境和历史因素，抚州地区传统村落保留了大量的明清建筑群，同时还孕育了丰富多彩的非物质文化遗产和乡村民俗。这些不但是研究传统文化的重要宝库，更成为极具地方特色的文化旅游资源。

“远色入江湖，烟波古临川。”抚州被誉为“才子之乡、文化之邦”，孕育了以王安石、曾巩、汤显祖、陆九渊等为代表的才子词人、儒学名家，更形成了享誉海内外的临川文化。作为临川文化形成与演进的最重要的空间载体，抚州传统村落自古便是崇德尚文、耕读传家的场所，也留下了大量承载这些文化记忆的雕梁画栋、亭台楼阁、宗祠牌坊。如被誉为“千古第一村”的乐安县流坑村，被誉为“没有围墙的博物馆”的金溪县传统村落群，均是典型代表，具有较高的历史、文化、科学、艺术、社会、经济等方面的价值。

二、研究意义

随着乡村振兴战略得到了国家的重视，全国各级政府单位都积极地推出传统村落的保护与开发实施政策，文化与旅游开发商也在政策的驱动下开始关注乡村开发投资，使乡村开发投资呈现出井喷式发展态势。学界也因上述政府与产业对于乡村振兴发展的热潮而延伸出相关的研究热点。上述产、官、学三方对传统村落保护与开发的积极探索，足以说明传统村落保护与开发在当代社会的研究重要性。

本书重点关注抚州市传统村落的保护与开发机制，总结提炼出公共文化空间旅游化的不同模式和路径，服务于传统村落保护需求和乡村振兴战略，具有重大的现实意义。目前从全国范围内来看，在自上而下的推动下，在传统村落保护工作中，传统公共建筑修缮、人居环境改善和国家级非遗传承等方面均已取得良好成效。[①] 但从近年来全国各地大量的研究和实践来看，传统村落保护工作仍然面临较多困境。具体表现为：传统村落保护制度不健全，各部门

① 郭超：《用传统文化之光照亮民族复兴之路——十八大以来中华优秀传统文化传承发展述评》，《光明日报》2017 年 9 月 21 日第 5 版。

的协调配合状况不理想[①]；传统村落的保护与开发模式单一，尤其是缺少足够的文化艺术表现手法；当地村民作为传统村落的主人，在传统村落的保护与开发、利益分享等方面往往处于弱势地位[②]。因此，本研究将通过案例分析和比较分析，从“传统村落保护的制度完善”“传统村落的活化开发利用模式”“传统村落保护与开发的社区参与”三个视角展开论述。

其中，促进和推动村民、社区参与是本研究的核心意义所在。目前，我国传统村落保护仍然采取自上而下的管理模式，主要依靠专家指导、政府出资和专业技术支持等方式展开，广大民众特别是村民很少真正有效地参与村落保护工作。在传统村落的保护实践中，目前主要借助文物保护的法律手段和旅游收益分配的经济手段来增强居民的保护意识。然而，普通居民作为传统村落的主人，不仅可以参与开发并从中获利，也能凭借智慧为政府部门或开发企业提供信息，贡献更多的创意和思想，帮助政府作出正确决策。我国传统村落的形成绝大多数源自家族的繁衍与迁徙，人与自然和谐相处的思想长期蕴含在村落的演进与发展过程中，也是我国天人合一的宇宙观的具体体现。传统村落蕴藏着丰富的历史文化信息和自然生态景观资源，与人们生产和生活的各个方面息息相关，因此脱离普通村民参与的保护与开发是难以为继的。在政府的主导下，全体村民只有积极参与和合作，成为传统村落保护的主体，对传统村落保护变被动观望为主动参与，才能真正从根本上破解传统村落的危机和困境。

第二节　研究内容、对象与方法

一、研究内容与框架

如图 1.2.1 所示，本研究框架分为四大部分，分别为研究基础、历史梳理、现状阐释及未来发展。通过对上述四大模块的梳理，得出本研究的结论。

① 高翔、李建军：《传统村落保护：实践困境与制度缺陷》，《华南农业大学学报（社会科学版）》2019 年第 5 期。

② 翁时秀、彭华：《权力关系对社区参与旅游发展的影响——以浙江省楠溪江芙蓉村为例》，《旅游学刊》2010 年第 9 期，第 51–57 页。

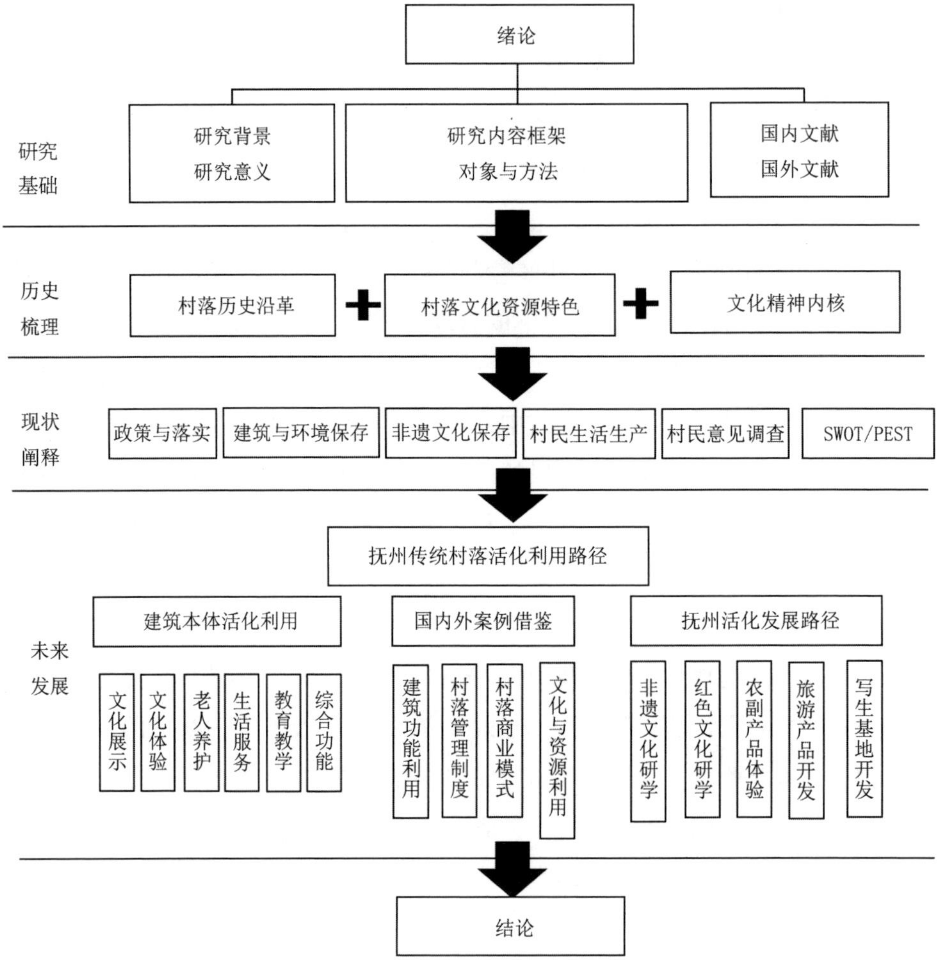

图 1.2.1　研究内容框架图

研究基础部分，包含研究背景与意义的阐述、研究内容与框架的定义、研究对象与研究方法的选取说明，继而搜寻并整理现阶段国内外相关领域的研究成果。

历史梳理部分，梳理抚州地区村落的发展沿革，归纳抚州地区所包含的文化资源与特色，最终挖掘抚州地区文化的精神内涵。

现状阐释部分，整理各级单位所提出的传统村落保护与利用的相关政策，并探究抚州传统村落的落实状况。聚焦于分析抚州地区传统村落保护与发展相对较为成熟的金溪县，分析其建筑、环境与非物质文化遗产保护现况。进一步针对金溪县代表性村落的村民进行问卷调查，了解其对所属村落的认知与认同感，以及参与村落保护和开发的意愿。最后，以管理学中的 SWOT 与 PEST 理论，分析抚州传统村落的内外部大环境与竞争力状况。

未来发展部分，首先，针对抚州传统村落对于建筑本体的活化利用方式进行梳理，并归纳出文化展示、文化体验、老人养护、生活服务、教育教学及综合功能等 6 类建筑利用方式。接着，从建筑功能利用、村落管理制度、村落商业模式及文化与资源利用等视角，收集可借鉴的国内外案例，并说明抚州的可借鉴方式。在抚州传统村落活化发展路径部分，则针对非遗文化研学、红色文化研学、农副产品体验、旅游产品开发及写生基地开发等 5 个方面，梳理抚州在上述几个方面的发展现况与问题，并进一步提出相关改善与提升建议。

二、研究对象

本研究广义上的研究对象为抚州地区第一批至第五批中国传统村落名单中共 95 个村落，以及第一批至第七批中国历史文化名村名单中共 89 个村落。本研究团队以抚州地区第一批至第七批中国历史文化名村名单为例，进行地理信息系统（GIS）绘制图片，发现抚州地区历史文化名村主要集中在金溪县、乐安县及南城县三个县级地区，其中金溪县 39 个，乐安县 9 个，南城县 9 个。因而，本研究主要田野调查的研究对象聚焦在上述三个县域之中。

（一）抚州传统村落研究对象选取

在研究时间、人力与资源的条件限制下，本研究采用立意取样法，即让金溪县、乐安县、南城县及南丰县（因当地具有传统古村落保护协会而纳入研究县域之中）等四县级的地方相关领域专家在第一批至第五批中国传统村落与第一批至第七批中国历史文化名村的交叉重叠名单中，根据其专业判断选取代表性村落进行研究，其名单如表 1.2.1 所示。

表 1.2.1　本研究田野调查村落名单

县域	专家	村落名单
金溪县	金溪县宣传部艾璀知部长	后龚村、竹桥村、下李村、陆坊村、蒲塘村、疏口村、浒湾村、游垫村、全坊村、大坊村、岐山村
乐安县	乐安县博物馆周志华书记	稠溪村、湖坪村、流坑村
南城县	南城县博物馆金会林馆长	上舍村、上唐村、源头村
南丰县	南丰县博物馆王永明馆长 南丰县传统古村落保护协会李履才会长	洽湾村、石邮村、梅坑村

（二）传统村落保护与利用机制梳理

研究对象除了上述四个县域下的 20 个传统村落外，亦包含国家级、省级、县市级与地方单位等各层级的传统保护与利用机制。其具体包含各级相关政策的梳理、地方单位因地制宜的策略、各村落独特的活化发展计划及从业者对当地村落的开发投资项目等。在传统保护方面则涉及建筑外观的保护政策、村落传统文化与文物的保护机制、村民生活与生产方式的保护及当地村落周遭环境的保护措施。在传统村落的活化利用机制方面，内容则涉及抚州传统村落的写生教育基地利用、旅游景点开发、农副产品制程体验基地建设、红色文化研学旅游教育基地打造及非物质文化遗产研学旅游基地创立等具体活化利用项目的发展现状、问题与建议机制。

（三）传统村落保护与利用的社区参与调查

上述的传统村落保护与利用机制主要聚焦在自上而下的政策落实、策略规划与机制建构。然而，关于传统村落的保护与利用开发，除了政府政策、地方制度、产业投资策略外，村民作为村落不可分割的一分子，在当前传统村落保护与利用开发研究中却较少得到关注。因而，本研究认为自下而上的村民参与亦为不可或缺的研究视角，将以村民社区参与为研究出发点，探讨抚州传统村落当前村民参与现况，并调查村民的意见反馈，最终从社区参与的视角提出村民介入传统村落保护与利用的推进方式。

三、研究方法

本研究涉及的研究方法包含文献分析法、问卷调查法、深度访谈法、田野调查法等 4 种方法，详细的方法执行方式如下。

1. 文献分析法：本研究以传统村落文化保护、传统村落文化利用、传统村落活化、社区参与传统村落等为关键词 / 概念，分别在中国知网及科学网（Web of Science）进行国内外文献检索，将关键词进行统合并梳理出传统村落文化保护、传统村落文化利用，以及社区村民参与传统村落保护与利用等三个主题。除了研究论文的文献梳理外，本研究亦通过对国家级、省级、抚州市及各县政府遗产办（文物局）、住建委、规划局、旅游委、农委、档案局等职能部门，以及各乡镇政府提供的大量文献材料与统计数据，弥补了研究论文与现实状况掌握度脱轨的不足。

2. 问卷调查法：本研究问卷设计共 28 道题，其中基本背景资料 6 道题、所处村落认知与感受 10 道题、村民参与村落保护意识 4 道题、所处村落文化资源保护与利用 6 道题，以及村民对于传统村落保护与开发的开放式意见 1 道题和选择式意见 1 道题。本研究针对金溪县考察村落的村民进行随机抽样，共回收 59 份有效问卷样本。

3. 深度访谈法：本研究团队邀请南丰县传统古村落保护协会李履才会长等共 16 名专家以“抚州传统村落保护与开发”为主题进行探讨，听取地方专家对于抚州传统村落保护与开发的见解。除了专家访谈外，本研究团队也从问卷调查的样本中选取部分代表性村民进行采访，从村民视角了解当地群众对于传统村落保护与开发的意见。从专家及村民两个访谈角度，确保本研究结论的完善性，以避免失之偏颇的论断结果。

4. 田野调查法：根据本研究专家推荐的立意取样的 20 个传统村落进行田野调查。其中由于金溪县为抚州地区传统村落的集中地且村落的开发较为成熟，因而本研究在金溪县的田野调查过程中采用“传统村落保护评价体系表”，对金溪县 10 个村落的保护进行系统化调查。此表格是屠李博士邀请相关领域专家进行层次分析法（AHP）编制的，作为本研究田野调查的考察依据具有一定科学参考价值。在此基础上，本研究根据主题所需进行了量身化修正，如表 1.2.2 所示。

表 1.2.2　传统村落保护评价体系表

<table>
<tr><th>A层</th><th>B层</th><th>C层</th><th>D层</th><th>指标分解</th></tr>
<tr><td rowspan="14">传统村落保护评价体系</td><td rowspan="8">历史文化价值</td><td rowspan="5">乡村聚落的形成及演进</td><td>周边环境</td><td>村落与周边环境的协调状态</td></tr>
<tr><td>空间格局</td><td>村落空间格局的完整状态</td></tr>
<tr><td>传统风貌</td><td>村落传统风貌的完整状态</td></tr>
<tr><td>视觉轴线</td><td>村落视觉轴线状态</td></tr>
<tr><td>屋顶景观</td><td>村落屋顶景观状态</td></tr>
<tr><td rowspan="2">地域建筑文化</td><td>传统建筑</td><td>传统建筑的真实性和完整性</td></tr>
<tr><td>历史环境要素</td><td>历史环境要素的完整性</td></tr>
<tr><td>地域非物质文化</td><td>非物质文化遗产</td><td>非物质文化遗产的持续性</td></tr>
<tr><td rowspan="6">社会价值</td><td rowspan="4">农村生产生活</td><td>村落环境</td><td>村落环境状态</td></tr>
<tr><td>住房条件</td><td>村民住房条件</td></tr>
<tr><td>基础设施</td><td>村落基础设施建设和管理</td></tr>
<tr><td>公共服务设施</td><td>村落公共服务设施建设和管理</td></tr>
<tr><td rowspan="2">村民精神家园（问卷内容）</td><td>社区认同</td><td>村民的社区认同感</td></tr>
<tr><td>地方依恋</td><td>村民的地方感</td></tr>
</table>

资料来源：改编自屠李《皖南传统村落的遗产价值及其保护机制》，东南大学出版社，2019。

第三节　国内外研究进展

一、国内研究进展

（一）传统村落文化保护研究梳理

随着我国城市化的发展与国家的日益强大，传统村落的保护逐渐为当今社会各界所关注。传统村落是乡村社会不可再生的珍贵文化遗产，同时也是推动乡村振兴的关键所在。城镇化的快速推进使得一些传统村落遭到不同程度的破坏，甚至面临消亡，因此传统村落的保护与抢救工作必须及时到位，以适应时代的变化。目前，国内已经积累了多年研究成果和实践经验，大致可以分为概念内涵研究、保护面临的困境与问题、保护策略分析研究这三个研究方面。

1. 概念内涵研究

房泽昊、朱雪芹等（2016）明确了城镇化、村落文化景观及传统村落文化保护等与传统村落保护相关的概念。[①] 王景新、朱强等（2016）通过对样本村历史文化遗存及经济社会状况进行分析，认为传统自然村落布局、宗族组织与乡绅治理结构被现代行政村社区、村级的政社和自治组织所替代。村级集体经济发展，是支撑村域社区基本公共服务的重要财源。[②] 崔海洋、苟志宏（2019）总结并探讨了此前一些学者对于传统村落保护与社会治理、经济建设、生态环境及文化旅游的可持续发展的研究内涵，认为传统村落保护与利用的发展路径应具备统筹规划的整体保护策略及面向现代化的村落保护技术。[③] 陈兴贵、王美（2020）指出传统村落内涵：时间的久远性和发展的延续性，“三农”本质属性，村落文化具有高度整合性和系统性，传统村落概念的统摄范围具有广泛性、存在状态的动态性，具有社会文化价值及类型的多样性和复杂性。[④]

2. 保护面临的困境与问题研究

该研究领域大概可以归纳为以下三个视角：保护措施与传统村落原貌矛盾、保护措施与村民意愿矛盾、保护措施与村落发展矛盾。

第一个视角为保护措施与传统村落原貌矛盾。杨彩虹、王开开（2016）肯定了传统村落保护在丰富历史文化信息与文化遗产方面的价值，指出传统村落保护中存在的问题，包括传统村落保护政策与措施落实的矛盾、美丽乡村建设

① 房泽昊、朱雪芹、张晨：《城镇化进程中村落文化保护与创新研究——基于黄岛区个案分析》，《中小企业管理与科技（下旬刊）》2016 年第 8 期，第 80–81 页。

② 王景新、朱强、余国静、吴一鸣、李琳琳、沈凌峰：《浙江历史文化村落保护利用与持续发展》，《西北农林科技大学学报（社会科学版）》2016 年第 5 期，第 77–86 页。

③ 崔海洋、苟志宏：《传统村落保护与利用研究进展及展望》，《贵州民族研究》2019 年第 12 期，第 66–73 页。

④ 陈兴贵、王美：《反思与展望：中国传统村落保护利用研究 30 年》，《湖北民族大学学报（哲学社会科学版）》2020 年第 2 期，第 114–125 页。

与保护传统村落原貌的矛盾。[①] 房泽昊、朱雪芹等（2016）通过灵山卫、海青镇的文化保护案例介绍及比较分析，认为国内其他传统村落保护面临的问题主要为原风貌的破坏、旅游开发过度、城市文化冲击、本地人员的大量流失及法律法规缺乏完善。[②] 孙九霞（2017）认为中国传统村落面临严峻存续危机，一方面由于年代久远，人口外流和空间荒废导致"空心化"与"自然衰退"；另一方面，不恰当的城镇化和新农村建设导致农村土地被强行分割，导致"建设性破坏"和"开发性破坏"，使乡村格局改变、村落特色丧失。[③]张兴艳（2018）认为传统村落衰落、消失的原因有五个：改革开放的深入导致村中弱势群体无力管理与发展村落；村民保护意识淡薄；缺乏对建设"美丽乡村"的认识，统一整治使许多有特色的村落传统风貌消失殆尽；过分注重经济效益的乡村旅游开发，使乡村的商业气息浓重。[④] 全峰梅、黄晓晓（2019）认为传统村落存在的现状与问题包括原始形态和传统格局保存完好，但传统生活方式保留不多，"空心村"现象严重。而已经采取措施保护利用的传统村落，则不可避免地面临着两大文化与社会困境：建设性破坏与保护性破坏。[⑤]

第二个视角为保护措施与村民意愿矛盾。徐虹、韩静（2017）肯定了传统村落对大众与当地居民的价值与吸引力，认为传统村落保护存在精英文化与大众消费的矛盾、商业开发与被忽略的当地居民物质与精神需求的矛盾两大问题。[⑥] 龚蓓伦（2020）指出传统村落在保护上存在的问题：村民保护意识淡薄，人才缺失，村中人口构成比例失衡，导致产业单一，无法吸引高素质人才返乡建设；保护经费缺乏，保护建设无序，旅游开发无序，未顾及传统村落的

① 杨彩虹、王开开：《美丽乡村建设过程中传统村落的保护与利用》，《中州学刊》2016年第6期，第86–89页。

② 房泽昊、朱雪芹、张晨：《城镇化进程中村落文化保护与创新研究——基于黄岛区个案分析》，《中小企业管理与科技（下旬刊）》2016年第8期，第80–81页。

③ 孙九霞：《传统村落：理论内涵与发展路径》，《旅游学刊》2017年第1期，第1–3页。

④ 张兴艳：《乡村振兴背景下村庄规划与传统村落保护及利用研究》，《安徽农学通报》2018年第24期，第13–14页。

⑤ 全峰梅、黄晓晓：《坚守 重构 革新——广西传统村落保护与利用的几种模式探讨》，《城市建筑》2019年第13期，第155–158、192页。

⑥ 徐虹、韩静：《共享发展视角下传统村落的保护与利用——基于原居民与游客价值的对策研究》，《未来与发展》2017年第3期，第13–16页。

保护。[①]

第三个视角为保护措施与村落发展矛盾。尤智玉、段德罡等（2018）认为弃置型传统村落由于村庄发展受限、城镇化推动下村民的自发迁移、政策驱动下的村庄集体迁移等原因而被弃置。[②] 崔海洋、苟志宏（2019）指出传统村落保护面临的主要困境与问题：保护工作具有较强的专业性，且将物质遗存与文化遗产进行统筹保护的难度较大；保护主要依赖于外力的介入，缺乏内生性动力，村民参与度低；保护模式较为单一。[③] 杜鹏飞、袁洪升等（2020）指出目前村落古建筑存在缺乏维护和管理、人为改造和拆除、文化开发薄弱等现状问题。[④]

3. 保护策略分析研究

该研究领域大致可以分成以下三个研究视角：基于当地村落文化环境的保护策略、基于乡村振兴理念的保护策略、基于国内外有益经验的保护策略。

第一个视角为基于当地村落文化环境的保护策略。李希郎、张卫文等（2019）通过分析青原区革命文物保护利用实施“五个一”，指出青原区总结的革命文物与传统村落保护利用相结合的青原模式将革命文物保护利用与传统村落保护利用相结合，值得参考与借鉴。[⑤] 仝峰梅、黄晓晓（2019）认为在关于广西壮族自治区传统村落保护利用方面，应注意保护与利用关系的辩证处理，同时重视保护路径与方法的科学选择，最后注意开发主体与权益的合理解决，促进传统村落的可持续发展。[⑥] 杜鹏飞、袁洪升等（2020）提出了分级保护的方案，将古建筑分为完全古建筑、具有艺术价值的现代建筑、已被人为改造过

① 龚蓓伦:《从〈福州古厝〉序谈传统古村落的保护利用》,《中国房地产》2020 年第 10 期，第 61–64 页。

② 尤智玉、段德罡、常铭玮:《弃置型古村落保护与利用浅思》，载中国城市规划学会编《共享与品质——2018 中国城市规划年会论文集》，中国建筑工业出版社，2018，第 7 页。

③ 崔海洋、苟志宏:《传统村落保护与利用研究进展及展望》,《贵州民族研究》2019 年第 12 期，第 66–73 页。

④ 杜鹏飞、袁洪升、古勇、刘妙君:《村落古街区调研和改造方法研究——以河北西码头村为例》,《居舍》2020 年第 31 期，第 167–168 页。

⑤ 李希郎、张卫文、胡笃朋:《青原区革命文物保护利用实施“五个一”——革命文物与传统村落保护利用相结合的青原模式》,《南方文物》2019 年第 2 期，第 270–271 页。

⑥ 仝峰梅、黄晓晓:《坚守 重构 革新——广西传统村落保护与利用的几种模式探讨》,《城市建筑》2019 年第 13 期，第 155–158、192 页。

的传统建筑、新建中含有某些古建构件的建筑、景观障碍建筑、没有留存价值的废墟建筑与特殊处理建筑七个等级。① 刘婷（2020）通过对百花岭村旅游开发中的空间再造、区隔适应和文化变迁的研究，对乡村旅游中的空间再造与区隔适应进行了思考。②

第二个视角为基于乡村振兴理念的保护策略。罗玉芬（2019）认为关于乡村振兴视域下传统村落的保护策略应包括：坚持创新、协调、绿色、开放、共享的发展理念；积极宣传文物和历史建筑保护的知识和意义；以服务社会、服务公众为出发点，切实进行文物及历史建筑开放工作，为社会提供更加多样化的文化服务。③ 陈兴贵、王美（2020）认为在传统村落保护方面，应坚持整体保护理念，合理采用多种方式；在坚持总体原则的基础上，突出历史性原则、整体性原则、现代性原则、发展性原则和主题性原则。④

第三个视角为基于国内外有益经验的保护策略。龚蓓伦（2020）提出应借鉴国外有益的经验，厘清传统村落保护与发展的内外部作用机制，以有效保护传统村落并促进其持续健康发展：科学合理规划传统村落保护与利用；考虑建筑与当地自然和人文因素的联系；审慎开发传统村落旅游资源；全面保护传统村落的历史文化价值；建立利益共享机制；加大资金投入；采取整体或连片保护的思路，加快古建筑确权登记发证。⑤ 贺海芳、郑侃等（2019）通过对江西省传统村落研究历程、内容分析、贡献与不足，得出传统村落研究的展望，即扩大研究内容和研究区域、研究方法需要不断发展和创新、加强研究的系统性、完善研究框架与体系。⑥

---

① 杜鹏飞、袁洪升、古勇、刘妙君：《村落古街区调研和改造方法研究——以河北西码头村为例》，《居舍》2020 年第 31 期，第 167–168 页。

② 刘婷：《旅游空间再造与传统村落的文化适应研究——云南省怒江州百花岭村的研究案例》，《贵州民族研究》2020 年第 9 期，第 48–56 页。

③ 罗玉芬：《乡村振兴视域下古村落的保护与活化利用——以珠海市会同村为例》，《中国民族博览》2019 年第 6 期，第 56–57 页。

④ 陈兴贵、王美：《反思与展望：中国传统村落保护利用研究 30 年》，《湖北民族大学学报（哲学社会科学版）》2020 年第 2 期，第 114–125 页。

⑤ 龚蓓伦：《从〈福州古厝〉序谈传统古村落的保护利用》，《中国房地产》2020 年第 10 期，第 61–64 页。

⑥ 贺海芳、郑侃、倪绍敏、冷浩然：《近 20 年来江西省古村落研究综述与展望》，《城市发展研究》2019 年第 4 期，第 26–32 页。

4. 村落保护的发展路径研究

村落保护的发展路径研究，可以分成以下三个视角：联合整体的综合考虑保护路径、加强政府官员与村民的保护意识、选择性突出保护重点传统村落。

第一个视角为联合整体的综合考虑保护路径。房泽昊、朱雪芹等（2016）对于村落文化景观保护路径，提出发展传统村落文化旅游、保护村民传统生活方式及区域间联合整体保护等观点，从而优势互补，整合资源，调动各方力量进行整合，实现共赢。① 孙九霞（2017）提出社区保护理论视角可以多借鉴人类学、社会学等理论，从社区整体研究的层面探讨村落的保护与利用，也可以从乡村建筑与景观保护视角进行研究。② 胡祖明、耿虹等（2020）认为保护的核心内容与保护措施包括：整体风貌保护，即保护现有的山水林田资源；村落历史格局保护；历史建筑保护，即对建筑进行等级评定，依次分为保护、修缮、改造与拆除四类；历史遗产保护，即对于非物质文化遗产应取其精华，去其糟粕。③

第二个视角为加强政府官员与村民的保护意识。尤智玉、段德罡等（2018）提出推进调查登记与价值评定、实行挂牌保护与推动规划编制等关于弃置型传统村落保护的建议。④ 杨彩虹、王开开（2016）提出了关于美丽乡村建设中传统村落保护的策略建议：强化各级政府官员和村民的保护意识；将传统村落保护工作纳入法治轨道，加快相关立法进程；组织专家对所属区域内村落进行全面普查；加大对传统村落保护的资金扶持力度。⑤ 张兴艳（2018）提出，关于推进传统村落保护利用的对策建议，在加强对传统村落的保护方面应扩大宣传，提高认识，让大家都自觉参与到传统村落保护中；积极申报传统村

① 房泽昊、朱雪芹、张晨：《城镇化进程中村落文化保护与创新研究——基于黄岛区个案分析》，《中小企业管理与科技（下旬刊）》2016 年第 8 期，第 80–81 页。
② 孙九霞：《传统村落：理论内涵与发展路径》，《旅游学刊》2017 年第 1 期，第 1–3 页。
③ 胡祖明、耿虹、郑天铭：《基于“三生”协调发展目标的武汉市罗家岗古村落整体性风貌保护与更新利用策略研究》，《小城镇建设》2020 年第 8 期，第 74–80、98 页。
④ 尤智玉、段德罡、常铭玮：《弃置型古村落保护与利用浅思》，载中国城市规划学会编《共享与品质——2018 中国城市规划年会论文集》，中国建筑工业出版社，2018，第 7 页。
⑤ 杨彩虹、王开开：《美丽乡村建设过程中传统村落的保护与利用》，《中州学刊》2016 年第 6 期，第 86–89 页。

落，落实好已获中央财政支持的村落整治的规划、修缮等工作。[①]陆天军、姜小隆等（2020）通过分析江山市保护利用的现状，发现其存在的问题，即思想认识问题、资金短缺问题、体制机制不顺、利用发展不充分、维保力量不强等，并对这些问题提出对策与建议。[②]

第三个视角为选择性突出保护重点传统村落。王景新、朱强等（2016）提出，在投入方面通过集中使用有限资金的方式，突出重点村落的保护利用；依靠村庄内的动力，使村民齐心协力展开对传统村落的保护与利用；实现村级集体经济发展与历史文化村落保护利用良性互动，从而使有限资金、资源最大限度地发挥作用。[③]李焰、刘月月等（2018）通过对东源金溪曾家村的实地调研测绘，认为传统村落和传统村落建筑的保护、研究和探索，应当需要更多人的行动和支持。[④]王美麟、蔡辉等（2020）聚焦于非典型传统村落，以咸阳市泾阳县岳家坡村为例，得出岳家坡村保护与利用的新思路：在保护方面，应保留村落原有的空间结构，继承原有的空间序列和生活秩序。[⑤]

（二）传统村落文化利用研究梳理

中国传统村落为中国传统民族精神、审美、建筑、信仰等的统一融合体，是中国千百年来历史的见证者，同时也是历代文化的反映者。如今，因被重视程度不够，这些传统村落命运堪忧，村中的居民特别是年轻人接受了新的生活方式，老村老屋被闲置冷落，无人看管维护，坍塌和被盗的现象十分普遍。长此以往，它们之中的大多数很有可能会很快消失。随着传统村落逐渐被舍弃，那些灿烂的历史文化和优秀人物的光芒也将随之黯然失色。因此，传统村落亟须“改头换面”，通过修缮改变其规划、功能、布局等方面，从而加强对其二

① 张兴艳：《乡村振兴背景下村庄规划与传统村落保护及利用研究》，《安徽农学通报》2018 年第 24 期，第 13–14 页。

② 陆天军、姜小隆、郑素芬、徐兵、赵丽雅、邵梦婷：《江山历史文化（传统）村落保护利用的实践与思考》，《新农村》2020 年第 8 期，第 17–18 页。

③ 王景新、朱强、余国静、吴一鸣、李琳琳、沈凌峰：《浙江历史文化村落保护利用与持续发展》，《西北农林科技大学学报（社会科学版）》2016 年第 5 期，第 77–86 页。

④ 李焰、刘月月、陈帅：《江西金溪县东源曾家村传统古村落的田野调查》，《南方文物》2018 年第 2 期，第 261–265 页。

⑤ 王美麟、蔡辉、张瑜茜：《基于空间句法的“非典型传统村落”保护与利用研究——以咸阳市泾阳县岳家坡村为例》，《西部人居环境学刊》2020 年第 2 期，第 67–73 页。

次开发与利用，使得老村老屋能继续完整存在，并得到完好的继承与发扬。对此，我国国内已有大量学者关注该现象，并累积了许多研究成果，大致可分为以下两个视角。

1. 适度开发，可持续发展研究

孙九霞（2017）强调只有适度和可持续的旅游开发才是正确的路径，合理的、适度的旅游发展能够有效促进传统村落民居与传统建筑的保护和更新，促进传统文化、传统手工业的复兴与发展。① 陈兴贵、王美（2020）在村民、产业、景观、文化、机制等方面针对中国传统村落活化和传统村落旅游开发提出了坚持可持续发展、探索更具实效性的对策、构建保护区与旅游区分离模式、鼓励多主体协同开发、关注当地居民的旅游感知原则等具体对策。② 杨彩虹、王开开（2016）认为建设中国传统村落利用的策略选择应遵循适度开发、适度利用的原则，合理开发旅游资源：在美丽乡村建设中，既要高度重视传统村落的建筑保护，又要遵循适度开发、适度利用的原则，关注村落的民众生活。③

2. 开拓创新，全新利用方式研究

尤智玉、段德罡等（2018）在弃置型传统村落利用上思考了创新利用方式：创新弃置型传统村落的利用方式，充分发挥其自身特色与价值特征。④ 张兴艳（2018）在推进传统村落利用的对策上提出建议：（1）结合乡村振兴村庄规划，制定保护利用方案；（2）建立健全保护利用管理机构和监督机构；（3）推进传统村落的发展要做到保护利用相结合，实现村落受保护、村民受益的双赢局面。⑤ 胡祖明、耿虹等（2020）基于“三生”协调发展目标更新利用的策略，提出引入旅游功能，助力古村活态与优化聚落空间，构建宜居环境，

① 孙九霞：《传统村落：理论内涵与发展路径》，《旅游学刊》2017 年第 1 期，第 1–3 页。

② 陈兴贵、王美：《反思与展望：中国传统村落保护利用研究 30 年》，《湖北民族大学学报（哲学社会科学版）》2020 年第 2 期，第 114–125 页。

③ 杨彩虹、王开开：《美丽乡村建设过程中传统村落的保护与利用》，《中州学刊》2016 年第 6 期，第 86–89 页。

④ 尤智玉、段德罡、常铭玮：《弃置型古村落保护与利用浅思》，载中国城市规划学会编《共享与品质——2018 中国城市规划年会论文集》，中国建筑工业出版社，2018，第 7 页。

⑤ 张兴艳：《乡村振兴背景下村庄规划与传统村落保护及利用研究》，《安徽农学通报》2018 年第 24 期，第 13–14 页。

即重塑空间结构与体系、完善公共服务设施，提升生活质量、强化风貌管控，延续古村特色、创新房屋改造，提升居住品质、培育和谐生态，烘托古村氛围。[①] 罗玉芬（2019）以珠海市会同村为例，分析研究乡村振兴视域下传统村落的活化利用策略，主张可适度发展文化旅游事业，促进会同村传统村落的经济实现良好发展。[②]

（三）社区村民参与传统村落文化保护与利用研究梳理

1. 综合考虑，尊重村民意愿研究

马翀炜、覃丽赢（2017）强调利用传统村落的重要性在于首先要认识到是对谁的村落进行利用。利用村落也就意味着必须尊重村民在发展中的主导性地位，承认村民的发展才是利用传统村落的根本目的。[③] 吴志刚（2017）在传统村落建档及开发利用的主要做法上提出了摸清村情、制定标准、彰显特色、开展试点、整合信息、建数据库、科研立项、助推建档、乘势借力、提升层次等方案。[④] 徐虹、韩静（2017）提出传统村落利用时，当地居民“求新求变”与游客“访古怀旧”的矛盾、传统村落单一文化表达方式与复杂的大众个性化需求的矛盾等问题，并基于大众与当地居民诉求提出传统村落利用的建议。[⑤] 王景新、朱强等（2016）整合不同种类的历史文化村落及古建筑的利用方式，结合历史文化村落保护利用与持续发展的政策导向，提出正确处理各利益主体之间的错综复杂关系是保障。[⑥]

2. 提高认知，引导村民参与研究

季文媚、宁尚明（2020）基于计划行为理论和社区参与度相关文献，构建乡村旅游发展中村民参与度影响因素的理论模型，研究结果表明，提高参与

---

① 胡祖明、耿虹、郑天铭：《基于“三生”协调发展目标的武汉市罗家岗古村落整体性风貌保护与更新利用策略研究》，《小城镇建设》2020 年第 8 期，第 74–80、98 页。

② 罗玉芬：《乡村振兴视域下古村落的保护与活化利用——以珠海市会同村为例》，《中国民族博览》2019 年第 6 期，第 56–57 页。

③ 马翀炜、覃丽赢：《回归村落：保护与利用传统村落的出路》，《旅游学刊》2017 年第 2 期，第 9–11 页。

④ 吴志刚：《浙江台州：古村落建档及开发利用》，《中国档案》2017 年第 7 期，第 73–75 页。

⑤ 徐虹、韩静：《共享发展视角下传统村落的保护与利用——基于原居民与游客价值的对策研究》，《未来与发展》2017 年第 3 期，第 13–16 页。

⑥ 王景新、朱强、余国静、吴一鸣、李琳琳、沈凌峰：《浙江历史文化村落保护利用与持续发展》，《西北农林科技大学学报（社会科学版）》2016 年第 5 期，第 77–86 页。

认知、参与动机和社区归属感对提升乡村旅游发展中村民参与度有积极促进作用。[①]程惠珊、苏涵等（2020）以当前乡村规划“认识—反馈”体系为基础，明确了当前规划体系的不足；对晋江市乡村微景观“寻访—计划—实施—回顾”的村民参与模式进行了总结，提出村民参与是乡村景观营造的重要作用机制。[②]罗萍嘉、苗晏凯（2019）基于村民参与视角，在科学界定乡村人居环境的内涵基础上，针对乡村建设缺乏村民的有效参与等问题，强调要根据村庄现实制度土壤，因地制宜分类引导村民参与，实现从乡村规划单项编制到多元主体共同建设的转变。[③]余青（2015）则表示村民参与乡村旅游发展，是乡村旅游项目因地制宜开发及持续健康发展的需要，是村民共同致富的有效途径；加强村民的知识技能培训、提高经营管理的参与能力，是保障村民参与乡村旅游发展的重要措施。[④]刘宁宁（2013）发现我国乡村旅游已取得了一些成就，但其中也存在许多问题和不足，乡村旅游在发展过程中应当特别注重村民这一乡村旅游的重要元素，考虑其参与的模式，提高村民在发展乡村旅游中的积极性，以更好地发展乡村旅游。[⑤]

二、国外研究进展

国外目前尚未有与“传统村落”完全对应的研究概念，然而在遗产保护领域却有不少与其相关议题的研究，研究内容主要可分为三大类：第一，乡村环境和建筑遗产保护研究；第二，乡村遗产开发研究；第三，乡村遗产保护与开发的社区参与研究。

---

① 季文媚、宁尚明：《乡村旅游发展中村民参与度影响因素——以泰安市岱岳区道朗镇北部山区为例》，《泰山学院学报》2020 年第 6 期，第 51–56 页。

② 程惠珊、苏涵、贾彦飞、陶欣冉、李霄鹤、兰思仁：《村民参与式乡村微景观营造模式研究——以晋江市乡村为例》，《昆明理工大学学报（自然科学版）》2020 年第 2 期，第 124–129 页。

③ 罗萍嘉、苗晏凯：《“外因到内生”：村民参与视角下乡村人居环境改善影响机制研究——以徐州市吴邵村为例》，《农村经济》2019 年第 10 期，第 101–108 页。

④ 余青：《村民参与乡村旅游发展的必要性及措施》，《时代农机》2015 年第 12 期，第 82、84 页。

⑤ 刘宁宁：《乡村旅游中村民参与研究》，《旅游纵览（下半月）》2013 年第 8 期，第 131–132 页。

（一）乡村环境与建筑遗产保护研究

1. 乡村环境保护研究

S. N. Stokes 等在 1989 年出版的《拯救美国乡村：乡村保护指引》（*Saving America's Countryside: A Gide to Rural Conservation*）一书是对乡村环境保护主题较早而全面的研究，认为乡村保护（rural conservation）主要包括自然和景观资源保护、建筑和重要文化场所保护，以及地方经济和社会制度的提升等，并提出乡村保护应该注意以下几点：1）乡村保护应该整合自然资源、农田、历史遗产和景观保护；2）乡村保护规划应该结合社区的社会经济需求来制定；3）乡村保护规划的可持续性有赖于地方政府与私有非营利组织的合作；4）乡村保护规划的有效性依赖于多样化的技术支持；5）公众参与应该贯穿乡村保护的各个阶段；6）可持续的乡村保护需要遵守长期的约定。[①]Yokohari 等（1994）建立了乡村生态景观保护的框架，旨在对乡村景观功能进行确定、分类和评价，以东京边缘的 5 个乡村景观单元类型为例，对其农田和林地的景观单元的 8 个重要生态功能进行评价，并得出结论：未受到城镇化影响的地区有高的物质元素保护价值，如土壤、空气、水等，而受到城镇化影响的地区有高的社会元素保护价值，如礼仪、文化和教育等；经过仔细规划的任何一个乡村景观单元，都对整体有重要作用。[②]

Pinto-Correia（2002）以葡萄牙阿连特茹地区为例，结合其区域层面景观马赛克现象的出现及已经实施的农业政策措施，对农业政策措施如何支持乡村景观保护进行探讨。[③]Fischer 等（2012）对传统农业景观的保护政策进行探讨，阐述这类保护政策通常遵循“保存策略”，即通过为农民提供财政支持，促使农民继续从事传统的实践活动；认为“保存策略”虽然短期内较为成功，但却忽视了传统农业景观与社会生态系统的联系，社会—生态系统的耦合仍然面临

① Stokes, Samuel N., A. Elizabeth Watson, and Shelley S. Mastran, *Saving America's Countryside: A Guide to Rural Conservation* (JHU Press, 1997).

② Yokohari, Makoto, Robert D. Brown, and Kazuhiko Takeuchi, “A Framework for the Conservation of Rural Ecological Landscapes in the Urban Fringe Area in Japan,” *Landscape and Urban Planning* 29, no.2–3 (1994): 103–116.

③ Pinto-Correia, Teresa, “Future development in Portuguese Rural Areas: How to Manage Agricultural Support for Landscape Conservation?” *Landscape and Urban Planning* 50, no.1–3 (2000): 95–106.

解除的风险，社会子系统已经改变，单独保存生态子系统无济于事；应该遵循“转换策略”去建构保护政策，这一政策是通过引导社区与自然创造新的直接联系去提供一个可预见的未来，从而促进农村社区的可持续发展，而不再只是试图保存过去。①

Oliver（2006）在《满足需求的建造：乡土建筑的文化问题》（*Built to Meet Needs*：*Cultural Issues in Vernacular Architecture*）一书中，将乡土建筑的定义从宽泛的概念——任何时间和地点人们为了日常生活需求而建造的建筑——转变为狭义的概念，即乡土建筑是针对特定时间和地点的、传统的、前工业社会的、手工建造的建（构）筑物。作者认为，对乡土建筑的保护不仅是技术问题，更是文化问题。乡土建筑的保护是为了未来的子孙后代能够通过体验过去的建筑而学习历史，从而重建本土居民的文化自信。为了保护乡土文化，与乡土建筑保护相关的专业建筑师、规划师和设计师必须进行相关知识的培训，以避免忽视地方传统而将现有的建筑抹去，进而丧失乡土建筑形式的象征意义，使乡土活态社区的地方文化遭到破坏。②Kretser 等（2019）从政策层面考察影响美国农村环境保护发展条例的采纳和实施的因素。③Ford 等（1999）对 GIS 在乡村建筑价值评价中的应用进行了分析，认为通过 GIS 可以更全面地记录建筑的历史价值和景观作用等，可以为评定单体建筑或制定保护策略作出更好的判断。④

Ribeiro 等（2020）研究巴西的一个乡村森林保护区，将保护和发展目标与农村社区的优先事项相结合，形成健康监测的建设模式。⑤ Foruzanmehr 等

---

① Fischer, Joern, Tibor Hartel, and Tobias Kuemmerle, “Conservation Policy in Traditional Farming Landscapes,” *Conservation Letters* 5, no.3（2012）：167–175.

② Oliver, Paul, *Built to Meet Needs*：*Cultural Issues in Vernacular Architecture*（Routledge, 2007）, pp.3–17.

③ Kretser, Heidi E., et al, “Factors Influencing Adoption and Implementation of Conservation Development Ordinances in Rural United States,” *Society & Natural Resources* 32, no.9（2019）：1021–1039.

④ Ford, Margaret, Hisham El Kadi, and Linda Watson, “The Relevance of GIS in the Evaluation of Vernacular Architecture,” *Journal of Architectural Conservation* 5, no.3（1999）：64–75.

⑤ Ribeiro, Sabina, et al, “Aligning Conservation and Development Goals with Rural Community Priorities：Capacity Building for Forest Health Monitoring in An Extractive Reserve in Brazil,” *Ecology and Society* 25, no.3（2020）：5.

（2011）指出，学术在乡村建筑保护中存在一个悖论，即研究一直将乡村建筑视为环境实践的典范，但是在现实实践中，乡村建筑却逐渐被现代建筑替代。乡村建筑的保护是由当地居民根据社会、文化、经济、环境等各种因素决定的，应该对保护条件有更全面的理解。[①]Rahman 等（2018）以马来西亚乡村传统景观保护的支付意愿来评估乡村景观的价值，旨在探讨公众对马来乡村传统村落景观的保育价值、文化价值及支付意愿的看法。调查结果显示，15.3% 的受访者愿意对马来传统村落景观的保护作出 50.01~200 令吉（马来西亚货币）的贡献，最多为 50 万令吉。结果还显示，30% 的受访者对传统村落环境的现状表示满意，50% 的受访者表示政府应该为马来传统村落景观的保护承担成本。[②]

2. 乡村建筑遗产保护研究

乡村建筑遗产保护一直是国外学者关注的重点，主要集中在乡村建筑的内涵特征与保护方式等方面。Philokyprou 等（2020）将塞浦路斯乡土建筑作为案例研究并提出，必须在能源和环境改造与保护乡土住宅的有形和无形价值之间取得平衡。[③]Durukan 等（2021）的研究通过对土耳其 8 个二级注册的村落住宅进行可持续性原则审查，评估了 8 个村落的环境、经济和社会三个基本原则，揭示了综合体对聚落所造成的利益和损害，并通过建筑材料和类型的更新进行变化检验和转变检验。[④]Filippi（2005）认为乡村建筑遗产是生活质量的决定因素，并不与现代化的生活对立，且指出乡村建筑遗产是不同文化传统的集成和文化认同的载体。保护乡村建筑的物质空间、结构和形态，需考虑理解和使用方式等与之相关的有形或无形的东西，尽可能地促进传统技术和材料在

① Foruzanmehr, Ahmadreza, and Marcel Vellinga, "Vernacular Architecture: Questions of Comfort and Practicability," *Building Research & Information* 39, no.3（2011）: 274–285.

② Rahman, A. A., S. M. Ismail, and N. F. M. Ariffin, "Public Perspective on Conservation Value of Malay Rural Traditional Village Landscape in Langkawi Geopark," in *IOP Conference Series: Earth and Environmental Science Vol. 179. No. 1*（IOP, 2018）.

③ Philokyprou, Maria, and Aimilios Michael, "Environmental Sustainability in the Conservation of Vernacular Architecture. The Case of Rural and Urban Traditional Settlements in Cyprus," *International Journal of Architectural Heritage*（2020）: 1–23.

④ Durukan, Ayşegül, et al, "Evaluation of Sustainability Principles in Adaptable Re-Functioning: Traditional Residences in Demirel Complex," *Sustainability* 13, no.5（2021）: 2514.

现代的应用，提升其与现代生活需求的兼容性，研究其在能源消耗和环境维护方面的可持续性。[①]Dolejš等（2019）以捷克的一个乡土建筑露天博物馆为研究案例，将收集到的数据套用新的方法，该研究方法允许识别空间景观段，用以叙述农村生产方式的历史变化，借以提升博物馆的保护和教育的地位。[②]Gil-Piqueras 等（2021）研究的目的是通过定性和定量的数据，分析摩洛哥东南部的乡土建筑作为环境尊重栖息地的完美例子的主要特征，分析关于其传统特征和可持续性的具体数据，并归纳其原因。[③]

关于传统村落的保护，日本也有不少学者进行案例探讨。位于奈良南部的明日香村，是日本文化的发祥地之一，目前拥有苏我马子古坟、日本最古老的飞鸟大佛，以及诸多的壁画和石刻。也正是由于明日香村在日本历史上的特殊地位，针对原有的《古都保存法》难以完全适用于该乡村区域的情况，日本政府于 1980 年制定了《关于明日香村历史风土的保存及生活环境的整备等特别措施法》（简称《明日香村特别措施法》）。[④] 该法律对整个村落的改造活动进行了严格限制，同时开始实施乡村生活环境及产业基础的扶持项目，并设立专门的修缮和保护基金，以最大限度地保存明日香村珍贵的历史景观，以及产业与生活空间。日本另一处著名的传统村落，位于岐阜县白川乡的山麓里的合掌村，以其独特的传统建筑形制——“合掌造”闻名于世。从 1970 年开始，随着传统生活方式的改变，村内的一些精英开始了“合掌造”建筑的保护运动。1971 年，成立了“白川乡荻町部落自然环境保护会”，并颁布了《白川乡荻町部落自然环境保护居民宪章》。[⑤] 此后经过自下而上的推动，“合掌造”先

① De Filippi，Francesca，“Sustainable Living Heritage Conservation Through Community Based Approaches，” in *10th International Seminar*，*Newcastle*（2005）.

② Dolejš，Martin，et al，“Frozen Histories or Narratives of Change? Contextualizing Land-use Dynamics for Conservation of Historical Rural Landscapes，” *Environmental management* 63，no.3（2019）：352-365.

③ Gil-Piqueras，Teresa，and Pablo Rodríguez-Navarro，“Tradition and Sustainability in Vernacular Architecture of Southeast Morocco，” *Sustainability* 13，no.2（2021）：684.

④ 国土交通省：《明日香村特别措置法》，https://www.mlit.go.jp/crd/rekimachi/asuka_law/index.html，访问日期：2021 年 4 月 10 日。

⑤ 黒田乃生，et al：《白川村荻町伝統的建造物群保存地区における集落景観の特徴とその保全に関する研究》，载日本造园学会编《ランドスケープ研究》，2000，第 759-764 页。

是被日本政府指定为“重要的有形民俗文化财”，后又于 1995 年 12 月入选世界遗产。白川乡在 1971—1999 年间共出台了六部规定和章程，包括《白川乡传统建造物群保存地区保存条例》在内形成了一套完整的保护政策体系。[①] 在保护过程中，村规中所约定的“建筑、土地、耕田、山林、树木等不许贩卖、不许出租、不许毁坏”同样起到了重要作用。长期以来，在村民的共同努力下，白川乡延续了包括浊酒祭、民谣祭等民俗节事活动。此外，白川乡独特的建筑形制和地理气候也使得当地存在很大的火灾隐患。1976 年，该地区被日本文化厅指定为“重要传统建造物群保存地区”，当地乡民一致同意将政府发放的补助金尽数用于防火设施的铺设。1977—1981 年间，白川乡花费 2.73 亿日元在整个地区安装消防设施。白川乡地区还安装了一个可储存 600 吨水的水库，以供消防用水。[②] 白川乡一年进行两次消防检查，以确保设施的正常使用。

（二）乡村遗产利用开发研究

Verdini（2017）通过对江苏双湾历史村落的保护提出建议，旨在反思这种转变所显示出的优势，但其中也存在一些风险，应考虑到中国具体社会现实的参与性实践。[③]Fuentes 等（2010）对乡村建筑登录和再利用的方法论基础进行了探索，并在西班牙中部乡村地区进行了实证研究，将乡村建筑登录和再利用分为 6 个阶段（初步研究、详细清单、重要案例的类型学分析和选择、所选案例的采编和深度调研、再利用潜力评价、制定再利用的计划和评价相应地区的结果），并进一步细分为 11 个目标。[④]Gronau 等（2017）认为以社区为基础的自然资源管理和以自然为基础的旅游，将会携手推动对撒哈拉以南的保护和经

① 白川村役場：《白川村伝統的建造物群保存地区》，http://kankou.shirakawa-go.org/siru/1041/，访问日期：2021 年 4 月 10 日。

② 白川村役場：《荻町伝統的建造物群保存地区及びその防災施設の概要》，http://shirakawa-go.org/kurashi/anzen/495/，访问日期：2021 年 4 月 10 日。

③ Verdini，Giulio，“Is the Incipient Chinese Civil Society Playing A Role in Regenerating Historic Urban Areas? Evidence from Nanjing，Suzhou and Shanghai，” *Habitat International* 50（2015）：366–372.

④ Fuentes，José -Maria，et al，“New Uses for Old Traditional Farm Buildings：The Case of the Underground Wine Cellars in Spain，” *Land Use Policy* 27，no.3（2010）：738–748.

济发展。然而，这两种策略的互补性在文献中是有争议的。[①]

Yıldırım 等（2012）选择了土耳其尚勒乌尔法地区的 6 个传统民居再利用案例，基于商业开发和社区发展视角讨论传统民居兼容性再利用和适宜性再利用所面临的挑战，以期对未来的项目提供指导；认为基于商业开发的传统民居再利用一般由营业主发起，再利用所产生的收入足以覆盖传统民居的修复和维护费用，而基于社区发展的传统民居再利用一般由政府或社会组织发起，无法产生足够的收入覆盖传统民居的修复与维护费用，但却为社区提供了社会福利。[②]Young（2006）对世界遗产保护的一种现象——博物馆村落在澳大利亚的发展历程和现状问题进行了分析。澳大利亚的博物馆村落始于 1963 年，是其国家历史中民粹主义的成果，以颂扬白人乡村聚落为主题，致力于收集和保护受到历史认同的有意义建（构）筑物。如今，博物馆村落的生存却因为地方经济提升的管理压力及遗产管理专业化标准而受到严重的挑战。[③]Fisher（2006）将遗产旅游利用的概念运用到乡村地区，以新南威尔士北部克拉伦斯河谷地区为例，对其利用 19 世纪乳牛遗址开发的遗产旅游的发展情况及未来潜力进行探讨，认为乡村遗产旅游利用是农业旅游的一种重要形式。地方当局已经将其看成增加区域工作岗位的一种方式，农民也因其未来的潜力而积极加入。[④]Kastenholz 等（2012）以葡萄牙中部的历史村落为例，通过分析游客和居民的旅游体验、不同利益相关者的互动、市场影响得出结论，即游客满意度最重要的决定因素是乡村的田园风光利用及其在旅游体验中的社会、情感和象征

---

① Gronau，Steven，Etti Winter，and Ulrike Grote，"Modelling Nature-based Tourism Impacts on Rural Development and Conservation in Sikunga Conservancy，Namibia，" *Development Southern Africa* 34，no.3（2017）：276-294.

② Yıldırım，Mücahit，and Gizem Turan，"Sustainable Development in Historic Areas：Adaptive Re-use Challenges in Traditional Houses in Sanliurfa，Turkey，" *Habitat International* 36，no.4（2012）：493-503.

③ Young，Linda，"Villages that Never Were：the Museum Village as A Heritage Genre，" *International Journal of Heritage Studies* 12，no.4（2006）：321-338.

④ Fisher，Darrell G.，"The Potential for Rural Heritage Tourism in the Clarence Valley of Northern New South Wales，" *Australian Geographer* 37，no.3（2006）：411-424.

意义。[①]

日本从 20 世纪 70 年代末开始推出“一村一品”运动，强调以乡土特色产业的发展带动乡村振兴。在这里，乡村文化价值开始得到广泛认同。铃木凉太郎（2005）提出文化艺术、旅游观光等开始被视作重要的推动力，乡村旅游也不仅仅被看作一种产业，人们更看重其现象背后的社会、文化价值。[②] 荒井崇浩等（2002）认为这一时期不少传统村落发挥地区优势，同时不断完善包括交通和观光设施等在内的旅游设施，本地的旅游从业者也开始逐渐增长。[③] 宫本结佳（2018）认为白川乡在成为“重要传统建造物群保存地区”之后的一年里，白川乡的旅游人数增加了 10 万人；在成为“世界文化遗产”后，更是成为代表日本传统乡村景观的国际旅游热点。由现代艺术介入推动传统村落的可持续再生同样取得了极大的成功。从 2000 年开始，艺术策展人北川富朗在新潟县的越后妻有地区推动举办大地艺术节，每三年举办一届。大地艺术节的成功给越后妻有重新注入了活力，随着艺术节的发展，不少远离家乡的年轻人陆续从大城市搬回来，帮忙照顾家里的旅店、餐馆、酒厂生意，老人们脸上重现笑容，山村重新焕发生机。[④] 同样，在濑户内地区，北川フラム（2014）认为从早期的直岛发展到濑户内国际节，主要以各海岛为舞台，提出艺术融合乡村、再创乡村活力的主张，展现艺术结合并带动农耕自然的夙愿所举办的当代国际艺术节。[⑤] 下田正寿（2019）认为位于奈良南部的明日香村，是日本文化的发祥地之一，目前拥有苏我马子古坟、日本最古老的飞鸟大佛，以及诸多的壁画和石刻。但是由于经济发展的相对滞后，许多年轻人不愿待在这里，村里只剩下老年人，其文化景观的影响力非常有限。从 2014 年开始，明日香村展

① Kastenholz，Elisabeth，et al，“Understanding and Managing the Rural Tourism Experience—The Case of A Historical Village in Portugal，” *Tourism Management Perspectives*，no.4（2012）：207-214.

② 鈴木涼太郎：《観光研究としての「観光人類学」の展望》，《観光研究》2005 年第 1 期，第 19-28 页。

③ 荒井崇浩、十代田朗：《農山村の観光地化に伴う住民の観光业への生業意識の形成過程》，《観光研究》2002 年第 1 期，第 17-24 页。

④ 宮本結佳：《アートと地域づくりの社会学：直島・大島・越後妻有にみる記憶と創造》，昭和堂，2018。

⑤ 北川フラム、瀬戸内国際芸術祭実行委員会：《瀬戸内国際芸術祭 2013》，美術出版社，2014。

开国内教育旅行项目，吸引了不少初高中生将这里作为修学旅行和课外活动的一环，并通过在项目中加入与本地区居民交流的内容增加其逗留时间。因此，近年来，明日香村努力发展寄宿型民宿，开始对地区内的由旧民房改建而成的住宿设施进行修缮和运营。① 同时，增渊敏之（2011）认为日本的传统村落也非常重视在旅游中加入文化元素，将乡村民俗、传统民族文化等与乡村旅游有机结合，满足了旅游者对文化的需求，使人们了解了传统文化的重要性，并对传统文化起到了保护与再造的作用。许多地方的节庆活动集中展示了具有地方特色的服装、音乐、舞蹈、生产活动等文化元素，这也成为吸引游客前来参观的一种重要方式。同时，借助媒体宣传和成为影视剧作品的取景地，也是日本不少村落开发文化旅游的重要模式之一。②

（三）乡村遗产保护与开发的社区参与研究

María Elena Méndez-López 等（2019）试图解释决定当地社区参与保护行动的因素，其研究得出社会政治排斥是参与这类保护行动的主要障碍。③ Warnholtz 等（2020）探讨了使用旅游作为一个可持续发展的干预因素在国家行动计划中的影响和作用。此研究以社会变迁理论和现实主义社会研究方法为基础，以墨西哥为研究对象，试图建立因果链，以确定在特定的社会文化背景下触发（非）预期结果的机制。④Lepp（2007）以乌干达比戈利村为例，基于对 50 个村民的深度访谈，比较村民对国家主导和社区主导两种乡村保护模式的态度，结果显示社区主导的保护模式会促使村民保护态度更为积极，而国家主导的模式则不会。⑤ Filippi（2005）指出，对乡村建筑遗产的保护意味着要

① 下田正寿:《明日香村ふるさと投資の取組み——空き家とクラウドファンディングを活用してインバウンド推進》,《日本不動産学会誌》2019 年第 4 期，第 88-92 页。

② 増淵敏之:《コンテンツツーリズムの発展的研究——「北の国から」再考》,《地域イノベーション》2010 年第 3 期，第 45-53 页。

③ Méndez-López, María Elena, et al, "Who Participates in Conservation Initiatives? Case Studies in Six Rural Communities of Mexico," *Journal of Environmental Planning and Management* 62, no.6 (2019): 1045-1064.

④ Warnholtz, Gerda, Neil Ormerod, and Chris Cooper, "The Use of Tourism as A Social Intervention in Indigenous Communities to Support the Conservation of Natural Protected Areas in Mexico," *Journal of Sustainable Tourism* (2020): 1-16.

⑤ Lepp, Andrew, "Residents' Attitudes Towards Tourism in Bigodi Village, Uganda," *Tourism Management* 28.3 (2007): 876-885.

处理其所在的“活态”环境，通过社区参与进行对其保护和利用的平衡管理，提升其文化遗产的可持续性，尽可能地保护其可能传递给子孙后代的“意义”；并提出应通过当地利益相关者参与的方式维持地方保护经费，通过居民改善自身生活环境的愿望去激励经费的筹措，通过建筑修复去复兴文化认同的基本载体和集体记忆保存的感知实体，通过乡村建筑遗产保护对增加就业和提高生活质量的潜力去提升其经济的可持续性。① 乡村的知识与文化亦同为乡土遗产，Benyei 等（2020）对已发表的 138 项乡村知识保护计划进行了系统梳理，探讨了这些计划在参与、数字化、时间、地点和途径等方面的发展趋势，同时还探讨了影响社区居民参与主动性与包容性的因素。②Steiner 等（2018）探索授权弱势社区的过程，通过对 7 个苏格兰农村社区赋权项目的大型探索性研究，发现赋权社区应利用外部参与者和支持来源（即外部实践）的社区发展技术，以及那些来自社区内部的资产（即内生实践）。其提出的参与—赋权模型显示了权力从外部行动者向地方社区转移的阶段。③

日本的社区参与村落建设走在亚洲地区的前列。传统上，日本的村落社会是一种团结紧密的集体，体现出鲜明的共同体特质。④ 即使伴随着时代的发展，日本村民的“村落共同体”意识也并未完全丧失。近年来，围绕传统村落的保护与开发，日本村落共同体在其中同样起着关键性的作用。还是以白川乡为例，即由当地政府、民间组织与民众共同决定具体的发展路径和模式。由村民自发形成的“保护会”是一个可与当地政府对话和协商的组织。⑤ 一方面可以统一乡民意见，在解决问题的过程中降低沟通成本，提高工作效率；另一方面，在协商和实施中充当第三方——监督者的角色，最大限度保证了公平，避

① De Filippi，Francesca，“Sustainable Living Heritage Conservation Through Community Based Approaches，” in *10th International Seminar*，*Newcastle*（2005）.

② Benyei，Petra，Guadalupe Arreola，and Victoria Reyes-García，“Storing and Sharing：A Review of Indigenous and Local Knowledge Conservation Initiatives，” *Ambio* 49.1 （2020）：218–230.

③ Steiner，Artur Adam，and Jane Farmer，“Engage，Participate，Empower：Modelling Power Transfer in Disadvantaged Rural Communities，” *Environment and Planning C*：*Politics and Space* 36.1 （2018）：118–138.

④ 麻国庆：《日本稻作传统中的“村落共同体”》，《读书》2018 年第 12 期，第 80–85 页。

⑤ 才津祐美子：《世界遺産の保全と住民生活——「白川郷」を事例として》，《環境社会学研究》2006 年第 12 期，第 23–40 页。

免因私误公的情况发生。而在越后妻有大地艺术节等节事活动中，常常由地方行政部门、地方企业、本地居民团体组成执行委员会，通过相关利益群体的广泛参与，从而确保最大限度地调动本地的历史文化资源和创新创意，有效提升本地的文化、社会和经济价值。①

① 田代洋久:《文化的資源の多元的結合による地域活性化に関する考察——越後妻有と直島を事例として》,《創造都市研究》2010 年第 2 期，第 71–88 页。

第二章　抚州传统村落的历史沿革与文化内涵梳理

第一节　抚州传统村落的历史沿革

一、抚州建制沿革

抚州历史悠久。夏禹治水后，全国以自然分区法分为九州，抚州市境内属扬州。春秋为百越之地。战国周显王三十五年（前 334 年）属楚。始皇二十六年（前 221 年），境区属九江郡。西汉高祖四年（前 203 年），境区属淮南王领地。六年，分淮南王国部分属地置豫章郡，辖 18 县，以豫章南境地为第 11 县，定名南城县，此为抚州市境区建县之始。东汉永元八年（96 年），置临汝县。南城、临汝两县均属扬州豫章郡。三国吴太平二年（257 年），分豫章郡之临汝、南城两县地置临川郡，此为抚州境区建郡之始。临川郡隶扬州，以临汝为上县，南城次之。同年，又析南城县东南部分置东兴、永城、南丰 3 县，析临汝西南部分置西平、新建、西城、宜黄、安浦 5 县。至此，临川郡辖临汝、南城等 10 县，郡治临汝。西晋元康元年（291 年），临川郡属江州，辖区不变。齐建元元年（479 年），临川郡治由临汝迁南城。梁普通三年（522 年），分临川郡之地建巴山郡，另置巴山县。临川、巴山郡同属江州。临川郡辖临汝、南城、西丰、宜黄、安浦、南丰、永城、定川 8 县，治南城，同年迁治临汝。巴山郡辖新建、西宁、巴山、大丰、新安、兴平、丰城 7 县，治公溪古城。梁太平二年（557 年），临川、巴山郡属高州。

隋开皇九年（589 年）平陈，总管杨武通奉使安抚，废临川、巴山两郡置抚州（取安抚之意），抚州之名始于此。将西丰、定川两县并入临汝县，改称临川县；将南丰、永城两县并入南城县；废大丰、新安、巴山、新建、兴平、丰城、西宁7县，置崇仁县，宜黄、安浦两县亦并入崇仁县。十二年，以铅山县及光泽县置邵武县。抚州辖临川、南城、崇仁、邵武4县，治临川。大业三年（607年），改抚州为临川郡。唐武德五年（622年），改临川郡为抚州，隶洪州总管府。又以南城县之一部分另置永城、东兴两县；以崇仁县之一部分另置宜黄县；以邵武县之一部分另置将乐县。抚州辖临川、南城、崇仁、邵武、永城、东兴、宜黄、将乐8县。七年，改洪州总管府为都督府，抚州属之。将永城、东兴两县重新并入南城县，又以将乐县重新并入邵武县，划归建州。八年，将宜黄县并入崇仁县，抚州仅辖临川、南城、崇仁3县。贞观元年（627年），抚州属江南道。景云二年（711年），析南城县之一部分另置南丰县。先天二年（713年），南丰县重新并入南城县。开元八年（720年），重置南丰县。抚州辖临川、崇仁、南城、南丰4县，治临川。二十一年，抚州属江南西道。天宝元年（742年），改抚州为临川郡。乾元元年（758年），临川郡复为抚州。元和六年（811年），升抚州为上州。咸通六年（865年），升江南西道为镇南军，抚州属之。后周显德五年（958年），以临川县上幕镇、归政乡设金溪场。

北宋初年，抚州为南唐辖地。开宝元年（968年），置宜黄场。二年，以南城置建武军，隶江南西道，治南城。三年，改宜黄场为宜黄县，属抚州。八年，南唐亡，改抚州为军州，抚州、建武军归宋，属江南西路。太平兴国元年（976年），抚州、建武军改属江南路。四年，改建武军为建昌军。淳化二年（991年），南丰县改属建昌军。五年，金溪场改金溪县。抚州军辖临川、崇仁、宜黄、金溪4县，治临川。建昌军辖南城、南丰2县，治南城。南宋绍兴元年（1131年），抚州、建昌军改属江南东路。四年，复属江南西路。八年，置新城、广昌县。十九年，置乐安县。抚州军辖临川、崇仁、宜黄、金溪、乐安5县，治临川。建昌军辖南城、南丰、新城、广昌4县，治南城。元至元十三年（1276年），改抚州军为抚州路，次年又改建昌军为建昌路。抚州、建昌路同属江西行中书省。十九年，南丰县升为南丰州，又名嘉禾州，直属江西行中书省。抚州路辖县、治所不变。建昌路仅辖南城、新城、广昌3县，治所不变。

明洪武元年（1368年）正月，改抚州路为抚州府，改建昌路为肇昌府。九月，又改肇昌府为建昌府。三年，南丰州复改南丰县。九年，废行中书省，抚州、建昌两府同属江西布政使司湖东道。抚州府辖临川、崇仁、宜黄、金溪、乐安5县，治临川。建昌府辖南城、南丰、新城、广昌4县，治南城。正德七年（1512年），置东乡县，隶属抚州府。万历六年（1578年），置泸溪县，隶属建昌府。清顺治二年（1645年），抚州、建昌两府均属江西省湖东道。雍正九年（1731年），抚州、建昌两府改隶江西省南抚建道，辖县、治所不变。

民国元年（1912年），废府及直隶州，原抚州、建昌两府所辖11县均直属江西省。三年，全国统一改变同名县名，新城县易名为黎川县，泸溪县易名为资溪县。二十年夏，南城、黎川、南丰、宜黄、乐安5县属第七区，广昌等4县属第六区，金溪、资溪等4县属第八区，临川、崇仁、东乡县仍直隶于省。同年12月，各县仍直隶于省。二十一年夏，江西省以下划为13个行政区，临川、金溪、资溪、东乡、贵溪、余江等6个县属第七行政区，南城、黎川、南丰、崇仁、乐安、宜黄6个县属第八行政区，广昌县属第十二行政区。二十四年，江西省缩为8个行政区。临川、南城、黎川、南丰、崇仁、乐安、宜黄、金溪、资溪、东乡、光泽等11县属第七行政区，治南城。广昌属第八行政区。

1929—1934年间，域内土地革命逐步深入，苏区地域日益扩大。从1929年4月开始，宜黄、乐安、南丰、南城、广昌、黎川、资溪、崇仁、东乡等县及苏区新置的南广、贵南、东方、赤水、金南、建东、黎南、广赤等县都先后建立了县革命委员会筹委会、县革命委员会、县苏维埃临时政府或县苏维埃政府、三县苏维埃联合政府。1933年5月，闽赣省革命委员会在黎川县湖坊成立，随后建立的闽赣省苏维埃政府管辖黎川、资溪、南丰、南城、金溪、贵南、金南、东方、建东、黎南等县苏区。由于国民党军“围剿”，苏区政权存在的时间或长或短。1934年10月，第五次反“围剿”失利后，除资溪县部分地区仍坚持游击斗争外，全市境域其余各级苏维埃政府都先后停止活动。

1949年5月，东乡、金溪、资溪、临川、崇仁、宜黄、南城、黎川等县先后解放。临川、东乡、金溪、资溪县属赣东北行政区贵溪分区。接着划出临川县的羊城、东外两镇另置临川市，亦属贵溪分区。7月1日，以临川市和临川、崇仁、宜黄、南城、黎川县正式组建抚州分区，分区行政督察专员公署设于临川市羊城镇。8月，南丰县解放，属抚州分区。金溪、资溪改属抚州分区。9 月，广昌、乐安县相继解放，属抚州分区，广昌县属宁都分区。1950 年 4 月，临川市并入临川县，改置城关区。9 月，改抚州分区为抚州区。1951 年 6 月，临川县城关区改为抚州市，属临川县辖市。7 月，抚州区改称抚州专区。1952 年 12 月，广昌划为抚州专区。1953 年，抚州市改为抚州镇，仍隶属临川县。次年，抚州镇升为县级镇，隶属抚州专区。同年，广昌县划归赣南行政区管辖。“文化大革命”期间，1968 年 2 月成立抚州专区革命委员会，驻临川县抚州镇，进贤县划入抚州专区。6 月，东乡县划归抚州专区。1969 年 10 月，抚州镇改为抚州市。1973 年 2 月，抚州专区改为抚州地区。1979 年 5 月，撤销抚州地区革命委员会，成立抚州地区行政公署。1983 年 8 月，广昌县划归抚州地区。9 月，进贤县划入南昌市。1987 年 8 月，国务院批复同意撤销临川县与抚州市，设立县级临川市，但这一建制直至 1995 年 1 月才正式实施。2000 年 6 月 23 日，国务院批复同意撤销抚州地区和县级临川市，设立地级抚州市和临川区，市人民政府驻临川区。抚州市辖原抚州地区的南城、黎川、南丰、崇仁、乐安、宜黄、金溪、资溪、东乡、广昌和新设立的临川区。

二、抚州传统村落的形成与分布

抚州素有“才子之乡”“文化之邦”的美誉，散布在各地的古村落，正是反映临川文化的一种载体。抚州古村落是中国当前保护完整、规模集中、传承有序、类型独特、遗存丰硕、以“仕、商、儒、耕”为内涵特征的明清古村落群。抚州古村落分布广、数量多，绝大多数从宋代沿革至今，格局保留完好，无论是村落整体还是单体民居，在聚落构成、建筑形制、价值观念、生活习俗上都集中体现了赣东地区的地域特性，展现了鲜明的地方风格，彰显出浓郁的地方色彩。目前据不完全统计，抚州境内保存有历史建筑的村落两千余个，风貌和格局保存完整的古村落二百余个，保存质量较好的传统民居万余座。这些村落古建筑群以其建筑规模、建筑艺术、文化内涵，向世人展现了抚州古代的传统文化，成为弥足珍贵的历史遗产。

截至 2020 年底，抚州市域范围内共有各级历史村镇 132 个，这使抚州市成为江西乃至全国历史村镇遗存最为丰富的地区之一。其中包括中国历史文化名村 8 处，省级历史文化名村 7 处；中国传统村落 96 处，省级传统村落 32 处。此外，抚州还有 2 处中国历史文化名镇，1 处省级历史文化名镇。2021 年，抚州成功当选全国传统村落集中连片保护利用示范市。

从历史上看，抚州市域内的历史村镇绝大多数可以追溯至宋元时期，也有少部分是明清时期迁徙而来。从分布上看，金溪县的历史村镇数量最多，为 63 个。其后依次为乐安县 13 个，临川区 12 个，南城县 10 个，东乡区 8 个，南丰县7个，资溪县5个，崇仁县4个，黎川县4个，宜黄县4个，广昌县2个。抚州传统村落由于受到地形、水系、道路、自然条件等因素的影响，在空间分布上呈现一定的规律性，抚河作为该地区的交通动脉和文化传播廊道，对历史村镇聚落地理类型的形成、聚落发展和聚落文化的传播产生了重要影响。这些传统村落的建筑风格和人文风貌，既是中国传统家族文化的千年承袭，更是临川文化最忠实的记录者，是千年来抚州历史文化和社会经济结构的稳定存在，具有很高的历史、艺术和科学研究价值。

第二节　抚州传统村落的文化资源及特色

一、建筑文化

抚州古村以赣派建筑为主。赣派建筑主要集中于赣抚平原、吉泰盆地和赣南山区，乐安的流坑古村、金溪的竹桥古村等均是具有代表性的赣派建筑群。

赣派建筑从外部看，多为长方形平面，用空半砖墙围合，清一色的青砖灰瓦，高峻的马头墙，半掩半露的双披屋顶隐在重重叠叠的马头墙后面。马头墙造型丰富多样，翘首长空，既可防火，又可防风，还可挡盗防贼。入内，其格局多为二进三开间，一堂一厅，面阔三间，明间厅堂，次间卧室，左右对称。木构穿斗式梁架，并依使用目的之不同，前檐部常做成各式的轩，形制秀美且富于变化。卧室楼高一层半，下层居住，上半层放置什物。厅堂没有分层，显得高大宽敞，气势极为堂皇。室内地面，以长条青砖横向错缝铺砌。神龛设在厅堂宝壁两边侧门的上方。堂前均有较为狭小的天井，既从采光通风之用，又取四水归堂之意，无形中把人与天衔接起来，体现了“天人合一”的情境。赣派建筑的室内装饰主要有木雕（刻）、砖雕（刻）、石雕（刻）、彩画和墨绘，其风格明快，工艺精湛，图案丰富，内涵深邃，反映了赣人对美好生活的向往。

对建筑空间的合理规划，也是赣派古村落空间布局的特色之一。很多古村都是在宗法制度的指导下完成的完善体系。这里的聚落往往是单一姓氏聚族而居，村落先民在宗法制度的协调下进行村落的规划与建设，因此很多村庄的公共设施十分发达，布局错落有致。祠堂、庙宇、戏台、书院、私塾、牌坊、门楼甚至墓地都与民居错落分明、和谐相处，建筑之间讲求拱卫与揖让、协调与补充，主次分明。像竹桥、游垫、蒲塘等历史悠久的大型村落，这一点表现得尤为突出。一般来讲，过去村庄外围都建立起村墙这样的防御体系，村庄内部的建筑也以高大的墙体四面围合成内部的私密空间；各个建筑区间系以纵横交错的巷陌，分布以各种用途的功能性建筑，从外到内，由点到面，形成肌理分明、功能完整的建筑体系。

此外，牌坊建筑也是抚州古村落的特色之一。先民们往往把自己的理想与诉求，通过牌坊和门楼等功能性建筑体现。如彰显门第、宣示功德、标榜社会地位，就是牌坊和门楼所要完成的使命。人们在修建这类建筑时毫不吝啬自己的想象力。如金溪的蒲塘古村的“名荐天朝”牌坊，是国内仅有的两座将圣旨全文刊刻在额枋上的建筑之一（另一座是徽州的“龙兴独对”坊）。坊表的作用就是以官方的名义表彰坊主的功德，因此在建筑工艺上极尽突破之能事，工匠们以石雕、砖雕为载体，灵活运用浮雕、高浮雕和压塑等技法，将人物花鸟、祥禽瑞兽和几何纹样运用在不同部位，交错叠加，一丝不苟。从某种意义上而言，一座牌坊背后就有一个故事，如“圣裔”坊叙述的是孔子南支播迁与繁衍的沧桑往事；“忠义世家”坊承载的是宋元时期邓姓义民为国分忧的历史掌故；“后车世家”门楼记录的是孟皇后驻跸于此的昔日辉煌[①]。

赣式宅居由于地缘和经济文化背景相近，赣派与徽派古民居有不可分割的联系。赣派古民居更注重内部构架和陈设的实用性，较少徽派古民居的大面积雕梁画栋，其内部格局多为二进三开间，一堂一厅，明代多前堂后厅，清代

① 王成兵主编《辉煌的沧桑——金溪古村落群印象》，江西人民出版社，2016，第1–12页。

多前厅后堂，面阔三间，明间厅堂，次间卧堂，左右对称。赣派古民居既注意与周围环境相适应，也注意与祠堂、庙宇、牌坊、门楼、戏台等功能性建筑有机结合。除了建筑的选址、朝向、形态要符合风水理念，周围的树木、湖泊、河流、山脉也被当作构成风水的元素。

二、农耕文化

唐宋以来，江西社会农耕文明高度发达，抚州地区的传统村落作为农耕文明的重要载体，孕育了丰富多彩的农业生产生活文化。江西是稻作文化的重要发祥地，江西中部偏北的三角洲地区，有一片广袤的绿野，由于赣江和抚河多年的冲击沉淀，其下游形成了一片可利用灌溉面积达 120 万亩的沃土，这就是赣抚平原。南朝雷次宗的《豫章记》中，把抚州描述为“地方千里，水通四路……嘉蔬精稻，擅味于八方，金铁篠荡，资给于四境”，其素有“赣抚粮仓”的美誉。

据考古发掘，抚州地区在商代已有水稻生产和水利活动，开始筑堤坝防洪除涝，普遍筑造小型的水陂和土堰用以浇灌。位于抚州城东南的临川千金陂就被视作人与自然顽强抗争的结晶。早在唐代以前，抚河上游的汝水，流经城郊西七八里处，因崖多石阻，流速减缓而江面宽阔，形成一个小湖，叫瑶湖。瑶湖至孔家渡一带，地势平坦，土质疏松。一次，春水暴涨，在瑶湖稍北地段冲开了一个决口，形成了一条支港，流经二百多里，至萧公渡才汇进主流。当时，百姓在州刺史的带领下，于支港端口筑华陂，华陂是千金陂的前身，由于当时生产力落后，以致工程屡废屡修。大历三年（768 年），颜真卿任抚州刺史，在原陂上继续加以督修，建土立陂，寻亦废塞。唐德宗贞元中，戴叔伦任抚州刺史（785—787 年），在众多支港上筑了数十处堤坝节制水流，以利灌溉，其中最著名的是修建了冷泉陂，后屡毁屡修。咸通九年（868 年），新任抚州刺史李某（名字不详，或说是李渤）聚集民工，在故基上横截汝水，南北筑陂 125 丈，于次年夏天竣工，史称千金陂。完工后，不仅“通舟楫之利，利于穷民”，而且“灌注原田，新旧共有百余顷，自兹田无荒者，民番力而开耕”。千金陂自唐至清共进行 17 次大规模的维修。2019 年 9 月 4 日，千金陂入选第六批世界灌溉工程遗产名录。

抚州地处赣东平原，三面环山，一面临水，沃野千里且雨量充足，良好的自然条件孕育了发达的农业、丰盛的物产。比如历代都作为贡品的南丰蜜橘、始种于唐代的白莲、漂白精致的宜黄夏布，以及临川的西瓜、浒湾的油面、东乡的蔗糖等，均是抚州农耕文明的具体体现。

传统的农耕用具和生产劳作方式，凝聚了先人的智慧，同样是农耕文化的宝贵遗产。抚州地区有锄、镰、锨、镢、犁、耙、耪、耧，以及风车、水车等数十种农具，这些农具各有千秋，较好地满足了粮食从播种到入仓的全过程需要。每年开春下田，需要耕田。耕田是一项比较复杂的劳动项目，需要锄田、犁田、耙田、平田，这四道工序要靠四大农具完成，分别是锄头、铁犁、铁耙和平杠。耕好田后，要插秧，要保证秧苗插得平整，秧苗线必不可少。禾苗成熟后，要收割，镰刀、打谷机等农具就派上用场了。收割完的稻谷倒入两个竹箩里，然后用扁担挑回去放在竹席上晒干。稻谷晒干后，就用风车把稻谷中的杂质吹掉。改革开放以来，随着抚州市经济的快速发展，农民的耕作方式发生了极大的变化，这些原先在农村最为实用的农具被更先进的机械化设施取代。犁、耙、风车、箩等很多农具及农村生活用品都渐渐淡出了人们的视野。

三、科举文化

抚州素有“才子之乡”的美誉，出过晏殊、王安石、汤显祖等名人。《临川县志》记载：“文昌在斗而北，谓主抚州。”民间还流传着一句民谚：“金台石分宰相出，文昌堰合状元生。”无论是从史书记载还是从民间口传心授的民谚，都可看出抚州的人文昌盛、才子辈出。

抚州地区在历史上涌现出如王安石、曾巩、汤显祖、陆九渊、晏殊、晏几道、李覯等一大批名儒巨公；先后出过 7 位宰相，14 位副宰相。在中国科举史中，抚州共产生进士 3553 人，占江西所有进士的 32.3%。抚州崇文重教的优良传统一直延续到现在，时至今日，抚州的基础教育仍然闻名全国。2005 年以来，抚州被北大、清华录取的学生达 630 多人，占全省录取总人数的 30%，15 人摘取全省“高考状元”，考上高等学校的学生有 6 万多人，考上国内一流大学的有3万多人。抚州籍院士、长江学者、杰出青年学者、千人计划、中华医学会学科主委等40余人，出现古有“父子同科、兄弟同榜、一门多进士”，今有“一家三人入选千人计划”的盛况。

抚州地区之所以形成了昌盛的科举氛围，原因是多方面的。首先是历史大背景。历史上北方战乱，大量世家大族迁移到南方，南方得到开发，在为南方带来先进生产力的同时，也带来了先进的文化，使得江西迅速拉平了和北方的文化差距。五代十国时期，政权更迭，变换频繁，战祸频生。江西属于南唐后方地区，社会相对安定，受影响较小。南唐中主李璟，于公元961年曾从金陵迁都洪州，避险求安。著名的王安石家族、曾巩家族等，大都是唐末迁居江西的。王安石家族在唐末自太原迁来，曾巩家族从山东迁入，他们把北方的文化带到了这里。北方士人在抚州为官，也把先进的文化带入这里。到了宋朝，江西地区进入了历史上最兴盛、最繁荣的时期，成为中国的政治经济中心地区之一。由于中原人民南下，江西人民增添了新鲜血液；经济和文化交流，也大大地推动了本地的经济发展和文化繁荣。北宋时期，江西的人口占到了全国总人口的10%（通常时期只占全国的3%左右）。宋徽宗在位期间，虽然经济发达，文化繁荣，但武备虚弱。金兵连续不断地进行掠夺性的南侵，对我国北方造成了巨大破坏。靖康之乱，宋朝丢了半壁江山。康王南逃，各地官员和平民百姓更是蜂拥南下。

其次，是由于优越的自然条件和农业经济。抚河既抚育了抚河平原繁盛的农业，同时也是一条重要的商道。商道不光繁荣了经济，也带来了人员往来和信息思想的交流，有利于文化发展。在农业社会时代，抚河平原农业经济发达，人民普遍比较富裕，在生活富裕和社会稳定的条件下，人们愿意进行文化投入，供子弟读书，聘请私塾教师等。

最后，是因为有高人指路。抚州历史上所出的文化大家王羲之、谢灵运、颜真卿等人，或主政、或游历、或定居于抚州，带动和推动了抚州教育和文化发展，使得当时的抚州教育和文化处于领先地位。抚州形成了尚文的民风，一代一代地传承下去，一代一代地才子辈出，也铸就了中国历史上传统文化的一个又一个高峰。古代抚州书院发展历史悠久，最早可追溯到唐代，据抚州宜黄县《罗氏宗谱》载：唐天祐年间（904—907年），节度使罗坚、罗信曾赠田于宜黄棠阴，创建了湖山书院和三湾书院，这是见诸史志记载的抚州最早的书院。到宋以后，抚州又创建了盱江书院、兴鲁书院、仰山书院、琴城书院等比较著名的书院。两宋时期是抚州书院发展史上的一个高峰，先后建有书院多达40余所，这无论是在江西还是在全国均居前列。① 历经唐宋元明清数代，古代抚州书院的发展一直领先，著名书院和教育大师层出不穷，为古代抚州的教育与人才培养作出了重大贡献，也为抚州深厚的文化底蕴奠定了坚实基础。

抚州地区的不少传统村落皆以科举著称，其中最为有名的就是乐安的流坑古村。近千年来，流坑村曾出过文、武状元各1人，进士34人，举人78人，科举之盛，仕宦之众，不仅在江西罕见，在全国也不多见。流坑村的书院很多，小小的村落中竟然聚集了14处书院。

四、非遗文化

抚州的传统村落同样孕育了多姿多彩的非物质文化遗产。截至2019年底，抚州市“非遗”（国家、省、市、县）四级名录体系已形成，其中7项入选国家级“非遗”名录，49项入选省级“非遗”目录，86项入选市级“非遗”名录，包含民间文学、传统音乐、传统戏剧、传统美术、传统技艺、曲艺、传统医药、民俗8个类型。抚州市现有入选国家级“非遗”名录的7项“非遗”项目是：南丰跳傩、乐安傩舞、宜黄戏、广昌孟戏、抚州采茶戏、黎川舞白狮、宜黄禾秆舞。入选省级“非遗”目录的40项项目是：麻姑仙女传说《沧海桑田》、南丰跳傩、乐安傩舞、崇仁跳八仙、广昌孟戏、宜黄戏、南丰蜜橘栽培技艺、乡射遗乐、手摇狮、罗汉灯、马步灯、手摇九节龙、抚州采茶戏、金溪雕版印刷手工技艺、广昌白莲生产技艺与习俗、金溪藕丝糖传统手工技艺、南丰泥炉制作工艺、建昌帮药业、装故事、临川火老虎灯、东乡车马灯、崇仁相山板凳龙、南丰傩面具雕刻、临川篾编技艺、金溪浒湾油面生产工艺、南丰妆迎、乐安罗陂庙会、资溪畲族祭祀仪式、资溪畲族山歌、黎川舞白狮、崇仁扭扭龙、宜黄禾杠舞、东乡跳马灯、金溪矮脚龙、广昌塘坊木偶戏、抚州道情、

① 张发祥:《古代抚州书院发展探析》,《东华理工大学学报（社会科学版）》2009年第4期，第307–312页。

乐安蛋雕、南城麻姑酒酿制技艺、宜黄神岗傩舞、乐安打船歌习俗等。

在这其中，最具有代表性的是南丰县和乐安县的傩文化。抚州是古老傩文化的发祥地之一，各大盛行傩文化的乡村构成了独具特色的赣傩文化群。傩舞起源于先秦时期，是一种用来驱逐厉鬼、消灾祈福的民俗舞蹈。它寄托了古人美好的信仰，广泛流传于中国各地。傩文化在汉唐时期是宫中举行大型祭祀的主要形式，并且还传入了越南、朝鲜等地。直到北宋时期，由于新制度的出现，傩礼逐渐向表演取乐方向发展，与最初的信仰发生冲突，就此受到排斥，宫廷之内便很少见到。虽受到抵制，但傩礼在广大农村中依然盛行，并逐渐演变为傩舞、傩戏等。傩文化将多元宗教文化、民俗文化与舞蹈相结合，是复杂而神秘的文化复合体，具有很高的文学价值。

以最为著名的石邮村为例，村中建筑以明清建筑为主，至今还保存着清光绪十八年（1892 年）修订的《吴氏重修族谱》。多年来，石邮村从未断过傩仪式，石邮傩舞古朴原始、粗犷豪放，又独具原生形态。在石邮，傩是十分神圣的。跳傩往往要遵循严格的时间，持续时间是每年的正月初一到十六，初一是“起傩”，十六是“搜傩”。“起傩”之后，傩班开始四处巡回，十六日回村“搜傩”。“搜傩”仪式尤为隆重，四面八方的邻里们在这一天都要来到石邮村的亲戚家中用晚宴。不仅如此，村中还会摆上十几桌酒席，用来招待那些来此地观傩的游客。

随着傩舞的盛行，抚州地区渐渐形成了独具特色的南丰傩面具雕刻。面具是傩的主要特征之一，就南丰而言，更是傩的象征，没有面具就不成为傩班。面具在驱傩仪式中是神祇的载体，在傩舞表演中则是角色的装扮。南丰傩面具雕刻为南丰跳傩艺术的传承与发展起到了极其重要的作用。这一传统技艺产生于汉朝，发展于唐宋期，繁荣于明清期，流传至今。南丰傩面具雕刻以古朴深厚、造型生动、手法细腻等特点著称。南丰傩面具雕刻分为九个步骤：选材取料、烘干、初坯定形、刻初坯、修光、刮灰、上漆、装饰附件。明代以前，南丰傩面具雕刻艺人无资料可考。明代之后，南丰傩面具雕刻艺人主要有两家，一为舒家，一为杨家，均以雕刻傩面具为主要职业。杨家武相刻得好，舒家文相刻得好。南丰傩面具的角色众多，选型奇异，千容百态，异彩纷呈，面具的神情及其冠饰具有特定的文化内涵和意义指向。其造型大致分为：神兽结合型、人物肖像型、动物人格型。

在国家级传统村落浒湾，同样拥有两项重要的省级非物质文化遗产：金溪雕版印刷手工技艺和金溪浒湾油面生产工艺。

金溪浒湾雕版印刷始于明，盛于清，并形成了前、后书铺街。清朝乾隆、嘉庆、道光年间（1736—1850年），凡经、史、子、集，所有江西省读本皆出自此地。当时，北京、南京、南昌、长沙、安庆、芜湖等地书商都在浒湾镇设立分号书店，浒湾的木刻印书通过这些渠道销遍全国，影响极大。全盛时，浒湾有大文堂、两仪堂、三让堂、文信堂、忠信堂、旧学山房等60余家书店堂号，刻字和印书工匠达到上千人。浒湾出产的书籍为木刻板，木材大多数采用梨树，兼用樟树和荷树。印刷纸张普通的用毛八纸（金溪黄通与峡山生产），特等的用连四纸（福建出产），低级的用京丹纸（资溪出产）。墨汁用乡村砍烧松树所熏成的烟渣制成。每板一块刻两面，如加朱批与圈点另刻套板。刻字工具分枝凿、平凿数种，刻字技术分出门与归身两种，刀刻方法分横刀与侧刀。

浒湾油面是金溪县的地方传统名点，又称龙须贡面、挂面、须面、龙凤见喜、福禄喜面、寿面等。明末就见诸市场，清代曾被选为宫廷食品。民国时，精装油面采用红漆木盒包装，木盒外雕刻有龙凤呈祥、百年好合、锦绣河山等图案，并配描金品名和作坊字号、烹调说明，秀气精美。浒湾油面用料讲究，采用上等的能承受拉力的优质面粉、茶油或麻油、精制薯粉或葛粉、食盐（福建产的细沙海盐为佳）等原料，按照不同季节严格配方，历三期发酵，经手工精制、微风晾干而成。其做工考究，操作严格，有和面、调料、搓条、过油、绕面、入箱、上架等十余道工序，制作过程要求一环紧扣一环，且一年四季的调料不同。金溪油面生产地在浒湾，因其地处交通要道，人员流动快，信息灵，原料充沛，故自然形成生产基地。

五、红色文化

抚州地区还有着光荣的革命历史。在第二次国内革命战争时期，井冈山革命根据地建立，毛泽东、周恩来、朱德、邓小平、陈毅等中央领导人都曾多次在这里领导和指挥武装革命斗争，建立苏维埃新生政权。目前抚州市下辖的乐安、南丰、宜黄、广昌、黎川、资溪、南城、崇仁、金溪9个县，均先后成立县级的苏维埃政府，因而成为中央苏区的一部分，临川的边远乡镇也成立了乡级的苏维埃政府。此外，东乡归属于浙赣省苏维埃政府。据统计，抚州现存红色文物295处，其中战斗战役遗址36处，烈士墓及纪念设施25处，重要历史事件和重要机构旧址105处，其他（含红军标语）129处。[①] 抚州地区的红色古村落，以金溪县后龚村、乐安县湖坪村、南丰县康都村等最为典型。

乐安县湖坪乡的湖坪村，是一个有着千年历史、万人规模，王氏单姓聚居的传统村落。据黄更昌、王友祥编著的《中国传统村落——湖坪》一书介绍，湖坪村于北宋雍熙二年（985年）由吉水县带源村人王延年肇建。当初，建村于闻华山西南的凤龙山下，因此地三面环山，地域狭窄，从天禧年间（1017—1021年）起，又开始在闻华山西北的溪谷平地开基建宅。明弘治八年（1495年），户部尚书张元祯为湖坪王氏题赠"文献世族"，并赞曰：诗书礼乐之相承，科第衣冠之不替。由于不断外迁等原因，目前湖坪仅留居第八世季谦（国宝之孙）一系。村内保留有大量的明清古建筑，其中尤其以牌坊之多而闻名。1933年，红一方面军在周恩来、朱德指挥下，在取得了第四次反"围剿"的胜利后，在湖坪一带休整，并进行了"大湖坪整编"。随着近年来乐安县开展红色标语普查工作，湖坪及附近村落红军反"围剿"时留下的之前被石灰盖住的大量标语被再次发现，如今已经受到保护。

后龚村位于金溪县左坊镇，村子规模不大，只有五六十户人家，其中绝大多数为龚姓。后龚是由老村前龚分出的。宋淳祐年间（1241—1252年），龚氏从资溪龚坊迁至前龚。1933年1月，周恩来、朱德、王稼祥等革命家领导的中国工农红军第一方面军在该村驻防一月有余。当时，为了粉碎国民党对中央苏区的第四次"围剿"，打通中央苏区与赣东北苏区的联系，红军总政委兼第一方面军政委周恩来、红军总司令兼第一方面军总指挥朱德率红一方面军一、三、五军团共计3万余人，从黎川、资溪等地出发进入金溪，将直属部队驻扎在金溪左坊一带，并将司令部设在后龚村龚氏宗祠，指挥金溪战役。2017年，金溪县为加强红色文化保护与发掘，投入2000多万元对后龚村的红一方面军司令部旧址、政治部、周恩来等人的故居等红色遗迹进行保护维修。

---

① 抚州市文化广电新闻出版旅游局：《红色文化》，http://wgxlj.jxfz.gov.cn/art/2019/5/9/art_6532_2043633.html，访问日期：2021年4月10日。

康都村地处南丰县太和镇，位于南丰、建宁、黎川三县交界处，古时即为南丰去建宁和广昌的必经之地，翻过山隘即是福建省建宁县。也正是因为此，康都村成为红军反“围剿”时南丰县的巩固苏区之一。1931 年 6 月初，红军取得第二次反“围剿”胜利后，红一方面军总司令部和总政治部从福建建宁县移驻南丰康都圩下街“宁家大屋”。6 月 21 日至 22 日，红一方面军总前委在这里召开了第一次扩大会议和总前委第九次会议，讨论时局和行动方针，即著名的“康都会议”。康都村目前保留着红军遗留下的许多革命遗址遗迹，包括红一方面军总司令部旧址、毛泽东旧居、红一方面军总政治部旧址、红一方面军总部电台旧址、红军医院、红军银行、红军标语、康都乡苏维埃政府旧址、红军战壕、防空洞、红军江西军区第四分区指挥部旧址等。

此外，红色文化还包括新中国成立以后乡村在社会主义建设过程中所形成的独具地方特色的生产生活文化。位于抚州市黎川县东南部的德胜关，地处赣闽边陲，深藏山谷之中，早在明中叶之前就有了建制，始名“关上村”。明末，福建的袁氏家族迁来这里，自建了一支武装，他们拒缴朝廷的苛税，朝廷便派兵镇压。袁氏起义得胜，改名得胜关。后来，人们认为要以德服人，又因“得”“德”谐音，便再改名为“德胜关”，沿用至今。德胜关自古就是江西黎川县与福建泰宁县通商的重要通道，到明清时期，已发展成重要的商埠之地。福建泰宁人带来他们的木材、土特产在老街卖完后，采购生活用品带回福建。第二次国内革命战争时期，红军足迹遍及这里的村村寨寨，许多墙垣至今留有红军书写的标语。邵式平、萧劲光、方志纯等无产阶级革命家曾在这里出生入死。德胜关的华盖峰一带是 1933 年 12 月 12 日中国工农红军第五次反“围剿”中著名团村战斗的主战场。在这场战役中，红军以 1.4 万余人击溃了进犯之敌 4 万余众。1957 年，随着党中央发出了“开发山区，支援国家建设”的号召，1961 年到 1963 年间，上千名机关干部、产业工人、转业军人，以及知识青年和水库移民纷纷来到德胜关，成立了当时的江西省国营德胜关综合垦殖场。德胜关在 20 世纪 50—80 年代一度闻名遐迩，被誉为“小上海”，有江西最先进的灯光球场，有豪华的电影院，职工医院、学校、招待所、电视转播台、桃园住宅区等。白天这里行人如织，晚上这里灯光璀璨，被大家称作“黎川小上海、德胜南京路”。1980 年，我国向太平洋海域发射远程运载火箭时，德胜关的江西电炉厂提供的电热设备立下了汗马功劳，荣获中共中央、国务院、中央军委联合嘉奖。

第三节 抚州传统村落文化的精神内核

抚州传统村落的文化以临川文化为核心，其精神内核主要包括以下几个方面。第一，千年农耕生活所形成的勤劳务实的生活品质，孕育了被誉为“赣抚粮仓”的粮食产量和丰富的物产种类，以及涵盖医药、出版、建筑等多个领域的手工技艺；第二，耕读传家的朴素民风与尊师重道的历史传统，形成了村落中发达的书院教育与科考风气，培养了一批又一批的文人才子；第三，深厚的儒家文化所孕育的家国情怀，也使抚州在近现代中国革命史上谱写了辉煌的一页；第四，则是长期以来开放包容的心态，使得临川文化与周边的信州文化、庐陵文化、豫章文化存在着广泛交流。此外，在中国历史上显赫一时的抚州商帮，同样在抚州传统村落里留下了厚重历史足印。

从文化生态学的角度来看，除了临川文化外，抚州境内部分区县的传统村落也受到庐陵文化、客家文化等的影响。例如，乐安县所处的地理位置，位于临川文化的边缘地带和庐陵文化辐射范围的边缘地带。因建制沿革和水系分布等因素，为两大文化在此的交融渗透提供了天然的时空基础。在建筑文化上，乐安地区传统建筑受两种文化形态的影响，融合抚州地区和吉安地区建筑风格的过程中，结合当地的历史人文、自然地理条件，提取特色元素，经过杂糅变异，兼具两个地区传统建筑的形制特征，产生了具有地域特色的建筑形态。[①] 同样，南丰傩舞风格古老稚拙、粗犷豪放，明显带有古中原文化和楚、越、吴文化结合的痕迹，被视为具有鲜明的客家文化特质。

---

① 段亚鹏、张类坊、闵忠荣：《文化交流背景下乐安县传统村落及建筑地域特色研究——以珠溪村为例》，《城市发展研究》2017 年第 10 期，第 18–24 页。

第三章　抚州传统村落保护现况分析

第一节　抚州传统村落保护政策及其落实状况

由于后续章节将针对非物质文化遗产政策进行梳理，本节仅对“传统村落”与“文物”两个概念进行相关政策的整理，并探讨抚州地区传统村落的政策落实状况。本研究针对政策目的划分为：调查规划、评选、保护与开发利用四类，并归纳成表格，如表 3.1.1 所示。

表 3.1.1　传统村落与文物保护发展相关政策

类别	单位	政策
调查规划	住建部、文物局、文化部、财政部	关于开展传统村落调查的通知
	住建部	住房和城乡建设部办公厅关于开展传统民居建造技术初步调查的通知
	全国人大常委会	中华人民共和国城乡规划法
	国务院	村庄和集镇规划建设管理条例
评选	住建部、文物局、文化部、财政部	传统村落评价认定指标体系（试行）
	住建部	中国历史文化名镇（村）评价指标体系
	住建部、文物局	关于全国历史文化名镇（名村）申报评选工作的通知
	国务院	国家历史文化名城名单报告的通知
	住建部、文物局	中国历史文化名镇（村）评选办法

续表

类别	单位	政策
保护	全国人大常委会	中华人民共和国文物保护法
	全国人大常委会	中华人民共和国环境保护法
	国务院	历史文化名城名镇名村保护条例
	国务院	文物保护法实施条例
	住建部	关于实施中国传统村落挂牌保护工作的通知
	住建部	传统村落保护发展规划编制基本要求
	住建部、文物局、文化部、财政部	关于加强传统村落保护发展工作的指导意见
	住建部、文物局、文化部、财政部	关于切实加强中国传统村落保护的指导意见
	住建部、文物局、文化部	关于做好中国传统村落保护项目实施工作的意见
	住建部	做好2015年中国传统村落保护工作的通知
	住建部	传统村落保护指导意见
	文物局	拯救老屋行动（金溪县）
	住建部、文物局	历史文化名城名镇名村保护规划编制要求
	文物局	全国重点文物保护单位和省级文物保护单位集中成片传统村落整体保护利用工作实施方案的通知
开发利用	国务院	关于实施乡村振兴战略的意见（中央一号文件）
	国务院	全面推进乡村振兴加快农业农村现代化的意见（中央一号文件）
	国务院	关于加大改革创新力度加快农业现代化建设的若干意见（中央一号文件）
	住建部、旅游局	关于开展全国特色景观旅游名镇（村）示范工作的通知
	住建部、旅游局	全国特色景观旅游名镇（村）示范导则
	住建部、旅游局	全国特色景观旅游名镇（村）示范考核办法
	住建部	关于组织开展中国传统村落系列宣传活动的通知
	住建部	关于公开征集中国传统村落形象标识设计作品的公告

一、抚州传统村落保护与利用政策梳理

(一) 国家级传统村落保护与利用政策阶段划分

中国文物学会付清远副会长将传统村落保护与发展政策进行阶段划分，共分为三个阶段：第一阶段，1986—2007年，历史文化名镇名村保护部门规章阶段；第二阶段，2008—2011年，历史文化名镇名村保护法律保障阶段；第三阶段，2012年至今，传统村落保护双轨制阶段。

第一阶段，历史文化名镇名村保护部门规章阶段。1986年，国务院同意城乡建设环境保护部、文化部《关于公布第二批国家历史文化名城名单的报告》（国发〔1986〕104号），首次提出对一些文物古迹比较集中，或能较完整地体现出某一历史时期的传统风貌和民族地方的镇、村寨进行保护，自此我国的历史文化村镇保护工作正式拉开序幕，开始从村镇单体文物性建筑保护向文物建筑所处基质环境的整体保护转化，实现纪念性建筑兼顾传统平常性建筑的区域保护。2002年9月，建设部发布《关于全国历史文化名镇（名村）申报评选工作的通知》（建村〔2002〕233号）。2002年12月新修订的《文物保护法》明确提出了历史文化村镇的概念，标志着我国历史文化村镇保护制度的正式建立。2003年起，建设部和国家文物局先后颁布《中国历史文化名镇（村）评选办法》（建村〔2003〕199号）和《中国历史文化名镇（村）评价指标体系》（建村〔2007〕360号）等规范性文件。2007年10月《城乡规划法》颁布，对历史文化遗产的保护规划进行了原则规定，并在第31条第2款指出："历史文化名城、名镇、名村的保护以及受保护建筑物的维护和使用，应当遵守有关法律、行政法规和国务院的规定"，使得历史文化名镇名村保护规划编制和实施方面的规定更加完善。

第二阶段，历史文化名镇名村保护法律保障阶段。2008年4月，国务院颁布《历史文化名城名镇名村保护条例》（国务院令〔2008〕524号），使历史文化名镇名村的保护更加体系化、法制化，并正式从国家层面肯定了中国历史文化名镇名村的命名。2009年1月，住房和城乡建设部、国家旅游局下发《关于开展全国特色景观旅游名镇（村）示范工作的通知》（建村〔2009〕3号），制定了《全国特色景观旅游名镇（村）示范导则》和《全国特色景观旅游名镇

（村）示范考核办法》，旅游部门开始参与历史文化村镇的保护和开发，体现了对传统村落利用的旅游发展导向。2012 年 11 月，住房和城乡建设部、国家文物局联合发布《历史文化名城名镇名村保护规划编制要求》（建规〔2012〕195 号），对提高保护规划编制的科学性、规范性和可操作性起到一定的指导作用。

第三阶段，传统村落保护双轨制阶段。2012 年 4 月，住房和城乡建设部、文化部、国家文物局、财政部联合下发《关于开展传统村落调查的通知》（建村〔2012〕58 号），首次联合启动了中国传统村落的调查。财政部也第一次作为传统村落保护单位参与出台保护文件。2012 年 8 月，四部门联合出台了《传统村落评价认定指标体系（试行）》（建村〔2012〕125 号），成立由建筑学、民俗学、规划学、艺术学、遗产学、人类学等专家组成的专家委员会，评审《中国传统村落名录》。传统村落具体保护工作于 2013 年起步，2014 年、2015 年逐步铺开，中央财政专项资金拨付实施。2012 年 12 月，中共中央和国务院下发了《关于加快发展现代农业，进一步增强农村发展活力的若干意见》，提出制定专门规划，启动专项工程，加大力度保护有历史文化价值和民族、地域元素的传统村落和民居，中央一号文件中第一次出现传统村落保护内容。同时期，住房和城乡建设部、文化部、财政部联合公布了《关于加强传统村落保护发展工作的指导意见》（建村〔2012〕184 号）。2013 年 9 月，住房和城乡建设部公布了《传统村落保护发展规划编制基本要求（试行）》。2013 年 12 月，住房和城乡建设部办公厅下发了《关于开展传统民居建造技术初步调查的通知》，提出尽快开展对传统民居建造技术的调查、整理、记录工作。2014 年 4 月，四部门再次联合发布《关于切实加强中国传统村落保护的指导意见》（建村〔2014〕61 号），将传统村落保护政策具体化，一些传统村落大省大市也编制了相应的保护办法。2014 年 7 月，相关部门公布了第一批列入中央财政支持范围的中国传统村落名单的通知。2014 年 8 月，住房和城乡建设部办公厅下发《关于组织开展中国传统村落系列宣传活动的通知》，明确提出传统村落的宣传内容、宣传方式等。2014 年 9 月，住房和城乡建设部、文化部、国家文物局联合出台《关于做好中国传统村落保护项目实施工作的意见》，为防止传统村落出现盲目建设、过度开发、改造失当等修建性破坏现象，特提出此意见文件。中共中央、国务院 2015 年 2 月 1 日印发的《关于加大改革创新力度加快农业现代化建设的若干意见》（中央一号文件）明确提出完善传统村落名录和开展传统民居调查、落实传统村落和民居保护规划等要求。2015 年 6 月，住房和城乡建设部等部门下发《关于做好 2015 年中国传统村落保护工作的通知》（建村〔2015〕91 号），响应中央一号文件提出的要求，提出开展五个方面工作，包括中央财政支持申请、传统村落补充调查、建立地方传统村落名录、抓好日常管理、开展项目实施情况督查等。

除了上述三阶段方向的政策出台外，国家还有许多实际的行动作为，但并非通过政策颁布通知来执行。

传统村落保护的执行除了通过政策颁布外，2014 年 5 月，中国文物基金会设立“中国文物保护基金会古村落保护专项基金管理委员会”，同年 7 月，设立“中国文物保护基金会传统建筑专项基金管理委员会”。2016 年文物保护基金会受中央财政和国家文物局委托，承担了部分资助项目，其中重点项目包括传统村落中私人产权民居的保护修复与利用、开放的各级文物保护单位内容研究和传播能力建设。上述国家资金基金会资助方式成为传统村落保护的有益补充。

国家资金基金的具体落实方式，在财政部和国家文物局的支持下，中国文物保护基金会启动了以支持资助传统村落中私人产权民营建筑保护为主要内容的项目。通过社会募集一部分资金，财政作为项目资金委托基金会，选择某些区域（国家级的传统村落范围内），根据自愿原则，经过基金会评审，通过第三方技术团队制订修缮计划并做预算安排，文物保护基金会直接和农户签合同，资助他们一定的资金来完成修缮工作。

2016 年 4 月，“拯救老屋行动”项目启动，该项目是对中国传统村落中私人产权文物建筑修缮进行资助的公益项目，实施期限暂定两年（2016—2017 年），松阳县是该项目的整县推进试点县。修缮项目采取产权人自愿申报的方式，对提出申请的项目由县老屋办组织专家组进行评审，基金会审定后由基金会与申报人签订合同，基金会资助修缮经费总额的 50%。产权人可采取个人自筹、亲友拆借、银行贷款、村集体垫付、企业参与“五管齐下”的方式筹集修缮资金，还可以通过以劳抵资、以物抵资的方式，多形式投入。

2018 年，推出下一期的“拯救老屋行动”，选出江西省金溪县与云南省红河州建水县、石屏县。这三县一并成为中国文物保护基金会确定的全国三个“拯救老屋行动”整县推进项目实施县。修缮资金共计 8000 万元，其中中国文物保护基金会出资 4000 万元，县财政配套出资 2400 万元，产权人自筹 1600 万元，属于贫困户的产权人修缮老屋不须出钱。修缮好的老屋，产权仍然归原产权人所有。

数字化为传统村落保护与发展的一个重要方向。2015 年，住建部发布启动“传统村落数字博物馆”项目，旨在通过网络、计算机、通信等数字化手段，以行政区划、文化圈、地理文化分区等为引导，集权威性、知识性、趣味性、实用性于一体，展示每一个传统村落的聚落风貌、传统建筑、非物质文化遗产，成为世界了解中华文明的窗口。

（二）省市县级传统村落保护与利用政策推动

江西省人民代表大会常务委员会通过全国首部传统村落保护省级地方性法规《江西省传统村落保护条例》，旨在根据有关法律与法规，结合江西省实际情况进行传统村落保护，继承优秀历史文化遗产，建设美丽乡村。江西省住建厅发布了《江西省传统村落整体保护规划》《省级传统村落名单公布》《关于推荐江西省历史文化名城名镇名村、传统村落保护专家库人选的通知》；江西省发改委员会提出了江西“活态”保护传统村落；江西省文保单位出台了《江西省文物保护条例》；江西省人民政府出台了《关于全面推进乡村振兴加快农业农村现代化的实施意见》（2021 年江西省委一号文件）；江西省财政厅等 6 厅联合印发了《整合资金支持传统村落保护实施意见》。此外，国家文物局、江西省文物局已将中国传统村落整体保护利用作为今后文物保护工作的重点之一，并纳入《国家文物局、江西省政府关于共同推进江西文物博物馆事业发展合作框架协议》的重点工作之一。

金溪县政府制定并下发了《关于成立金溪县文物保护管理委员会的通知》《关于加强我县文物保护工作的实施意见》《关于公布金溪县第二批县级文物保护单位的通知》《关于公布 564 处古村古建筑为县级文物保护点的通知》《关于加强全县不可移动文物保护管理的实施办法》等 10 多份文件。①

① 江西省人民政府：《抚州：对传统村落全域保护的实践》，http://www.jiangxi.gov.cn/art/2017/10/18/art_5296_344780.html，访问日期：2021 年 4 月 18 日。

乐安县近期出台的县级传统村落保护与开发政策有《乐安县创建“江西省美丽宜居试点县”实施方案》[①]《关于流坑古村落文化风貌提升改造（二期）工程初步设计批复的申请》[②]《中共乐安县委关于农业农村优先发展做好“三农”工作的实施意见》[③]《乐安县古村落古建筑保护规划》[④]。乐安县住建局在 2020 年工作总结及 2021 年工作计划中提到，古村落活化利用建设项目计划分成四个部分：一是规划先行法规优先，完善古村落保护制度；二是统筹协调重点活化，树立活化升级成功典型；三是传承地方传统文化，保护好古村落精神家园；四是加强引导积极谋划，增强我县古村落的吸引力。[⑤]上述可算是乐安县对于传统村落活化利用的政策计划。

南城县政府除了转发上级传统村落保护开发精神，如《江西省传统村落保护条例》，并对其加以解读之外，还出台了《尧坊村传统村落保护发展规划》《南城县上唐镇源头村活水亭桥景观工程设计》《洪门镇益王墓葬群保护发展规划》等政策。[⑥]此外，还编制了县级《传统村落保护发展规划》和《村级景观工程设计》。[⑦]

南丰县较少出台县级传统村落保护与开发政策，除了自身积极发展“和谐秀美乡村”建设外，还在南丰县人民政府网转达上级精神，如 2013 年住建部发布的《传统村落保护发展规划管理办法》《明确保护规定 防止古村落里

① 乐安县人民政府：《关于印发〈乐安县创建“江西省美丽宜居试点县”实施方案〉的通知》，http://www.jxlean.gov.cn/art/2020/10/15/art_9823_3579255.html，访问日期：2021 年 4 月 18 日。

② 乐安县人民政府：《关于同意流坑古村落文化风貌提升改造（二期）工程初步设计的批复》，http://www.jxlean.gov.cn/art/2020/5/21/art_4433_3404462.html，访问日期：2021 年 4 月 18 日。

③ 乐安县人民政府：《关于印发〈贯彻落实重点任务责任分工方案〉的通知》，http://www.jxlean.gov.cn/art/2019/9/6/art_9822_3273607.html，访问日期：2021 年 4 月 18 日。

④ 乐安县人民政府：《乐安县推行“四精”举措开发保护古村落、古建筑》，http://www.jxlean.gov.cn/art/2019/6/5/art_4425_3371118.html，访问日期：2021 年 4 月 18 日。

⑤ 乐安县人民政府：《乐安县住建局 2020 年工作总结及 2021 年工作计划》，http://www.jxlean.gov.cn/art/2020/12/10/art_561_3599260.html，访问日期：2021 年 4 月 18 日。

⑥ 南城县人民政府：《县农业农村局大力发展乡村振兴》，http://www.jxnc.gov.cn/art/2020/10/12/art_7224_3563558.html，访问日期：2021 年 4 月 18 日。

⑦ 南城县人民政府：《南城县农业农村局进一步提升村容村貌》，http://www.jxnc.gov.cn/art/2020/7/27/art_7224_3532919.html，访问日期：2021 年 4 月 18 日。

大拆大建》《传统村落开发利用应按规划 防借机占耕地》等。在文物保护方面，南丰县政府采取相同的方式，通过转发及遵守上级的政策精神，如《中华人民共和国文物保护法》《中华人民共和国文物保护法实施条例》《江西省文物保护条例》来执行文物保护政策，鲜少出台自身县级文物保护政策来进行文物保护的政策遵循与落实。

二、抚州传统村落保护与利用政策落实状况

（一）抚州市级政策落实状况

根据抚州市人民政府网站，抚州市现有各级文物保护单位共 317 处，按级别分有国家级 1 处（乐安流坑）、省级 30 处、市级 61 处、县级 225 处；按地域分，市辖区 18 处、临川区 37 处、乐安县 28 处、崇仁县 13 处、广昌县 33 处、东乡区 8 处、资溪县 21 处、金溪县 68 处、南丰县 33 处、宜黄县 19 处、南城县 29 处、黎川县 10 处；按类别分，古建筑 183 处、古墓葬 42 处、古遗址 33 处、石窟寺及石刻 21 处、近现代重要史迹（包括革命历史文物）38 处。① 资料仅更新至 2011 年，可见相关资讯统计与公开不够及时。

（二）各区域县级政策落实状况

1. 金溪县

金溪县全面推进“拯救老屋行动”，探索更多“古村 +”模式。金溪县目前较完整的传统村落建筑 100 余个。面对如此体量庞大、底蕴深厚的古村落，该县以被列为“拯救老屋行动”整县推进项目为契机，多措并举实施古村落保护。在每个传统村落都配备了文保员，实行专人“一对一”保护。同时，该县积极探索“古村 + 休闲”“古村 + 旅游”“古村 + 研学”等模式，吸引社会资本参与保护利用，并引入央企对浒湾古村进行开发。

规划引领发展。金溪县聘请各知名大学与科技研究院编纂《金溪古村落群调研与评价计划书》、江西省传统村落及待批传统村落《保护规划方案》，提出了对古村古建筑等文化遗产进行保护与利用的方法和策略。金溪

① 抚州市人民政府：《抚州市文物保护单位情况》，http://www.jxfz.gov.cn/art/2011/5/31/art_24_883303.html，访问日期：2021 年 4 月 18 日。

县总投入 948 万元资金，完成了 72 个中国历史文化名镇名村、江西省历史文化名村、中国传统村落的编制工作，和 7 个正在申报的传统村落《保护规划方案》的编制预案；明确了文物保护本体核心保护区，划定并公布了保护范围和建设控制地带；规范了古村落在新村建设、中心村建设及其他生产建设、基本建设的行为；确保了破坏古村古建筑、文化遗存的违法犯罪活动的处罚。

加强宣传造势。2016 年上半年，中央电视台《国宝档案》栏目连续五期宣传金溪，并通过“数字遗产中国行”全国性的大型活动对金溪进行宣传。2016 年 8 月在清华大学国际交流中心，面对国内外 100 多家主流媒体，向全世界宣传金溪古村古建筑等文化遗产，再一次把宣传保护工作推向高潮。目前，来自全国各地参观金溪文化遗存的人流络绎不绝，关心支持金溪文化遗产保护的领导、专家频繁深入金溪调研。

织牢文保网络。金溪在全县 72 处国家级、省级、市县级文物保护单位分别设立了文保员，在被列入重点保护对象的 79 个传统村落增设了 79 位传统村落文保员，实行全县文物、文化遗产“一对一”专人负责保护管理，形成了县、乡（镇）、村三级保护网络，能第一时间得到村落的信息反馈。2014 年，金溪引导全县 79 个传统村落依法制定了《文化遗产保护村规民约》，大力推广村民自治的办法，防止文化遗产遭受破坏。

把文化遗产保护工作列入全县综合目标考评的范围，建立齐抓共管、协调作战、属地管理责任机制。出台政策规定：没有文物部门的书面意见，林业部门不得出具旧木材放行证；危房改造，新农村建设，涉及古建筑拆除与迁移，都必须到文物部门填报《金溪县古建筑拆除、迁移申报审批表》；接到破坏古建筑等文化遗存报案，属地派出所必须在 15 分钟内到达现场，县文物、建设、林业部门必须在 30 分钟内到达现场，以共同、公开、透明的办法处理案件。

政策领头带动。一方面，县政府每年安排 420 万元专项资金，并列入财政预算，专门用于奖励、补助村集体和个人维护与修缮产权属于村集体与个人的古建筑，奖励补助金额 5000 元至 10 万元不等；另一方面，对村集体与个人投入资金量大，进行拆架大修古建筑的项目，每年安排 8~10 栋列入县政府“一事一议”范围，给予 15 万元至 30 万元不等的奖励和补助，但是，要取得维修古建筑奖励补助资金，必须先到县文物管理部门领取并填报《金溪县古建筑维修申报审批表》，维修哪一部分、用什么材质、所需资金都要在维修方案中填写清楚，并由文物管理部门现场指导，从而防止“保护性破坏”现象的发生。工程完工以后，县文物部门根据工程量的大小，以及是否符合审批后方案的要求，决定奖励补助资金的多少，大大地提高了集体与个人维修保护古建筑等文化遗存的积极性，起到了“四两拨千斤”的作用。仅 2014—2016 年，带动全县民间资金用于文化遗产保护达 1.15 亿元。

多元资金投入。金溪县建立多元投入机制，采取多渠道筹措资金办法。2013—2016 年，争取国家古建筑红色文物、传统村落集中连片古建筑文物、国保和基层文物保护经费达 5200 万元；建立古建筑文化遗产政府托管保护基金达 9300 万元；村集体与个人投入资金达 11,500 万元；全县涉及古建筑文物保护的 42 个新农村建设点，投入传统街巷修复与古建筑维修等保护资金总计 2100 万元；通过数字遗产中国行，各界认捐认修古建筑文化遗产、赞助资金折合人民币达 2200 万元；县财政在文化遗产保护方面直接投入“三个千，六个九”的资金，即投入了 1000 万元用于中国历史文化名村竹桥村“历史格局与传统风貌”复原工程，投入了 1000 万元用于以省保单位陆象山墓为中心的与“象山文化”相关的文物保护修复工程，投入 1000 万元用于与国家历史文化名镇浒湾书铺“书乡文化”相关的文物保护维修工程。同时，历史街区、历史文化名镇名村、传统村落申报与保护规划编制累计投入资金 900 万元；红十军军长周建屏故居、卢春生烈士故居、明代官厅、陆氏家庙、旧学山房、车大宗祠等 18 处被列入“一事一议”抢救性维修项目工程，累计投入资金 900 万元；全县古村古建筑文物白蚁防治、老化电线电路改造、安防消防等日常维护工作累计投入资金 900 万元；全县文保员工资和维修项目奖补资金累计投入 900 万元；各类宣传资金累计投入 900 万元；征地、安置补偿资金累计投入 900 万元。2017 年，成功争取中国文物保护基金会“拯救老屋行动”整县推进项目资金 4000 万元，共审核 21 个传统建筑修缮团队。全县投入文化遗产的保护资金是新中国成立以来总和的 216 倍，为彻底解开束缚全县文化遗产保护工作的瓶颈提供了根本性保障。[①]

2. 乐安县

乐安县人民政府与北京城建设计发展集团股份有限公司签订了稠溪村古村落保护项目合作协议。项目投资总额 3 亿元，旨在实现古村落文化遗产的保护、修复、升级，并结合旅游产业的多元化发展，促进当地经济可持续发展。[②] 红军标语保护利用模式入选全国革命文物保护利用十佳案例，成为全省唯一，此外，《大傩 · 董春女》在国内正式上映。[③] 流坑村已获得了“全国重点文物保护单位”“首批中国历史文化名村”“首批中国传统村落”“国家 4A 级旅游景区”“全国生态文明村”“江西省省级风景名胜区”“江西十大特色美景”等各类荣誉称号。[④]

3. 南城县

南城县由县金创集团与县农商银行签订了 1.2 亿元《贷款合作框架协议》，对天井源乡尧坊村、上唐镇上唐村等 10 个中国传统村落，采取历史古建筑整体打包形式进行保护开发，推动传统古村落焕发新生机。随着城镇化进程的不断加快，一些古村落、古民居正在悄然走向破败。南城县为了更好地活态保护利用这些活化石，结合“两权”抵押贷款改革，对古建筑、古村落开展多业态融合发展试点，在改善村庄环境、提供硬件保障的基础上，协助村民建立传统村落保护发展理事会和经济合作社，并立足自身历史文化积淀、发展空间、基础设施等，采取“古村 + 休闲”“古村 + 旅游”“古村 + 研学”等模式，带动古村落形成农产品生产加工、休闲旅游、文创娱乐等多业态融合发展新局面。[⑤] 此外，大力挖掘乡村红色文化。如开发了闽赣省建东县委、建

---

① 江西省人民政府：《抚州：对传统村落全域保护的实践》，http://www.jiangxi.gov.cn/art/2017/10/18/art_5296_344780.html，访问日期：2021 年 4 月 18 日。

② 抚州市人民政府：《乐安一投资 3 亿元的古村保护合作项目落户》，http://www.jxfz.gov.cn/art/2018/1/2/art_14_131928.html，访问日期：2021 年 4 月 18 日。

③ 乐安县人民政府：《乐安县政府工作报告（2021 年）》，http://www.jxlean.gov.cn/art/2021/3/9/art_561_3657129.html，访问日期：2021 年 4 月 18 日。

④ 乐安县人民政府：《流坑景区荣获“2019 中国最美村镇”乡风文明成就奖》，http://www.jxlean.gov.cn/art/2019/12/11/art_4425_3235087.html，访问日期：2021 年 4 月 18 日。

⑤ 南城县人民政府：《南城县：让“美丽风景”变成“美丽经济”》，http://www.jxnc.gov.cn/art/2020/8/19/art_7184_3541386.html，访问日期：2021 年 4 月 18 日。

东县苏维埃政府旧址红色景点，硝石之战历史红色景点；在沙洲镇黄狮村建立中共金南特区、金南苏维埃政府旧址、渭水桥阻击战—南城战役旧址红色景点。①

4. 南丰县

南丰县积极打造“美丽公路”，该公路同时也是经济带、景观带、旅游带，结合秀美乡村建设发展该县传统村落。此外，南丰县已成功树立傩文化品牌村落——石邮村。石邮村是南丰县傩文化历史最悠久的村落，比周边省份的傩文化更古老，更粗犷豪放，更具原生形态特征。村中有座远近闻名的傩神古庙，有保存完好的明清民居 46 幢（明代 29 栋，清代 17 栋）。村庄规模宏大，巷道纵横交错，是个难得一见保存完善的古村，已顺利打造为秀美乡村典范。② 除了石邮村外，洽湾村亦为南丰县保护与发展较为完善的传统村落。然而，因新冠病毒疫情影响，加上该村落缺乏独特的村落文化，本团队前往考察时，该村人烟稀少，许多店铺已不营业。

第二节　抚州传统村落建筑与环境保护现况——以金溪县为例

一、传统村落周边环境分析

周边环境状态，指传统村落由于地理位置导致的自然环境情况，如周围的地势、山体、水情等，以及后天由于人类活动及相关发展产生的相应环境的改变情况。通过分析目前这些元素，以及被调查之村落与周边环境的协调程度，可以更好地为传统村落环境保护与开发提供参考与建议。调查前，小组按村落与周边环境协调度高低将结果分为保持良好、存在改变情况、破坏严重三类。调查结果显示，被调查的村落周边环境较少存在遭到严重破坏的情况，因此将第三类破坏严重去除，将最后的结果分为保持良好、存在改变

① 南城县人民政府：《县农业农村局大力发展乡村振兴》，http://www.jxnc.gov.cn/art/2020/10/12/art_7224_3563558.html，访问日期：2021 年 4 月 18 日。

② 南丰县人民政府：《南丰县政协调研传统古村落的保护与利用》，http://www.jxnf.gov.cn/art/2018/12/17/art_838_740952.html，访问日期：2021 年 4 月 18 日。

两类。

（一）保持良好

村落与周边环境保持良好，指从整体上来看，周边自然环境几乎没有遭到破坏，山地与植被状态较好，且可以与村落和谐共生。周边环境保持良好的村落包括疏口村、全坊村、蒲塘村、岐山村与东源曾家村。

疏口村：疏口古村坐落在琅据镇西北部、疏溪河北岸，离疏山寺较近。该村东望武夷山，西达抚河，南临琅琚河、富屯溪，北靠信江。村落面积较大，约一平方千米，且其所处区域的自然环境条件较为优越，整个村子坐北朝南，选址背山面水。由于地处丘陵地形，因此地势起伏舒缓，西高东低，东面为开阔的平原，西面高地为人居聚集区域，拥有平原下连片开阔的农田与水系发达的河流。且该村池塘密集成群，古村南方就有一排池塘，大小不一，既原始又富有传统的生活气息。疏口古村前部分为设立在田野农田之中的较为现代化的新村，后部分为古村落。古村如今居住人口较少，因而大部分房屋闲置，使得植物生长状态极佳，草地、树木、池塘、水塘与建筑融合情况极好。在村中有数棵古樟树，其中一株树高十米有余，树根露出土面长度也达十余米，古树冠幅达五六十米，尽管历经风雨，却依旧欣欣向荣，充满底蕴与生机。

图 3.2.1　疏口村周边环境组图（竺頔　摄）

村落周边环境基本没有改变，背坡临水，池塘密布，前景开阔，夏迎凉风，植被覆盖良好，与村落的和谐度较高，整体十分宜人和亲切。建议政府考虑在规划改变周边环境时更为谨慎，严格规划村落建设用地范围，尽量避免无限制、无规律扩展。保护池塘生态环境，同时对建设控制地带内与村落整体观不协调的建筑物进行整治或拆除，保证村落与自然环境相互陪衬的契合关系。

全坊村：全坊古村建于北宋，隶属于江西省抚州市金溪县合市镇田南村。该村落北靠青山，东临衡塘溪，依山傍水而建，是一个风格古朴、历史悠久、文化底蕴深厚的古村落。村内山地（丘陵）多，土地也多。村落周边以平地农田为主，远处有竹林、树林与山地，自然环境没有过度破坏的痕迹。全坊村地处山谷地带，坐北朝南，因此面朝阳光；背面靠着高山，面前视野开阔，景色宜人。村落周围以田园为主，傍水、居田而建，村后竹木茂密，风景迷人，空气清新，几乎没有什么污染，一年四季的风景都颇为秀丽，无处不彰显着清静欢乐的田园意韵。

图 3.2.2　全坊村周边环境组图（竺峋　摄）

古村周围的青山绿水、苍劲的古树共同体现了全坊古村周边环境质朴纯真的自然美。西面有适合防御的小丘陵环护；村首有一个很大的水塘，使得整个村落面水而居，形成了背山面水的特征。古村前后都有池塘，东面有衡塘溪，因此成为蕴藏山水之灵气的理想村落选址之地。总体来看，村落周边环境保持良好，可以与村落达到和谐共生。建议政府应严格禁止在全坊村的周边范围内进行可能破坏整体环境格局的建设活动，保护好村落周边的格局构成元素，同时建议相关开发企业的所有工程设施均不应妨碍风貌景观，也不能影响视域。

蒲塘村：蒲塘村位于抚州市金溪县琉璃乡北部，北靠城丘村，南邻蒲江村。该村落东、南、北三面都环山，被群山包围，西部为田垄与水塘，形成了具有良好风水的山环水抱之势。

图 3.2.3　蒲塘村周边环境组图（竺岶　摄）

村落周边环境保持良好，青山环绕，绿水常依，与村落在一起颇为和谐。村民口述，坐在村外敬祖桥边上的石头边能听见村民工作时唱农歌的声音。由于风水问题，森林外的小山包填了泥巴。村内有两块禁碑：一块为 580 年前的“禁伐令”，即不能砍伐树木；另一块则勒令村民不能造墓。前者的存在使得该村村民世世代代千方百计保护山林与古木，目前村里有山林 2100 余亩，政府也因此建了省级森林公园。由此可见，蒲塘村的村民在环境保护方面的意识较强，这对于政府后期宣传保护自然与进行生态建设有积极影响。村内及周边有许多上千年的古树，为村落增添了一层古朴的色彩。村口有两棵 550 多年的古樟树，如今依旧枝繁叶茂，郁郁葱葱。在寺庙的附近，有一棵 900 多年的香樟树、一棵 700 多年的香樟树和一棵 1200 多年的罗汉松，三棵树呈三角形分布，寓意“福、禄、寿”，被称为“福禄寿”三宝树。仙人旧馆前也有两株上千年的古柏，可以说蒲塘村与树相伴，共同走过了千年，得以成为如今的模样。据村民回忆，村里以前刮大风刮倒了一棵千年大松树（迎客松），政府原本想抢救，但是它倒在田间，一时竟无处可栽，只能遗憾放弃。神仙庙倚靠铜峰，据说是因为以前山上产铜，所以被称作铜峰。建议政府保护好村落池塘的生态环境，同时关注村落周边自然的生态环境，严格对建设用地的范围进行限制与规划，避免无规律发展带来的环境破坏，保证村落与自然环境的契合度。

岐山村：岐山村隶属于江西省金溪县陈坊积乡，具体位于金溪西北边陲，且在陈坊积乡的北面。该村南靠双陈河，北倚后科村，因此也被称为“前科”。与东乡区相邻，村后是连绵五六里的后龙山，发于北侧会仙峰，与会仙峰逶迤相接。山上有松樟万棵，能藏风聚气，成为天然的秀丽屏障。

图 3.2.4　岐山村周边环境组图（竺頔　摄）

村落倚山临水，在山坡上如同双龙一般，因而被称作“双龙之地”。村落外的河流为大港河，大港河穿过村庄，除去春潮时下雨河水水位会上涨以外，一年四季都较为平和，十分温驯，且沟渠内流淌的都是山泉水，纯净自然。有趣的是村内的水向东流，但是村外的河水却向西流，这奇异的景象常常令前来的游客感到惊诧。村落周边的环境状态保持较好，与村落相互映衬，整体较为和谐。建议对于村庄的周边环境进行合理保护，从多个角度进行考虑，对于地形与自然应该有整体的完整规划，避免无度的破坏与开发。

东源村：东源曾家村坐落在琉璃乡以北偏东 5 公里处，东靠合市镇，南与蒲塘村相接，西与陈坊积乡交界，北端为东乡区。该村地理位置较为优越，交通便利，外部为大片农田、部分水田，农田之外则是山岭，整体来看处于低山丘岗，为山水所环绕。远处崇山峻岭夹杂交错，自然环境较好，空气清新。村落东面有溪水流过，北部也有河水横穿而过，山水与村落仿佛融为一体，相互呼应，自然而秀美。

图 3.2.5　东源村周边环境组图（竺頔　摄）

在村落的北部还有一片防风树林阻挡强风，村落整体坐北朝南，视野开阔，受光面大，属于背山面水的典型地理位置。总体上来看，东源曾家村周边环境状态较好，能够做到与村落互相映衬，且比较和谐。建议在保护过程中注意维护周边自然环境与村落的整体和谐程度，保护村落周边翠林环绕的自然风景状态，避免建设或开发活动给村落带来时空的割裂感，也避免不合时宜风格的设施出现在村落周边。

（二）存在改变

村落与周边环境存在改变，指从整体上来看，周边部分自然环境有所变化，山地与植被状态整体尚可，且仍然可以与村落和谐共生。村落周边自然环境存在改变的村落主要有浯溪村、陆坊村、下李村、浒湾村、后龚村、游垫村、大坊村和竹桥村。

浯溪村：浯溪村位于江西省抚州市东乡区南面，为黎圩镇下辖行政村，坐北朝南，倚山而建，至今有800多年的历史。一条清溪名为“水龙港”，自村前流过，约20米宽，清澈见底。伴有参天的古树立于村口，自然而质朴。村后为后龙山，青山映衬，山上有茂林修竹，还有青松屹立，清丽且安定。还有黎圩至虎形山水泥公路傍村而过，交通方便。

图 3.2.6　浯溪村周边环境组图（竺頔　摄）

整体来看，浯溪村傍山而建，依山临水，地理位置颇佳。但深入调查可以看出，村民在古宅区外部修新房，且将地面做了水泥铺路的处理，使得村落周边自然环境有一定程度的改变，并且由于旅游开发令部分地段改成小型停车处。但总体来说变化不大，大部分自然环境都能做到与村落和谐共生，多为树木与山林土坡等，山间修有供车辆行驶的道路。建议在后期进一步开发时首先注意保护生态链的完整性，同时注意开发项目设施与村落的和谐程度，避免产生太过突兀或特立独行的设计。

陆坊村：陆坊村是江西省抚州市金溪县陆坊乡下辖的行政村，与植源村、连下村、上李村、石岗村、官桥村、桥上村等村落相邻，附近有里窑窑址、高坊水库、金溪县象山公园、东源曾家村、龚氏祠堂等景点。

图 3.2.7　陆坊村周边环境组图（竺頔　摄）

村落外部为大片农田，部分为水田，农田外为山岭；拥有丰富的地下水，并且倚靠青田河，河水常年清澈见底，水资源丰富；光照较好，晴天时光照强，微风徐徐，环境舒适，适宜居住，且没有遭到大规模破坏。由于对外交流逐渐频繁，且被开发为旅游景点，陆坊村村落周边环境产生了一定程度的改变，如开发了公路、林道等，但整体上与村落依旧较为和谐。建议在后续开发中如需扩建，则应充分规划，安排好该村周边的自然环境，避免由于开发产生的过度破坏，否则就会因小失大。

下李村：下李村是江西省抚州市金溪县陆坊乡下辖的行政村，原名霞峰李家村，坐落在金溪县城北郊，属于中型规模，坐西朝东，基址为滨水岗地，南北长约 380 米，东西长约 200 米。该村在历史上“山清水秀，土地肥沃”，因为是风水宝地而被该地村民的祖先选择定居。如今，村庄周围有大片良田，部分为水田，土肥水足。

图 3.2.8　下李村周边环境组图（竺頔　摄）

下李村距离陆坊村较近，紧靠霞峰山、高坊河（又名青田河），拥有丰富的水资源，晴天无风，温度适宜，风景优美。由于受到现代化的影响，村落附近开辟了如小型停车场等相关现代设施。由此可以看出，下李村村落周边环境有一定程度的改变，但与村落依旧较为和谐。建议政府在对下李村进行后续开发的过程中要重视其与周边环境的和谐程度，对建设用地的范围进行严格的限制与规划，保护村落高坊河、池塘及山体生态环境。

浒湾村：浒湾村位于浒湾镇中心，坐落在抚河边，东面与堤下村相邻，西面与丁家村相接，原名金冠里，距今有上千年历史。村庄南北向最长距离约 330 米，东西向最长距离约 1100 米。村落坐北朝南，前有抚河，后有国道，不论是旧时还是现在，交通都颇为便利。其周边环绕数片良田，土地肥沃，古木众多。

图 3.2.9　浒湾村周边环境组图（竺頔　摄）

村落周边环境存在一定程度的改变，但整体并不影响村落和谐。抚河河岸视野开阔，且没有工业化痕迹，自然且原始，能看见村民在岸边洗衣，小孩子在岸上玩耍。但在国道边就是街道与现代化建筑，那一面原本是青山与绿地，现都已经被开发与利用。国道上常常有渣土卡车来往，带起的烟雾、渣土与灰尘对于环境与人们都不友好。建议对于抚河生态外境与村落周边田地的生态环境应着重保护，同时严格限制建设用地范围，注意村落周边环境的和谐度，在后续的建设中应增加绿化，同时对自然环境做到尽力修复与维护。

后龚村：后龚古村的村落周边环境存在一定程度的变化，但整体并不影响村落和谐。后龚古村位于金溪县南面的左坊镇北部，在猫儿岭的西面。其地处盆地，北南两面均为低矮丘陵，四周山林环绕，环境优美。以前的村子四面环山，树木非常多，大部分房子的地基都是依山而建的。在祠堂前方路边有一棵桂花树，据说由朱德亲手栽下，当年长势非常好，在他去世时死掉了，后来又发芽成活，为人们所称道。如今，该村落有四个人工开挖的水塘与一条农业灌溉沟渠，且在村落附近有一处小型水库。因此即便该村并不直接倚靠河流或溪水，生产生活中所需要的水资源仍然较为丰富。

图 3.2.10　后龚村周边环境组图（竺頔　摄）

村子前有猫儿山，后有后山，还靠着当时的官道（206 国道是当年的官道）。现在猫儿山还在，但是后山随着房屋的逐渐增多与各种建设项目的实施，逐渐趋近被铲平的状态，在一些房屋和道路边还能看见山上才会有的树木。前龚村和后龚村中间相隔了一座山，山上竖立着很多老式的墓碑，都是这些村民的先祖之墓。由于后龚村内部开发状态较好，因此建议政府及相关企业在后续的开发上要避免过度的、无规划的扩建，否则就会破坏周边的自然环境。

游垫村：游垫村位于抚州市金溪县合市镇，是金溪县保存较好的明代村落。该村建立于平缓的山坡上，村前有多方水塘，水塘彼此相连。在水塘边常常能看到洗衣服的妇女，悠闲而宁静。向前远眺，可以看见崇山峻岭。村落被绿树深林环抱，村后有肥沃的田地。村落周边环境存在一定程度上的变化，但整体并不影响村落和谐。

图 3.2.11　游垫村周边环境组图（竺頔　摄）

村内为了建设新的项目场馆，把一些水池抽干，平地建起基础设施。在这个过程中产生了些许的生态破坏：有村民反映自己家的树苗被挖掘机挖掉，损坏了一部分，目前也在向村内的干部反映这个问题，想要获得一些赔偿。建议政府开发时注意保护周边环境与村民财产，重视村民的诉求，保护村落的池塘生态环境，保护村落周边的山体生态环境，严格限制村落建设用地范围，避免村落无限制、无规律地扩展。

大坊村：大坊村位于金溪县秀谷镇，至今有900多年的历史。村落周边为大片农田，土地肥沃，风景优美，田地外围及村落背面多倚靠树木与低矮山林、土坡等，周边有窄河道延伸到村庄内部，也有池塘可以供水，调节湿度。大部分自然环境都能做到与村落和谐共生，山间修有供车辆行驶的道路。

图 3.2.12　大坊村周边环境组图（竺岵　摄）

村落周边环境由于开发建设存在一定程度的改变，但依旧与村落较为和谐。建议政府在大坊荷兰创意村的后续开发与维护过程中对建设用地的范围进行严格的限制与规划，保护村落周边池塘及山体的生态环境。

竹桥村：竹桥古村坐落于金溪县双塘镇，面积约2.8平方千米。该村选址于丘岗地带，坐北朝南，负阴抱阳，东面临山，背靠茂密的古树林，西部和南部视野开阔，有溪流如腰带一般环村而过，山环水绕，在风水学中属于典型的风水宝地。整个村落被山水环绕，村外有肥沃的农田，村内和村外不远处都有水塘，植被覆盖率良好，有松、樟、杉等树，还有竹林间杂其间，风景秀丽。

图 3.2.13　竹桥村周边环境组图（竺頔　摄）

由于开发，村落周边环境有一定程度的改变，但依旧与村落较为和谐。村庄周围有农田，部分为水田，水资源丰富，晴天无风，温度适宜。景区的大门、游客服务中心与实际参观地点隔了很长的道路，主要有两个目的：一是怕打扰村民的生活，保留村民耕作需要的原田地，所以特意隔远一些；二是为了赚中途游览车的车票钱，整体的动线规划较为不错。建议对于村落周边田地的生态环境着重保护，维持村落周边翠林环绕的自然风景格局，同时注意村落周边环境的和谐度，在后续建设中应避免不必要的改变与破坏。

二、空间格局分析

空间格局，指传统村落由古至今发展而来的空间形态，即建筑及街巷的安排方式。通过分析当下古村落的空间格局的完整程度与保护状态，可以更好地对传统村落环境保护与开发提供参考与建议。通过调查，小组依村落内部街巷的完整度高低将结果分为保持良好、基本保持及变化较大三类。

（一）保持良好

村落空间格局保持良好，指从整体上来看，村落的空间形态保持良好，街巷格局完整。空间格局保持良好的村落有疏口村、全坊村、蒲塘村、岐山村、东源曾家村和竹桥村。

疏口村：整体空间格局较为原始，保存状况完好。从疏山上俯视疏口，村落整体就像一柄巨大的拂尘，为“拂尘”式自然形态。从村西门到增祠是一条长约 300 米的直街，方向为东西向，整体看起来像拂帚的手柄，被称作下边街；其上高低错落的无规则的巷道有横有斜，曲直交错，相互穿插在一起，整体形状类似一个基部为半圆形、东北部为火焰形的拂帚上部分，因此被人称为“拂帚地”。在山水环绕之中，村落沿着上边街与下边街逐渐铺展开，并由 18 条南北向的里巷连接两街，形成“两横十八纵”的巷道格局。

图 3.2.14 疏口村鸟瞰图（图片来源：B 站视频截图①）

疏口村的村落房屋排列较为密集，古村内巷道多为直通街道，由 18 条南北巷道以梳齿状排列在南北巷道两边。巷道路面多为青石板，凹凸不平，许多窄巷仅容 1~2 人通过，巷道尺度大多为 1~2 米，一些尺度稍大的为 2~3 米。道路两边布满了青苔与绿植，清幽宁静。古村落老建筑群内的路面大多为普通的土路，较为朴实。建议政府及相关开发企业避免在该村的核心保护范围内进行任何有可能破坏村落整体格局的建设活动，从而保护该村落的梳齿状格局、“两横十八纵”的街巷格局，以及“拂尘”式自然形态，同时通过保护建筑布局、公共空间等村落整体格局的构成元素来维持村落格局。

全坊村：全坊村村落坐北朝南。其山势由低向高，从高处俯视看起来像一只头部朝向北方往北飞翔的燕子，燕子的尾部为该村落前部半月形状的水塘。该格局由此村落先祖所规划设计，以“燕”祝福村民安居乐业，生活幸福，美好和谐。以东家弄为中心，全坊古村的前门楼为起始点，可以分散出 6

① 小流哗啦啦：《隐匿于自然之中而不上相的——疏口村》，B 站，2020 年 4 月 13 日，https://b23.tv/HpK80x4。

条主巷道与若干条小巷道，组成五大古民居聚落群，每个聚落群屋互相连通。这些巷道铺装均以青石板与卵石为主，宽 1~2 米，周围设置有明处或暗处的排水沟。目前，该村内尚有东家弄、西家弄、直弄、里坊弄、八家弄和仓下弄 6 条保存完整的历史巷道，对于古村落的空间格局研究具有重要的价值和意义。村内的古建筑排列主要按照巷道方向，依地势由高处到低处，由北向南依次排列。

图 3.2.15　全坊村鸟瞰图（图片来源：百家号[①]）

村内的宗祠修建位置较为自由，严格来讲在村落空间格局上并不能算几何中心，整体更倾向于作为精神支柱而存在。相较之下，全坊村口的门楼与水池则成为村落的公共中心，其民宅建筑等也由水塘开始向后呈放射状扩展延伸，构成了一种礼制格局的布局形态。整体而言，全坊村落的空间形态保持较好，街巷格局基本完整，集中连片。建议政府及相关开发企业在村落的核心保护范围内进行相关基础设施建设或旅游开发时，注意维持原有街巷结构的完

① 轻松视角：《江西抚州：俯瞰金溪全坊古村，屋舍俨然，古风浓郁，古韵悠长》，百家号，2020 年 10 月 9 日，https://baijiahao.baidu.com/s?id=1680031668886847577&wfr=spider&for=pc。

整性，避免破坏街巷尺度与重要景观，同时保护街巷与建筑连接形成的整体格局。

蒲塘村：蒲塘村坐北朝南，街巷多为纵向排列，整体呈梳齿状格局。其外部街道为龙凤结构，古村落内有几十口池塘，其中最大的为“蒲池”。该池塘中的水十分清澈，美丽宜人。在水塘岸上的东北方向与西北方向，各有两口古井，成对而建，一口外方内圆，一口外圆内方，彼此互补，在村落历史上被称为“龙凤井”。井中间的街道，祖上记载被称为“龙鳞街”，因为整个街道都蜿蜒曲折，转折处较为圆滑，没有直角棱角而得名。

图 3.2.16　蒲塘村鸟瞰图（部分）（图片来源：百家号[①]）

村落内部的巷道相互交错，主要由青石板或者鹅卵石铺成。巷道尺度以 1 米至 2 米为主，稍大些的巷道能容纳 2~3 人，有的小道只能容纳 1 人。由调查可知，村落空间格局形态保持良好，街巷格局完整。对此，建议政府及相关开发企业限制在核心保护范围内进行有可能破坏村落街巷格局的相关建设活动，注意保护蒲塘村的梳齿状村落格局，进行基础建设时避免破坏原有的街巷结构，极度重视街巷完整性的保护。

岐山村：村民中有流传的谚语，即岐山“九桥十八巷，巷巷通山上”。此为岐山村村落布局的高度概括，游人在村中行走，会有“山重水复疑无路，柳

① 新华社：《航拍江西金溪蒲塘古村》，百家号，2020 年 8 月 13 日，https://baijiahao.baidu.com/s?id=1674873514282778299&wfr=spider&for=pc。

暗花明又一村”的感觉。岐山村整体呈梳齿状的村落格局，布局较为特殊，古建筑量较大，且保存状态较好。该村内部街巷为格网状，共有 18 条巷，每个巷子都有名称，由西向东共有 7 条古巷道，还有 9 座桥，完整度较高，且历史性较强。在古村内，巷道曲折有致，很多以为无路可走的深巷在拐弯后依旧有路可循。

图 3.2.17　岐山村鸟瞰图（部分）（图片来源：搜狐网①）

在经过实地考察之后，村落空间形态在整体上来说保持良好，街巷格局保存较为完整。建议政府严格禁止可能在核心保护范围内造成破坏村落格局的建设活动，对梳齿状村落格局进行保护。企业在开发与建设控制地带内的历史街巷、场地等空间形态时，由于其为重要的历史财富，因此应充分尊重其现有形态，如果需要改变，则必须非常谨慎。

东源村：东源曾家村内部为格网状街巷，巷道相互交错，稍大些的巷道有

① 今天不休息看世界：《岐山、岐山、岐山……全国竟有这么多岐山！》，搜狐网，2021 年 9 月 6 日，https://www.sohu.com/a/488110937_121124421。

2 米有余，能容纳 2~3 人，有的小道只能容纳 1 人。其中南北向的巷道有 6 条，其中有 3 条主巷道，每一条巷道都与大街相接。街巷材质主要为青石板与卵石，整体相对平整。整个村庄街巷纵横，布局紧凑且不纷杂，两侧的房屋排列有序。村内的东西向大街又称直街，宽 2 米有余。直街的南侧有排水沟，水沟又宽又深，用于灌溉与防御。源源不绝的清泉从村子东门口富贵塘中流出，将水沟冲刷得很干净，沟底清澈可见。

图 3.2.18　东源曾家村鸟瞰图（部分）（图片来源：搜狐网[①]）

从整体格局来看，东源曾家村主要为防御格局。防御作为在农耕文明时期的重要功能，可以提高村落的安全性。在调查期间可以看到，村落外围附近依旧残留着些许破坏严重的外墙根基，大多为古时防御所建成的环村围墙。从整体上来看，村落空间形态保持良好，街巷格局保持较为完整、清晰。建议政府与相关企业在进行保护开发时避免擅自新建、扩建巷道，同时在对现有街巷进行维护时尊重其原有格局，保护“一横六纵”的街巷格局与其周边的传统空间状态。

竹桥村：竹桥村始建于元末明初，内部空间形态保持良好，街巷格局基

① 不可小视：《落地生根：八百多年，世代承载的记忆和志趣》，搜狐网，2017 年 7 月 19 日，https://www.sohu.com/a/158255309_760773。

本完整，集中连片。鸟瞰全村，村落整体呈扇形展开，以一条东西向直街将古村分隔成南北两片，从不同的中心向外展开，形成多中心的复合体。同时该村依托人工水体，以村内池塘为中心形成四个建筑组团，形成具有特色的“七星伴月”水体布局。村内水池的主要作用为防火防盗防贼和供村民日常用水。该村旧时在建房起土时也需要大量的水，因此水塘的存在也有这个原因。村内的排水系统十分完善，不必进行后续的维修，都是由高到低，房屋下面设有暗沟，水可以从房子下方流过，水位不高，仅到膝盖。以前，如果村里遭难，老人孩子来不及撤离，就会到房子下面的暗沟内藏身。

图 3.2.19　竹桥村鸟瞰图（部分）（图片来源：中国新闻网[①]）

古村内街巷多狭长通幽、宽窄不一、蜿蜒曲折、拐弯抹角，巷道里的石板路边的排水道一会儿在左、一会儿在右，这是为了防止夜晚有贼。人由于不熟悉环境，只能摸着一个墙根走，这样设置排水沟会让贼踩空跌落而被擒获。虽然经过系统的开发，但是竹桥村的街巷状态依旧古朴，道路仍然以青石板材料为主，偶尔还会有碎裂破损的石板路。相较一些用水泥填路从而方便交通的

① 刘占昆：《航拍江西金溪竹桥古村　明清建筑保存完好》，中国新闻网，2017 年 10 月 10 日，https://www.chinanews.com.cn/tp/hd2011/2017/10-10/776810.shtml。

村落，其空间格局可以说保持得相当理想。在后续规划过程中，原有街巷格局值得继续保护，要维持村落“七星伴月”的格局，在尊重竹桥村空间形态与格局的基础上进行开发，这样才能创造出更具有村落本土特色的旅游景点。

（二）基本保持

村落空间格局基本保持，指从整体上来看，村落的街巷格局较完整，只有少部分被破坏。空间格局基本保持的村落有浯溪村、浒湾村、后龚村和游垫村。

浯溪村：浯溪村东高西低，顺势而下，倚靠后龙山，面朝田野，中间宽，两头窄，五排房屋规划严谨、错落有致、疏密相间、布局合理、公共设施完备，若从空中俯瞰，则整个村庄仿佛巨大的长棱形。该村的相关历史街巷保存基本完整，街巷的肌理、尺度尚存，街巷的体系仍在。有一条长巷道贯穿全村，被称作“状元路”，据说是旧时专门供高中的状元走的巷道，后来逐渐变成村内吉祥带喜的好寓意了。村庄内部有数十条巷道纵横交错，都与“状元路”相连。

图 3.2.20　浯溪村鸟瞰图（部分）（图片来源：大江网[①]）

① 视觉江西：《青砖黛瓦、高宅深巷的浯溪村》，大江网，2020 年 12 月 5 日，https://tt.m.jxnews.com.cn/news/1190381。

巷道主要以麻条石板为建材，较小的巷道仅能容纳 1~2 人通过。村落内部空间形态基本保持，但由于农村的城镇化进程加快，浯溪村在建设的大潮中遭到了一些破坏。可以看出街巷被水泥路硬化改造的痕迹，且大部分为砖石、碎石、水泥、沙土等类型的路面，还有部分道路凹凸不平，这对历史街巷格局存在一定的破坏，因此只能说该村的街巷格局基本完整。建议政府在开发和建设过程中要对历史怀有尊重与敬畏，避免过度开发，造成难以补救的遗憾。对于遭到破坏的建筑设施，应采取措施进行还原或修复。

浒湾村：浒湾村的空间格局较为完整，街巷以格网状为主，房屋排列较为密集，呈带型镇区格局；镇区街巷众多，主要沿北岸的扬州街纵向排列，曲折有序，横纵交错；街巷主要由大石板铺成路面，凹凸不平，且大部分巷道较窄，尺度多为 1~2 米，仅可容 2~3 人并排通过。每年，这个村子都会发洪水，深入走进小巷道，能看见墙面上有青苔，据村民说应该是洪水线的位置。走在巷中，各个建筑单体相互串联，地缝之中也有青草长出，整体韵律古朴而悠远。

图 3.2.21 浒湾村鸟瞰图（部分）（图片来源：B 站视频截图[①]）

① 科学可视化：《抚州浒湾镇 Mavic Air 2 航拍》，B 站，2020 年 5 月 18 日，https://b23.tv/BiuqL38。

由于对村庄的抢救资金不足问题，使浒湾村很多的房屋与街巷在年久失修以后无法得到及时的维护从而产生破损，部分街巷形态存在变化，且一些路面的状态也并不乐观，这对浒湾村的空间格局存在影响。建议政府应尽快对破损的建筑与街巷格局依据其原貌进行修整，同时在保护范围内进行基础设施建设时避免破坏原有街巷的完整性。

后龚村：后龚古村的村落空间形态较为良好，街巷格局比较完整。其主要为组团式布局，村内居民按姓氏与家族形成四个主要聚居区，房屋宅地密度中等，分布错落有致。其街巷形态主要依照地形构成 3 条主巷和若干支巷，主巷宽约 3 米，支巷宽约 1 米。

图 3.2.22 后龚村鸟瞰图（图片来源：兰溪新闻网[①]）

稍微有变化的地方主要在于，由于后龚村发扬以“红色文化”为主题的文化，使得一些建筑与街巷在开发的过程中存在变化，如村前景区口建设了雕塑与广场，村中原本有独木桥的地方建设了一座石桥，村民认为有些突兀。建议政府及相关企业在进行后续相关基础设施的建设时，重视村落特点及文化，

① 微视兰溪：《和美雅致，来看兰溪拍客镜头下赤溪的美丽蝶变》，兰溪新闻网，2020 年 12 月 1 日，http://lxnews.cztv.com/7996287.html。

避免过度改变街巷形态，保证街巷与建筑的整体格局。

游垫村：游垫村村落内部空间形态保持良好，街巷格局基本完整，属于原生态明代古村落格局，目前为“一横五纵”的梳齿状格局。“一横”为村前的总干道，由青石板和鹅卵石间杂铺成；“五纵”为村内的五条青石小巷。街巷次序整齐，规划严谨，新房大多建造在古宅群外围，每个巷口对应一座门楼，古建筑沿街巷自北向南有序排列。

图 3.2.23 游垫村航拍图（部分）（图片来源：B 站视频截图①）

古宅群内为网格状街巷，多数街巷宽度能容 2~3 人并排通过，街巷石板边留有排水道，其中的水顺着巷道，依地势从高向低排入村前池塘。整体来看，游垫村是一个风格古朴、历史悠久、文化底蕴深厚的古村落，但也因为开发的原因，使得村后的池塘与山地等格局产生变化。建议严格控制对村落整体格局存在影响的建设活动，保护梳齿状村落格局，保护建筑布局形式，保护相关村落整体格局构成元素。

① 小流哗啦啦：《游垫村——尚书故里何处寻？》，B 站，2021 年 3 月 31 日，https://b23.tv/Qdrya5D。

（三）变化较大

村落空间格局变化较大，指从整体上来看，村落的空间形态变化较多，保留了部分街巷格局，部分格局被改变或是破损。空间格局变化较大的村落有陆坊村、下李村和大坊村。

陆坊村：陆坊村在村内进行了景区开发，虽然还没有进入收门票的阶段，但是已经逐渐将民居与景区建筑相区分。经过调查可以看出，陆坊村在景区部分的村落空间形态保持较为良好，采用紧凑组团式布局，内部为格网状街巷，也有交错的巷道。在景点区域内部，很多节点与周边绿植环境相结合，成为景观，有的还专门贴上了介绍牌和可供扫描的二维码。

图 3.2.24　陆坊村航拍图（部分）（图片来源：百家号[①]）

也正是为了开发景区，原本的一些普通民宅被拆除以建造广场，使得原本的街巷格局发生了较大的改变。村中许多巷道与路面都改为水泥铺路，与旧时状态存在一些差距。建议政府及相关企业在后续进一步开发时注意关注陆坊村原本的特色及街巷状态，尽量对原本的格局予以保留。对于遭到破坏的设施

① 兴东实拍：《江西金溪：象山故里展新颜，文旅融合促脱贫（组图）》，百家号，2020 年 9 月 2 日，https://baijiahao.baidu.com/s?id=1676698942098150132&wfr=spider&for=pc。

与道路，则应采取合适的措施进行恢复。

下李村：下李古村为带型村落格局，自古没有东南西北门楼，也没有全村围墙，土地庙也是在离村落几里路以外的地方依山而建，这种现象比较少见。该村跟陆坊村的情况有些相似，景区部分的村落空间形态保持良好，整体格局分成北、中、南三个组团，南北向主要道路穿插其中。组团内街巷部分为格网状，且村中仍保存有 6 条 100 米以上、格局完好的传统街巷，分别是官家巷、里弄巷、南家巷、儒林巷、十里巷和鑫昌巷。其中，最长的儒林巷长 306 米。街巷横纵交错，材质以青石板为主，宽度为 1~2 米。街巷两边，明清古建筑排列成群。

图 3.2.25　下李村航拍图（部分）（图片来源：腾讯视频截图①）

部分为民居与古宅，较为分散，排水系统为小沟渠，较为完整。加上村中的水渠与水塘，得以形成较为完整的村落布局，建筑的布局紧凑性也较高。但村落内同样也有许多道路在修建过程中被改为了水泥路面，部分建筑或街巷被拆除、改建、拓宽，能够很明显地看出其修补或曾经存在过的痕迹，这不利于传承村落的历史文化。建议应严格禁止在核心保护范围内进行破坏村落整体格局的建设活动，保护村落的带型格局与建筑布局形式，保证原有街巷界面的连续性，进行基础设施建设时不得破坏原有街巷结构。

① 《江西省抚州市金溪县陆坊乡下李村航拍视频剪辑》，腾讯视频，2019 年 9 月 29 日，https://v.qq.com/x/page/v30025fzzz3.html。

大坊村：大坊村村落空间形态变化较多且较为明显，保留下了部分街巷格局。村落主要的格局为梳齿状布局，一些街巷被保留，还有的街巷直接被改建为空旷的广场，供游客休憩。且大坊村的改造灵感出发点为“荷兰创意村”，其部分街巷的建设将中式与西式相融合，使得其原有的空间布局产生了较大的改变。

图 3.2.26　大坊村全景（图片来源：百家号[①]）

由于村内一些民居被拆除移动，祠堂被修缮改造，以及有新的景观节点被添加，因此每个建筑都成为一个景观节点，以此向周边分散。大坊村作为目前开发程度较高的村落，在后续进行深度开发时可以考虑将更多与大坊村有关的内容融合进去，在空间形态的布置上采取新旧区分的方法，保留部分的旧格局，防止失去地域特色。

三、传统风貌分析

传统风貌为建筑学名词，主要反映具有历史文化特征的城镇、乡村景观

① 央广网：《最美乡村：江西大坊村》，百家号，2020 年 11 月 22 日，https://baijiahao.baidu.com/s?id=1684046631412211441&wfr=spider&for=pc。

和自然、人文环境的整体面貌。通过对村落传统风貌的实地考察，可以更好地为传统村落传统风貌的保护提供参考与建议。本次调查对村落的传统风貌完整性进行了考察，侧重于考察村落内新旧建筑的比例，以及旧建筑保存的完整性与数量等，并按村落内部新旧建筑的夹杂状态将其分为完整协调、基本保存及变化较大三种类型。

（一）完整协调

村落传统风貌完整协调，指从整体上来看，村落内部建筑风格较为统一，没有突出不协调的新建筑。传统风貌完整协调的村落主要有疏口村、全坊村、岐山村、东源村、浒湾村、游垫村和竹桥村。

疏口村：村落传统风貌保存较好，新村中的新房屋绝大部分都建在古建筑群外围，古建筑群内部基本不存在不协调的新建筑。疏口村紧邻疏溪河，房屋坐北朝南，错落有致，富有特色的马头墙、民居青瓦、青石板路组合成为整体。大部分墙面建材以青砖为主，较为传统朴实的老旧古宅民居以石块、泥土为主。大部分古宅外墙为青砖，少量为土墙。

图 3.2.27　疏口村风貌组图（竺幁　摄）

整体来看，村落内展现的建筑风貌以明清时期为主，由于搬迁及发展需求，大部分村民都搬出了古宅，在古村周边建了新宅。这些新宅没有与古宅错落在一起，而是互相分开，遥遥相对，使得疏口古村落的老建筑得以整体保留下来。虽然由于时代久远与资金问题，很多房屋年久失修，但是整体的传统风貌依旧十分完整协调。建议政府及相关开发企业在核心保护范围内进行基础设施建设时，严格控制新建建筑的表现形式及相关古宅的修复方法，保证新建建筑和修复后的古宅与原有街巷形态的协调性，避免破坏原有村落传统风貌的完整性。

全坊村：全坊古村现今留存有百余栋古建筑，其中包括民居、宗祠、庙宇、书院、门楼、桥梁、古井等，种类较为齐全，建筑数量也较多，整体集中连片，历史风貌完整协调，少有过于突出、不协调的新建筑。村落正中的建筑为明朝时期的建筑，清朝以后的建筑围绕明代建筑逐渐向东、西、北方延伸修建。墙体建材为青砖、青石、红砖等，其中青砖与青石墙为旧时的古墙，而红砖墙则主要是由于现代建筑墙面垮塌而按照旧时墙体结构仿建而成。

图 3.2.28　全坊村风貌组图（竺頔　摄）

在走访调查中可以看到，一些古宅经过抢修勉强恢复了昔日的形象，而更多古宅处于屋顶损坏、漏雨、屋顶坍塌甚至无屋顶的糟糕状态，该现象则需要政府进一步的跟进。据村民口述，该村周边建有高 3 米左右的围墙，其环绕村落而建，主要起到抵御外来侵略者与偷盗者的作用。如今，在调查过程中，仅能看到残存的墙面，部分红砖也是近代修补而成的。建议政府及相关开发企业在之后对全坊村的保护与开发利用过程中尤其要注意对村落内历史建筑的还原与规划，尊重其现有形态与风格，避免为“新”而“新”，更不应完全脱离其原本风貌进行设计。同时，对于各种构筑物细节，也应该重点保护。

岐山村：岐山村有目前陈坊积乡保存最完好的明清古建筑。村口大巷上的五孔石拱桥也为旧时建筑，于道光二十六年（1846 年）开建，至今仍然可以承重来往车辆。入口街巷两旁排列着 30 余栋明清古建筑，古建的门楣匾额上有“大夫第”“忠信堂”“中宪第”等石刻。现今村内大概有 56 栋老宅比较完整，且村内拥有一个家族建造的大夫第群。道光年间陆续兴建的大夫第建筑群工艺精湛，中宪第和“为善最乐”明代宅第保存完整，至今仍在使用。

图 3.2.29　岐山村风貌组图（竺頔　摄）

村内目前保留的岐山小宗祠于明代修建，为岐山本族祠堂。在这个村子里，红砖是用来辟邪的，并不能代表建筑的朝代。一些墙基处的红砖石上有“泥鳅灌浆”形的雕刻痕迹。村中目前居住的村民不多，据村干部所言，很多人都搬去了县城，使得古宅空置。同时也正因为搬迁至县城而没有在古村落内建新的房子，使村落的历史面貌得以较好保存。整体看来，村落传统风貌完整协调，少有突兀不适宜的新建筑夹杂其中。建议在开发时注意保护建筑外貌及建筑群原有状况，维护其整体风貌，不进行无厘头式的开发。

东源村：东源曾家村有 800 多年历史，属于城堡式村落。该村现存有 300 余栋建筑，其中包括 74 栋明清时期的传统建筑，成为保存完好的明清建筑群。村落传统风貌较为完整协调，少有突兀不协调的新建筑夹在老宅群中。村内古建筑数量可观，类型齐全，有民居、宗祠、庙宇、书院，还有门楼、桥梁、古井、古墓等。大部分建筑以青、灰、木色为主色调，给人以淡雅、含蓄、稳重之感。

图 3.2.30　东源村风貌组图（竺頔　摄）

东源曾家村内的所有单体建筑形式都不是旧时当地人对于外人建筑样式的搬运与复刻，而是村民通过自身的实践与经验建成的、独有的建筑文化。这种文化在长期积累下逐渐形成属于东源曾家村的独特风格，与晋商文化、徽帮文化和赣文化中的庐陵建筑文化都存在较大区别。历史风貌源自文化，建议政府重点保护“曾氏宗族”文化形态，在开发时注意展现曾家村的整体建筑特色，且不应随意拆除历史建筑。

浒湾村：浒湾村主要由迁徙而来的各色民众聚居而成，从而形成各自相对独立又互相串通的小巷小街。目前该村留存有各类清代传统民居建筑共 901 栋，其平面布局、结构和规模皆十分相似，都属于天井式民居。由于用地的限制或功能需要，部分民居建筑单体形式会存在一些变化，但主体房屋布局依然较为统一。村落传统风貌保存较好，景区外围没有修建新村，古建筑群内部基本不存在不协调的新建筑。浒湾村曾经作为商业往来之地，也曾经因印刷厂而闻名，与这些历史相关的建筑与设施在村中一直得到保护，非常有价值。

图 3.2.31 浒湾村风貌组图（竺皞 摄）

村里建筑群内道路主要为石板路，墙体为青砖，部分有青石墙体，建材统一，风格一致，基本没有很大的改变。但沿河岸而走的时候可以看到，抚河边有许多民居已经成为危房，全部空置，整体村落透出一股沉静又苍茫的气息。建议政府在后续建设开发时在修复资金与村落人口流动方面花一些心思，保护浒湾村的历史文化，同时尝试还原其真实的历史风貌，严格控制新建建筑布局形式及建筑表现形式，保证新建建筑与原有建筑形态的协调性。

游垫村：游垫古村拥有悠久的历史，于元代以前就开始建立，设施与建筑逐渐增多，直到如今。目前有封墙整齐的古建筑 23 栋，其中有 1 栋明代建筑、16 栋明末清初建筑和 6 栋清代建筑。明清建筑保存完好，新建成的建筑交错于古建筑的状况极少，原生态保存的建筑有宗祠、官厅、牌坊、街巷、水塘、古井、民宅等，其中又以“总宪第”“胡氏祠堂”“节孝坊”最为精美。

图 3.2.32　游垫村风貌组图（竺頔　摄）

游垫古村的房屋大门很少有朝向街道的，多以五条小巷街道门楼作为出口，以此作为村子的屏障。路面多为石板路，凹凸不平，老房子有马头墙，墙体多为青砖与青瓦。整体看来，村落传统风貌保存较好，基本不存在不协调的新建筑。但由于“世界村”的开发项目动工，使得很多房屋被抢修或重建，虽然风格特点并不特别突兀，但是其崭新程度及增设的一些基础设施还是对村落的传统历史风貌产生了一些影响。建议政府对游垫村的后续开发进行严格把关，尤其要重视村落内历史建筑的还原与规划，尊重其建筑的现有形态与风格，避免脱离其原本风貌进行设计。

竹桥村：竹桥古村现存各类明清传统建筑约108栋，其中有祠堂建筑5栋。村落传统风貌完整协调，少有突兀、不协调的新建筑。该村建筑是典型的赣派建筑，青砖灰瓦，十分朴素，门楣上有许多雕刻。建房子的砖很多是空心而非实心的，且里面填满了泥土。建房用的木头主要为朱木和樟木，其中又以樟木最为普遍，因为樟木防虫。红石是明朝洪武年间建房屋的原配石材，房子墙壁下部的青石板的层数与高度，取决于房主积累的财富多少。

因为房子的等级差异，建筑材料主要有泥土、青砖、青石之分。古代，贼偷东西是穿墙、砸墙而入，青石的墙壁最坚硬也最难得。且一般的门楼都是中间高、两边低，形状很像古时候的官帽，寓意升官发财。村内还留有相关风水建筑，同时石板路上还有以前的车辙印，由此可以看出尽管经过开发，该村

图 3.2.33　竹桥村风貌组图（竺頔　摄）

落的传统风貌依然被维护得很好，建筑与街巷都透出当年商贾之遗风。后续的深入发展首先应继续维护竹桥村的传统历史风貌与建筑群形态，保护展现村落商贾之风的物质载体，之后设法在建筑功能与用途上做文章，同时避免以赚钱为目的的无限制商业式开发。

（二）基本保存

村落传统风貌基本保存，指从整体上来看，村落内部建筑有一定时期的风貌特色，不协调的新建筑较少。传统风貌基本保存的村落有蒲塘村、浯溪村、下李村和后龚村。

蒲塘村：蒲塘村内至今保留有大量的明清古建筑，整体展现出较为古朴的风貌。古旧的道路、千年的古树、古老的池塘、古朴的门楼，还有祠堂、村庙与民居古宅等，这些村落的基本构成元素都较为完整，种类丰富，且时间沉淀较久，具有一定的历史意义。村落目前大概有古建筑 63 栋，其中包括 1 座古庙、1 座牌坊与 3 口古井。

图 3.2.34　蒲塘村风貌组图（竺頔　摄）

大部分古建筑被保留，目前的蒲塘村经过修缮与整治，除却外部村口至村内戏台广场的道路为水泥路面以外，其余的村内巷道等路面材质依旧为石板，建筑以青砖马头墙为主，整体较为传统，风格比较一致。但在近代有人做广告或贴“狗皮膏药”，把城门后面的老砖墙染成了蓝色，既不美观，也不环保。通过调查可知，蒲塘村村落传统风貌较为协调，部分建筑墙面或基建遭到涂鸦等轻微破坏，除此以外，突兀、不协调的新建筑较少。建议政府及相关开发企业注意重点保护具有村落特色的古建筑，同时要特别注意对于重点建筑的维护，也要避免随意改变建筑的原有状态。

浯溪村：浯溪村的明清古建筑群整体展现出精巧、古朴、典雅的历史风貌，具有赣派建筑特色，其中有贞孝牌坊、南北大门楼、“奕世甲科” 牌楼、麻条石巷道、古井、石狮、旗杆石、石拱桥、麻石墩桥及古樟树等。王廷垣所建的官厅前是“状元路”，全长 450 米，南连南垣萃秀门楼，北接科甲里门楼。村内古宅传统保存得不错，已经成为旅游景点，每周都有人前来参观，游客较多。村中正在修建的牌楼刻有“奕世甲科”，是清朝道光年间遗留。

图 3.2.35　浯溪村风貌组图（竺頔　摄）

从整体上来看，村落传统风貌基本保存，但还是存在不协调建筑。具有一定时期风貌特色的建筑，以政府扶持投资保护的建筑与村民持有的古宅为主；而不协调建筑大部分为村民的新建住宅，是村民由于种种自身原因对住宅进行的再修建与改造。这些新宅往往更偏向现代风类型，所用的材料也与旧时的墙砖不同。因此建议政府后续在村民的搬迁与安顿方面做到周密规划，且对于村落内较为突兀的新宅等建筑进行合理处理，尽量在重点区域保护、还原村落的原始风貌的同时，不影响建筑的正常使用。

下李村：下李古村中的各类型明清古建筑保存状态尚可，包括官厅、宗祠、书院、进士府、民居等传统建筑共有 78 栋，集中连片，无任何新建筑交错于古建筑之中。其中，三堂直进的进士府、门楼气派的丽江赞府、庄严肃穆的 4 座李氏宗祠、古桂飘香的书院、李氏大祠内的戏台等，都是特色鲜明的建筑，建筑精美度极高。村中名人宅第风格各异：官厅气派，书房清静。除此以外，丽江赞府、校官别墅等建有的马厩依稀透露出当年武将南征北战、烈马嘶鸣的风采。

图 3.2.36　下李村风貌组图（竺頔　摄）

村内的公共设施除古书院、古排水设施、古巷道外，还有古井、古池塘，各种设施一应俱全，为村民生活带来便利，透露着平和与安逸的氛围。村内还有 3 株古树，分别为 1 株近千年的罗汉松与 2 株九百年左右的金桂树，底蕴深厚，古韵绵长。古建筑群外围被村民的新宅环绕，因此在建筑交界处会给人以较为强烈的割裂感，但优点在于古建群中央没有突兀的新宅出现，整体的村落风貌比较明确。建议在后续开发过程中严格控制新建建筑布局形式及表现形式，保证新建建筑与原有街巷形态的协调性。

后龚村：后龚古村的村落传统风貌保存较好，不协调的新建筑较少。村中保存到今的古建筑近百处，其中明代建筑约 20 处。同时，很多公共建筑如司令部旧址、政治部旧址等均在这些古建筑内。由于金溪战役时司令部和教导团设在后龚村龚氏祠堂，政治部、供给部、通讯连驻王家仓下，卫生部驻詹家村，无线电队驻张家村，先后历时 28 天，使得后龚村的古建筑更增添了一层爱国主义色彩。从形式来看，大部分古建筑的建筑形式为抚州建筑，因为马头墙比赣派建筑的要短一些，所以抚州建筑与赣派建筑还是存在一定区别的。

图 3.2.37　后龚村风貌组图（竺頔　摄）

后龚村房屋的下面，砖头角度不是直角，而是从直角上再切一刀，变成一个比较平缓的弯角，有转弯抹角的说法。据村书记所说，该村落如果房屋只有一层，那就是 80 年代建造的，如果房子有两层的话，就是 90 年代建造的。而较为现代的建筑则主要位于村落边缘或零星地散落在古建筑边，并没有对村落的整体风貌造成影响。建议政府既重视后龚村的村落文化，也注重后龚村的“红色文化”，做到多点并行，在规划与设计方面尝试融合发展，同时也要避免过分夸大与村落整体风貌不相符合的街巷与建筑设计。

（三）变化较大

村落传统风貌变化较大，指从整体上来看，村落内部不协调建筑较多，风格较为混乱。传统风貌变化较大的村落有陆坊村与大坊村。

陆坊村：对于陆坊村而言，该村内至今仍然有明清古建筑，整体看来依旧展现出古朴、厚重的风貌。村落基本构成元素较为完整，经历长久的沉淀，具有很高的历史价值。

图 3.2.38　陆坊村风貌组图（竺頔　摄）

但如图 3.2.38 所示，虽然村落传统风貌轮廓仍在，但由于以前村民的保护意识淡薄，不论景区内部还是外部，村落空间形态都因为现代化建设而发生了改变。虽然许多旧式建筑得以保留，很多新房子却都被造成洋楼样式零星地穿插在这些古宅之间，显得十分突兀。整体的人工水系如水管在施工中逐渐往地下隐藏，有助于空间格局的进一步完善。村书记也强调，对于洋楼的问题，后续肯定会想办法进一步改进或者修缮。建议政府进一步提升村民的保护意识，对村民进行教育，预防更多具有文化历史价值的建筑、文物、景观等被破坏。

大坊村：大坊村村内原本拥有众多保存良好的明清古建筑，但贺江柏却最终将一期建设项目选址于此，认为“这是综合考虑地址位置、规模大小、保护级别及建设空间等因素而确定下来的”。专家团队拟通过自身的努力和创作，把荷兰文化元素融入大坊村，将其打造成金溪与荷兰的文化融合平台，大坊村也因此成为古建筑与新建筑相结合的地方。村落内因此存在不协调建筑，风貌整体有些混乱，与过去的传统历史风貌有很大的不同。

图 3.2.39　大坊村风貌组图（竺皡　摄）

因为修缮与开发原因，将国外开发的思路运用到大坊村建设上，推出“荷兰创意村”计划，使得许多建筑在后续的修缮中风格逐渐偏向现代化，有白墙、红漆墙，与未改造建筑的青砖马头墙反差较为强烈。还有咖啡馆、徘徊塔、西式风格的涂鸦楼，这些建筑穿插在一些古建筑风格的民宿间，气质迥异。在后期深度建设时，建议政府考虑将西式文化进行中式化后再加以融合，且对于核心保护区域的建筑必须特别重视，一定要站在村落传统文化特色的根基上谋发展。

四、视觉轴线分析

轴线和节点会对人流起到引导作用，该处研究的主要为村落的视觉轴线。通过对村落视觉轴线状态的切实考察，可以为传统村落在后期进行保护与建设时提供相关修复方案等。本次调查主要侧重于对村落整体结构的轴线进行考察，以及建筑群景观与单建筑轴线等方面，并按村落内部建筑与景观视觉的完整度高低将其分为保存完整、较为完整两种类型。

（一）保存完整

村落视觉轴线保存完整，指从整体上来看，即便历经岁月的沧桑洗礼，村落内部的单体建筑、建筑群及街巷景观的对称度依然较高，整体上拥有较好的视觉效果。视觉轴线保存完整的村落有全坊村、蒲塘村、岐山村、东源村、下李村、后龚村和竹桥村。

全坊村：村落视觉轴线保存完整。全坊村不完全借势山体，因此建筑与建筑之间的轴线较为清晰，开放空间轴线的状态良好，拥有极其珍贵的历史建筑群落和完整的聚落形态。从整体布局可以看出，建筑与开放空间之间的轴线在建设与规划时也被纳入考虑。建议政府及相关开发企业在建设控制地带内的历史街巷、场地等空间形态时应怀有足够的尊重，不能随意改变建筑与街巷的原有布局，同时在修复的过程中注意村落整体的完整性与对称状态、景观轴线走向等。

蒲塘村：蒲塘村村落视觉轴线保存较为完整。村落内部包括一个国家级森林公园，傍山而设。建筑与山体相互呼应，山体方面树木葱郁，整体的视觉轴线完整。建筑与建筑之间关联性好，大部分单个建筑对称性也较好，遭到破坏少，使得其美观性得以保留。道路通畅，开放空间轴线的视觉状态良好。建议在保护或开发的过程中保持原有村落的景观视线通廊，重视村落内部景观的视觉效果、整体布局与格局、建筑结构的完整与美观度，同时保证原有街巷的连续性，以及新建建筑与原有街巷形态的协调程度。

岐山村：村落视觉轴线保存完整。岐山村在经过改造后村落内建筑比之前更为完整一些，建筑与建筑之间也联系得更为紧密，因此开放空间之间的轴线更完整直接。村落的整体性较高，其历史风貌状态也维持较好，因此其对称轴线完整度高。建议重视保护岐山村的村落特点，对于重点建筑与关键景点保持尊重的态度，以维护为原则，并且维持、修复原有的街巷格局。

东源村：东源曾家村村落视觉轴线保存完整。建筑之间的轴线较为清晰，开放空间轴线状态良好，建筑与开放空间之间的轴线也被考虑，整体状态较为理想。从东源曾家村的建筑来看，不论是单体建筑还是建筑群的完好性，其整体状态都较为可观，因此视觉轴线保存情况理想。建议在后期的规划建设中注意相关景观特征的视觉轴线及新的景点设计方面的轴线安排，使之更有吸引力。

下李村：村落视觉轴线保存完整，建筑之间轴线状态较好；单体建筑由于完整度较高，因此视觉轴线也较为良好；开放空间较为现代，轴线完整；建筑与开放空间之间的轴线也较为明确，不存在破坏现象。建议保持原有村落的景观视线通廊，重视对下李村村落特色的挖掘，以此为基点设计更多符合村落历史文化的建筑与景观。

后龚村：后龚村村落视觉轴线保存完整，建筑与山体相依偎。历史上，这个地方四面环山，树木很多，房子部分依山而建，大部分房子都在这个 U 形盆地里，因而后龚村就成为一个天然眺望点。这也是为什么这里被当时的红军选为战略地点的原因，因为易守难攻，从山上可以看到山下经过的敌人，可以提前通知撤退。当下在经过开发之后，建筑之间的轴线更为清晰，开放空间轴线状态良好，建筑与开放空间结合成为景点产生的轴线也经过规划，整体较为可观。建议政府在后续开发中多方面考虑轴线的美观性，在尊重村落历史文化的前提下尝试进行更多创造性的开发。

竹桥村：村落视觉轴线保存完整。景区建筑之间的轴线较为清晰，开放空间轴线状态良好，建筑与开放空间之间的轴线也被考虑进去，整体的保存状态较为理想。由于景区建设与开发的缘故，很多单体建筑被抢修或仔细修复，其构成的建筑群也因此拥有了较好的视觉效果。后续的深入开发应注意避免在核心保护范围内拆除历史建筑，不得随意改变建设控制地带内的历史街巷、场地等空间形态，且不得规划建设危害或妨碍村落历史文化遗产有效保护的设施，从而维持竹桥古村细腻的居住景观特色。

（二）保存较为完整

村落视觉轴线保存较为完整，指从整体上来看，村落内部的单体建筑、建筑群及街巷景观的对称度存在变化，整体的视觉效果尚可。视觉轴线保存较为完整的村落有疏口村、浯溪村、陆坊村、浒湾村、游垫村和大坊村。

疏口村：视觉轴线较为完整，部分受到摧毁。摧毁部分主要在于建筑的视觉轴线，由于许多老宅遭到破坏，导致其视觉轴线不够优美。建议政府及相关开发企业严格控制新建建筑布局形式，保证新建建筑的还原度与和谐度，保证原有建筑、街巷界面轴线的连续性，进行基础设施建设时不得破坏原有的视觉轴线。

浯溪村：村落视觉轴线保存较为完整，部分状态不太理想。不理想主要由于新宅的存在，有些村民平地建新房，使得原本的视觉轴线因为新房的出现而被破坏。同时由于材料、颜色不同，也使得整体建筑与景观在视觉方面发生改变。虽然新宅并不多，但确实对浯溪村的整体风貌与轴线效果产生了影响。建议重视保护浯溪村的村落特点，制止村民在重点建筑与关键景点处进行无意识损坏，并且试图维持、修复原有格局。

陆坊村：陆坊村村落视觉轴线保存较为完整，该村景区不借势山体，建筑与建筑之间的轴线较为清晰，开放空间轴线状态良好，且建筑与开放空间之间的轴线也有被考虑。但由于村落的空间格局保存状态不佳，使得新老建筑夹杂，由此引发不好的观感，对于视觉轴线产生影响。建议政府及相关企业在后续开发时减少新建筑的搭建，同时对于已经建好的洋楼妥善处理。

浒湾村：建筑之间视觉轴线较好，部分民宅、大夫第等保存较为完好的古建筑视觉轴线良好；一些受损较为严重的建筑不具备较好的视觉轴线。浒湾村的形成不存在刻意规划的建筑中轴线，也没有人为的风水形势考虑与整体安排，完全因地势而被选择，建筑也完全随村民的选择而建，本身具有极强的随意性与实用性。建议保持浒湾村原有村镇的景观视线通廊，同时在景观规划方面维持原本的随意性，在尊重村落历史文化的前提下尝试实施更多元的设计方案。

游垫村：游垫村的村落视觉轴线保存较为完整，且景观节点完整性较高，吸引力较强，景观轴线对景观节点的串联和统一有虚有实，轴线和节点能够对人流起到引导作用。建议在后续开发与规划过程中保持轴线的完整性，在现有基础上保证村落建筑景点与自然环境的契合性。

大坊村：村落整体视觉轴线保存较为完整，单体建筑可分为古建筑与新建筑，前者在经过修复之后状态偏好，后者由于风格的特殊性及本身建设的目的性，使得其视觉轴线得到保证。经过改造后可以明显看到，村落内建筑比之前更加完整，建筑与山体间融合得较为合理，且建筑之间的联系更紧密，开放空间之间的轴线更完整直接。在后续深入的开发过程中，相信政府与企业会继续重视建筑群与景观节点整体的视觉效果，以此吸引更多的游人。

五、屋顶景观分析

屋顶景观在广泛意义上可以理解为在各类古今建筑物、城围、桥梁等的屋顶、露台、天台或阳台等平台上进行园地建造，种植树木花卉的统称。该研究对象主要为村落的视觉轴线，对改善村民居住条件，提高村民生活质量，以及美化村落环境，改善生态效应都有着极其重要的意义。本次对村落的屋顶景观状况进行调查，主要侧重于村落建筑屋顶的完整性、绿化状态及美观性等方面，并依据村落建筑屋顶的景观和谐程度将其分为和谐美观及存在改变两种类型。

（一）和谐美观

村落屋顶景观和谐美观，指从整体上来看，建筑屋顶基本不存在新旧夹杂的情况；从单体上来看，村落内部单一建筑屋顶完整度、美观度较高。屋顶景观和谐美观的村落有全坊村、蒲塘村、浒湾村、后龚村、游垫村和竹桥村。

全坊村：村落屋顶景观有一定改变，总体上较为和谐。该村落为硬山式屋顶，有正脊和垂脊。硬山式屋顶是一种等级比较低的屋顶形式，屋面全都使用青瓦，并且是板瓦，不会出现瓦筒或琉璃瓦，即为百姓使用的朴实屋顶形式。建议在开发过程中注意通过修缮、维护对屋顶景观实施有效规划与保护。

图 3.2.40　全坊村落屋顶景观（图片来源：百家号①）

蒲塘村：村落屋顶景观整体和谐美观。其建筑高度为 1~2 层，屋顶形式为硬山式，有一条正脊和四条垂脊，比较简单朴素。村落天际线较为平缓，没有高度特别突出的建筑。

① 轻松视角：《江西抚州：俯瞰金溪全坊古村，屋舍俨然，古风浓郁，古韵悠长》，百家号，2020 年 10 月 9 日，https://baijiahao.baidu.com/s?id=1680031668886847577&wfr=spider&for=pc。

图 3.2.41　蒲塘村落屋顶景观（竺頔　摄）

建议在后续的开发与保护过程中，应控制建筑高度及表现形式，注意建筑界面的协调与完整。建筑形式按照传统风格以坡屋顶为主，色彩以青、灰和木色为主，高度控制在三层以下，屋脊高度在 12 米以内，同时尝试开发更多样化的屋顶景观。

浒湾村：村落屋顶景观较为美观。部分房屋为赣派建筑，其余屋顶由普通砖瓦构成或为平顶；古村落部分许多房屋由于年久失修存在屋顶坍塌现象或是修补现象，因此部分房屋没有屋顶景观。

图 3.2.42　浒湾村落屋顶景观组图（竺頔　摄）

村落天际线以“书铺街”门楼为最，高约 10 米。建议政府在开发过程中严格控制抚河周边的建筑高度，保持沿河界面的协调性与完整性；同时以坡屋顶为主要建筑形式，将青色、灰色和木色作为后期建设的主色调。

后龚村：村落屋顶景观和谐美观，其建筑高度为1~2层。多为硬山式屋顶，有一条正脊和四条垂脊，比较简单朴素。屋面全都使用青瓦，并且是板瓦。

图 3.2.43　后龚村落屋顶景观（竺頔　摄）

村落天际线较为平缓，没有高度特别突出的建筑，整体十分和谐。建议在后续开发过程中保持原有村落的景观视线通廊，并严格控制建筑高度。

游垫村：村落屋顶景观和谐美观。由于是古宅，所以均为传统的硬山式屋顶，只有前后两面坡，而且屋顶在山墙墙头处与山墙齐平，没有伸出部分，山面裸露。

图 3.2.44　游垫村落屋顶景观（竺頔　摄）

建议保持原有村落的景观视线通廊，严格控制丘陵、池塘周边的建筑高度，且建筑屋顶形式应以坡屋顶为主，并对主色调进行统一。

竹桥村：村落屋顶景观和谐美观。村内建筑大多控制在 1~2 层，高度差较小，村落天际线较为平缓，基本没有高度过于突出的建筑。

图 3.2.45　竹桥村落屋顶景观（竺頔　摄）

屋顶形式为硬山式，在山墙墙头处与山墙齐平，没有伸出部分，山面裸露没有变化。在后续开发过程中，工程建设不应妨碍风貌景观或影响视域，注意控制屋顶景观的风格统一性。

（二）存在改变

村落屋顶景观存在改变，指从整体上来看，建筑屋顶可能存在新旧夹杂；从单体上来看，村落内部单一建筑屋顶完整度、美观度存在变化。屋顶景观存在改变的村落有疏口村、岐山村、东源村、浯溪村、陆坊村、下李村和大坊村。

疏口村：古村落许多房屋由于年久失修存在屋顶坍塌现象或是修补现象，部分屋顶景观保存较为完整，也存在许多断垣残壁。

图 3.2.46　疏口村落屋顶景观组图（竺頔　摄）

古宅大部分为 1~2 层，高度在 5~6 米，天际线不高，一马平川，没有高度特别突出的建筑，有一些破损严重的房屋甚至没有屋顶，屋内杂草丛生。建议政府及相关开发企业保持原有村落的景观视线通廊，严格控制池塘周边的建筑高度。建筑形式主要以坡屋顶为主，色彩以青、灰和木色为主色调，建筑高度应控制在三层以下，屋脊高度不宜超过 12 米。

岐山村：村落屋顶景观较为和谐，但是由于老宅古旧，部分房屋屋顶有一定的损坏。从图 3.2.47 中可以明显看出，岐山村的屋顶状态存在整体来看新旧夹杂、风格不统一的情况。

图 3.2.47　岐山村落屋顶景观（竺頔　摄）

建筑高度为 1~2 层，屋顶为硬山式，简单而朴素，等级比较低，部分新建的休憩亭廊为悬山顶，整体而言较为美观。建议在建设控制地带内的所有工程设施均不应妨碍风貌景观和影响视域，同时对于屋顶景观的规划应避免会对历史文化遗产有效保护产生危害或妨碍的决策。

东源村：东源曾家村的村落屋顶景观较为和谐，但是部分老宅房屋屋顶存在一定的损坏。建筑高度普遍在 1~2 层，屋顶为简单朴素的硬山式。

景观类型单一，大部分旧式民居古宅屋顶都为青瓦，一些特殊单体建筑则会在屋顶作出极小的改变以增添趣味性，整体来看样式较为统一。政府与企业在规划过程中应继续控制层高，一方面为了维护村落的传统风貌，另一方面也避免对村落的整体景观与视域产生影响。

图 3.2.48　东源村落屋顶景观（竺岫　摄）

浯溪村：古宅与古建筑的屋顶景观整体较为和谐美观，村里大多数古宅屋顶由井圈式青砖墙体所遮掩，两侧风火墙为马头式。

图 3.2.49　浯溪村落传统屋顶景观（图片来源：大众摄影网[①]）

① 7 棵桐树：《浯溪村古建筑群》，中国摄影网，2018 年 10 月 15 日，http://www.pop-photo.com.cn/thread_3339442_1_1.html。

古宅的房屋顶面是硬山式和半坡式的组合，因此屋面瓦沟数量由边缘向中心逐渐收缩，交会处产生的合沟可以将屋面上的雨水引入天井。因此在后续的开发和保护中，要对村民进行教育与开导，从而提高村落屋顶景观的美观程度，以及其与周边环境的融合度。

陆坊村：陆坊村的景区内部传统房屋屋顶景观原貌保存较为完好，景区外部房屋类型以洋楼与单栋小型别墅式房屋为主，1~3 层。从图 3.2.50 中可以明显看出，陆坊村的屋顶状态存在整体来看新旧夹杂、风格不统一的情况。村民的保护意识不够，以前常常在旧宅附近建筑新宅，使得屋顶景观的整体风格现代与传统交杂现象较为严重。

图 3.2.50　陆坊村落屋顶景观组图（竺皥　摄）

屋顶多为天台或是平顶，缺乏特色；天际线也以民居屋顶为主，没有过高的建筑存在。建议政府在后续开发过程中注意房屋的层高，最好将其控制在 1~2 层，防止产生视线阻碍。

下李村：原本的民居在修缮之后屋顶被漆上白色条状纹路，并不十分和谐。民居建筑新房为洋楼，其为 2~3 层，老房子则为 1~2 层（如果有 2 层可能为较矮的阁楼）；建筑屋顶新房为天台平顶，老宅为赣式建筑，垒有瓦片等；天际线较为平缓，多为普通民宅。

建议严格控制高坊河边缘的建筑高度，将其控制在三层以下，屋脊高度不宜超过 12 米，从而保持沿河周边建筑界面的协调性与完整性。同时主要以坡屋顶为主，色彩以青、灰和木色为主色调，对于民居的屋顶样式可以试图在后续开发时做到风格统一。

图 3.2.51　下李村落屋顶景观（竺頔　摄）

大坊村：村落屋顶景观有一定改变，部分屋顶景观改变程度较大，和谐程度不够理想。

图 3.2.52　大坊村落屋顶景观（竺頔　摄）

原本的民居多为青瓦，在修缮之后屋顶被漆上白色条状纹路，并不十分和谐。部分新建建筑及景点建筑的屋顶景观与传统旧式的屋顶在色彩、样式与造型等方面都存在较大差异。一些屋顶上挂有彩灯，到傍晚时便会熠熠生辉，展现出一派繁华的景区形象。

房屋高度些微起伏，村落天际线较为平缓。在后续的深度开发中可以尝试在屋顶景观风格中找到平衡点，做到整体和谐。

图 3.2.53 大坊村夜景（图片来源：百家号[①]）

六、传统建筑的真实性与完整性分析

传统建筑的真实性和完整性共分为以下三类：首先是保存状态完好，即建筑原貌保存基本完好，建筑质量较好，且历史环境要素丰富，保存完好，例如竹桥村、浒湾村、陆坊村、下李村、后龚村、蒲塘村、全坊村等；其次为保存状态一般，即传统建筑原貌有一定破坏，小部分传统建筑倒塌，且存留的历史环境要素较少，例如游垫村、浯溪村、前龚村、岐山村等；最后为保存状态欠缺，即传统建筑原貌破坏严重，大部分传统建筑倒塌，例如疏口村。

（一）保存状态较好

竹桥村：传统建筑原貌保存完好，同时对古宅的修缮工作组织也较好，村落进行了整体规划，基本修缮完毕，并以景区形式初步对外开放。目前旧有的房屋空间大部分已投入利用，宗祠开展了研学、展览、体验馆等活动，计划还要继续改造村落环境，增添民宿、餐馆等消费空间，丰富村落的古宅功能。历史环境要素丰富，雕版文化保留完好。建筑风格上保留了明清朝的房屋特

① 兴东实拍：《航拍江西金溪大坊荷兰创意村》，百家号，2020 年 10 月 4 日，https://baijiahao.baidu.com/s?id=1679625322269753461&wfr=spider&for=pc。

点，并且留存有清朝时期的古井。对宗祠、历史公共设施和老宅的历史、文化保护较好，将雕版印刷文化融入建筑文化中，村落整体规划和谐。

图 3.2.54　竹桥村建筑景观古宅现状（尤佳丽　摄）

浒湾村：传统建筑原貌保存较为完好，建筑质量较好。有小部分房屋坍塌严重，后期会考虑修缮并改造。修缮后的村落安排有序，并贴相关标语，古宅门牌应重新涂画门头名称。旧有的房屋空间暂时还未进行利用，处于闲置空余的情况。历史环境要素丰富，保留较为完好，保留了明清朝的房屋特点，对于宗祠、历史公共设施和老宅的历史保护较好。路面保护较好，保留历史车轮痕迹；木门上的雕花、梁柱等传统民俗雕塑等保护较好。

图 3.2.55　浒湾村建筑景观古宅现状（尤佳丽　摄）

陆坊村：传统建筑原貌保存较为完好，建筑质量较好。修缮后十分和谐，风格统一。对每个旧有的房屋空间都合理利用，没有闲置空余的情况。历史环境要素丰富，保留较为完好，保留了明清朝的牌坊特点，对于宗祠、历史公共设施和老宅的历史保护较好。但是村落目前对于旅游景点的开发仍处于计划状态，暂未正式实施，村落的知名度和标志性特点还待开发。

图 3.2.56　陆坊村建筑景观古宅现状（尤佳丽　摄）

下李村：传统建筑原貌保存较为完好，建筑质量较好。修缮后村落安排有序，并贴相关标语。对每个旧有的房屋空间都合理利用，没有闲置空余的情况。历史环境要素丰富，保留较为完好，保留了明清朝的房屋特点，对于宗祠、历史公共设施和老宅的历史保护较好，木门上的雕花、梁柱等保护较好。但是村落整体的规划与旅游景点安排停滞，村落并无对外的旅游发展规划，相关政府及部门应及时根据村落自身特点进行主题整体规划，突出本村落的特点。

图 3.2.57　下李村建筑景观古宅现状（尤佳丽　摄）

后龚村：传统建筑原貌保存较为完好，建筑质量较好。修缮后十分和谐，风格统一，围绕红色文化这个主题进行统一规划。对每个旧有的房屋空间都合理利用，在宗祠、仓库、医疗场所等处进行展览或研学活动，没有闲置空余的情况。历史环境要素丰富，红色文化丰富，保留较为完好，保留了明清朝的房屋特点，对于宗祠、历史公共设施和老宅的历史保护较好，红色文化深度融入建筑文化中。

图 3.2.58　后龚村建筑景观古宅现状（尤佳丽　摄）

蒲塘村：传统建筑原貌保存较为完好，建筑质量较好，房屋大部分处于修缮状态。修缮后较为和谐，风格统一，围绕进士文化、名人文化主题进行统一规划。旧有的房屋大部分空间还未合理利用，目前处于闲置状态，还未开始对外的旅游景点开发。部分地方设置有老年人活动室——幸福之乡，设有餐厅和棋牌室、阅览室。历史环境要素丰富，名人文化丰富，保留较为完好，保留了明清朝的房屋特点，牌坊、门楼等建筑保存较好。对于宗祠、历史公共设施和老宅的历史保护较好，名人文化、进士文化等融入建筑文化中。

图 3.2.59　蒲塘村建筑景观古宅现状（尤佳丽　摄）

全坊村：传统建筑原貌保存较为完好，修缮工作组织较好，村落基本修缮完毕。目前旧有的房屋空间都还未投入利用，旅游景点建设还处于待开发状态。村落中的宗祠目前有展览、开会等活动，计划还要继续改造村落环境，将村落打造成法国村旅游社区。历史环境要素丰富，科举文化丰富且保留较为完好，保留了明清朝的房屋特点，有清朝乾隆皇帝颁发圣旨的牌楼，最早的建筑可追溯到元朝。对于宗祠、历史公共设施和老宅的历史保护较好，科举文化融入建筑文化中，有较多官宅。

图 3.2.60　全坊村建筑景观古宅现状（尤佳丽　摄）

（二）保存状态一般

游垫村：传统建筑原貌保存一般，修缮工作组织较好，村落正处于开发状态。对每个旧有的房屋空间都有较为合理的利用，在宗祠、仓库、老屋等处进行展览、民宿、餐饮、研学等活动，且有新建商业楼，辅助老楼形成较为完整的旅游区。历史环境要素丰富，进士文化丰富，保留较为完好，保留了明清朝的房屋特点，有侍郎坊等牌楼。对于宗祠、历史公共设施和老宅的历史保护较好，进士文化融入建筑文化中。

图 3.2.61　游垫村建筑景观古宅现状（尤佳丽　摄）

浯溪村：传统建筑原貌保存比较一般，建筑质量较好。对于小部分因火灾烧毁的建筑保留也较为完整。小部分围墙与地砖有破损与剥落，个别不太平整。村落目前处于开发状态，修缮整体较为完善，保留了村落原有的建筑风格和特点。历史环境要素丰富，保留较为完好，保留了清朝的牌坊特点，对于宗祠和老宅的历史保护较好。房中的梁柱、门把手、承重柱、门厅格局、大门门头、排水沟槽、镂空窗扇，保留完好。

图 3.2.62　浯溪村建筑景观古宅现状（尤佳丽　摄）

前龚村：传统建筑原貌保存不太完整，建筑质量一般。修缮房屋数量较少，暂时还未重视大部分房屋，只选择个别房屋修缮，受到后龚村红色文化影响。整体处于待开发阶段。历史环境要素较少，主要为傩文化，建

图 3.2.63　前龚村建筑景观古宅现状（尤佳丽　摄）

筑风格为抚州道教葫芦派。老屋并未得到重视，保护一般，仍处于待开发阶段。

岐山村：传统建筑原貌保存比较好，建筑质量一般，房屋大部分仍在修缮中，修缮较为简单，仅保证不坍塌。修缮后较为和谐，风格统一，围绕进士文化、名人文化等主题进行统一规划。旧有的房屋空间还未合理利用，目前全部为闲置状态。历史环境要素丰富，名人文化较为丰富，保留较为完好，保留了明清朝的房屋特点，牌坊门楼等建筑保存较好。对于宗祠、历史公共设施和老宅的历史保护较好。

图 3.2.64 岐山村建筑景观古宅现状（尤佳丽 摄）

（三）保存状态欠缺

疏口村：有个别标志性牌坊保存较好，刻字清晰。传统建筑原貌有部分破坏较为严重，且暂时没有修缮的计划；有小部分建筑整体坍塌；部分建筑外墙较为完整，内部坍塌比较严重。房檐雕塑损坏，古宅内部无人居住，且没有利用其空间，大多数房屋处于空置状态，周边环境也处于无人打理的状态。历史环境要素丰富，保留较为完好，保留了明清朝的房屋特点。但是对于宗祠、学堂、历史公共设施和老宅的历史并没有保护与修缮。

图 3.2.65　疏口村建筑景观古宅现状（尤佳丽　摄）

第三节　非物质文化遗产保护现况——以金溪县为例

一、非物质文化遗产相关政策

（一）国际政策

在国际上，与非物质文化遗产相关的条约政策是最早由联合国教育、科学及文化组织（以下简称联合国教科文组织）于 1960 年发布的《关于博物馆向公众开放最有效方法的建议》，考虑到博物馆是普及教育及传播文化的根源而推出；而后是 1962 年，联合国教科文组织考虑到人类在各个时期不时使构成其自然环境的组成部分的景观和遗址的风貌与特征遭到损坏，从而使得全世界各个地区的文化、艺术甚至极重要的遗产濒于枯竭而继续发布《关于保护景观和遗址的风貌与特性的建议》；后从 1968 年到 2016 年相继颁布与非遗相关的公约条例，见表 3.3.1，并具体拓展近 20 年内（即 2001 年至 2016 年）的文件内容。

表 3.3.1　与非物质文化遗产相关的条约政策

政策名称	时间
《关于保护受公共或私人工程危害的文化财产的建议》	1968
《关于禁止和防止非法进出口文化财产和非法转让其所有权的方法的公约》	1970
《关于在国家一级保护文化和自然遗产的建议》	1972
《保护世界文化和自然遗产公约》	1972
《关于历史地区的保护及其当代作用的建议》	1976
《关于文化财产国际交流的建议》	1976
《关于保护可移动文化财产的建议》	1978
《保护传统文化和民俗的建议》	1989
《宣布人类口头和非物质遗产代表作条例》	1998
《世界文化多样性宣言》	2001
《建立“活的人类财富”国家体系指南》	2003
《保护非物质文化遗产公约》	2003
《保护和促进文化表现形式多样性公约》	2005
《实施〈保护非物质文化遗产公约〉的业务指南》	2010 年修订版
《实施〈保护非物质文化遗产公约〉的业务指南》	2012 年修订版
《实施〈保护非物质文化遗产公约〉的业务指南》	2014 年修订版
《实施〈保护非物质文化遗产公约〉的业务指南》	2016 年修订版
《实施〈保护非物质文化遗产公约〉的业务指南》	2018 年修订版
《保护非物质文化遗产的伦理原则》	2016

1.《世界文化多样性宣言》（2001）

为充分实现《世界人权宣言》和 1966 年关于公民权利和政治权利及经济、

社会与文化权利的两项国际公约等其他普遍认同的法律文件中宣布的人权与基本自由，以及联合国教科文组织《组织法》序言确认“……文化之广泛传播以及为争取正义、自由与和平对人类进行之教育为维护人类尊严不可缺少的举措，亦为一切国家关切互助之精神，必须履行之神圣义务”，《组织法》第一条特别规定联合国教科文组织的宗旨之一是，建议“订立必要之国际协定，以便于运用文字与图像促进思想之自由交流”，参照联合国教科文组织颁布的国际文件中涉及文化多样性和行使文化权利的各项条款，应把文化视为某个社会或某个社会群体特有的精神与物质、智力与情感方面的不同特点之总和。

除了文学和艺术外，文化还包括生活方式、共处的方式、价值观体系，传统和信仰，文化是当代就特性、社会凝聚力和以知识为基础的经济发展问题展开的辩论的焦点。在相互信任和理解的氛围下，尊重文化多样性，宽容、对话及合作是国际和平与安全的较好保障，承认文化多样性，认识到人类是一个统一的整体，在发展文化间交流的基础上开展更广泛的团结互助活动。尽管受到新的信息和传播技术的迅速发展积极推动的全球化进程对文化多样性是一种挑战，但也为各种文化和文明之间进行新的对话创造了条件，联合国教科文组织在联合国系统中担负着保护和促进丰富多彩的文化多样性的特殊职责。

2.《保护非物质文化遗产公约》（2003）

联合国教科文组织参照现有的国际人权文书，尤其是 1948 年的《世界人权宣言》、1966 年的《经济、社会及文化权利国际公约》和《公民权利和政治权利国际公约》、1989 年的《保护民间创作建议书》、2001 年的《世界文化多样性宣言》及 2002 年第三次文化部部长圆桌会议通过的《伊斯坦布尔宣言》，注意到迄今尚缺少有约束力的保护非物质文化遗产的多边文件，考虑到国际上现有的关于文化遗产和自然遗产的协定、建议书和决议需要有非物质文化遗产方面的新规定有效地予以充实和补充，同时必须提高人们，尤其是年青一代对非物质文化遗产及其保护的重要意义的认识，国际社会应当本着互助合作的精神与该公约缔约国一起为保护此类遗产作出贡献。

联合国教科文组织于 2003 年颁布了与非遗相关的文件，即《保护非物质文化遗产公约》（2003），文件强调非物质文化遗产的重要性，称其既是文化多样性的熔炉，又是可持续发展的保证。考虑到非物质文化遗产与物质文化遗产和自然遗产之间的内在相互依存关系，在全球化和社会转型进程中为各群体之间开展新的对话创造条件的同时，也使得非物质文化遗产面临损坏、破坏和消失的严重威胁。在缺乏保护资源的情况下，这种威胁尤为严重。只有意识到保护人类非物质文化遗产是普遍的意愿和共同关心的事项，承认各社区，尤其是当地居民群体乃至个人在非物质文化遗产的生产、保护、延续和再创造方面发挥着重要作用，才能为丰富文化多样性和人类的创造性作出贡献。

该公约的宗旨如下：

（1）保护非物质文化遗产；（2）尊重有关社区、群体和个人的非物质文化遗产；（3）在地方、国家和国际一级提高对非物质文化遗产及其相互欣赏的重要性的意识；（4）开展国际合作及提供国际援助。

3.《建立“活的人类财富”国家体系指南》（2003）

非物质文化遗产及其保护工作的重要性已经得到国际社会的广泛认同。联合国教科文组织通过的《保护非物质文化遗产公约》第二条指出，非物质文化遗产使各个团体、群体和个体具有一种认同感和历史感，而非物质文化遗产的保护可以确保并促进创造力和文化多样性的延续。然而，由于从业者的减少、资金的匮乏及全球化的负面影响等原因，许多与文化表现形式相关的知识和技能正面临消失的危险。这些知识和技能具体存在于音乐、舞蹈、戏剧和手工艺等文化表现形式中。

在 1993 年联合国教科文组织执行委员会的第 142 次会议上，韩国建议确立联合国教科文组织“活的人类财富”计划，委员会通过了一项决议，鼓励成员国在各自的国家中建立这样的体系。其后，为了促进了解和鼓励建立国家体系，国际上举办了多次会议和研讨会。

第一个“活的人类财富”体系是由日本在 1950 年创立的（即“人间国宝”的认定制度）。韩国于 1964 年建立了这个体系。其他六国——菲律宾、泰国、罗马尼亚、法国、捷克和保加利亚，都已建立了内容各不相同的国家体系。

非物质文化遗产的保护应从被保护的非物质文化遗产的要素，以及具体表达这些要素的个人和团体的认定开始，将各种行动结合在一起。一个重要的、初步的方法是通过拟定并定期更新一份或数份国家名录来确保认定工作的实施。此外，也应采取其他有效方法以促进非物质文化遗产持续性代代相传。

在一个连贯的系统内采取这些行动。实现非物质文化遗产可持续性保护的最有效的方法之一就是保证非物质文化遗产的传承人进一步发扬这些知识和技能，并将这些知识和技能传给下一代。同时应注意，遗产的持有者必须得到认定并获得官方认同。因此联合国教科文组织建议各成员国建立“活的人类财富”国家体系。

4.《保护和促进文化表现形式多样性公约》（2005）

联合国教科文组织根据有关文化多样性和行使文化权利的各种国际文书的条款，特别是 2001 年通过的《世界文化多样性宣言》，于 2005 年 10 月 20 日通过《保护和促进文化表现形式多样性公约》。

该公约确认文化多样性是人类的一项基本特性；认识到文化多样性是人类的共同遗产，应当为了全人类的利益对其加以珍爱和维护；意识到文化多样性创造了一个多姿多彩的世界，它使人类有了更多的选择，得以提高自己的能力和形成价值观，并因此成为各社区、各民族和各国可持续发展的一股主要推动力；以及在民主、宽容、社会公正、各民族和各文化间相互尊重的环境中繁荣发展起来的文化多样性对于地方、国家和国际层面的和平与安全是不可或缺的；颂扬文化多样性对充分实现《世界人权宣言》和其他公认的文书主张的人权和基本自由所具有的重要意义。

既要把文化作为一个战略要素纳入国家和国际发展政策，以及国际发展合作之中，同时也要考虑特别强调消除贫困的《联合国千年宣言》（2000），考虑到文化在不同时间和空间具有多样形式。这种多样性体现为人类各民族和各社会文化特征和文化表现形式的独特性和多元性，承认作为非物质和物质财富来源的传统知识的重要性，特别是当地居民知识体系的重要性，其对可持续发展的积极贡献，及其得到充分保护和促进的需要。需要采取措施保护文化表现形式连同其内容的多样性，特别是当文化表现形式有可能受到严重损害或遭到灭绝时，强调文化对社会凝聚力的重要性，尤其是对提高妇女的社会地位、发挥其社会作用所具有的潜在影响力。文化多样性通过思想的自由交流得到加强，通过文化间的不断交流和互动得到滋养，重申思想、表达和信息自由，以及媒体多样性，使各种文化表现形式得以在社会中繁荣发展。认识到文化表现形式，包括传统文化表现形式的多样性，是个人和各民族能够表达并同他人分享自己的思想和价值观的重要因素。

文化互动和文化创造力对滋养和革新文化表现形式发挥着关键作用，它们也会增强那些为社会整体进步而参与文化发展的人们所发挥的作用，认识到知识产权对支持文化创造的参与者具有重要意义，确信传递着文化特征、价值观和意义的文化活动、产品与服务具有经济和文化双重性质。故不应视为仅具有商业价值，而应注意到信息和传播技术飞速发展所推动的全球化进程为加强各种文化互动创造了前所未有的条件，但同时也对文化多样性构成挑战，尤其是可能在富国与穷国之间造成种种失衡，还应意识到联合国教科文组织肩负的特殊使命，即确保对文化多样性的尊重，以及建议签订有助于推动通过语言和图像进行自由思想交流的各种国际协定。

5.《保护非物质文化遗产的伦理原则》（2016）

根据 2003 年《保护非物质文化遗产公约》及现有保护人权和土著人民权利的国际准则性文件的精神，制定该保护非物质文化遗产的伦理原则。该伦理原则代表了一系列范围内广泛的理想原则，被广泛地认为构成直接或间接影响非物质文化遗产的政府、组织和个人的优秀实践，以确保其存续力，由此确认其对和平和可持续发展的贡献。该伦理原则是对 2003 年《保护非物质文化遗产公约》、实施《公约》业务指南和各国立法框架的补充，旨在作为制定适合当地和部门情况的具体伦理准则和工具的基础，具体内容为以下方面。

（1）社区、群体和有关个人应在保护自身非物质文化遗产的过程中发挥首要作用。

（2）社区、群体和有关个人为确保非物质文化遗产存续力而继续进行必要实践、表示、表达及运用知识和技能的权利应予以承认和尊重。

（3）在国家之间及社区、群体和有关个人之间的互动中，应尽量相互尊重和相互欣赏非物质文化遗产。

（4）与创造、保护、维持和传播非物质文化遗产的社区、群体和有关个人之间的所有互动，应以透明合作、对话、谈判和协商为特征，并以自愿、事先、持续和知情同意为前提。

（5）社区、群体和有关个人，应保证对非物质文化遗产表达有必要存在的工具、物品、人工制品、文化和自然空间和回忆地点的享有，包括在发生武装冲突的情况下。对享有非物质文化遗产特殊方面的习俗做法应予以充分尊重，即使这种尊重可能限制更大范围的公众享有。

（6）各社区、群体或个人应评定其自身非物质文化遗产的价值，该非物质文化遗产不应受制于外部对其价值的判断。

（7）创造非物质文化遗产的社区、群体和个人应从保护该遗产所产生的精神和物质利益中获益，特别是社区成员或他人对非物质文化遗产进行的使用、研究、文件编制、推介或改编。

（8）非物质文化遗产的动态和鲜活本质应持续获得尊重。真实性和排他性不应构成对非物质文化遗产保护的担忧和障碍。

（9）社区、群体、地方、国家、跨国组织和个人应对可能影响非物质文化遗产存续力，以及相关社区的任何行动对非物质文化遗产所造成的直接或间接、短期或长期、潜在和确定的影响进行仔细评估。

（10）社区、群体和相关个人应在确定何物对其非物质文化遗产构成威胁（包括脱离情境、商品化和失实陈述），以及确定如何防止并减轻该等威胁时发挥重要作用。

（11）应充分尊重文化多样性及社区、群体和个人的特性。就社区、群体和个人承认的价值及文化规范敏感性而言，在设计和实施保护措施时应特别考虑性别平等、青年参与和对族裔特性的尊重。

（12）非物质文化遗产保护对人类具有普遍意义，因此应通过双边、次区域、区域和国际各方合作进行。但是，不应将社区、群体和有关个人同其自身非物质文化遗产相分离。

（二）国内政策

1. 国家级政策

在国内，最早关于非物质文化遗产的相关政策条约颁发于2004年，为全国人大常委会批准的《保护非物质文化遗产公约》的决定。党和国家历来重视文化遗产保护，弘扬优秀传统文化，为此做了大量工作并取得了显著成绩。但是，随着全球化趋势的增强，经济和社会的急剧变迁，我国非物质文化遗产的生存、保护和发展遇到很多新情况和新问题，面临着严峻形势。充分认识到我国非物质文化遗产保护工作的重要性和紧迫性，为进一步加强我国非物质文化遗产保护工作，又颁发了《国务院办公厅关于加强我国非物质文化遗产保护工作的意见》。之后，国务院就非物质文化遗产陆续公布相应名录批次，以及相关法规与政策。截至 2017 年，共发布 11 条政策，具体政策详见表 3.3.2，并拓展介绍最新政策，即 2017 年政策文件内容。

表 3.3.2　关于非物质文化遗产的国家级政策条约

政策名称	时间
全国人大常委会关于批准《保护非物质文化遗产公约》的决定	2004
国务院办公厅关于加强我国非物质文化遗产保护工作的意见（国办发〔2005〕18 号）	2005
国务院关于加强文化遗产保护的通知（国发〔2005〕42 号）	2005
国务院关于公布第一批国家级非物质文化遗产名录的通知（国发〔2006〕18 号）	2006
国务院关于公布第二批国家级非物质文化遗产名录和第一批国家级非物质文化遗产扩展项目名录的通知（国发〔2008〕19 号）	2008
国务院关于公布第三批国家级非物质文化遗产名录的通知（国发〔2011〕14 号）	2011
中华人民共和国非物质文化遗产法（中华人民共和国主席令第四十二号）	2011
国务院关于公布第四批国家级非物质文化遗产代表性项目名录的通知（国发〔2014〕59 号）	2014
国务院关于同意设立“文化和自然遗产日”的批复（国函〔2016〕162 号）	2016
关于实施中华优秀传统文化传承发展工程的意见（2017）	2017
国务院办公厅关于转发文化部等部门中国传统工艺振兴计划的通知（国办发〔2017〕25 号）	2017

（1）《关于实施中华优秀传统文化传承发展工程的意见》（2017）

为建设社会主义文化强国，增强国家文化软实力，实现中华民族伟大复兴的中国梦，现就实施中华优秀传统文化传承发展工程提出文化工程建设相关意见。

文化是民族的血脉，是人民的精神家园。文化自信是更基本、更深层、更持久的力量。中华文化独一无二的理念、智慧、气度、神韵，增添了中国人民和中华民族内心深处的自信和自豪。牢牢把握社会主义先进文化前进方向，坚持中国特色社会主义文化发展道路，立足于巩固马克思主义在意识形态领域的指导地位、巩固全党全国人民团结奋斗的共同思想基础，弘扬社会主义核心价值观，培育民族精神和时代精神，解决现实问题、助推社会发展，坚持以人民为中心的工作导向，坚持创造性转化和创新性发展，坚持交流互鉴、开放包容，坚持统筹协调、形成合力。

坚持深入阐发文化精髓、贯穿国民教育始终、保护传承文化遗产、滋养文艺创作、融入生产生活、加大宣传教育力度、推动中外文化交流互鉴。到2025年，达到中华优秀传统文化传承发展体系基本形成，研究阐发、教育普及、保护传承、创新发展、传播交流等方面协同推进并取得重要成果，具有中国特色、中国风格、中国气派的文化产品更加丰富，文化自觉和文化自信显著增强，国家文化软实力的根基更为坚实，中华文化的国际影响力明显提升的目标。

（2）《国务院办公厅关于转发文化部等部门中国传统工艺振兴计划的通知》（2017）

为落实党的十八届五中全会关于“构建中华优秀传统文化传承体系，加强文化遗产保护，振兴传统工艺”和《中华人民共和国国民经济和社会发展第十三个五年规划纲要》关于“制定实施中国传统工艺振兴计划”的要求，促进中国传统工艺的传承与振兴，特制定该计划。该计划所称传统工艺，是指具有历史传承和民族或地域特色、与日常生活联系紧密、主要使用手工劳动的制作工艺及相关产品，是创造性的手工劳动和因材施艺的个性化制作，具有工业化生产不能替代的特性。

中国各族人民在长期社会生活实践中共同创造的传统工艺，蕴含着中华民族的文化价值观念、思想智慧和实践经验，是非物质文化遗产的重要组成部分。我国传统工艺门类众多，涵盖衣食住行，遍布各族各地。振兴传统工艺，有助于传承与发展中华优秀传统文化，涵养文化生态，丰富文化资源，增强文化自信；有助于更好地发挥手工劳动的创造力，发现手工劳动的创造性价值，在全社会培育和弘扬精益求精的工匠精神；有助于促进就业，实现精准扶贫，提高城乡居民收入，增强传统街区和村落活力。

2. 各个部级政策

从国家颁布非物质文化遗产政策条约后，各个部级也积极响应国家号召。

2004年，文化部、财政部联合发出《关于实施中国民族民间文化保护工程的通知》（文社图发〔2004〕11号）。之后，各项非遗相关政策陆续颁布，截至2018年共47条，表3.3.3为各个部级于近五年颁布的非遗相关政策。

表3.3.3 部级颁发近5年的非遗相关政策文件

政策文件	时间
文化部办公厅关于开展第五批国家级非物质文化遗产代表性项目代表性传承人申报工作的通知	2015
文化部关于印发《中国非物质文化遗产传承人群研修研习培训计划（2017）》的通知（文非遗发〔2017〕2号）	2017
文化部办公厅关于公布2017年度参与中国非物质文化遗产传承人群研培计划高校名单的通知（办非遗发〔2017〕4号）	2017
文化和旅游部办公厅关于公布2018年度中国非遗传承人群研培计划参与院校名单的通知（办非遗函〔2018〕39号）	2018
文化和旅游部关于公布第五批国家级非物质文化遗产代表性项目代表性传承人的通知（文旅非遗发〔2018〕8号）	2018
文化和旅游部 工业和信息化部关于发布第一批国家传统工艺振兴目录的通知（文旅非遗发〔2018〕12号）	2018
文化和旅游部办公厅关于大力振兴贫困地区传统工艺助力精准扶贫的通知（办非遗发〔2018〕40号）	2018
文化和旅游部办公厅 国务院扶贫办综合司关于支持设立非遗扶贫就业工坊的通知（办非遗发〔2018〕46号）	2018
国家级文化生态保护区管理办法（中华人民共和国文化和旅游部令第1号）	2018
文化和旅游部办公厅关于贯彻落实《国家级文化生态保护区管理办法》的通知（办非遗发〔2019〕47号）	2019
文化和旅游部关于推荐申报第五批国家级非物质文化遗产代表性项目的通知	2019
文化和旅游部关于印发《曲艺传承发展计划》的通知（文旅非遗发〔2019〕92号）	2019
文化和旅游部办公厅关于公布国家级非物质文化遗产代表性项目保护单位名单的通知（办非遗发〔2019〕150号）	2019

续表

政策文件	时间
国家级非物质文化遗产代表性传承人认定与管理办法（中华人民共和国文化和旅游部令第 3 号）	2019
文化和旅游部关于公布国家级文化生态保护区名单的通知（文旅非遗发〔2019〕147 号）	2019
文化和旅游部办公厅 国务院扶贫办综合司关于推进非遗扶贫就业工坊建设的通知（办非遗发〔2019〕166 号）	2019
文化和旅游部关于推动数字文化产业高质量发展的意见（文旅产业发〔2020〕78 号）	2020

二、抚州传统村落非物质文化遗产落实状况

非物质文化遗产指被各群体、团体，有时为个人所视为其文化遗产的各种实践、表演、表现形式、知识体系和技能及其有关的工具、实物、工艺品和文化场所。非物质文化遗产包含文化价值、精神价值、艺术价值、娱乐价值、经济价值、社会价值等，可以满足旅游者的多种需求，是一种重要的旅游资源。非遗作为人类宝贵的文化遗产，保护与传承是最终目的，而旅游开发则是实现非遗保护的重要手段。在此次的抚州古村落实地考察调研中，多数村落都是以旅游景点或研学基地的形式进行改造从而对外开放，即旅游开发成为村落改造的主要方向。在非遗文化浓郁的村落中，例如浒湾村雕版印刷和油面、石邮村傩舞、竹桥村藕丝糖等，非遗文化成为当地村落对外开放的最大吸睛之处，因此村落对于非遗文化的保护与利用的全面落实是该类村落表现其独特性的重点。

（一）抚州非物质文化遗产概况

抚州位于江西省东部，素有江右古郡、才子之乡、文化之邦的美誉。抚州的“临川文化”底蕴深厚，外延广阔，是赣文化的典型代表之一。抚州采茶戏、三角班、盂戏、傩舞、钱索舞、海盐腔及板凳龙、水龙灯、火老虎灯、狮子灯、跳马灯等非物质文化遗产项目，是“临川文化”的艺术形态，如表 3.3.4 所示。

表 3.3.4　抚州市非物质文化遗产概况

类别	名称	级别	数量
民间文学	麻姑仙女传说《沧海桑田》	省级	2
	胡乔仂的故事	市级	
传统音乐	资溪畲族山歌、乡射遗乐	省级	3
	乐安民歌	市级	
传统舞蹈	南丰跳傩、乐安傩舞	国家级	2
	火老虎灯、神岗傩舞、禾杠舞、扭扭龙、相山林头板凳龙、跳马灯、车马灯、罗汉灯、手摇九节龙、手摇狮、马步灯、矮脚龙、黎川舞白狮、跳八仙	省级	14
传统戏剧	广昌孟戏、宜黄戏、抚州采茶戏	国家级	4
	广昌塘坊木偶戏	省级	
曲艺	抚州话文	省级	3
	抚州道情、宜黄扬花	市级	
传统美术	乐安蛋雕、南丰傩面具雕刻	省级	3
	乐安袁氏木雕	市级	
传统技艺	篾编技艺、白莲生产技艺与习俗、麻姑酒酿造技艺、南丰蜜橘栽培、泥炉制作工艺、雕版印刷手工技艺、藕丝糖传统手工技艺、浒湾油面生产技艺	省级	10
	麻姑米粉制作技艺、灌芯糖制作技艺	市级	
民俗	乐安打船歌习俗、装故事、罗陂庙会、畲族祭祖仪式	省级	6
	南丰妆迎、临川康公庙会	市级	
传统医药	建昌帮药业	省级	1

从表 3.3.4 可以看出，除传统体育、游艺与杂技外，抚州市非物质文化遗产的类型涵盖了民间文学、传统舞蹈、传统音乐、传统戏剧、传统美术、传统技艺、民俗等九大类，类型较为齐全。其中，传统舞蹈类非物质文化遗产项目的数量最多，占总数的 33.3%；其次是传统技艺和民俗，分别占 20.8% 和 12.5%。在等级上，以省级为主，占总数的 70.8%，国家级和市级分别占

10.4% 和 18.8%。

（二）抚州各村落对当地非遗的开发状况——以金溪县各古村落为例

非物质文化遗产是人类宝贵的文化遗产，保护与传承是最终目的。旅游开发是实现非物质文化遗产保护的一种重要手段，而保护也是为能够更好地开发奠定基础。确立非物质文化遗产保护与开发的同一性，是处理好非物质文化遗产保护与开发关系的前提与基础。由于非物质文化遗产内容的丰富性及表现形式的多样性，不同类型的非物质文化遗产的开发模式与对策也有较大差别。

根据抚州市金溪县非物质文化遗产的类型、分布及特征，遵循动态保护和分类开发的原则，本文将对抚州非物质文化遗产项目开发情况进行分类，并分别从以下三个角度进行阐述：（1）开发落实程度较好，即非遗文化及非遗传承人的保护传承较好，宣传、利用程度较为广泛，且将非遗文化与当地村落的改造完好结合；（2）开发落实程度一般，即非遗文化及非遗传承人的保护传承一般，宣传、利用程度较为有限，且并未将非遗文化与当地村落的改造完好结合；（3）尚未开发或处于起步阶段，即没有对非遗文化及非遗传承人进行保护传承，没有进行宣传、利用，且并未开始将非遗文化与当地村落的改造结合，或全部处于起步阶段。

1. 开发落实程度较好

工艺美术类非遗旅游开发。工艺美术类非物质文化遗产是指在历史上创造并以活态形式传承至今的，具有一定技术含量与美学特征的传统工艺与技能。工艺美术类非物质文化遗产进行“有形化”和“物质化”的保护模式，是该项非物质文化遗产技艺有效传承的根本途径。

以浒湾村雕版印刷技术为例。浒湾镇是明清时期全国雕版印刷中心之一，赣东有“临川才子金溪书”之说，“金溪书”即为浒湾镇的木刻印书。据《江西省地理志》载：“金溪浒湾男女皆能刻字，江西全省所有读本、经书小说皆由此出，名曰江西版。”浒湾书铺街的木刻印书不但包含经史子集，而且刻有小说、戏曲话本、书法碑帖等文艺书籍，品种繁多。现在雕版刻字工艺基本失传，但印刷技艺依然保存在活字印谱工艺之中。作为江西省非物质文化遗产雕版印刷术传承人，王嘉泉先生（现年近 80 岁）仍住在浒湾，他是忠信堂的第七代传人，会雕版和石印，还会丝网制版印刷（漏印）技术，主要是使用铅活字帮人印谱。

浒湾村对雕版印刷文化的重视程度很高，村落已围绕雕版印刷主题进行整体规划，并计划结合原有前、后书铺街和店铺建立浒湾雕版印刷研究所和雕版印刷展览馆，以弘扬传承文化。同时，在非遗技术传承方面，派专人挖掘、收集、整理古代雕版印刷技术相关资料，培养一批传承人员，要求其完全掌握木刻印书技术，以保证雕版印刷技术的持续性传承与弘扬。

同时，浒湾村也是浒湾油面的生产基地。浒湾油面又称龙须贡面、挂面、须面、龙凤见喜、福禄喜面、寿面等，用料讲究，采用上等的能承受拉力的优质面粉、茶油或麻油、精制薯粉或葛粉、食盐等原料制作而成。按照不同季节严格配方管理，历三期发酵，经手工精制、微风晾干而成。

浒湾村不仅拥有极其珍贵的历史建筑群落，还拥有丰富的历史传统民俗文化，如民俗民风（端午赛龙舟）、传统食品（油面、橘饼等）。它们和有形的文物相互依存，相互烘托，共同反映着古镇的历史文化积淀，共同构成浒湾镇珍贵的历史文化遗产。村落还从税收政策上鼓励浒湾油面、金橘饼制作等作坊向古镇聚焦，并逐步形成浒湾传统食品一条街。现阶段油面的制作与售卖主要以私人化和小个体户的形式存在，导致规模相对较小，但是村落已开始重视并有意进行宣传，私人制作工坊销售活力很强。同样还是私人化个人售卖的还有竹桥村的藕丝糖。藕丝糖生产历史悠久，据《金溪县志》记载，最早产于明万历年间（1573—1620），已有 400 多年历史。藕丝糖是一种以糯米熬制、拉成的棉糖，外形似一团洁白细嫩的藕丝，素以甜、脆、香、酥而著称。它是在品种繁多的糖饼、子糖、空心糖、灌雪糖等基础上慢慢发展形成的，据名老中医说，藕丝糖以饴糖为主要成分，具有古方“大小建中汤”补中益气之功效。在竹桥村旅游景区内能看到售卖藕丝糖的移动商铺小摊，依附景区而存在，暂未形成完整产业。

抚州市工艺美术类非遗文化开发落实程度较好，但是在其展示方式与旅游效益方面发展较为一般，形式较为单一且收益甚微。古村落中的民俗手工艺文化主要还是以私人个体户的形式存在，并未形成比较系统和完整的产业，且政府目前的支持力度也较小，还未起到牵头作用。在后续的宣传和系统化产业方面，还需政府与企业作为领头人，带领村民共同做好手工工艺类非遗文化的传承与宣传工作，对此提出以下几点开发建议。

（1）新型互动式博物馆展示。通过修建专门的场馆，对工艺美术类非物质文化遗产的实物进行集中展示。通过博物馆陈列的可见、可触摸的实物，让游客了解这项非遗的概况；通过导游人员讲解、图文介绍及视频音频资料，让游客理解该项非遗的文化内涵。博物馆式的开发方式能满足游客体验地方特色文化的需要，可作为文化旅游开发的重要形式。如同浒湾雕版印刷相类似的傩面具，是优秀的民间传统雕刻，有着悠久的历史，具有神秘的宗教与民俗含义，是傩文化的重要组成部分。作为国家级非物质文化遗产，南丰县保留了100多个原生形态的傩舞节目和2000多枚傩面具。为传承和发扬傩面具雕刻技艺，专门建立傩面具博物馆，集中展示傩面具及其生产工艺。浒湾村雕版印刷也可采用相类似的旅游建筑形式，同时加以互动，以互动型博物馆更好地对外展示雕版印刷技术，在满足游客体验文化需求的同时，使其成为当地旅游线路中的亮点之一。

（2）开发旅游商品。通过标准化、规模化生产，将非物质文化遗产的实物转化为旅游商品进行销售，大众旅游者通过认购该类旅游商品，进而认可这项非遗技艺的文化价值。这种开发方式使工艺美术类非遗在扩大知名度的同时获取经济效益，从而有利于非遗文化的传承。如在开发傩文化方面，树立与市场共融的理念，着力建设和壮大傩文化周边产业，开发傩面具、傩面折扇、傩面文化衫、傩面手帕、微雕傩面具等系列产品，培育傩面具雕刻、法器生产等经济实体。又如在对临川篾编技艺进行旅游开发时，可用天然竹子制成筲箕、筲筒、斗笠、篾枕、竹席等日用品和工艺品，作为地方特色旅游纪念品进行销售。同样可以采用相类似的思路推广与发展浒湾油面与藕丝糖，这就需要进行规范化管理与规模化生产，在做好传承与宣传工作的同时，为古村落的旅游发展带来相应的可观收益。

（3）体验式展销。在对技艺类的非物质文化遗产进行旅游商品化的过程中，可将商品制作现场搬到销售地，边生产边展示；对此感兴趣的旅游者，由专业人员进行指导，可亲自动手直接参与商品的生产过程，从而深入了解该项技艺和文化。这种体验式展销不仅能提高游客的游览兴趣、增强其旅游活动的体验感，也能使该类非遗项目得到更好的保护。

2. 开发落实程度一般

表演艺术类非遗旅游开发。表演艺术类非物质文化遗产是指人们在历史上创造并以活态形式原汁原味传承至今的，通过唱腔、动作、台词等艺术表现形式来表现表演者内心世界的传统表演艺术形式。表演艺术类非遗进行旅游开发的主要方式就是将表演舞台与旅游活动项目相结合，通过多姿多彩的表演形式来满足旅游者审美鉴赏的需求。

例如此次调研的游垫村的“手摇狮”和陈坊村的“板凳灯”“龙灯”“猴狮舞”等，都属于表演艺术类非遗。“手摇狮”相传已有数百年历史，是当地劳动人民在练习武术的基础上创造出来的。近年来，每逢节庆与重大庆典之际，县、市、省等相关单位都会组织安排“手摇狮”登台表演。“板凳灯”于每年的正月十六、十七，挨家挨户地放鞭炮、敲锣鼓，众人举着龙旗沿着老街来到五保殿，请出各路神仙，护佑百姓，祈福平安祥和。“龙灯”常在春节或者元宵节前后表演。表演节目有《单龙戏珠》和《双龙戏珠》，流行于县内各地。“猴狮舞”起源于三国时期，是一种民间舞蹈，每年正月初一至十五挨家挨户上门，为村民祈福纳祥。剧目内容生活气息浓郁，热闹非凡，对研究南狮和民俗具有深远的历史意义。陈坊村有资溪县唯一的农民业余赣剧团。该赣剧团常演的剧目有濒危的赣剧大开台《五鬼闹汉》，小开台《鲁班量台》《赐福天官》等近 20 本戏目。

上述两个村落在改造中都留有用于表演的戏台和广场，并进行重新修整与翻新，戏台旁安放着表演所需的道具。在与村民交谈的过程中得知，村落中一直有由村民自发组织形成的表演团队，每逢重要节日都会进行表演活动，连续一个周到一个月不等。周边村庄村民和外地游客都会前来观看，从而形成以表演艺术为主题的旅游形式。但是由于该类活动主要在重要节日进行表演，演出时间较少，整体演出时间较为聚集且时长较短，表演时间的局限性导致村落若想从表演类艺术非遗旅游上获得经济效益较为困难。同时，该表演非遗文化也难以有效地扩大对外的宣传。另外，由于表演是村落中村民自行组织的，并于空闲时间排演，暂未形成专业整体的表演团队，缺少系统规范的编排，因此表演的不确定性较高。同时，随着村落内常住村民人数逐渐减少，年轻人大都外出务工，在表演者的新旧更替、文化交接方面即将面临接班人稀缺，甚至断层等严峻问题。村落中有关表演艺术非遗文化的科普较少，展示形式单一，缺乏吸引力。相对来说，以傩文化闻名的石邮村已形成完整度较好的傩文化主题旅游小镇模式，不光有表演型艺术非遗展示方式——傩舞表演，还开发了与傩舞相关的研学旅游基地，经常性开展傩舞相关知识的教学课程。在村落的改造中，围绕“傩”进行代表性非遗文化改造，从建筑到景观中处处充斥着傩文化，整个村落整体统一，游客在旅游的体验过程中获得沉浸式感受，使得傩文化在最大限度上进行对外输出。

抚州市表演艺术类非遗文化已有一定程度的开发并逐渐落实，但是大部分村落并未对当地非遗文化做到充分延伸，在表演艺术类非遗文化的展示形式与宣传渠道方面仍处于起步阶段，对此提出以下几点开发建议。

（1）“实景舞台剧”式表演。实景舞台剧是以天然的或真实的实景作为表演舞台或者舞台背景，舞台剧所展示的内容往往包括了目的地景区大多数非遗，通过音乐、舞蹈、服饰、舞台灯饰等将目的地的民俗文化、历史文化、民间传说等非物质文化遗产进行全方位的展示。实景舞台剧是将表演艺术的舞台放到景区中，是表演艺术与景区在空间上的有机结合。如资溪县新月畲族民俗村是江西省为数不多的少数民族居住地之一，村中世代传唱的原生态情歌，曲调婉转悠扬，感情真切朴实，语言生动简练，洋溢着浓郁的畲乡气息。在旅游开发中，可以当地的太姥山为实景舞台，让畲族同胞身着节日盛装载歌载舞，以畲族歌舞的形式充分展示畲族文化的内涵和美丽神奇的太姥山风光。

（2）兴建表演艺术场馆。通过兴建专门针对游客的艺术场馆，定时、定点进行表演，将舞台剧的表演时间与旅游活动时间进行有机的衔接，使其成为游客游览的景点之一。如南丰县被誉为“中国傩舞之乡”，南丰跳傩和乐安傩舞被评为第一批国家级非物质文化遗产。在旅游开发中，可建设傩舞表演场馆，定期或不定期地举行傩舞表演活动，吸引游客游览体验，延长游客在当地停留的时间，从而提高旅游的经济效益。

（3）线上宣传表演艺术类非遗文化。在 5G 时代的大背景下，村落的旅游化必然要跟上时代发展，结合当前新兴技术来对外宣传当地村落的非遗文化。除了开发利用当地线下已有的建筑资源外，还可以拓展线上游览业务，使得宣传范围更广更深，多形式、多门类、多层次地进行全方位的资源利用，吸引游客主动前来游览和体验非遗文化。

3. 尚未开发或处于起步阶段

第一，民间文学类非遗旅游开发。民间文学是人民群众口头创作、口头流传，并不断地集体修改、加工的文学，它具有口头性、集体性、变异性、传承性等特点。例如此次调研的蒲塘村就以神仙故里为主题进行改造，以村落中人人耳熟能详的徐神仙——徐祥可为对外宣传的主要对象。村落中村民自发修建的徐神仙寺庙和图默真人寺庙、铜峰古寺等对外开放，同时把与徐神仙有关的传说整理成书册，分发给前来参观旅游的游客。在调研中通过与村民交流，可知该传说宣传范围较广，在正月初三，周边村庄的村民都会前来；九月十五庙会有大量游客祭拜，最少有三万名游客。

但是在村落景区的开发中，神仙主题旅游与村落主题旅游完全分割，村落并未享受到神仙传说带来的旅游效益。首先，在地理位置规划上，徐神仙庙宇和主体村落有一定距离，村落景观与神仙景观没有进行融合，使得前来旅游的游客无法进行统一参观与体验，使旅游主题割裂，村落并没有充分利用神仙主题带来的较为庞大的游客资源。其次，村落内部的改造并没有反映当地经典的徐神仙传说的内容，也没有通过设计建造相关景观。该传说与自然景观没有很好结合，传说与村落的改造建设脱轨，没有增加景区、景点的文化内涵，很难凸显其神秘性。最后，在神仙传说的旅游文化产品上，只有庙宇中有少量关于徐神仙的印刷书册，或者通过村民自发讲解，暂时还没有系统的文学艺术成品或者线上电子资料作为对外的特色旅游商品进行销售，宣传力度较小。

目前，村民及当地政府还未开始重视民间文学类非遗文化，仅仅靠村民口耳相传或者稀少的书册宣传，容易导致传说改变或者形成差异矛盾，还需要当地政府进行牵头工作，全面整理资料，规范化民间传说，利用好民间文学类非遗文化。将抚州市民间文学类非遗直接转化为旅游产品具有一定的难度，对此提出以下几点开发建议。

（1）通过编辑、出版的方式将民间文学类非遗转化为特色旅游商品。在旅游开发过程中，可以将当地村落的文化传说等民间文学，用通俗易懂的语言编辑成故事集、神话集，以纸质书籍、线上宣传等电子媒介形式出版，作为旅游商品在当地旅游景区进行销售。

（2）将民间文学融入旅游景区的规划建设中。民间文学类非遗中的人物、事件等要素反映了地方的文脉，是当地旅游景区开发中可借鉴的重要文化包装元素。通过景观设计、形象设计等方式将文化要素融入景区的开发建设中，可以提升景区的文化品位和彰显地域特色。

第二，民俗文化类非遗旅游开发。民俗是世代相传的民间生活习俗，是体现一个地区独特文化的主要标志。抚州民俗类非遗资源虽然数量不多，但具有鲜明的地方特色，有较大的旅游开发价值。考虑到抚州民俗类非遗分布较为分散，在旅游开发实践中，可采取节庆开发的方式，即以当地重要的节事活动和节日庆典（如乡村旅游节、生态旅游节、休闲旅游节、蜜橘文化节等）为载体，在体现地方民俗文化特色的基础上，将真实性、艺术性、科学性和参与性相结合，通过实物和娱乐表演的形式，在特定时间和地点集中展示。可采取政府部门牵头、旅游企业主办、民众参与的模式，举办地方特色文化旅游节，活动内容包括民间手工艺品展览、才子文化展览、采茶戏演出、傩文化表演、节日文艺会演等。这种旅游节庆活动既能丰富目的地的旅游活动项目，也能使当地的民俗文化旅游资源得到更有效的开发。在此次的古村落调研活动中，东源曾家村、全坊村、疏口村皆根据其村落民俗非遗文化特点进行了相应的旅游规划，详见表 3.3.5。

表 3.3.5　古村落的历史传统文化及对当地非遗的保护与利用规划

村落名称	历史传统文化	非遗文化的保护与利用规划
东源曾家村	方言、民间文学、礼仪节庆、民间技艺、传统表演艺术、传统食品	1. 派专人挖掘、收集、整理东源曾家村历史传统文化，恢复部分已失传的民俗民艺活动； 2. 利用现存的祠堂、民居等场所，定期举办各种民俗文化活动，继承和发扬传统民俗文化，扩大对外宣传与交流； 3. 规划中合理布置、安排展示东源曾家村历史传统风俗文化的场所

续表

村落名称	历史传统文化	非遗文化的保护与利用规划
全坊村	民俗民风、传说故事、礼仪节庆（娶亲、嫁女等）、传统表演艺术（冬至以前演大戏等）、民间文学（家训、家规）等	1. 派专人挖掘、收集、整理全坊古村历史传统文化，弘扬孝敬父母、友爱兄弟、尊敬老人等传统文化精神； 2. 利用现存的祠堂、庙宇等场所，定期举办迎菩萨、演大戏等民俗文化活动，通过迎神演戏达到聚亲会友，扩大对外宣传与交流的目的； 3. 规划中合理布置、安排展示全坊古村历史传统风俗文化的场所
疏口村	民间故事、民风民俗（疏口文化底蕴深厚，民间流传大量的口头文学、民间故事等）	1. 派专人挖掘、收集、整理疏口古村历史传统文化，包括民间故事、口头文学，整理出版与临川文化名人有关的故事集； 2. 利用现存的祠堂、庙宇、民居等场所，定期举办各种民俗活动，通过迎神演戏，聚亲会友，继承和发扬传统民俗文化，扩大对外宣传与交流； 3. 规划中合理布置、安排展示疏口古村历史传统风俗文化的场所，展示的内容主要包括：疏口古村的发展历史、宗族史料、历史人物等

东源曾家村古镇不仅拥有极其珍贵的历史建筑群落，还拥有丰富的历史传统文化，如方言、民间文学、礼仪节庆、民间技艺、传统表演艺术、传统食品等。它们和有形的文物相互依存，相互烘托，共同反映着古村的历史文化积淀，共同构成东源曾家村珍贵的历史文化遗产。在非物质文化遗产的保护和利用规划方面，派专人挖掘、收集、整理东源曾家村历史传统文化，恢复部分已失传的民俗民艺活动。利用现存的祠堂、民居等场所，定期举办各种民俗文化活动，继承和发扬传统民俗文化，扩大对外宣传与交流。规划中合理布置、安排展示东源曾家村历史传统风俗文化的场所。展示的内容主要包括：东源曾家村的发展历史、宗族史料、历史人物、东源曾家村的日常生活及有代表性的民俗活动和民间工艺品、日用品、传统食品等。

全坊村不仅拥有极其珍贵的历史建筑群落，还拥有丰富的历史传统文化，如民俗民风（八月十七迎菩萨、淘井等）、传说故事（五子连发的故事、南宋理宗皇帝为全氏外甥的传说、孝子全大成的故事、石龟的传说、古井的传说等)、礼仪节庆(娶亲、嫁女等)、传统表演艺术(冬至以前演大戏等)、民间文学(家训、家规)等。在非物质文化遗产的保护和利用规划方面，派专人挖掘、收集、整理全坊古村历史传统文化，弘扬孝敬父母、友爱兄弟、尊敬老人等传统文化精神。利用现存的祠堂、庙宇等场所，定期举办迎菩萨、演大戏等民俗文化活动，通过迎神演戏达到聚亲会友，扩大对外宣传与交流的目的。规划中合理布置、安排展示全坊古村历史传统风俗文化的场所，展示的内容主要包括：全坊古村的发展历史、宗族史料、历史人物、历史文化特色、历史文献和诗文选，全坊古村的日常生活及有代表性的民俗活动等。

疏口村不仅拥有极其珍贵的历史建筑群落和完整的聚落形态，还拥有丰富的历史传统文化，如民间故事、民风民俗，疏口文化底蕴深厚，民间流传大量的口头文学、民间故事等，都是临川文学中的瑰宝。在非物质文化遗产的保护和利用规划方面，派专人挖掘、收集、整理疏口古村历史传统文化，包括民间故事、口头文学，整理出版与临川文化名人有关的故事集。利用现存的祠堂、庙宇、民居等场所，定期举办各种民俗活动，如五月迎村神、八月庙会许真君、九月迎重阳菩萨等，通过迎神演戏，聚亲会友，继承和发扬传统民俗文化，扩大对外宣传与交流。规划中合理布置、安排展示疏口古村历史传统风俗文化的场所。展示的内容主要包括：疏口古村的发展历史、宗族史料、历史人物等。

三、小结

研究团队在此次抚州古村落实地调研的过程中了解到，国家对各个古村落都进行了资金、技术、政策等方面的支持。当地村落在执行时各不相同，能明显看出各个古村落改造发展所处的阶段不同，改造进度存在较大差异，在运用当地非遗文化进行主题性改造时的认知程度也不尽相同。

在政府层面。以浒湾村、竹桥村等改造相对完善的村落为例，政府已针对当地非遗文化进行梳理，并有意识扶持非遗文化，且把非遗文化与村落改造相结合，将非遗文化融入村落中，形成以非遗为主题的旅游文化村落。村落也在当地进行非遗文化的宣传，当地村民大多了解本村落的非遗文化，能作为个体对外输出。相对而言，其他还处于改造初期的村落，例如东源村、全坊村、疏口村等，则暂时还未重视其非遗文化，并未将非遗文化融入村落的改造中，整体规划还未正式开始。同时，在对当地非遗文化的宣传上较为缺失，仅有少部分村民知晓自己村落的非遗文化，且大部分村民对非遗文化的了解程度并不深入，在内容上认知比较模糊，容易将非遗文化与民俗文化混淆。

在村民层面。目前留在村落的村民主要以老年人为主，因此对于非遗文化的概念不是很清楚，容易将民俗文化与非遗文化混淆；同时，村民对于何为非遗文化及非遗文化重要性的重视程度也不够，没有真正参与到非遗的保护与利用工作中，大多数村民对此持有观望与无所谓的态度。政府还需多多宣传当地非遗文化，并及时传达上级政府的意见，在村落中尽快落实，让村民真正了解当地的非遗文化。村民是当地古村落的灵魂，因此古村落的重新利用与振兴离不开当地村民的参与与支持，需全力调动村民的积极性与配合度，了解其真正需求，从而使古村落的非遗文化得到最大程度的传承与发扬。

（一）保护利用的意义

1. 是继承和发扬赣文化优良传统的重要任务。

抚州非物质文化遗产作为抚州历史文化的继承和产物，是对历史上不同时期抚州文化变迁背景、经济社会发展状况、民众物质精神文化生活的本真性继承和完整性记录。因此，做好区域内非物质文化遗产的保护利用工作是当代抚州追本溯源的重要依据，更是深层次挖掘赣文化优秀传统内涵的重要途径。

2. 是遵循非物质文化遗产特性的内在要求。

生活方式的改变和外来文化的冲击、资源流失严重威胁文化安全、社会大众缺乏一定的民族自觉、非物质文化传承后继乏人、生态环境的恶化等，这些问题的存在使得抚州非物质文化遗产面临极大的困境，有的甚至濒临消失。从这个意义上来说，加强对非物质文化遗产的保护和利用是十分必要的。

3. 是积极推进抚州文化战略的有效措施。

非物质文化遗产是文化产业的一个重要组成部分，而非物质文化遗产保护利用是一个系统工程，提升抚州非物质文化遗产的保护利用水平既关系到抚州非物质文化遗产的健康发展，也关系到抚州在江西在我国乃至在世界范围内的文化竞争实力，更关系到能否充分发挥文化产业对整个江西经济社会的推动作用，以传承和发扬光大赣文化，进而促进江西经济社会的全面均衡发展。

（二）保护利用的成果

1. 提供政策法规和经费支持，建立各级保护工作机构，形成有效的管理机制。

近年来，在国家倡导扎实推进非物质文化遗产保护工作的大背景下，江西省陆续出台了一些非物质文化遗产保护条例，且于 2009 年开始投入专项资金用于对四级名录体系中非物质文化遗产名录项目，尤其是国家级和省级项目中濒危类的抢救保护和维护传承，以及适当的产业利用。同时，成立江西省非物质文化遗产研究保护中心，并在 11 个设区市和 99 个县分别成立了非物质文化遗产保护中心、文化局，将非物质文化遗产保护工作纳入行政常规轨道。

2. 开展普查工作，完善非物质文化遗产档案和数据库。

建立非物质文化遗产四级名录体系，也是一次完整的非物质文化遗产资源摸底。开展全面普查，能够完整地反映全省非物质文化遗产资源的整体现状，包括资源留存状态、资源存量、资源特色、代表作品、传承人数量等。依据一定的标准和分类，建立起非物质文化遗产国家、省、市、县四级名录体系，实现对非物质文化遗产的分级分层保护，并给予相应的资金扶持，鼓励非物质文化遗产进校园、进教材、进课堂，鼓励传承人带徒弟、出书、任教等，健全非物质文化遗产档案和数据库。

3. 认定和保护代表性传承人，建立传承机制。

目前，江西省推荐申报并认定国家级非物质文化遗产项目代表性传承人 10 个类别项目共 70 人，并开展了第一批省级非物质文化遗产项目代表性传承人评审工作，最后确定了传统音乐、传统舞蹈、传统戏剧曲艺、传统美术、传统手工技艺、传统医药、民俗七大类 121 人为第一批省级非物质文化遗产项目代表性传承人。自 2009 年起，省文化部门决定对 7 位国家级代表性传承人给予每人每年 1 万元的补助，且随着时间的推移和财政状况的改善将不断加大资助力度，确保这些代表性传承人能够专心地从事自身专业领域的研习和传授。

4. 加强基础设施建设，助推整体性保护和商业化利用。

目前，通过以政府为主，鼓励社会资本加入，对非物质文化遗产传承展示基地基础设施和建设项目对外招标的方式，已经兴建了一批具有多种功能的非物质文化遗产保护基地、生态保护区、博物馆、展示馆、专题馆和传习所等基础设施。此外，还有被纳入全国非物质文化遗产保护试点工程的抚州非物质文化遗产保护重点工程和文化生态保护实验区——婺源徽州文化生态保护区，也已开始建设。以非物质文化遗产为主题的基础设施建设工程正在如火如荼地进行着，既助推了非物质文化遗产的整体性保护，也适当地促进了非物质文化遗产的商业化利用。

5. 开展宣传教育，参与文化交流与合作，营造良好的社会氛围。

2006 年以来，各地文化部门利用“文化遗产日”积极深入挖掘传统文化的内涵并着力展示，营造宣传文化遗产保护的良好社会氛围。在春节等传统节庆日，各地文化部门还精心准备各式各样的非物质文化“大餐”，给民众营造喜庆、欢乐、祥和的氛围。

6. 积极开展非物质文化遗产人员培训，加强理论研究。

近年来，针对提高非物质文化遗产工作者业务的水平和技能，从全省范围内挑选代表性人物，举办非物质文化遗产工作者专业培训班，邀请省内及全国代表性非物质文化遗产传承人和相关领域知名专家学者为学员授课，从濒危非物质文化遗产的修复和保护、非物质文化遗产项目的利用和产业开发等方面进行分类分级培训。鼓励各界尤其是高校开展理论研究，由此，非物质文化遗产的相关论著和相关论文数量激增。这些论著和论文是对江西非物质文化遗产多方面全方位的研究，对做好当前和今后江西省非物质文化遗产的工作都有很高的借鉴价值。

（三）保护利用存在的主要问题

在国家和省里的支持下，抚州有关部门通力协作，大力推动非物质文化遗产的宣传保护和合理利用，取得了较好的社会和经济效益。由于起步较晚，抚州非物质文化遗产保护利用工作还存在一些不足，这也是今后抚州非物质文化遗产工作中应主要克服和深入研究的内容。具体来说，这些问题主要体现如下。

1. 对非物质文化遗产保护与利用的关系认识不到位。

目前，抚州非物质文化遗产保护利用工作对两者关系的认识还存在误区，一是对某些项目过于重视保护层面，忽略了适当利用，且未促进其产业发展；二是对某些项目盲目地加大开发力度，忽略了维护项目的本真性工作。因此，必须充分认识对非物质文化遗产坚持本真性保护利用的原则，在突出本土优势、地方特色和“非遗”项目传承人培养方面下功夫，多方部署，推进重点项目与重点领域的突破，实现对非物质文化遗产的可持续利用发展。

2. 文化主体产业化开发利用积极性不高。

近年来，江西文化产业发展提速，伴随着文化产业的较快发展，江西居民的文化消费基础能力显著增强，但文化消费中的非物质文化遗产消费水平增长相对缓慢，这使非物质文化遗产消费市场空间在短时间内难以释放和形成。同时，政府在政策扶持和法规建设等方面的不足也在一定程度上阻碍了非物质文化遗产保护，尤其是合理利用的步伐，相关文化企业主体进行非物质文化遗产产业开发利用的积极性和主动性也就随之走低。

3. 工作队伍人员的业务水平和基本技能有待提高。

非物质文化遗产相关工作人员综合素质的高低是影响非物质文化遗产保护利用工作的重要因素。目前，抚州非物质文化遗产相关工作人员的业务水平和技能不高，对江西省现有的四级非物质文化遗产项目的知识掌握得还不够全面。抚州缺乏能胜任保护利用工作的技术型人才，因此，有必要加大工作人员的业务知识培训力度，培养和引进相关技术人才。

4. 理论研究与法规建设滞后。

目前，围绕江西非物质文化遗产的研究还是一个较新颖的课题，尤其是关于江西非物质文化遗产资源进行综合评估的研究较少；江西省非物质文化遗产保护利用的理论研究还不够兴盛，理论研究环境和研究视角有待优化和拓宽；相关保护法规条例还不完善，存在制度漏洞，给一些不道德、盲目开发利用非物质文化遗产项目的行为提供了不当的机会，也给保护工作带来了一定的难度。因此，必须完善相关保护利用法规和条例，让非物质文化遗产保护利用工作在正常的法律轨道上有序进行。

5. 经费严重不足，设备落后。

尽管政府先后划拨了专项经费用于购置专门的设备和建设基础设施，支持非物质文化遗产工作，并开始对传承人实施物质资助，但非物质文化遗产的保护利用是一项长期的系统工程，必须要有足够的、持续不断的经费支持。政府财政划拨虽是重要的来源，但社会资金才是持续支持非物质文化遗产保护利用工作的关键来源。因此，要提高非物质文化遗产保护利用的社会认知和重视程度，鼓励社会资本参与非物质文化遗产保护利用的工作，抓好政府财政支持和社会资本投资，实现抚州甚至江西非物质文化遗产可持续传承和发展壮大。

6. 非物质文化产业品牌建设不足。

通过前文所阐述的抚州非物质文化遗产项目的影响力可以看出，抚州非物质文化遗产项目中只有少数项目的知名度较高，能够达到国家优势品牌项目的平均水平，但是整体影响力不足，产业化项目少，缺乏传世精品品牌项目。品牌建设不足，主要表现在相关主体保护利用侧重点不统一，重点不清，缺乏产业开发整体规划部署，缺少龙头模范文化企业，品牌建设意识不强等方面。

第四节　村落生活保护现况——以金溪县为例

本研究团队聚焦于金溪县的实地调研和考察访问，探讨抚州村落生活保护现状，对传统村落面临快速消失危机，以及未来传承发展问题，有了初步调查结果。针对目前村落生活保护状况，如何做到遏制传统村落的破坏，以及在进行保护工程的同时，做到与周边自然生态和谐共存，是现阶段需要关注的重点。根据调研结果，目前抚州传统村落已全面获得国家重视，成为国家保护工程，其中，更有多数村落被列入中国传统村落名录，并获得中国历史文化名村的荣誉。

2017 年，抚州市金溪县浒湾镇浒湾村被列入中央财政支持范围中国传统村落名单；2018 年，抚州市金溪县合市镇游垫村、抚州市金溪县陆坊乡下李村、抚州市金溪县陈坊积乡岐山村、抚州市金溪县琉璃乡蒲塘村等，皆被列入中央资金支持范围中国传统村落名单。与此同时，对于上述入选村落，中央将按计划提供每村 300 万元资金补助，用于支持传统村落保护工程。资金补助范围涵盖村落传统建筑和历史遗迹的保护性修缮，以及有关村落整体环境建设的提升工作。现阶段，本研究团队已对金溪县传统村落的生活保护现状进行了翔实的调研工作，其范围包括村落环境状态、住房条件、基础设施、公共服务设施、生活生产方式五个维度，以下将逐一详述各村落发展现况。

一、村落环境状态

有关村落环境状态评估，主要体现在传统村落基础设施的规划与布局、整体外部空间环境的打造建设及历史环境评估影响。其中，历史环境评估影响包括历史空间格局、传统村落建设与历史环境之间的和谐性，对村落历史街巷的记忆体现，对材质、色彩、工艺、装饰技艺的传承和延续。在本研究团队调研的十多个村落中，目前金溪县传统村落环境状态多有相似之处，以下对个别村落发展进行分析。

1. 陆坊村

陆坊村是抚州市金溪县陆坊乡下辖行政村，明清古建筑群遗址较多，作为历史文化名村，被列入中国第五批传统村落。全村属于陆氏家族，陆氏家族在村里常住人口约有 680 人。陆坊村属于乡镇所在地，因此全村常住人口达到 2000 人左右。村民大多搬移至周边新房，部分继续留守古宅，或将古宅改建为民宿和餐馆。

图 3.4.1　陆坊村景区环境组图（谢雅卉　摄）

村落自然环境状态方面，植树状况良好，错落有致，布局合理，景区规划与自然生态环境呈现和谐友好的发展状态，屋舍旁多设有简易盆景和灌木丛，还有村民栽种的菜园，周边可见远山、农田、溪水。村落环境土地平旷，屋舍俨然，干净整洁。村中多处设有水井和池塘，村落房屋修缮建设工程完备，较少毁损屋舍，全面接受保护或使用。在建设过程中，要重视对生态环境的保护，关注人为建设的环境影响，平衡传统村落与生态资源的关系。

村中有陆象山墓碑遗址，依山而建，是江西省级文物保护单位。由于政策导向，村落作为开放式景区，目前进村不收门票，等景区完全建成后，会计划收取门票。

有关历史环境状态。景区文化及历史风貌保存完善，以南宋教育家、理学家陆九渊故里为主题打造的知名旅游景区，是著名的象山故里、心学之乡。金溪“义门陆氏”世代长居于此，自公元960年始到今天，著名景点包括义里门楼、吾心园、陆象山旧居、槐堂书屋、悟心居、大儒家庙等。

陆坊村结合政策导向，主要关注“古色、古建筑、历史文化”三方面进行村落治理，欲打造融合自然风光、美丽乡村休闲旅游及传统民居遗存于一体的“象山文化特色村”综合服务景区，景区现阶段处于快速建设期。

2. 下李村

下李村是抚州市金溪县陆坊乡下辖行政村，坐落于金溪北十公里处，206国道旁，是历史文化名村，也是中国第四批传统村落。村中拥有丰富的明清古建筑群遗址，作为金溪县文物保护单位，村落现剩有78幢古民居建筑群，包括祠堂、逢年山庄、大夫第、古戏台、校官别墅、丽江赞府等建筑群。村落于2016年开始修建改造，可见人口文化广场、村委会、新房建设群、篮球场等现代化公共设施，目前被评为三星级景区。

图3.4.2　下李村景区环境组图（谢雅卉　摄）

2019年，村落交由政府托管，政府拨款300万元，准备带领下李村向旅游业开发方向发展。全村现有农户235户，约1156人，以李姓为主。全村耕地面积广阔，占地1200亩，山地面积2490亩，村落环境地势平坦，是国家标准粮田高产创建基地，其整体规模是陆坊乡第一大自然村。2015年，下李村被列为省级中心村新农村建设点，为打造生态文明示范村，目前共实施6项建设，并通过积极建设工程，提升整体农业的业态发展。

有关下李村自然环境状态。全村环境风貌良好，山清水秀，西靠霞峰岭和高坊河（又称青田水），河川贯穿全村，一年四季清澈见底，鱼虾成群，川流不息，凸显生态“秀水”理念。调研期间，还可见村民浣衣洗菜，河川与村民生活紧密相关。周边山峦叠翠，连绵起伏，树木枝繁叶茂，具有“秀水下李”的美誉。

关于下李村历史环境状态。自古以来，村落人杰地灵，根据族谱记载可知，明清年间英才辈出，诸如乾隆年间李腾，登仕郎，任广西怀集县典史；李元阳，又名运复，任广西怀集县典史，大平府冯祥州州判，敕封儒林郎，候选布政司理问；李添，敕封儒林郎，候选布政司理问；李鞠，又名士迪，光绪年间授武德佐骑尉修职郎，文林郎，覃恩奉政大夫；李延夏，光绪七年（1881年）覃恩封修职郎，奉政大夫；近代如李凌汉，黄埔军校毕业，任国民革命军陆军第十四军第二师政治部少校总务科长，后任金溪县第四区区长；等等。

村落具有丰厚的历史名人文化，在村落文化的传承与延续方面，具备完善的基础条件。目前对村落历史街巷的呈现，据考察结果，村落整体建筑保护完善；对于明清古建筑特点，仍须努力保护村落历史记忆的关联程度，能较好地维系传统与现代化的平衡。

3. 疏口村

疏口村是抚州市金溪县琅琚镇下辖行政村，2019 年被列入第七批中国历史文化名村，村落名称由来与金溪县疏山古刹关系密切，有其渊源。疏口村位于疏溪河畔，与疏山寺相邻，二者之间相距 2.5 公里，村落稍早从疏山寺迁移过来。

图 3.4.3　疏口村环境状态组图（谢雅卉　摄）

有关自然环境状态。疏口村位于平坦之地，村内水塘、树木等自然风景秀丽，有很大的发展潜力。村落周围风景秀丽，自然风光明媚，东望武夷山，西达抚河，南临琅琚河、富屯溪，北靠信江，是个充满水韵诗意的地方。

有关村落历史环境状态。历史环境要素丰富，保有多数明清时期的古建筑，规模较大，建筑保留较完好，铺设范围较广，但对于宗祠、学堂、历史公共设施和老宅的历史尚未有较好的保护与修缮。村落作为金溪县文物保护单位，现存4座祠堂、3座书院、3座门楼、2座节孝坊、1座石桥、1个石亭和139栋民宅。全村以吴氏为大宗，多姓聚居，村落人口约有1500人，村民多信仰佛教。村落格局展现“两街、十八巷、二十一池”的空间规划，并保有多处历史人文遗址，无论是文官府第、书院，还是村内宗祠，皆林立于此，诸如天官第、司马第、明经第、大夫第、贤祠、增祠、疏溪书院、东壁书房、两节孝石牌坊等。全村古建筑群聚，类型齐全，充分展示了赣东地域的人文风情及历史特色。

4. 浒湾村

浒湾村是抚州市金溪县浒湾镇下辖行政村，作为镇乡结合区，是历史文化名村，被列入第四批中国传统村落名录。有关村落自然环境状态：境内多为连绵起伏的山丘，河川众多，村落位于金溪县以西，地势东北高西南低。村落周边环境优美，东望疏山，西关灵谷，南临抚河，北通驿道。村落以南为抚河冲积平原，视野辽阔，一望无际，风景优美。在历史环境状态方面，浒湾村曾是著名雕版小镇，主要以雕版印刷和出版等历史文化闻名。整体村落包括三个社区和浒湾村，拥有一千多年的历史，早期在村中做刻书印书工作的工人有3000多人。目前，村中主要人口结构为老人和小孩，青年大多外出务工，现阶段村中共有1900人。

2011年，浒湾村修建书铺街，在牌坊柱底端匍匐倒立的狮子，可见一手按花球，一手按小狮子的造型，寓意吉祥瑞气的到来。根据本团队调查研究发现，村落建设前书铺街与后书铺街，地面皆保有大量明清年间的地砖，包括车轮印遗迹。另外，依稀可见屋舍标牌刻字有重新修缮并填涂的痕迹，整体上古建筑墙体保留较完整。村中的“协盛厂”闻名遐迩，作为乾隆年间的皇家印刷厂，厂内每天只刻20个字，以确保质量和精细度，专供国子监和翰林院，不对外售卖。

图 3.4.4　书铺街环境状态组图（牌坊倒立石狮、书铺街地砖、协盛厂建筑墙体）

（谢雅卉　摄）

5. 后龚村

后龚村是抚州市金溪县左坊镇下辖行政村，位于左坊镇南边约 1.5 公里，206 国道旁，村落现存明清古建筑近百栋。作为历史文化名村，后龚村于 2017 年入选第一批江西省级传统村落，于 2019 年 6 月成功列入第五批中国传统村落名录。

图 3.4.5　后龚村环境状态组图（谢雅卉　摄）

有关后龚村自然环境状态。村落地势平坦，放眼望去，风景秀丽，垄田群集，物产丰富，天蓝水清，远方有连绵不绝的山丘，东面毗邻资溪县，村落地形呈现易守难攻的特点。周边有很多村庄围绕，包括占家、前龚、北排、郑家、东坑等。目前村落居民约有 395 户 1526 人，林地面积 5076 亩，耕地面积 3720.3 亩。

历史环境状态方面。后龚村是著名红色村落，1933 年 1 月，中国工农红军第一方面军，在黄狮渡大捷后，直属部队曾于左坊一带驻防，周恩来、朱德、王稼祥等人皆以后龚村作为驻地，并将司令部停驻于龚氏祠堂。村落曾是左坊红一方面军总部旧址，拥有多处红色遗址，诸如炊事场、印刷厂旧址（元公宗祠）、教导团旧址、红军井、朱德旧居、政治部旧址、红军洞、警卫连旧址、周恩来旧居、通讯连旧址、王稼祥旧居、卫生部旧址、无线电队旧址等。

后龚村红色文化遗址丰富，于 2012 年 3 月被评为抚州市爱国主义教育基地；2016 年 12 月，又入选全国红色旅游景区名录。据本团队考察了解，后龚村还流传着一些红军趣事。相传朱德总司令曾暂住在祠堂左边一农户家里，中间有一大片竹林相隔。当时，为了应对国民党飞机的空袭，朱德便带着十几名战士在祠堂边竹林里开挖了一个地洞，有两个洞口进出，洞内空间大到可放两张八仙桌，能坐十多人，故此处顺理成章地成为红军干部开会之地。目前村中共有 1500 人左右，其中 20% 住在家中或住在县城，平时村民外出务工较多，清明期间，由于需要回来祭祖，故此时村民最多。

6. 游垫村

游垫村是抚州市金溪县合市镇下辖行政村，是金溪县保存较完好的明代村落群。明初，村落从本邑柏林湖家迁来，至今已 800 余年。有关村落命名由来，根据《金溪县地名志》记载，明洪武年间，开基祖胡桂从河南开封云游至此，因爱此地水碧山青、鸟语花香，故决定奠基于此，是为游垫村的缘起。

关于游垫村自然环境状态。村落地理位置优越，山清水秀，环境优美，古宅成片，古巷道纵横交错，村落距县城大概 10 公里。全村属于胡氏家族，目前游垫村民共有 400 人，耕地约 600 余亩，林地面积千余亩。村中可见多处水塘，村妇浣衣，水光潋滟。如今，约有一半村民仍在村中生活，村民与村落之间关系紧密。2016 年 11 月，游垫村被列入第四批中国传统村落名录，2019 年 1 月又入选第七批中国历史文化名村。

关于村落历史环境状态。游垫村保留了较多的古建筑遗址，气势宏伟，古风浓郁，规格较高，村落更有显赫历史名人文化，人文底蕴深厚。据族谱记载，村中共出过 44 名监生、72 名庠生、23 名贡生、8 位举人和文武 2 位进士，其中，文进士是胡桂芳，武进士为胡从龙，二者同为明朝人。整体上，村落具有较高的历史文化价值。经历风雨洗礼后，村落仍保留多数重要遗址，诸如“进士第”“侍郎坊”“尚书府”“方伯巷”“大夫第”等门楼。

7. 全坊村

全坊村是抚州市金溪县合市镇下辖行政村，原名为衡溪村，始建于北宋，约有 1050 年历史，历经朝代更迭，名人大儒层出不穷，仅清朝就有 15 人登仕，知府2人，还有7人著书立说，其中女诗人1位。目前村民仍有400多人，共有108户，外出务工和在县城居住的则有115人。全村属于全氏家族，金溪、临川、东乡全姓村民皆由该村分出去。2014年，全坊村被列入第三批中国传统村落；2019年，又被列入第七批中国历史文化名村。

有关全坊村自然环境状态。村落古风浓郁，屋舍俨然，古韵悠长，周围田地遍布，更有将近七座邻近古村落，目前皆为政府托管修缮建设。在历史环境状态方面，全坊村是块风水宝地，人杰地灵，村中共出过19个官员，以孝友传家，坚持重儒不轻商原则，保留了较多的人文资源和历史文化。村落多处可见保留较好的文化遗迹，包括全氏宗祠、“科第”门楼、节孝牌坊、官厅等明清建筑，建筑为清一色青砖黛瓦。目前，村中共有97栋房屋，保存较完整的有68栋。

8. 竹桥村

竹桥村是抚州市金溪县双塘镇下辖行政村，是距离金溪县县城北10公里的古村落，始建于元末明初，距今已有800年历史，素有“天下余氏，千年竹桥”的美称。现有常住人口206户、800余人，均为余姓。村落是“金溪书”发祥地，也是中国清代四大雕版印刷基地之一，现作为景区使用。景区内保留较多农耕文化，从景区大门到村落之间留有大片农田，究其原因：一是给农民保留田地，用于耕种；二是前后距离遥远，需要买观光车票，10元一位，作为基础建设收入回报。此外，竹桥村蕴含临川文化圈的丰富元素，作为江右民系聚居的古村，2010年被评为中国历史文化名村，2012年被列为首批中国传统村落，2018年正式升级为4A级景区。

关于竹桥村自然环境状态。鸟瞰全村，村落好似一把张开的巨扇，村落周边有从济南往返广州的高速公路，也有从抚州往返吉安的高速公路，以及

图3.4.6　竹桥村环境状态组图（谢雅卉　摄）

206 国道、316 国道。北边有龙虎山景区，距离村落约 30 千米；南边有大觉山景区，距离村落约 40 千米。历史环境状态方面，竹桥村作为一个文风昌盛、农耕与儒商并重的传统村落，村里曾出现过几个世代的经商大家族。历史文化丰富，目前仍保有较多明清时期建筑遗址，村里的赣派成片古建筑就有 150 多个，此外，还有古祠堂 100 余座、明代牌坊 8 座、清代牌坊 30 多座。目前古村落虽已规划为景区，却仍未收取门票，从 2018 年开始试运行，用来宣传竹桥村文化。

9. 蒲塘村

蒲塘村是抚州市金溪县琉璃乡下辖行政村，作为江右民系聚居的千年古村，2008 年 1 月由原蒲塘村和原官山村合并而成。村落历史十分悠久，现存约 60 幢明清古建筑群，是保存较好的历史文化名村，位于琉璃乡西北边，距离琉璃乡县城不到 4 公里远。村落入口矗立着一座“民荐天朝”牌坊，远近驰名。村落下辖 1 个自然村、5 个村小组，全村共有约 1854 人，500 户，大多为徐氏人家，现有 1/3 居住在村落或在县城。村落周围主要有 7161.5 亩耕地面积，约 3800 亩山林面积，260 多亩水域面积，山塘水库数十座，土地资源非常丰富，2016 年被列入第四批中国传统村落名录。

图 3.4.7 蒲塘村环境状态组图（谢雅卉 摄）

有关蒲塘村自然环境状态。村落周边青山环绕，绿水相依，地理位置优越，东与九塘接壤，南与鲁峰相邻，西连包集，北至姚郭，还有一条浒陈公路贯穿其中，交通尤为便利。由于村落和周边随处可见蒲池，蒲塘有 99 口塘，可谓水塘之村，众塘之首，水面十几亩，池水清冽。村落可见方、圆两眼古井，称为龙凤井。村中古树历史悠久，凸显出村落的古老和繁茂。

历史环境状态方面，明仁宗朱高炽时期，有徐氏捐赠四千五百石粮食救济贫困人群，皇帝为表彰其优秀品质，为其修建牌坊。至今，牌坊保存十分完好。在“文化大革命”中，村民用黄土将牌坊外部雕刻掩埋，使牌坊得以完整保存至今。

村中多出文官武将，相传曾有过 21 位进士，官居高位者任职过知府、枢密副使、监察御史，以及参与修撰明朝《永乐大典》事务。明朝期间，则出过“因抗倭立功而官至参将”者等。村中历史文化丰富，诸如神仙文化、菖蒲文化、圣人文化、传统文化、塘文化、进士文化等，故蒲塘村又有“文武世家”“神仙故里”的美称。

10. 岐山村

岐山村是抚州市金溪县陈坊积乡下辖行政村，村落历史悠久，始建于南宋前朝，距今已有 850 多年历史。村落里保存完好的明清古建筑有 30 余栋，黛瓦青砖，古色古香。现阶段村落人口 700~800 人，常住人口不到 400 人，全村以吴姓为主。2016 年，岐山村被列入中国传统村落，也入选中国历史文化名村之列。

有关村落自然环境状态。依山傍水，环境清幽，村落位于老族柘冈东北三四里处，与东乡区境相毗。村落外围有大河向西流，村内有小溪向东流。村里现存清代嘉庆年间建造的石拱桥，已有 200 多年历史，至今仍能行走车马，作为往返村里的重要道路使用。村中可见较多人家放养鸟禽类，诸如鸡、鹅等。

历史环境状态方面。村落有名人文化和进士文化。其中，名人文化与王安石有密切关系。根据本团队访谈了解，岐山村为王安石外婆家，故王安石从小居住于此，早期此地曾以柘岗县命名。而后，王安石做官，为建设回报家乡就来柘岗县任职，屯粮食给吴姓村庄，粮食够一整个村庄食用。然而，有奸臣污蔑王安石谋反，派官员来核实情况。那天正好是八月十五，村里有庆祝活动，放鞭炮，敲锣打鼓，进行跑马活动。官员远远地听到声音就回去禀报说王安石和该村落有谋反意图，皇帝听后下令把全村抄家，只有做篾条的手工人外出，逃过一劫。后来，慢慢形成了岐山村。

二、住房条件

近年来，政府积极投入改善村落居民住房条件，是现阶段金溪县美丽乡村建设的重中之重。为使村落在现代化与古宅维护的标准之间达到平衡，在对住房条件进行修缮升级时，建筑材料大多以木材和石头作为典型的赣派建筑材料。住房条件的评估，亦是传统村落推进保护及利用工作的重点。本研究团队在对金溪县抚州各村落住房条件进行考察的过程中，既关注各村落的保护工程，也关注村民的住房条件是否安全，还了解了村民对于住房的意见和措施，以及目前改善村民住房建设的发展，以下将分别展开分析。

1. 陆坊村

有关陆坊村住房条件。2017年开始修缮改建，2020年政府拨款2000万元，推进住房条件修缮工程。为推进村落文化风貌的高质量一致性，陆坊村整体已规划为景区发展使用，全面提升房屋建筑工程的修缮及维护。目前被评为三星级旅游景区，现已提出四星级景区规划申请。虽有少数村民仍居住在村里，但大多数皆搬离村中，移至周边屋舍安置，因而产生了景区与周边住房外观设计不协调问题。

为提倡村民共同改造家乡的美好愿景，提倡村民贡献自家房子上交政府托管，政府出台政策，每年给捐献屋舍的村民300元补助金，托管期限为70年，所有权在村民手中，使用权归政府所有。目前，政府托管景区屋舍管理有几项重点：一是维持屋舍原来样貌，改造屋顶同质性外观；二是保留外观遗存和破损遗址，进行局部修复或仿古重建，维持村落风貌；三是保留外观，进行住房条件的内部和外部升级，诸如提升基础配套设施，改建村史馆，设立景区游客服务中心等。

2. 下李村

根据本团队调查了解，目前下李村住房条件现况，村中有古宅及新宅并存现象。2016年政府开始托管修缮工程，现已修复两条古巷、三座祠堂、五栋古宅，并对清朝大夫第、联排别墅古建筑进行维修。村中明文规定古宅不能拆除，新房建设应考虑周边环境。现阶段，下李村拯救老屋行动进展顺利，已有23栋老屋积极投入申报，提供修缮计划安排，目前已修好

2 栋。

村落保留大量明清房屋特点，包括木门上的雕花、梁柱的维护等，尤其是对宗祠、历史公共设施和老宅文化等房屋有较为完善的保护。由于地广人稀，青年人口外流严重，村落人口密度低。因此，村落整体传统建筑原貌保存较好，建筑质量佳。修缮后村落安排有序，张贴标语，通过村中党员统一管理，进行村落责任维护。对每个旧有的房屋空间都加以合理利用，没有闲置空余情况。村里设有村三馆，即民俗馆、新风馆、村史馆。其中，村史馆现为下李村文化活动中心，祠堂已改建为餐馆、会议室及戏台等场所。

3. 疏口村

有关疏口村住房条件评估。截至调查结束，村落整体较为破败，保护修缮工作进展缓慢。根据本团队走访发现，疏口村在乾隆年间重新修缮了明经第门楼。疏口村于 2008 年重新编写村落吴氏族谱，地图范围包括之前居住地区的村庄，以及现阶段稍早搬迁而来的老宅地区。从村庄地图可知，疏口村的古建筑群建成范围规模较大。

整体上，村落多处屋舍偏老旧，断垣残壁较多，诸如传统建筑原貌部分破坏较为严重，却暂时无修缮计划；部分建筑整体坍塌；部分建筑外墙较完整，亦有内部坍塌较严重者。房檐雕塑皆损坏，古宅内部无人居住，多数房屋处于闲置空间状态，周边环境无人打理，住房建筑及周边环境处于杂草丛生状态。

被访谈人向本团队提到，疏口村现面临外来公司进行收购与改造问题，二者之间由于协商沟通尚未达成一致，与村民意愿发生矛盾冲突，故村落住房修缮改造进行并不顺利，处于停滞状态。

4. 浒湾村

有关浒湾村住房条件。全村多为棚户区改造，一棚一户进行政府征收，即政府收购老宅使用权和所有权，按照老宅面积进行购买，同时，给村民相应的回报酬金，村民可选择自愿搬迁或继续居住。村民若需修复村落住宅，则应向政府提出申请，按照政府要求，自行找人维修。据考察了解，目前村落古建筑大多已展开修缮工程，有部分坍塌严重，会于建筑墙面贴有标牌警示“此房为危楼，注意安全”。村落古宅皆属于赣派建筑，整体建筑修缮工程和改造活动，对当地经济有一定程度的改善，居住环境也有所改善。

5. 后龚村

回溯历史，村庄是由北宋时期搬迁而来，故建筑风格略显北方特色，与江西本土赣派建筑有些不同。例如屋顶的马头墙比赣派建筑矮，每个墙角都有一块石头，寓意拐弯抹角，抚州建筑则为道教葫芦派风格。

图 3.4.8　后龚村房屋装饰表现及其建材特点组图（谢雅卉　摄）

本团队经田野调查发现，后龚村多数传统建筑原貌保存完好，建筑质量较佳，对村中宗祠、历史公共设施和老宅历史保护完善，也将红色文化融入建筑中。如图 3.4.8 所示，按照房屋装饰表现及建材特点，可辨别出其所在朝代，例如柱子底端，用木板装饰的为明朝建筑；用石头作为建筑材料的则为清朝建筑；添加石鼓文装饰的就是清朝中期建筑。观察门栏窗户上的雕刻、木雕痕迹，年代越久远，雕刻越粗犷，年代越近，雕刻越精细。对于这些修缮后的木板，会使用硫酸浸泡进行仿旧处理。

关于后龚村住房条件。村民不主动进行屋舍修缮工作，主要交由政府管理，协助政府进行修缮。目前，村中土地房屋租赁给旅投公司，村民拥有房屋所有权，但使用权归政府所有。

6. 游垫村

关于游垫村住房情形。历史环境要素丰富，进士文化丰富，村落不大，却清晰地呈现一横五纵，即一条横路与五条巷子的格局。传统建筑原貌保存完好，村落保留大量明清建筑特点，如侍郎坊等牌楼、胡氏祠堂、总宪第、节孝牌坊等，对于宗祠、历史公共设施和老宅的历史保护较好，进士文化皆融入建筑中。目前村落正处于开发状态，修缮工作组织较好，老屋全部托管给政府，托管年限为 70 年，每年政府会给每个村民 300 元租赁费作为补贴。

如图 3.4.9 所示，村落老宅正处于修缮阶段，开发节奏较快，对每个旧有屋舍空间进行较合理利用，诸如宗祠、仓库、老屋等可进行展览、民宿、餐饮、研学等活动，有新建商业楼，辅助老楼形成较完整的旅游区。政府有意将村落打造成全球“CHCD”（文化遗产保护与数字化）示范村，也着力推进游垫古村森林公园的建成。

图 3.4.9　游垫村 CHCD 规划概念组图（图片来源：《中国（金溪）游垫 CHCD 基地村核心区修建性详细规划》，北京清城睿现数字科技研究院有限公司提供）

7. 全坊村

村落历史悠久，文化丰富，住房条件方面可从建筑设计反映文化特质，例如煦园作为当时官员休闲娱乐场所，反映了当时休闲娱乐的文化现象。村里文人较多，历代考中举人或以上者，建筑旁会竖旗，有旗杆石遗留在此。整体上，全坊村的建筑特色较紧凑，用高围墙围起来，有抵御盗贼、土匪等功能。住房条件存在单独居住危险性，此外，建筑房屋正门、屋顶上方有葫芦顶，即福禄美好寓意。房屋内若用红砖，为明朝朱元璋洪武年时期建筑；若用青砖，则为清朝时期建筑。全村大多数建筑为明清建筑，少数建筑保留前朝遗址，例如村落中最老建筑为元代庙宇，特征为圆柱形，柱子底端为方形石头柱底。

全坊村加入拯救老屋计划，村落古宅受政府托管者，加上周边共有七个村落，总投资为 15 亿元。政府托管村落，进行村落建筑修缮工程，出资比例为村民 20%、国家 30%、县级政府 50%。针对村落未来发展计划，有意接轨国际，欲打造为法国村，正逐渐进行整改修缮。

8. 竹桥村

竹桥村历史环境要素丰富，雕版文化保留完好，建筑保留较多明清时期屋舍，有清朝时期的水井，对于宗祠、历史公共设施和老宅的保护较好，雕版印刷文化融入建筑本体中。

关于村落住房条件，目前为政府托管状态，规划为景区使用，村中建筑原貌保存完好，修缮工作也较好，景区前期基础建设已完毕，招商工作仍持续进行，目前旧有屋舍的空间部分已投入利用，例如村里宗祠空间，已规划作为研学、展览、体验馆等场所，后续还将陆续改造村落环境，或进行文化空间改建，增添民宿、餐馆等消费空间，丰富古宅功能。然而，由于村落无下水道建设，故改造工作较庞大，须花费较多时间。村落已设立古风服饰体验馆、照相体验馆、雕版体验馆等商业场所，同时也已形成咖啡厅、餐厅、茶吧等业态。村落修建改造保留原有村落特点，除进行美化与修复之外，并未有外来元素影响，建筑主要展示村落本身的历史文化特点。

此外，村中以建筑“文林第”“十家弄”“八家弄”为主要特色，其他留有印刷雕版展览馆，包括印刷厂、印书阁、晒书楼。有关村民传统习俗，则体现在门楼文化方面，诸如总门楼、中门楼、上门楼等，因村中有嫁娶都须从门楼经过的习俗，所以门楼开放有时间限制。门楼设置为官帽样式，寓意子孙能升官。

另外，有关村落住房传统，曾经有大地主为省吃俭用，将家用粮仓窗户设置为通风小口，屋顶西高东低，雨水最后汇到同一角落滴落，寓意肥水不流外人田。

村里房屋修缮改造皆属租赁性质，村民拥有所有权，政府拥有使用权。本团队调查发现，村落中仍有部分古宅未进行修复，内部空间仍十分破旧，部分古宅内部处于闲置状态，未投入使用。部分古宅和标志性建筑，比如宗祠等公共场所，作为研学、展览、体验馆等场所使用，平时皆对外开放。

9. 蒲塘村

有关蒲塘村住房条件。村落的传统建筑原貌保存较为完好，保留了明清朝的房屋特点，牌坊门楼等建筑保存完善。建筑质量较好，对于宗祠、历史公共设施和老宅的历史保护工作十分到位，将名人文化、进士文化等深度融入建筑文化中。现阶段村里的大部分房屋仍在修缮期间，修缮展开后，村里的建筑变得较为和谐，风格统一，注重围绕进士文化、名人文化主题进行统一规划。

然而，旧有的房屋空间还未得到合理利用，目前仍处于闲置状态。

目前，村落老宅中有仅有十多户居民留守居住，其他居民都住在村落周边的新房里。2019 年，蒲塘村被列入“拯救老屋行动项目”，获中国文物保护基金会资助和江西省金溪县人民政府奖补。本团队调查发现，村中共有 90 多栋古宅，现已维修 50 多栋。村民出资 20%，乡政府出资 30%，北京古村落保护协会（政府）出资 50%。主要为保护性抢修，首先保证老宅不坍塌，后续会进行精修。村民希望建设美丽乡村，将破败的房子修整好，把倒塌的、难以修复的房子铲平，将池塘修复好。另外，针对小部分不配合老屋修缮的老人，村落会包大巴车带老人去其他已改造完成的村落进行参观，或动用家族力量对老人做思想工作，推动老屋改造工作顺利进行。村里其他的修缮工作，如西成门为明朝牌坊，已重新返修完毕。

10. 岐山村

关于岐山村住房条件。村落保存较多明清古建筑遗址，走访村落可见古建筑门楣匾额上保留的重要石刻，诸如“大夫第”“忠信堂”“中宪第”等。值得一提的是，忠信堂是村里唯一受金溪县级保护的古建筑，特点在于建筑内有一条 20 余米的天井，屋内木雕、砖雕、石雕三雕皆保存完好，厢房的梁柱雕刻艺术精湛，独具特色。目前，已由文物保护部门拨出专款进行修缮。

本团队调查发现，村落中有 56 栋古宅比较完整，修复了 22 栋。此外，还有 18 条巷子、9 座桥。目前，村落中仅剩一位贫困老人在此独居。村内古宅已交给政府托管，并于 2020 年签订协议，托管时间为 70 年，每年给每户村民发放 300 元，作为托管屋舍租赁补贴。然而，住房修缮建设并不顺利，村里有些面积较大的古宅修复工作停滞，修复资金不够，难以展开修复工作。

三、基础设施

有关村落基础设施，主要体现在村落整体基础设施的建设情况，包括交通系统、排水系统、能源系统供给、通信系统、环卫系统供给的规划。在本研究团队调研的十多个村落中，现阶段金溪县传统村落在进行资源保护及开发利用的同时，非常注重推进村落基础设施的建设，以下将逐一分析各村落基础设施现状。

1. 陆坊村

陆坊村响应新时代文明建设工作，积极筹备建设景区游客中心。村中设点陆坊乡陆坊村退役军人服务站的规范化建设，提供陆坊乡退役军人资源整合列表及相关服务站，切实做到贯彻落实中央决策部署和习近平总书记重要讲话精神的举措，实际做好基层退役军人服务保障工作。

交通系统基础设施。景区道路已全面铺设完毕，有积极绿化造景处理，道路质量优良，景区周边另设有停车场，可解决游客自驾游停车问题。然而，对于景区规划旅游线路交通仍有待加强，目前属于空缺建设期，居民日常交通依然需要依靠自驾活动，应积极提升大众交通系统便利性。

有关排水系统基础设施，村落已全面开通自来水系统，保证村民饮水安全。有关水质检测问题，全面进行村内饮用水质化验工作，且对小型水库进行取水化验工作，监控水质变化，并对污水处理问题有较良好的把关措施。村落可见村民屋顶设置储存水塔，方便村民日常用水，村民可自行选择自来水或者山泉井水，村里的"义井"有农田灌溉功能。本团队调查发现，陆坊村的部分村民仍习惯使用井水，村中随处可见水井。

能源系统供给方面，主要涉及供电和燃气建设。为提升陆坊村整体建设为生态文明村，村落提倡不使用柴火，全面改用天然气。村落供电基本已普及，电线已全面地下化，有效改善了村落供电不稳定问题。

通信系统方面，主要涉及移动电话、电视、电脑等使用问题。景区目前移动电话通信基础尚可，但在互联网建设工程方面，尚未采取 Wi-Fi 全面覆盖景区的措施。

环卫系统供给方面，景区已设立专职保洁员，并有垃圾窖，且在街道摆放垃圾箱，设有可回收与不可回收的分类垃圾桶。逐步引导和教育村民形成良好的环境卫生意识，注重养成卫生整洁的好习惯。设有专门负责人及投诉电话管理机制，具体实施环卫工作：一是实行"房前屋后三包"，即各家各户搞好庭院、道路、房屋前后及周边环境卫生；二是提倡将垃圾投入定点垃圾桶，保持公共厕所整洁卫生；三是每天按时清洁道路、公共场所垃圾，清沟排圳；四是村中组织理事会成员，定期展开打扫卫生活动；五是做好村落绿化设施，维护树木花草，禁止私自占用绿地；六是共同维护村落风貌，禁止乱堆垃圾、乱停车辆、乱搭乱建，乱挂广告标语等行为。

2. 下李村

目前下李村在基础设施方面已较全面地展开建设工程，对于村庄治理提升有较好的效果。建设工程的落实大致展现在生态提升、村落保护、村庄整治、村落功能完善、村庄产业富民、村落树立新风气等方面。

交通系统基础设施方面，村落通过修建贯通上李村、下李村的连心路，架设连心桥基础设施，强化了村内主干道及入户路5公里的交通便利性，并且新建沿河护堤460米的道路，提升了村落在河川与道路通行方面的整体审美性。

在排水系统基础设施方面，村中可见水井遗址，已全面完成改水改厕建设，对于水塘、水渠、排水沟清淤问题，实施全面解决方案。村中设有污水处理站，目前已改善200多户生活污水问题，积极实现“绿水青山就是金山银山”的重要理念，坚持实现生态文明建设优化发展。另外，欲打造完善水循环体系，并准备实施水上乐园建设计划。

能源系统供给方面，主要与由国家电网抚州供电公司共同合作，提供村里用电条件。目前村落已逐步使用燃气，改善从前村民用火烧柴的模式，进一步推进村落的现代化生活。

通信系统方面，村落对于移动电话通信系统建设良好，但在全域互联网建设工程方面，尚未采取Wi-Fi全面覆盖的措施。

环卫系统供给方面，注重垃圾清洁管理，目前已陆续清洁垃圾1600余吨，设立垃圾箱2个，配备户外垃圾桶60个，发放户用垃圾桶470个，并配备清运车2辆。18名在家党员联区包户，负责卫生监督，聘请保洁员4名，实现生活垃圾的日产日清模式。与此同时，村落已拆除破旧空心房、猪牛栏58栋，面积达7300平方米，粉刷屋舍及文化墙面积5万余平方米。

3. 疏口村

有关疏口村基础建设评估，目前村落全权交由坤宏公司托管，但在管理协商方面，仍未与村民达成共识，故导致基础建设整体升级缓慢。虽然村落已明确纳入抚州传统村落保护工程，但是各个方面的基础建设条件仍须积极推进完善。

本团队调查研究发现，交通系统基础设施方面，村落内未见整体完善的交通规划，交通动线不清晰，也无专用停车场。而村落外环道路较畅通，政府将推进疏口村至灵谷峰景区道路工程。该工程作为抚河流域生态文明建设的有机组成部分，相关交通要道的升级，有助于提升周边村落整体交通的便利性。

在排水系统基础设施方面，村中可见多处天然水井。作为村民日常饮用水来源，家家户户皆有自己的水井。村落水塘较多，却未做好排水清淤工作，水渠并未清澈见底。对于村民生活污水处理，增设公共厕所，改水改厕以提升便利性，在这些方面均应推动制定解决方案。

在能源系统供给方面，电网是交由国家电网抚州供电公司共同合作，电缆全面地下化。有关村里用火模式，有燃气从村里通过，但并未开通，村中有部分老人仍使用柴火烧饭。在信息系统方面，全村电话通信建设良好，但对于互联网建设升级，尚未装设 Wi-Fi 以实现网络全面覆盖。

环卫系统供给方面，村落尚未实施垃圾清洁管理制度，由于多数古建筑修缮工作缓慢，因此，对于周边环境整洁问题，也未积极做好环卫系统的良好供给。若能持续推进村落人居环境整治，可以进一步落实建设美丽乡村的初步规划。

4. 浒湾村

有关浒湾村交通系统基础设施，现阶段政府已推进村落公路全面通水泥路的修缮建设。此外，对于村落周边的交通要道，亦有较高的关注。目前，东外环高速公路金溪段是便利邻近村落往来的重要道路。据悉，抚州东外环高速公路项目全长 22.609 公里，投资总额约为 18.7 亿元，其中浒湾境内交通路段长 3.34 公里。道路完工后，不仅强化了抚州地区南北纵向运输要道功能，更加完善了区域高速公路的网络结构。与此同时，提升了游客往来浒湾村景区游览的便利性，起到促进沿线区域经济发展的作用，具有现实意义。[①]

有关排水系统基础设施，目前浒湾镇人民政府积极改造各村落供水设施问题，做到扩建现有水厂，关闭小规模或老旧水厂，满足村落用水需求，欲

① 临川区人民政府门户网站：《抚州东外环高速公路项目简介》，http://www.jxlc.gov.cn/art/2019/12/31/art_4771_3259752.html，访问日期：2021 年 3 月 24 日。

实现每一区一座小水厂的目标。此外，浒湾镇人民政府与抚州市抚河投资开发有限公司协同推进解决排水问题，包括推进抚河防洪堤景观升级工程，例如增加河堤绿化，加强河堤道路铺装，建造休息亭，升级照明设备。整体上，对于抚州市抚河流域生态保护和综合治理抚河流域部分生态文化旅游走廊的建设工程，也正积极推进，其中包括三江湿地公园工程、梦湖至浒湾古镇水上旅游路线建设工程、智能抚河信息化工程、金临渠浒湾镇区段“一水两岸”改造工程等。①

在能源系统供给方面，大力加强村落用电开发建设，期待规划以后电网改造，推进简化电压、减少变压层次等问题的解决，并逐步将电缆地下化。村落用火模式已逐步改为使用天然气，仅小部分村民仍使用柴火。

在通信系统方面，欲实施合理规划电信容量监测，推进村落电信通信容量最大化，并且进一步完善光纤网络建设，有效扩大互联网 Wi-Fi 覆盖范围。

环卫系统供给方面，目前浒湾村已设立垃圾中转站，提升垃圾集中处理或回收的效率，推进村落整洁，促进环卫系统整体升级。

5. 后龚村

后龚村改建工程全面交由县文管局承包给旅游公司，自 2015 年开始打造，由于村落已改建为景区使用，因此景区内各宗祠或文化遗址皆有完善规划及固定编号。提供景点介绍牌，将村落基础设施建设逐渐完善。

交通系统基础设施方面，村落位于 206 国道旁，前往村落期间沿途没有太多指标，周边行驶道路未全面铺路完善，导致尘土飞扬，行车可见各种大坑、小坑或碎石路等。村内规划为景区统一管理，村中道路铺设完善，景区指示牌、标识牌、景点指示牌等导览动线良好。

在排水系统基础设施方面，村落已有 60% 村民饮用自来水，其他村民仍以井水或溪水为主要日常用水。调研期间，可见村民于溪水中洗菜的情景。景区里建有公共厕所，整洁干净，提升了外来游客如厕便利性。

能源系统供给方面，村落通过与国家电网及国网抚州供电公司共同合作，解决用电问题，目前电缆仍未地下化，以电线杆为主。另外，村落已全面改用

① 搜狐新闻：《浒湾抚河防洪堤景观工程准备开工啦！》，https://www.sohu.com/a/337083038_657782，访问日期：2021 年 3 月 24 日。

天然气，屏弃传统煤炭烧柴模式。

在通信系统方面，景区设有良好的信息通信基础设施，但对于加快景区有线网络建设，提供 4G、5G 等区域网络或全域 Wi-Fi 网络覆盖，仍须努力推进。

在环卫系统供给方面，村落统一设置景区垃圾桶，并提供烟蒂丢弃回收处，提倡“烟头不落地、金溪更美丽”，打造美丽乡村愿景目标。

6. 游垫村

目前，游垫村规划为景区使用，在政府托管领导下，推进村落许多基础设施建设。在交通系统基础设施方面，村落铺设了古朴有致的鹅卵石和青石板，全面规划景区道路，形成一半是街巷建筑群，一半是连串的水塘布局。

在排水系统基础设施方面，村民日常饮用水仍以井水为主，村落中可见多处水井，村民平时洗衣会用池塘的水。为加大村落保护和活化利用力度，持续对水生态文明进行建设工作，游垫村共同推进“河长全覆盖”治水，全面加强精细网格化治水体系建设。

在能源系统供给方面，加强村落每户供电稳定性，目前大部分村民已改用天然气，仍有少部分居民使用柴火。实现“无煤化”技术应用条件，一直是游垫村未来发展趋势，现阶段还须继续努力。

在通信系统方面，按金溪县人民政府 2020 年 7 月工作报告，大力发展游垫村数字经济，加快 5G 产业发展，建设 5G 基站 132 个点，未来加快引进以机器人培育工作、车联网、医联网为核心的物联网产业集群，是村落优化通信系统的基础建设。

在环卫系统供给方面，村落提倡卫生保洁制度，引导教育村民树立良好的环境卫生意识，养成讲文明、讲卫生、讲整洁的好习惯，形成“青山绿水是我家，环境建设靠大家”的氛围。实行“房前屋后三包”，即“包卫生”，负责清扫房前屋后地面的垃圾，保持经常性整洁；“包绿化”，种植、管护树木花草和绿化设施，制止攀折树木、依树搭棚、践踏草坪、损坏树木和绿化设施，以及擅自占有绿地等行为；“包秩序”，维护房前屋后或周围村容村貌，制止乱堆乱放、乱停车辆、乱搭乱建、乱贴乱挂广告等行为。

7. 全坊村

关于全坊村规划问题，从政府进行托管之后，村落逐渐升级许多基础设施。在交通系统基础设施方面，村中已完善道路铺路，如仿古石板小径曲径通幽，道路通畅。村落周围有较多景点，包括金溪县象山公园、金溪战役旧址、何源太山东峰峡谷等，却仍未见较完善的交通网络，景区之间也无增设观光车接送。

在排水系统基础设施方面，村里大多已开通自来水，仍有部分村民以使用井水为主。本团队调研发现，村里有一口“清映井”历时久远，从宋朝开始全村人便已开始饮用。此外，村落在排水系统方面有较大推进，金溪县农村生活污水治理工程已陆续开工，坚决深入贯彻党的十九大关于农村人居环境整治的决策部署，落实“建设美丽乡村、宜居村庄”的指导策略。现启动“彻底解决水质安全问题”第一批工程，整治村落生活污水治理问题。该工程由金溪秀谷环保科技有限公司与中广核宏达环境科技有限责任公司联合体中标承建及运维，以有效削减村落生活污染为目标，欲通过村落生活污水处理设施和配套管网建设，将生活污水同时纳入污水管网，统一引入污水处理站点进行处理且达标排放。

在能源系统供给方面，主要通过国家电网及国网抚州供电公司共同合作，全力提升村落用电问题，对于维护电力使用及电力故障报修提供较全面的建设。村落以使用柴火为主，仍未装设天然气。

在通信系统方面，村落在网络升级方面仍未完善落实 5G 基地，也无设置全局 Wi-Fi 覆盖工程，故加快村落通信系统优化建设，是村落努力的目标之一。

在环卫系统供给方面，村落重视保洁问题，设置公共厕所，并有公厕管理制度，提升村民公厕使用认知观念，完善公厕保洁制度，并有专门的负责人及监督投诉电话，全面营造村落整洁干净的居住环境。

8. 竹桥村

有关竹桥村基础设施条件，在交通系统基础设施方面，村中道路有较好动线规划，游客在进入景区后可以搭乘观光车抵达村落。村中道路历史悠久，作为县道，保留较好，呈现出当年官道使用情景，地面依稀可见独轮车的车辙印。漫步在村落里，由青石板铺成的巷道纵横交错，韵味十足。

在排水系统基础设施方面，部分村民屋顶装设储水桶，解决储水问题。

村落环境可见较多水塘，寓意七星伴月塘，周围房屋门口皆对着池塘，一是为了村民日常生活取水方便，二是“有水为财”的寓意。另外，村落保留了清朝时期水井遗址，包括康熙、乾隆、道光三位皇帝在位期间的品字三井，井周饰有多边形栏杆，外圆内方，形似铜钱，告诫村民无论是为农、为商、为学，唯有人品到任何时候都不能丢，讲究道德，以人品为重。

在能源系统供给方面，村里通过国家电网及国网抚州供电公司共同合作，提供村落用电服务，国家电网为抚州金溪供电服务主要路径，业务包括用电咨询、投诉、举报、意见、建议、故障报修，提供村落优质、方便、规范、真诚的供电服务。村落已全面使用天然气，在特殊情况下，偶尔烧柴，用土灶。另外，为提升旅游安全意识及保障条件，推进村里消防基础设施建设，满足经济发展需求，抚州市消防部门大力推动村落微型消防站建设，于 2017 年建成并投入使用。站内共有 6 个专职消防队员，配备齐全，包括逃生面具、防护服、消防头盔、强光灯、水枪、水带、灭火器等装备，能确保加强村里的消防安全工作。

在通信系统方面，通信范围主要涉及移动电话、电视、电脑等使用，景区目前使用移动电话非常便利，尚未提供 Wi-Fi 全面覆盖景区。

在环卫系统供给方面，景区设置免费公共厕所，作为 3A 级标准环卫设施，符合国家现行公厕建设标准，为游客提供了干净整洁的如厕环境。景区内增设仿古设计垃圾桶，并提供可回收或不可回收垃圾资源处，既实用又美观，体现了景区的文化内涵和服务水平。

9. 蒲塘村

关于蒲塘村基础条件评估，村中建设工作分轻重缓急，先做民生，保障村民基本生活，急需处理的就先向上级领导汇报，尽快解决。

在交通系统基础设施方面，村中交通道路纵横交错，井然有序，以铺设青石板或鹅卵石为主。由于年代久远，故可见从青石板上深陷的凹槽痕迹。

在排水系统基础设施方面，村中都饮用井水，井水是村民日常生活重要的用水来源。村中设有污水处理站，监管村落用水净化问题，交由中广核山河环境工程有限公司负责管理运维。在能源系统供给方面，村里通过国家电网及国网抚州供电公司共同合作，提供村落用电服务，以装设电线杆为主，电缆尚未地下化。在用火模式方面，村里安装了液化气，使村民养成使用燃气习惯，但村里部分村民仍以柴火烧饭。

在通信系统方面，村里通信设备设施完善，为使用移动电话、电视、电脑等提供了较大便利，但尚未提供 Wi-Fi 全面覆盖。

在环卫系统供给方面，村落建有公共厕所，设立公厕保洁制度，保持良好卫生条件，整体上建设较为简陋，未达到 3A 标准。另外，有关环境卫生问题，村落各处均设置垃圾桶，这有助于村落维持整洁的环境。

10. 岐山村

有关岐山村基础设施，由于村落处于村民搬迁与建筑修缮阶段，故村里人烟稀少，基础设施条件尚不够完善。

在交通系统基础设施方面，村中内部道路交错纵横，铺设完善，无较大破坏；外部交通规划不佳，邻近村落设有岐山村碑，周边有停车场，但由于交通指引不清楚，因此出现村落位置难找现象。

在排水系统基础设施方面，村落生活饮水来源主要以井水为主，平时可见村民在村中溪水里和周边大河里洗涤用水。

在能源系统供给方面，村中通过国家电网及国网抚州供电公司共同合作，提供村落用电服务，目前以电线杆为主，电缆尚未地下化。村民用火已逐步现代化，全面使用液化气。另外，为进一步严防森林火灾，维护林区稳定，确保群众生命财产安全，依据《江西省森林防火条例》有关法规提出公告，禁止携带易燃物品进入森林防火区，禁止吸烟或焚烧纸、燃放烟花爆竹等行为。

在通信系统方面，村落通信设备完善，可使用移动电话、电视或电脑，但尚未提供 Wi-Fi 全面覆盖。

在环卫系统供给方面，村落未提供舒适且具有良好卫生条件的公共厕所，如厕设施及环境评估未达 3A 标准，是目前亟须改善之处。此外，村落未提供垃圾桶定点位置，在维持村落环境整洁方面仍须继续努力。

四、公共服务设施

有关村落公共服务设施讨论，在于加强村落整体公共服务设施规划的指导技术原则，确保村落公共服务设施得到科学合理布局，并结合当地村落实际发展状况，增加所需优化的配置和所需升级的条件。具体来说，要评估村民物质生活和精神生活现状，促进村落地区可持续发展，涵盖范围如行政管理、教育服务、医疗保健、商业金融、社会福利、文体科技、集贸市场等类别服务。村落公共服务设施发展应基于人本思想，创造良好居住环境，构建和谐社会，考虑到现实层面的影响，包括公共建筑传统风貌和地方特色的平衡、与农村景观风貌的相容等问题，皆是本研究团队考察金溪县村落的重点，以下将逐一进行讨论分析。

1. 陆坊村

有关陆坊村公共服务设施，村中对于整体治理服务模式，秉持中国特色社会主义思想原则，认真贯彻党的十九大精神，听党中央指挥，严格推行陆坊村党员网格化责任区制度，以党管理服务模式，切实做到“自治、法治、德治”三治融合的治理路线，全面实施乡村治理战略发展，努力构建现代乡村治理体系，为村落提供良好的管理制度和保障来源。

如图 3.4.10 所示，陆坊村对内公共服务设施，主要有文明实践所，类似于阅览室，可供村民自行阅读。另设有金溪县老年大学陆坊分校，作为金溪县第四所分校，为象山老年朋友成人教育或社区教育平台提供推广，并于特殊节日举办文化活动，共庆佳节，展现新时代村民老有所为、老有所学、老有所乐的风采。此外，景区已开始推进和周边学校教育合作，槐堂书屋陆续举办道德讲堂、研学旅游基地活动，例如在私塾空间，会有小学组织学生活动，或有工厂展开主题日活动，皆为公益性质。对外公共服务设施主要有民宿经营场所，目前村里“香优民宿”即由陆氏第 31 代陆学辉先生负责。

图 3.4.10　陆坊村对内公共服务设施组图（文明实践所、槐堂书屋、香优民宿）

（谢雅卉　摄）

2. 下李村

下李村公共服务设施方面有较好的资源整合模式，服务管理坚持以党指挥作为村落服务核心导向，村落设有党员责任管理机制，在村落广场可见党员形象树，树上提供党员联络方式，秉持信息透明化，通过党员管理服务政策，营造村落文明“新风”氛围。此外，制定村规民约“十要十不”原则，展开“讲文明、树新风”活动，引导村民提倡文明、崇尚科学，培育良好道德风尚。

整体来说，搭建村民活动中心既可作为公共服务基地，也可支持村落开展对外和对内公共服务，负责协商村中各项事务。基地服务中心设有金溪县陆坊乡下李村理事会、人大代表下李联络工作室，还挂牌成立了金溪县陆坊乡下李村小组。

此外，对于村落农业发展问题，下李村也有较好的推进工作。2017 年，涉农整合资金挂牌，成立金溪县李樱苗木种植专业合作社，加大产业“富民”力度，围绕强农惠农目标，建设现代农业展示广场、现代农业观光旅游示范园。

现阶段，下李村秉持新农村建设总体要求，应按照村庄治理一般村点“七改三网”和中心村“8+4”公共服务的建设要求，实现新农村建设和古村落文化保护的有机融合，确保实现“建一片成一片”目标，提升新农村建设整体水平要求，计划打造千亩农业生态观光采摘园，引导村民大力发展现代农业和休闲观光产业，将下李村成功建设为金溪县生态文明示范村，真正提升村民整体年经济收益。

下李村已全面推进村落工程，栽种桂花树、柳树及果树 1300 棵，绿化面积达 5300 平方米。村落安装高架路灯、仿古灯 72 盏，平整修建休闲广场 5 个，总面积达 3600 平方米，并配置健身器材。另外，新建篮球场 1 个，新建休闲长廊 1 条、曲桥 1 座和湖心亭 1 个。同时加大图书馆、医疗所和幼稚园等功能化建设力度，欲完善打造下李村迈进智慧村庄建设之路。

此外，服务中心将共同支持扶贫项目的推进，目前项目实施地点设在下李村和上李村，两村共同统筹整合，收集资金达 20 万元左右。村落亦设有下李村居家养老服务中心，不仅以建设美丽乡村为目标，更期待打造充满温情的幸福家园。

3. 疏口村

有关疏口村公共服务设施建设，目前村中设有“疏口古村保护利用项目办”，以及就业扶贫车间服务挂牌，协同帮助村民解决就业问题，完善村落扶贫机制。

4. 浒湾村

对于浒湾村公共服务设施的探究显示，其最大特色在于村落通过成立社区居民委员会来协同进行社区综合服务管理和资源整合工作。隶属于金溪县浒湾镇辖区之下的浒湾村，设立党群服务中心和新时代文明实践所，整合村落公共服务资源，在此基地同时设点挂牌金溪县浒湾镇灵谷、疏山、书铺社区居民委员会，书铺街农业科技发展有限公司，金溪县浒湾镇灵谷、疏山、书铺社区居务监督委员会，人大代表浒湾联络工作站，中共金溪县浒湾镇灵谷、疏山、书铺社区支部委员会等。

根据调研得知，浒湾镇疏山社区居委会成立于 2001 年 7 月，管辖原第一、二居委会胜利路、红星路、洲头上、箧器街、黄家井、江下第、肖家桥、堤下街、耶稣塘等九个街道和片区，共 777 户 1621 人。浒湾镇书铺社区居民委员会成立于 2001 年 7 月，管辖原第三、四居委会红卫路、前书铺街、后书铺街、礼家巷、棕包园、占家塘、仁里街、下洲尾等八个街道和片区，共 446 户 1784 人。社区服务中心内设一站式服务窗口、共享社区党员活动厅、金溪县图书馆浒湾镇分馆、健身娱乐室、计生服务室、替代性法律服务室、志愿者服务室、爱心物资储存室等。

浒湾村通过邻近社区成立的居委会，进行行政管理服务，作为浒湾镇党委、政府领导及社区居民参与的共生现象，以党建为核心，视居民满意度为服务目标，整合社区资源，坚持以人为本的服务态度，提供爱民、为民、便民、助民的良好服务，打造管理有序、治安良好、环境优美的社区环境，共创和谐文明社区。

根据调查发现，在金溪县浒湾镇管辖范围的浒湾村，积极落实网格化管理工作职责，以“乡镇党委领导—党总支部（党支部）为核心—党小组为基本单位—党员骨干包户”为党建框架，引导基层治理网格化管理体系，实现党建工作全覆盖，形成一级抓一级，一级对一级负责，共建共治共享的社区治理工作格局。具体工作职责如下。

一是在党组织领导下，完善以网格为基本单位的自治、法治、德治结合的社区治理体系；二是协助做好社区重大事项决策“四议两公开”制度的实施；三是落实社区民约，积极参与民主监督，推进社区法治建设，提升社区德治水平，建设平安社区；四是加强生态文明建设，参与山水田湖草系统治理和社区环境整治，保护生态环境，建设美丽社区；五是强化群防群治体系建设，提高网格的社会治理管控能力，分析研判网格内稳定问题，协调解决各类矛盾纠纷，展开扫黑除恶专项斗争；六是落实“1134”服务模式，展开“五必到、五必访”活动，以网络为依托，针对贫困人口、留守儿童和妇女、老年人、残疾人、“五保户”等特殊人群，展开民事帮办和民事代办，提供精准化群众服务。

村落协同金溪县人民政府，推广江西传统建筑及历史传统建筑挂牌宣导，对村落重点历史文化屋舍地点进行遗址介绍，诸如印证历史雕版印刷文化的牌楼门“丽琅嬛”“漱石山房”“协盛厂”“旧学山房”等。此外，现存完好的明清古建筑有205栋，民居门楣石区有“大大第”“京兆世家”“世著江州”“巨鹿传芳”“天水世家”“渤海扬芬”“翰苑流芳”“输林旧第”等二十多处。目前浒湾古镇与金溪电视台、中国移动联合打造网络导览，通过浒湾景区各景点的规划，创建景点二维码，便于游客游览景区，了解当地历史文化，有效推进村落全域旅游服务工作。此外，村落通过印刷宣传小册介绍浒湾村，小册内容较为丰富详尽，宣传工作较为完善，且有专业管理。

5. 后龚村

后龚村在公共服务设施建设方面有较完善的规划，例如，村落曾设有宗田，为村中贫困人口和小孩提供救济服务。近年来，为缅怀革命先烈，传承红色基因，后龚村在坚持“维护原始风貌，留住乡村记忆”的前提下，交由金溪县红色后龚景区管理有限责任公司监制，并通过县委、县政府全力打造红色文化景区。例如，增设后龚红军食堂，建立景区游客接待中心，增加景区摆渡车，将村落规划为景区进行统一管理。同时，完善配套设施，将红色景区打造成集生态文明展示、红色基因传承、爱国主义教育等为一体的旅游胜地，实现红色景区与绿水青山、多彩田园等相映生辉，常年吸引各地游客前来观光、考察、学习。

目前对于红色文化遗址做到保留或修缮建设，修缮后十分和谐，风格统一，围绕红色文化主题进行整体规划。

图 3.4.11 后龚村红一方面军司令部旧址组图（展览、党员学习开会空间、戏台祠遗址）

（谢雅卉 摄）

如图 3.4.11 所示，村落推进红色文化等旧有空间再利用，例如，龚氏宗祠展现多元化功能，其曾作为红一方面军司令部旧址，如今是村委会开会的固定场所。宗祠二楼曾作为储藏室使用，用于置放老人预先制好的棺材，需要用时再搬走。景区对宗祠空间进行规划布展，现有研学旅游活动，或作为党员学习开会的场地使用。宗祠内设有全景区音响工作室和戏台遗址，节庆期间村民会唱采茶戏，该表演作为非物质文化遗产，是后龚村特色表演节目。另外，村落其他遗址，诸如曾经的防空洞，现作为村中仓库使用。周恩来、朱德、王稼祥的居住旧址保存完好，且对外开放。景区对每个旧有的空间都进行合理化利用，包括宗祠、仓库、医疗场所等，均用于展览或研学活动，没有闲置空余的情况。

另外，村落内统一设有仿古路灯，提升整体景区游览服务的舒适性，对周边田地另有公共服务管理对策。后龚村积极推进土地流转，将现有 1100 亩土地流转给金溪育丰农业旅游开发有限公司，公司以科技创新为立足根本，以着力打造“红色后龚”旅游基地为目标，坚持创新驱动的发展思路，依托后龚景区自然山水、历史人文和农业生产资源优势，试图推进红色旅游与观光农业的旅游特区建设。目前，景点有民宿、游泳池、水土乐园、餐饮等一体化服务。此外，村落还将土地用于建设现代农业示范园，将田地划为综合服务区、玫瑰园区、园林灌木色块观赏区、色叶树木区、荷塘观赏区、生态草场区、水文化区七大区域，实现了“土地流转让农民稳赚，就地打工让农民好赚，综合发展让农民多赚”的目标。

6. 游垫村

本团队调查结果显示，游垫村通过“六个一”建设规划，提升了景区整体公共服务建设。“六个一”内容主要包括景区的六个服务升级：一是建设乡村森林公园标志性入口，提升景区入口的可辨识性；二是打造森林休闲广场，满足游客集散的需求，提升游客停车便利性，并建立文化政策宣传长廊，向游客介绍村落历史文人事迹及游垫文化；三是规划特色森林景观区，打造一条田园风光观景带，串联农产品贸易点、森林步道、林下休憩空间、竹林小筑、科普小径等景观，通过该条景观带，充分展现游垫村落的田园风光，沿途种植色叶树种，产生季节变化，丰富整体景观内容；四是铺设一条森林休闲步道，通过在田园风光景观带上再建设一条森林步道，为景观带增添丰富的内容和色彩，沿途可种植乡土树色及色叶树种，并铺设石板路，契合游垫村整体建筑环境；五是建设 A 级标准生态公厕，通过在森林公园竹林小径处搭建生态厕所，以环境工程为手段，运用微生物的新陈代谢作用和物理化学作用，完成对粪尿污染物的降解，使粪尿最终化为二氧化碳和水排入环境，减少污染；六是打造森林生态文明科普与政策宣传长廊，通过在游憩区设置森林科普小径，沿途安置森林科普宣传牌，对游垫村森林公园的野生动物及党的生态文明建设内容进行科普，起到宣传教育作用，提高村民及游客的保护意识。

此外，游垫村通过加强人居环境长效管护制度，推进景区公共服务建设升级，具体做到以下几项重点工作。

一是投入“五个一点”，即财政奖金补助一点、村集体承担一点、村民付费一点、部门帮扶一点、社会参与一点，多渠道筹资确保有钱干事。

二是管护“四种模式”，即市场化管护、村民付费集体管护、党员和人大代表义务管护、群众自我管护。

三是收运“三个定点”，即定点清扫，每天分时段对村庄道路、河道、公厕进行清扫；定点维护，每个月定期对绿化进行修剪和维护路灯公共设施；定点收集，每天早晚由公司收集垃圾拉走处理。

四是考核“N+X”，即采取“N+X”网格管理和考评方式，定员、定责、定区域，采取月检查、季评比、半年小结的方式，不定时、不定人、不定点对市场化公司、保洁员等进行考核，根据考核适度奖罚。

五是评比“三项文明”，即评选宜居庭院、清洁家庭、星级文明户等，营造文明新风，共建家园的氛围。

六是公共设施维护制度，包括定期对绿化带进行除草、清杂、修剪，保持整齐美观；植物浇水根据需要进行，浇水要做到及时、全面；对新栽树木及时做好培土、扶正、绑扎、除藤、修剪工作；绿化补植、修剪后应及时清场，造成道路污染的应及时清洗；每年 11 月上旬开始对树木进行刷白，刷白高度要整齐一致。

另外，应做到维护本村道路、绿化、古建筑、活动室、休闲活动场所、公共厕所；严禁在活动室、休闲场所乱堆放杂物，严禁破坏道路及体育器材设施；村民要自觉爱护公共财物，如有损坏照价赔偿，还要维护农田基本水利设施，积极参与村内公益事业。

7. 全坊村

全坊村在公共服务设施上有较全面的规划，村落从 2016 年开始在县委县政府和镇委镇政府的大力支持和帮助下，投资 380 多万元，对所有老屋进行实质修缮，也对村庄道路进行了绿化和硬化。此外，村里全面安装路灯，完善的服务使得村庄更美丽，村民更满意。

全坊村公共服务以五大工程为核心关键：一是思想铸魂工程，村落欲学习有关习近平新时代中国特色社会主义思想，通过宣传解读党的十九大和十九届三中、四中全会精神，深入推进社会主义核心价值观宣传教育，广泛展开中国特色社会主义和中国梦宣传教育，引导群众坚定理想信念；二是移风易俗工程，大力展开移风易俗、弘扬时代新风行动，充分发挥村民议事会、红白理事会、禁毒禁赌协会等群众组织作用，引导群众树立正确的婚恋观和文明节俭的时代风尚；三是家风建设工程，广泛展开“星级文明户”“五好家庭”“金溪好人”等评选活动，大力弘扬符合传统美德、体现时代精神的道德规范，引导群众向上向善、孝老爱亲、重义守信、勤俭持家；四是文化惠民工程，深入挖掘和弘扬中华优秀传统文化蕴含的思想观念、人文精神、道德规范，通过文艺汇演展演等形式，广泛开展群众乐于参与、便于参与的文化活动，丰富农村群众的文化生活；五是环境改善工程，深入展开农村环境卫生整治，扎实做好“五乱”整治、垃圾无害化处理和清运，引导干部群众养成良好卫生习惯，共同建设美丽家园。

据调研显示，为打造村落良好的现代环境，村镇两级形成合力，切实推进村镇拆违拆临攻坚工作。截至目前，合市镇拆违拆临7600余栋，面积共计153,164平方米，现已完成80.25%，共流转土地面积2006亩。

8. 竹桥村

竹桥村在公共服务设施方面有较优质的设计，景区整体建设较好。2018年，江西坤宏古域旅游管理有限公司与金溪县人民政府达成合作，开展对竹桥古村景区的开发运营工作，短期内取得整改成效。

景区门面修建了古色古香的牌坊，设有竹桥古村导游全景图，而后可见游客服务中心，周边还可免费停车。目前，景区不收费，提供观光电瓶车，只需花费十元票价即可往返，直达村口。村口的关门楼保留了门口的品字井。村里设置游览景点，标志清晰，包括景区环境游览指示牌、景区道路导向指示牌、景区介绍标识牌、厕所指引牌，以及其他适用于公共场所的指向标识牌等。各处景点皆加贴二维码，方便游客手机扫码阅读信息。为保留村落原汁原味的面貌，景区里的建筑门前高挂灯笼，但景区内尚未安装路灯。

图 3.4.12 竹桥村公共服务设施组图（餐饮小贩、映画坊、咖啡馆）（谢雅卉 摄）

如图3.4.12所示，村落已逐步实现市场化运营，为提升景区综合游览服务，通过对村落的布局，健全公共服务体系，提供多元业态系统，包括餐饮、酒坊、咖啡馆、豆腐坊、面馆、展览空间、民俗博物馆、古玩店、铁匠铺、映画坊、服装租赁馆等场景设计，创造独有的怀旧情怀消费空间，丰富游客的游览体验感。竹桥村公共服务建设旨在挖掘文化资源的传承及利用，对于推进村落文化的保护及活化，进行合理展示，预期以打造“一村一特色”“一村一品牌”为重要目标。

另外，村落生态文明程度陆续提升，除了大力扶持周边农地经济作物，大力调整农业林业种植结构，加工推进农产品等特色生产之外，还有效提供村落重点文化遗产资源活化合作模式，诸如对于“苍岚山房”做重点介绍。“苍岚山房”作为村里唯一的学堂，是村中重要的雕版印刷工作坊，也是金溪印书的重要起源，更是金溪四大刻书基地之一。坤宏公司通过导游实训课程培养方案，给村民提供应聘机会，让村民化身为村落导游，共同守护村落文化遗产，不仅提升村民对村落的归属感，也提升村民就地生活的幸福指数，创造了很多村民参与村中公共事务的机会，推动村落实现建成小康社会的目标。

9. 蒲塘村

蒲塘村在公共服务设施方面规划较全面，结合多项村落特色文化规划设计，包括党群服务中心、新时代文明实践站、森林公园、文化长廊、村小学、休闲广场、居家养老中心、卫生健康服务室、文化活动中心等，提供了一应俱全的设施。村中标志性建筑物旁贴有二维码作为电子导览，欲朝向村落智慧旅游模式发展。

目前村中正打造省级森林公园，通过“一乡一景”理念，在村里竖有禁碑，碑文内容为“禁止随意砍伐，不随意种植农作物，不破坏生态环境”，以此凸显村落回归自然，将生态与文化结合发展的目标。

村落设立村委会管理行政事务，旨在推进村落迈进新时代文明实践发展目标，以党指挥作为村落服务核心导向。根据本团队调查显示，村委会活动场所主要有两层楼，一楼为便民服务中心、党员活动室、村集体经济办公室；二楼设置档案室、村民理事会、两代表一委员工作室、精准扶贫办公室、矛盾纠纷调解室、退役军人服务站、综合减灾办公室、应急物资储备室。村委会空间提供村民日常交流或开会场所，是村落综合服务中心基地。

村落组织建设情况良好，目前村“两委”干部 8 名，其中支委 3 人、村委 2 人、交叉任职 1 人；初中及以下学历 7 人、高中学历 1 人；女性 1 人。全村党员 35 名，其中 35 岁及以下 6 名，占比 17%；60 岁及以上 18 名，占比 51%；女性党员 5 名；初中及以下学历 24 名，占比 69%；党龄 30 年以上党员

17名，党龄50年以上11名；近三年来发展党员2名，入党积极分子4名。

另外，为有效落实村中养老问题，对老年人友善照顾，提升老年人宜居宜养幸福感，蒲塘村投资90万元建设幸福之家，建筑面积约1000平方米，占地面积约1200平方米，用以解决村落中老年人口的养老问题。根据本团队调查显示，村落中60周岁以上的老年人共有122人，幸福之家为老年人活动交流提供了开放性场所，内部设有餐厅、棋牌室、阅览室等设施，丰富了村中老年群众的生活。周边还建有景观池、健身场所、休闲亭、健康步道等设施。目前有80余人在幸福之家接受良好的服务和照顾，主要对象为老年人。

10. 岐山村

岐山村由于外移搬迁的人较多，留守村民较少，村落交由政府托管修缮时间稍晚，故村中各项服务设施建设稍显缓慢。村中到处可见正在修建的工程，例如正在修建的新屋，也随处可见政府张贴注意事项的公告。

根据本团队调查显示，为完善村落整体视觉审美，村落于新建屋舍墙面进行涂鸦彩绘，提升现代化景观设计。基本上，村中已全面安装仿古路灯，完善村落照明使用。此外，村中设有三处公共服务空间，诸如小宗祠作为全村最重要的开放性空间，其主要功能是作为全村祭祀、上宗谱的活动场所。为维护和延续宗祠空间使用性，2009年全村发起村民集资活动，每人捐款100元，用于全村共同修缮小宗祠这件大事。为感念村民集资捐款修建工程，村落成立维修小宗祠理事会，以刻碑形式来纪念捐款大德名录。宗祠作为村落最重要的开放性活动场所，走进宗祠可见摆放书柜的阅读区，最后方还可见历代祖先神位安放处，平时用屏风遮起，表示尊重。宗祠内两旁可见村民摆放的民俗活动物品，例如龙灯、各式旗帜等表演道具。

村中设有官厅，以前曾作为学堂使用，现阶段主要作为议事场所。村中亦可见一处户外公共广场，提供村民平时户外活动之用，并建有凉亭和椅子供村民休憩。

五、生活生产方式

有关传统村落村民生活和生产情况的探究，是考察村落发展的重要指标。

了解村民生活是为挖掘传统村落中特有的文化资源，考察居民生产情况则是评估村民脱贫问题，评估国家推进乡村振兴，建设美丽乡村的重要指标。以下将根据各村情况展开分析。

1. 陆坊村

陆坊村的村民生活注重文化生活及节庆活动，村里每逢五一、十一假期都会举办文化节活动。诸如2019年江西抚州举办首届象山文化旅游节暨陆象山诞辰880周年纪念活动，就以陆坊村作为活动基地。2019年适逢陆象山诞辰880周年，为传承和弘扬中华优秀传统文化，陆坊村村民同心协力打造“象山故里·心学圣地”。此外，村落亦相继举办文化活动，每年活动没有固定时间。此外，村中遇商议大事，会将祠堂作为讨论集会场所。在居民生产方面，陆坊村村民主要通过种植经济作物来获得收益，例如联合下李村共同打造万花道，外销花卉，并与浙江某工厂达成合作，共同种植西兰花等。

2. 下李村

有关下李村居民生活特色，逢年过节注重文化活动，村内现保有非物质文化遗产传承技艺，还有省级非物质文化遗产项目“舞龙灯”活动。每年春节，下李村都有采茶戏表演，已成为村落文化向外传播推广旅游产业的品牌特色。舞龙灯活动筹备从年前开始，会组织28~30个人共同表演。

在居民生产方面，根据团队调查发现，目前村中主要收入来源为林木业，村民会上山砍伐林木，对外售卖。村中也会将厂房外租，收取租金。村中青年人口外流严重，多有外出务工情形，留守村民会到附近工厂打工上班，一户年收入七八万元。很多村民会做蛋糕，因而开设面包店，所产面包外销至全国各地。据考察了解，现阶段下李村准备朝向观光旅游业发展。

3. 疏口村

疏口村无明显的非物质文化遗产活动，但在居民生活方面，文化活动多元，例如每年正月十五、十六有舞龙灯活动，主要是村民自发庆祝，无外来游客；每年八月初十有采茶戏表演活动；九月初九会抬菩萨，绕村庄游行庆祝。总体而言，村落文化品牌向外输出较弱，缺乏专业管理。

在居民生产方面，村落主要联合企业合作，通过“产业＋就业”模式，助力村民脱贫。村口设有白莲种植示范基地，白莲为村中主要经济作物，形成部门基地、村民主体、社会参与等工作布局，让村民成为主要参与者。诸如外派调研人员专程赴“中国白莲之乡”广昌学习白莲种植技术，以复制移植模式，引进白莲优质品种，成立疏口村古村优质白莲专业合作社，实现疏口村就业脱贫目标。另外，村中也引进其他驻点公司进行合作，例如“金溪县疏山生态农业发展有限公司”，其主要推广的农产品有肉、禽、蛋、奶等。

4. 浒湾村

在居民生活方面，浒湾村居民注重民俗活动，例如每年农历五月初五端午节会于抚河举行龙舟比赛。作为金溪县民间风俗传统，在举行比赛之前，浒湾村及邻近村民会组织起来，共同参与“龙船下水”和“龙船上岸”仪式，这是当地特有的民俗文化。在居民生产方面，浒湾油面是金溪县传统美食，俗称为挂面、寿面、龙须贡面等，历史上还曾进贡朝廷，作为宫廷御用食品深受达官贵人喜爱，故又称贡面。

图 3.4.13　浒湾村居民生产“浒湾油面”组图（谢雅卉　摄）

如图 3.4.13 所示，作为村落省级非物质文化遗产，浒湾油面制作繁复，按四季水陆严格配方，经三期发酵，微风晾干成面。因此，每天制面工序为上午揉面然后晾晒，下午切成整体面段并包装。村民会在节庆时期或特殊活动时购买食用，因而油面在村内有自产自销现象，同时也用于外销，深受游客与外界喜爱。

5. 后龚村

有关后龚村居民生活，村落重视节庆文化活动，村中保有省级非物质文化遗产项目，例如傩舞、傩文化、采茶戏等。村中“非遗”传承工作良好，具有较高的活力与研究价值。春节期间，村里会举行灯光秀活动，届时周围村庄居民和外来游客会前往共襄盛举，人数将近三千人。春节期间还有舞龙灯活动，活动会从正月初二到正月十五。龙灯分为好几种，如板凳龙、狮子舞等。另外，端午期间会举办赛龙舟活动，皆由民间自主发起。平时村落经常举行红色旅游或研学活动，并与旅游企业合作举办红军生活体验等活动。这些活动是村落向外输出的文化品牌，并有较专业的管理服务。

居民生产方面，相传村落从前因为吃盐的关系，有专门挑盐的工人，因此村落有许多工人从事挑盐工作。工人一开始会挑很多盐，因路途遥远，往返辛劳，常常会挑不动，就一路往路边溪水里倒盐。日积月累，溪水就变成咸的。村落青年人口外流严重，多数村民主要收入来源为外出务工。目前，村落还通过与政府主办、民间包办合作形式推广后龚村景区旅游活动，游客来源主要有小学、中学、大学的学生。景区时常举行爱国主义教育活动，有时也有政府单位来到村落进行爱国主义教育活动。团队调研发现，虽然也有外地游客来景区进行红色旅游，但从抚州市区过来的游客较多。

6. 游垫村

有关游垫村居民生活，村落会在特定节日举行活动，例如春节时期宗祠里会举行村民庆祝、聚餐活动。虽然有较多庆祝活动，但村中却没有保留任何“非遗”项目。居民生产方面，村中主要种植葡萄、柚子、橘子等，大多为自产自销，部分用于外销。村落正处于政府托管阶段，欲打造5A级景区目标，故村内有大量新建和修缮现象，招聘工人多以村民为主。目前新建筑规划主要作为商馆、主题馆使用，包括咖啡厅、KTV等娱乐设施。新建筑的施工工人主要为村落本地人，工人一天工资为200~400元，高空作业一天可获得600元。另外，村落建筑修缮期间，若有自家植物、农作物被破坏，村民可以向驻村干部进行反馈，申请补贴，这充分显现出政府的重视程度。

7. 全坊村

对全坊村的居民生活探究显示，村落在节假日会举办特定活动，例如每年正月初一举行祭祖仪式，全村会重新进行宗谱人口登记；舞龙灯表演活动会有各式灯饰类型，包括布灯、马灯、龙灯。活动一般都是民间自主组织，参加者多半为村民和村民的亲戚朋友，较少有外来游客。居民生产方面，全坊村隶属于合市镇古村落之一，按合市镇党委、政府谋划在先、规划在前的政策，制定《合市镇2020年村集体经济发展规划》，明确指出对于镇村集体经济发展目标，要将村集体经济发展与乡村振兴、脱贫攻坚紧密结合。合市镇作为金溪县起步最早、积极利用自身“果业大镇”优势的城镇，秉持因地制宜的原则，不盲从、不盲目，围绕果业、中药材、芳樟等经营品类，既贯彻县市要求，又突出合市镇特色，坚持执行“一村一品”销售战略。目前共有樱花、脐橙、蜜橘、蜜梨、葡萄、马家柚、迷迭香等特色品种，共计1557亩。在全坊村居民生产销售现况方面，由于村落周边山地较多现象，因而产生“依山靠山”风俗现象，种地务农者同样较多。村落现使用种植田地有725亩，主要种植经济农作物如梨、桃子等，产值收益大多来源于外销，积极解决了集体经济发展提速增效问题。

8. 竹桥村

关于竹桥村居民生活，著名甜点“藕丝糖”为村中主要非物质文化遗产，该文化保存完善，在村落景区中有直接售卖与宣传。在居民生产方面，自村落交由坤宏公司进行管理，逐步创造了许多就业机会，形成景区工作人员多为本地人的良好现象，不仅为村民带来更多本地就业机会，打开村落知名度，也提高了村民经济收益。村民还可自行售卖当地特产，包括浒湾油面、金溪米粉、金溪竹编、金溪蜜梨等，提高自身收入。虽然竹桥村已规划为景区，但由于许多后续工作没有跟上，使得进展缓慢。具体原因如下：一是资金不足，没有办法快速提升景区建设；二是政府目前将村落交由专业公司进行管理，无法在短期内达到全面建设的成效；三是村民要求较为苛刻，对于规划项目意见不一，难以达成统一观点。

9. 蒲塘村

关于蒲塘村居民生活，村民日常以霉豆腐、辣椒、油豆腐、手工米糖作为村里的特色小吃。村中神仙庙一直是村民寄托信仰的重要场所和精神纽带，庙里主要供奉徐祥可神仙。相传徐祥可原为本村村民，有呼风唤雨的本领，拒绝为皇帝做官的机会，选择为村庄百姓服务，村民为纪念他而建庙。神仙庙旁还供奉着困默真人的铜峰古寺。

村里缺乏鲜明的非物质文化遗产，但会举办传统民俗文化节，诸如广场舞、马步灯、舞龙等活动。广场设有新时代文明实践大舞台，作为传承传统文化，实现文明新风之用。为有效管理村里的民俗文化活动，蒲塘村理事会制定了蒲塘村民俗文化活动管理办法，大力提倡移风易俗，积极展开健康向上的民俗文化活动。活动期间会邀请神仙公同台，并通过看戏号召人们捐款，捐款者的名字将会被刻碑作为纪念之用。另外，每年正月初三村里及周边村民都会前来祭拜，农历九月十五举办庙会活动，亦会吸引大量游客前来祭拜，游客最少有三万人次。

神仙庙作为蒲塘村民间信仰活动的中心，与村民生活息息相关。根据团队调查显示，村民为答谢神明，自行筹资修庙，更有村民将房子贷款出资，才使神仙庙终获翻新机会，共支付 200 万元修建费用。庙里还设置了藏经阁与客房，供给外来游客前来参拜、休憩、住宿之用。

居民生产方面，村民主要通过在村落周边种植经济作物获得经济收益，主要经济作物为油茶、柑橘、马家柚等，集体产业则有 500 亩迷迭香。目前推广较好的集体产业是迷迭香种植基地和胭脂柚种植产业。2019 年村集体经济收入高达 6.861 万元，村民的获得感、安全感、幸福感逐年显著提升。另外，村落通过土地开发获得奖励补助，这是村落的另一项经济补贴来源。

10. 岐山村

关于岐山村居民生活，村里缺乏鲜明的非物质文化遗产，但会在特殊节日举办民俗活动，诸如正月十三会有舞龙灯表演，活动直到正月十五或十六才结束。另外有茶灯表演等，作为村民庆祝之用，活动参与有 50~60 人。另外，农历九月初九，村里还会举行看龙灯活动。平时，村里的日常活动是跳广场舞。

居民生产方面，村中收入来源以种植为主，通常一亩地一年收入为 1000~2000 元。另外，岐山村是著名的鞭炮之乡，早期，岐山人搭乘改革的春风，锐意进取，建立了以花爆为主的产业集群。除了少数年轻人外出务工，绝大多数村民都在花爆企业里上班，最高年收入可达 2 万元以上。现在，岐山村已经从传统的农耕产业逐步迈向了现代产业。然而，为响应国家生态保护行动，鞭炮产业已逐渐衰落。

第四章　抚州传统村落活化利用路径

第一节　现阶段抚州传统村落建筑利用状况

抚州市历史村镇保护规划的目标为“保护历史村镇的原真性、整体性及独立性，充分挖掘其文化价值，对各个历史村镇的独特性进行分类分析及针对性保护。保护村落活性及可持续发展，通过对村镇承载的文化资源加以利用，活化村落，对其独特的产业类型变换方式进行二次利用，实现村落的可持续发展”。该规划的范围为抚州市域下包括金溪县在内的若干历史城区之外的历史村镇。

项目组成员深入民众内部，通过对现阶段金溪县十三个历史传统村镇的建筑利用的具体情况进行实地考察，获得了较为详尽的调查资料。以建筑的整体性与文化价值保留状态为基础，初步将抚州市传统村落的建筑利用与活化功能分为文化展示功能、文化体验功能、老人养护功能、生活服务功能、教育教学功能及综合性功能六类。

一、文化展示功能分析

传统村落古建筑的文化展示功能主要指其在经过规划与建设后，在文化底蕴的展览、主题文化的介绍及表达某些服务精神等方面具有作用。在这种环境中，外来者主要以参观者的身份被动接收信息。这里主要讨论抚州村落内古建筑目前在文化展示方面的操作情况，包括贴展板、放告示牌、置摆件等。通过对传统村落在文化展示功能方面活化利用状态的实地考察，可以更好地为传统村落建筑的保护与利用提供参考与建议。

由于城市化进程的加快和旅游业的发展，金溪县的许多村落都或多或少地有与旅游开发相关的计划，这些村内也有很多古建筑处于修缮完成的规划期、初具文化展示功能的雏形期，截至 2021 年 1 月，部分古建筑修缮已有初步成效。浒湾村乾隆年间的皇家印刷厂“协盛厂”，该建筑在“文革”时期遭到破坏，如今处于闲置的待维修状态，村内已经有将其改造成印刷展览馆的相关构思。

（一）后龚村古建筑文化展示功能利用

后龚村在建筑的活化方面做得比较好，村内许多建筑都被修缮利用起来，作为向游人介绍村落历史与文化的工具。村中，周恩来、朱德、王稼祥的居住旧址都保存得较为完好，且会在固定时间面向游客开放。

图 4.1.1　后龚村建筑文化展示功能利用组图（竺頔　摄）

村内的集体仓库曾在红军于此驻扎时用作防空洞，现在其内部与外部都挂上了相关内容的解说牌，以此向游人进行展示，说明当时的历史与故事。红军当时的卫生部旧址为省级文物保护单位，现如今边上挂牌写着“重点文物保护单位，左坊红一方面军总部”，可以看到其内部挂着中国工农红军的旗帜，左边房间门头挂有“手术室”字样，右边房间门头挂有“病房”字样，两边墙面上贴满了相关红色思想文化的历史展板。后龚村内的王家仓在旧时主要作用为收租，革命时期被用作政治部，现在被改建为展示陈列室，室内悬挂红旗，贴上展板，向游人讲述当年的历史与故事。

（二）陆坊村古建筑文化展示功能利用

在文化展示功能方面较为明显的有陆坊村的陆氏祠堂——“大儒家庙”。其至今约有 400 年历史，在 2018 年被江西省人民政府公布确立为江西省重点文物保护单位“金溪宗祠群”之一，于 2020 年经历过修缮。站在祠堂门口可以看到，门前的匾额与对联、屋檐下挂的花灯，还有建筑形制，均与传统建筑没有特别大的区别。

图 4.1.2　陆氏祠堂的文化展示功能利用组图（祠堂外部、祠堂内部展示区、部分展板）

（竺頔　摄）

进入祠堂之后可以看到，祠堂两边的墙上分别挂满了各种展板，内容包括“陆坊村历史沿革”“人文地理”“青田陆氏十世义居简表”“陆氏义门”“陆氏家制”“六相三贤”“鼙鼓简介”。目前，陆坊村祠堂可以向前来参观的游人展示村落的人文、地理、陆氏家风、陆氏祖上曾经出名的贤者，还有一些诸如鼙鼓的特殊传统。宗祠内同时还开辟有“陆氏家风家训”的板块，在天井后厅室两边做了屏风状的陆氏家规精选，将一些优良风气的家规家训如“清心俭素”“读书明礼”“仁义为本”“助困扶弱”“量入为出”“孝亲和睦”等，以文言文加白话译文的方法展示出来，一者可以让游客对陆氏家风有深入的了解，二者也对村民平日里进行家风教化产生潜移默化的熏陶。总体看来，除去陆氏祠堂传统的祭祀朝拜、开展庆典、协商大事和陆氏家风家训道德讲堂等功能，还增加了向外来者展示陆氏家族文化的功能，并且承担了一部分村史馆的功能。同样，陆坊村内的江西传统建筑陆国琪民居——现为“悟心居”建筑，其上有些石砖上刻有明万历年间的字迹，说明其年代的久远程度，目前同样作为文化及村落风貌的展示建筑。与之相像的还有“象山故居”，“象山故居”里贴有一些展板，具备文化历史的展示功能。

（三）全坊村古建筑文化展示功能利用

相比之下，全坊村村口附近的“全氏宗祠”整体并没有很大的变化，为三堂直进，门头也没有经过重新修缮。但是宗祠门口挂着的标牌却显示，目前的

“全氏宗祠”不仅拥有祭拜、上族谱等传统作用，还是南昌大学人文学院历史系的“实践教学基地”。在宗祠门口，竖立着醒目的长标志，上书“全坊村史馆”。

图 4.1.3　全氏祠堂的文化展示功能利用组图（标牌、祠堂正门、祠堂内部展示区）

（竺皡　摄）

进入建筑内，可以看到其内部两边的墙面上贴满了各种与全坊村相关的人文、地理、历史解说展板，包括村史概况、村落介绍、著名景观节点介绍、建筑介绍、祖先名人、良好家风、习俗传说等，还有根据国家要求开展建设的计划、成果宣传展板，如新农村建设、拆违拆临攻坚行动、工程建设、环境整治等。两边还放着木制桌椅，可以供人休憩、打牌、聚会之用。

（四）下李村古建筑文化展示功能利用

对于下李村来说，将古建筑进行再利用并不是一件新奇的事情。在综合功能方面，下李村分别设立了“村史馆”“民俗馆”“新风馆”，合称为“村三馆”。村史馆空间较大，原为“恩荣——李氏祠堂”，其前部分放有木质长桌与木椅，主要用于开会、学习与休憩。从图 4.1.4 中我们还能看到，墙面上张贴着村庄历史的宣传画，墙边摆放着过节时闹的龙灯。

图 4.1.4　下李村古建筑的文化展示功能利用组图（正厅、正厅局部、龙灯）（竺皡　摄）

宣传画上有“高举毛泽东思想伟大红旗乘胜前进”的红色标语口号，充满历史感，框内所画为“江锦腾龙”，看起来似乎是旧时的村落一角；龙灯的龙头非常威武，活灵活现，色彩鲜艳，看起来仿佛立刻要腾飞一般。此两者不仅以比文字更具象的方式对游人展现其想要传递的文化与历史面貌，也能营造一种环境，供游客联想自己与之互动或是自己回到那个时期，使互动感更加强烈，令游客拥有更深刻的体验感。在其他两个场馆内，两边墙上也挂满了展板，内容有“金溪县传统村落概况”“村落产业发展之路”等。

图 4.1.5　下李村建筑的文化展示功能利用组图（竺頔　摄）

与该利用方式相似的还有下李村内的“下李村文化活动中心”。从图 4.1.5 中可以看出，目前该中心主要用于文字的陈列展示，空旷的建筑内部贴有许多展板，内容有“明代与清代早期李氏历史名人表”“锦江李氏家谱世系简表”“南唐皇族后裔下李村历史沿革”“古村保护”“美丽乡村建设”“拯救老屋活动状况”，以及一些历史故事、文化传统与神话传说等，起到村落文化的科普与输出作用。

（五）流坑村古建筑文化展示功能利用

流坑村是乐安县传统村落中旅游开发较为成熟的案例，因而其村史馆的打造相对于其他村落的村史馆更精致。由于流坑村为观光胜地，亦配有导览员进行解说，所以村史馆主要展示村落的发展历史、科举文化及村落的文物。

图 4.1.6　流坑村村史馆的文化展示功能利用组图（大门、村落模型图、建筑文物）

（竺皕　摄）

流坑村村史馆的展示方式较为多元，除了以常见的海报背板介绍村落的文化、历史，以及“千古第一村”的由来之外，亦配有村落的全景模型图，用来凸显该村建筑体量之大，也让游客对于村落的全貌有初步了解。不同于一般村落多以背板展示村落文化，流坑村还收集并保存了村里的许多珍贵文物或部分建筑残骸，采用实体化的方式进行文化展览。

（六）竹桥村古建筑文化展示功能利用

与文化展示相关的还有竹桥村的“拜石”屋。“拜石”原本指的是该建筑前一块精美的巨石，由于书法大师米芾爱石而与之结拜而得名，其旁边的建筑门头也被命名为“拜石”（石上多一点）。调查组考察时，巨石正用于“大米微书”非遗文化传承人的作品展示。进入建筑可以看到内部整体依旧以木质为主，周围的展示架上摆满了刻有文字的石头，有的文字仅有米粒大小。

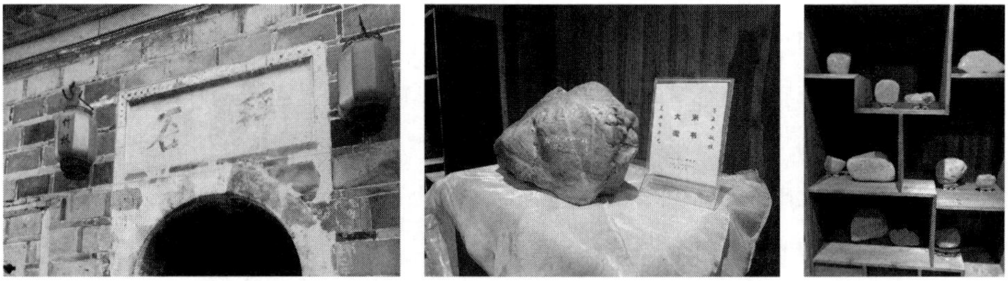

图 4.1.7　“拜石”屋的文化展示功能利用组图（竺皕　摄）

这种展示方式一方面为传承人增加了名望，另一方面也弘扬、普及了村落的非物质文化遗产，有助于更好地保护、传承非遗文化，也属于“老宅新用”

的一种较为稳妥的方式，既为游客带来新鲜感，又不会破坏原有的村落面貌。

（七）湖坪村古建筑文化展示功能利用

湖坪村的国宝公祠，现被打造为红色标语博物馆，并配有导览员针对各个标语的历史进行介绍。为了保护散落各村濒临倒塌的标语墙，县博物馆聘请专业技术人员对部分亟待保护的红色标语墙体进行切割，并将其转移到湖坪村红色标语博物馆进行有效保护。

图 4.1.8　国宝公祠文化展示功能利用组图（红色标语、中庭、示范基地）（竺頔　摄）

湖坪村红色标语博物馆的展览方式以解说展板为主，仅有少数原本就在公祠墙上的标语，以及从外地运过来保存的石墙，并没有采取较独特的互动性文化展示功能，多数为单项式的文字与图片解说。湖坪村的红色标语博物馆还是井冈山干部学院的学习基地。虽然展览馆多数为图片展示，但还是有现代化的音像设施设备，将红军标语及一些发生在乐安的红色战争的文化展现在游客面前。

二、文化体验功能分析

古建筑的文化体验功能主要指村内建筑在重新建设修复以后，相比于单纯的文字、图像展示，增加了可以与游客进行更强互动并为游客提供更强沉浸感的项目。其与文化展示功能的区别在于，游人不仅可以选择主动参与或被动接受，且获取信息的渠道也增加了——由单纯的视觉变成视听，甚至加上味觉与触觉的参与，会令游客有更强烈的参与感。这里主要讨论抚州村落内古建筑目前在文化体验功能服务方面的活动提供手段，以及其手段的实施程度。通过对传统村落在文化体验功能方面活化利用状态的实地考察，可以更好地为传统村落建筑的保护与利用提供参考与建议。

在文化体验方面，陆坊村首先在交互方面做得较为统一。其村落景区改造主题为陆九渊的心学，在景区范围内的各个房屋门口都挂有介绍牌，介绍牌上除去中文与英文，还有韩文与日文的翻译，非常贴心。介绍牌上附有二维码，可扫码听讲解，这非常符合智慧旅游、智慧村庄的理念。有类似发展理念的还有蒲塘村，其村中标志性建筑物旁会贴有二维码作为电子导览。陆坊村内的一些旧民宅如今改造设置为文明实践所，类似于阅览室，可供村民自行阅读。这些建筑内的房间设有展示柜与书架，上面摆放着可供游人翻看（不能带走）的、专门刊印的关于陆氏家训、村落历史、村落发展、村落习俗等的书籍或小册子。

（一）竹桥村古建筑文化体验功能利用

图 4.1.9　竹桥村古建筑的文化体验功能利用组图（竺頔　摄）

竹桥村在文化体验方面相对而言做得更加前卫，首先是将古宅作为沉浸互动式演出场所与茶室使用。如图 4.1.9 所示，古宅中放有花轿，挂着灯笼，内部两边摆放着龙灯，“武略千秋”匾额下方置有香烛等物，后面摆放着牌位，下方还有跪拜用的垫子。解说人员表示，疫情之前这里常常有一些演员穿着古装，用轿子一类的道具表演情景故事对游客进行展示。这种声、画并茂的演出能够极大调动游人的积极性，受到了游客的一致好评。第三张图中的古宅内部放有长桌和木椅，正前方是一个戏台，是可以供村民与游客听戏的地方。这里演出的戏以传统戏曲为主，与前者的表演又有所不同，但相较普通的文字展板等，更能增强游人的沉浸感与体验感，因此都属于古建筑在文化体验功能方面的活化，包括村内的雕版体验馆等商业场所也有此功能。

其次，在调查过程中可以看到，竹桥村内有一座较为古老的民居，在居住其中的村民不再将其作为民居使用之后，最先曾经作为村委会，后被改成赁妆铺，也就是调查小组如今见到的模样。门头上的匾额写着“竹桥赁妆铺”，其下挂着两个朴素的小红灯笼，门框似乎被水泥重新修补过。左边的墙上还贴有“租赁服装价目表”展板，上面详细地写明了可以租赁的服装类别、押金与收费标准。

图 4.1.10　古装租借空间“竹桥赁妆铺”组图（竺頔　摄）

进入“竹桥赁妆铺”内部，可以看到内部的装修与传统的民居古宅有较大不同。光洁的地板，玻璃柜台，展示衣架，粉色展示墙面上颇有些抽象的、以红黄蓝这类鲜艳颜色与图形所组成的图案，以及下方的小展台与假人模特，这些一般在县城或者大城市商场出现频繁的室内元素布置，同样出现在古民居内部，伴有木质镂空屏风等，展现传统与现代的冲击。根据村民兼工作人员的介绍，调查团队得知目前的主要目的是将该建筑打造为古风服饰体验馆、照相体验馆，专门用来供游人进行换装玩耍、拍抖音视频等，背景墙面与站台也是为了给游客换装拍照所用。当然，游客也可以选择换好服装去村落内采景拍照，假装自己身为古人或村民生活在竹桥村内。服装、妆容及环境的真实性能够给游客提供身临其境的感觉，也就是所谓的代入感与体验感，便于他们更好、更深入地体会这里的文化。不过正如价目表所写，“此收费标准为试行收费标准”，目前我们所看到的并不是这所建筑功能活化的最终模样，但其在文化体验功能方面已经初具雏形，深入发展后也许会成为另一番模样。

（二）大坊村古建筑文化体验功能利用

图 4.1.11　民居古建筑的文化体验功能利用状态组图（涂鸦、背景墙、小游戏）

（竺頔　摄）

大坊“荷兰创意村”的古建筑在文化体验方面的利用较为偏向“文化意象的简单植入”。一些建筑的外墙被漆上文字或者图案，营造“涂鸦墙”的感觉，力求与西式现代化相结合。某些较为整块的大墙面被做成可供拍照的背景墙，漆上标志性的“荷兰风车”与树林草地，还有卡通式的傍晚朝霞，色彩非常跳脱，与其主题“荷兰风”相契合，游人纷纷站在墙前，与墙合影。一些古旧建筑外墙上挂有滚弹珠的小游戏木牌，标题为“要不要等 Ta”“今年会不会暴富”等，主要是让一枚小钢球从顶部落下，看看会落入哪个凹槽里，也是一种浪漫的小游戏。如果落入代表诸如“能”或是“可以”等字眼的凹槽，就算是对游客的一种祝福。木牌前方挂着一些透明的星星挂饰，到了晚上灯火通明，十分美丽。大坊村的优势在于其将村落文化与外来文化相结合，为传统类的、较为一成不变的体验内容增添了新的、跳脱的创意，这种创意很吸引人。

（三）游垫村古建筑文化体验功能利用

游垫村在体验方面与前文所述的村落都不太一样。在初步建设规划中，游垫村拟将“胡氏祠堂”与数字媒体相结合，利用投影仪在建筑上投射各类图案，如金色的“胡氏祠堂”牌楼影像、皮影效果的旧时男女、不断变化的复古纹样、翻页的古籍古书及从书内飘出的书法文字等。

从图 4.1.12 中我们可以看到，相关企业将游垫村原本闲置的古宅内部建设成了活动主题馆，同样利用数字投影等技术构造出许多虚拟场景。有的主题场馆进行大面的山水场景投屏，结合现实中的竹林、木茶几、木椅，游人仿佛走入画中，置身于山水画卷之间；有的主题场馆投出大面积的光斑彩蝶，营造梦幻美丽的氛围，成为吸睛打卡拍照的好去处；还有的院子里重新搭建了小的造景，边上摆放着可供闲聊的露天桌椅，并且在周边的砖石墙面上投影了星空与动物的轮廓。这类设计创意非凡，将虚拟现实技术与传统的古村落相结合，一方面能够赋予建筑更多的表现力，另一方面这种更具象的、不断变化的、绮丽的图案效果也能增强游人的沉浸感与体验感，使游人仿佛穿越时空去感受这里的文化与历史。这种使传统古建筑具备文化体验功能的设计规划是一个很好的利用方向，值得参考与借鉴。

图 4.1.12 游垫村古建筑内部的文化体验功能利用组图（图片来源：《中国（金溪）游垫 CHCD 基地村核心区修建性详细规划》，北京清城睿现数字科技研究院有限公司提供）

三、老人养护功能分析

城市化进程导致村落人口流失与人口老龄化，因此对老年人的养护也逐渐成为目前一些村落古建筑的功能活化与利用方向。传统村落古建筑的老人养护功能多以提供相关休闲空间，提供伙食，提供健康检查，以及提供心理上的人文关怀等方式为主。这里主要讨论目前抚州村落古建筑的相关养护能力现状，对老年人的养护需求满足的程度，以及对老年人日常生活的照料实施的进度。通过对村落传统建筑在老人养护功能方面活化利用状态的实地考察，可以更好地为传统村落建筑的保护与利用提供参考与建议，促进村落和谐。

（一）陆坊村古建筑老人养护功能利用

在这个方面，陆坊村进行了一些相关的建设与改造，其中包括开设“金溪县老年大学——陆坊分校”“退役军人服务站”及“陆坊村幸福之家”。金溪县老年大学为身体健康，且能坚持正常学习的离退休干部职工及社区老人提供各种专业班级，包括但不限于瑜伽、舞蹈、戏曲、葫芦丝、太极拳、国画等，为老人的闲暇时间增添乐趣。从一些新闻报道中可以得知，老人们对此怀有很大的热情。

图 4.1.13　“退役军人服务站”组图（竺頔　摄）

“退役军人服务站”为陆坊乡新时代文明实践所，其中的布置相对来说偏现代化，白色书柜与白墙非常显眼，书柜边还有“扫黄打非”宣传资料取阅台。厅前书柜前放着木质的大方桌，桌上摆着两盆绿萝，颇有风味。方桌两边放有木质条形凳，可供退伍军人拿取书柜中展示的书籍坐下阅读，回味村落的历史。前厅右边隔出的房间放有几把木椅子和一张木桌，墙上贴着“尊崇从我做起”的标语，还贴着陆坊村退役军人一览表，表上除了有歌颂退役军人的文字，还有他们的照片与个人事迹，还悬挂着陆坊村退役军人服务动员指南展板等。这些布置是陆坊村在老人养护服务方面的良好举措，也体现了对于退役军人的尊重与人文关怀。

除此以外，陆坊村的“涵香苑”——也称“功名堂”，旧时供一些游学的人或是功成名就的人归家吃饭，现在主要用于接待游人，同时偶尔开灶供村里一些老人吃饭，每个月 1~2 次。来吃饭的老人如果家里有小孩，会收 3 元 / 人的费用，如果是没有孩子或者没有政策保护的老人，可以免费吃饭，也算为老人提供一些伙食方面的服务。

图 4.1.14　陆坊村幸福之家组图（餐厅、娱乐休闲室、厨房）（竺頔　摄）

“陆坊村幸福之家”是金溪县民政局与公司合办的以养老为主的共建共助点，可以看到建筑内挂有传统的灯笼、牌匾，两边的柱子上张贴着庆祝家国强大的木刻对联，大厅内整齐地放着木桌和木凳，供老人吃饭使用。大厅两边的木墙上还有后期贴上的各种与老人生活、老人养护服务有关的注意事项等。两边还设置有休息室，室内两边墙面各安置有一排木质大靠椅，上面还放着绣垫，老人闲来无事可以靠在椅子上聊天。里墙中央挂着壁挂电视，为休息的老人播放节目，提供娱乐活动，下方也设有小茶几，基础设施较为齐全。除此以外，屋内还有“热敏灸室”，可提供针灸推拿等服务。大厅的左后处通向厨房，从图 4.1.14 中可以看到，厨房比较干净，灶台、排风扇、水池、台柜等一应俱全，且地面铺着方形的石砖，墙上贴着白色瓷砖，灶台边还堆着一些干柴。这里做出的饭菜被送到大厅内提供给村里的老人食用，十分贴心。

（二）后龚村古建筑老人养护功能利用

与“幸福之家”相似的是后龚村的“颐养之家”。“颐养之家”由曾经的后龚红军标配食堂改造而来，如今修缮变为村内的养老院。该建筑作为公共服务的提供对象，内部摆放着方形与圆形的大木桌，木桌周围摆放着长木凳。建筑内部，右边贴着“关爱老人——尊老、敬老、养老、爱老、孝老、善老”的标语牌，两边木门上也贴着一些事项展板。建筑外部的墙面上贴有醒目的“老有所养、老有所学、老有所为、老有所乐”等字样，无不体现其作为养老院的功能。

图 4.1.15　后龚村“颐养之家”组图（竺頔　摄）

村书记表示，由于村内上年纪的老人比较多，老人年纪大了行动不便，因此后龚村目前对于老人主要实行居家养老措施。这些老人可以在家里获得与在“颐养之家”相同质量的养老服务，红军食堂的搭设主要是为了服务想前来吃饭或是理发的老人。前来吃饭的老人坐在厅内，有理发需求的老人则在另外的厅室内获得相应的服务。

如图 4.1.16 所示，红军食堂也面对游客开放，在食堂外的墙面上有醒目的红底广告，上书“红军食堂”“同志们开饭啦！”“同志们！这家店真不错，要常来！”等标语，吸引游人来这里体验红军食堂，购买他们想要品尝的食物。

图 4.1.16　后龚村红军食堂广告（竺頔　摄）

（三）蒲塘村古建筑老人养护功能利用

蒲塘村将村民自费修缮好的一所民居改造成了养老之家“幸福之家”。在入口的石门框两边，左边贴着“幸福之家”的简介展板、“传统历史建筑”与“老年协会”的挂牌，右边贴着“老年活动中心”挂牌与“爱老为美、助老为乐、尊老为德、敬老为善”的标语展板。

图 4.1.17　蒲塘村幸福之家组图（保健室、阅览室）（竺頔　摄）

由正门进入“幸福之家”，可以看到距离门口最近的位置摆放着长桌与木椅，桌上点缀着绿植，一般供聚会等活动之用。稍往里一些，则放着一张较小的长桌，周围零散地放有小木椅。最里面的红木墙两边有红色的对联，下方的红木柜上放着“蒲塘村幸福之家”的金色认证挂牌。梁上有红色的传统宫灯外形的电灯垂下，既安全又好看。两边的房间都用木质门板隔开，分有棋牌室、阅览室、保健室、音控室等。从图 4.1.17 中可以看到，阅览室内的书柜上放满了书，喜欢阅读的老人可以选择自己想看的书籍，从容地坐在柜子边上的靠椅上阅读；保健室里设有可以“测体重”“测视力”“测血压”的器材，通过方便快捷的定期检查，可以为老人提供更加及时的健康服务。

图 4.1.18　蒲塘村幸福之家组图（老人用餐、餐厅一角、厨房）（竺頔　摄）

往里走是老人休闲与吃饭的地方。从图 4.1.18 中可以看到，餐桌凳以木质方桌与长木凳为主，且饭堂较为宽敞。饭堂两边的墙上挂有诸如“文明用餐”之类的标语展板，里墙上还贴有“蒲塘村居家养老服务中心服务对象公示栏”，主要公示统计了来“幸福之家”吃饭的老人人数。据村里的老人说，“幸福之家”2 元一顿饭，4 元一天，即 120 元一个月。一般情况下，老人们在每天 16∶30—17∶00 会前来吃晚饭，通常有 20 多人，最多的时候有 40 多位老人。饭堂与后厨相连，进入后厨房可以看到有专门烧饭的人员在传统的灶台前做饭。灶台边散落着许多木柴。由于古村落里大多是老人，有的不方便自己开火做饭，又爱吃柴火烧的饭，因此这所养老之家才得以成立。调查团队在这里待到傍晚，看到了陆陆续续前来吃饭的老人们，他们吃得很安静也很香，还有老人吃完饭帮老伴打饭带走。除此以外，“幸福之家”还包括周边大院的景观池、健身场所、休闲亭与健步道等设施。在建筑门前的小院内还放有石桌石凳可供老人进行休憩、晒太阳、打牌等相关休闲活动。总体来说，“幸福之家”在老人养护功能方面较为完善，其功能规划与相关分区值得借鉴与参考。

四、生活服务功能分析

传统村落古建筑的生活服务功能，主要指为满足城乡居民日常生活需求而提供的各类服务活动，如文化体育服务、餐饮住宿服务等。这里主要讨论目前抚州村落建筑的服务能力现状，以及其对于本地村民与外地游客可提供日常生活服务的类型。通过对村落传统建筑在生活服务功能方面活化利用状态的实地考察，可以更好地为传统村落建筑的保护与利用提供参考与建议，促进村落发展。

在生活服务功能方面，抚州金溪县内许多村落由于处于开发初级阶段或待开发状态，使得部分村落内可为外地游客提供服务的相关功能建筑较少。如下李村内有大大小小的祠堂，虽然一家一祠，各家都有小祠堂，但许多小祠堂都处于闲置状态，部分祠堂改建成了餐馆等公共活动与服务型的场所。浒湾村抚河边曾经的停船中心大建筑如今也处于闲置状态，在未来预计将其改成娱乐或者服务中心之类的公共场所。在调查过程中，项目组成员还发现浒湾村有一座废弃的空祠堂，该祠堂变成两户贫困人家的住处：他们用砖石将一个大的单室分割成为4~5个隔间，人们住在一起且互不打扰。游垫村内尽管目前古宅的修缮已经接近尾声，却依旧缺少新的基础设施。其新建筑主要规划作为商馆、主题馆等，包括咖啡厅、KTV等设施，空着的古宅内部将来计划改造成民宿与餐馆等。

（一）岐山村古建筑生活服务功能利用

处于初级阶段的还有岐山村内的古建筑，该村参与“老屋行动”项目之后，目前大部分古宅已经抢修完毕，正在等待后续的精修。等到精修完成后，自然会对建筑功能进行进一步的规划。

对于精修的建筑，以一所吴氏民居为例，该建筑内还保存着清朝时期的老柱子。从图4.1.19中可以清楚地看到建造与修补所用的两种颜色不同的木料，翻修痕迹非常明显，但同时整个建筑的面貌也焕然一新。据村民所说，这所房屋是旧时村内一户衣锦还乡的大老爷的住处，因此也被称作官厅。可以看到，屋顶、房梁及门窗等部分已经基本修缮完成。在20世纪70年代前后，国家号召知青下乡支教，知青们在村里大概待了8年。现在，村民们想通过修民宿来纪念知青下乡的时代。目前为止，修缮完成的官厅可以为村民提供广场舞场地、议事间等生活服务场所。将来，该建筑与其他修缮完成的民居古宅还可能为外来的游客提供民宿服务。

图4.1.19　岐山村“官厅”的民宿功能利用组图（竺頔　摄）

（二）大坊村古建筑生活服务功能利用

大坊荷兰创意村的部分民居改为了民宿、农家乐餐馆等。如图4.1.20中的“陆客民宿”，原本为一所古旧的传统民宅。虽然整体建筑基本没有很大的变化，屋顶瓦片马头墙，但是门口的两根红木柱子与一些石墩、吊篮，还有竹制围栏等，都属于后增添的非典型传统类物品。

图 4.1.20 大坊荷兰创意“陆客民宿”组图（竺頔 摄）

其门前的地砖被重新铺设，窗户也重新安装了木框玻璃窗。内部经过重新装修，分为四类房间——“东篱”“栖迟”“清梦”与钟点房。目前由于民宿部分还没有施工完毕，因此不对外开放，也不待客，具体的房价也不甚清楚。但可以预见的是，这种将古建筑活化为民宿的方式在很大程度上解决了游人远道而来的住宿问题。他们不用选择住在较远的县城，避免了在休憩之后花大量的时间在来村落的路上，而是可以住在村内，近距离感受村中的历史文化，并且做一个好梦，静待第二天的游玩。

（三）竹桥村古建筑生活服务功能利用

竹桥村由于开发较早，目前已经基本实现市场化运营。为了提升竹桥村的游览体验，相关公司针对竹桥村的布局、传统建筑的特点，打造了一整套利用业态，包括铁匠铺、餐馆、茶馆、药铺、酒坊、豆腐坊、面馆、篾器铺等业态系统。

图 4.1.21 竹桥村古建筑生活服务功能利用组图（竺頔 摄）

从图 4.1.21 中可以看到，建筑门口墙上的木牌上写着“余记酒楼”，而前方的白旗子上写着“金溪藕丝糖”。村中一些旧式民居由住宅变成“驿站”，可以看见一些小贩在里面向游客售卖糍粑。据说，该村的“余氏大屋”曾将人分成三六九等，充满封建色彩，而现在被用作卖茶的店面，服务于大众。“养正山房”原本为刻印古籍的作坊，在乾隆时期书板盈架。后来，刻板被毁，如今成为“养正书吧”，变成游人陶冶情操的好去处，既有新意，也不显得突兀，非常自然地与村落融为一体，散发着历史、文化与书页间墨香的气息。此外，竹桥村中还有许多指路标牌，从指路牌上可以看到村内还将一些民居古宅用于经营咖啡厅、餐厅、茶吧、青年旅舍等业态。相关开发公司表示，后续会将古建筑进一步改造建设，用作相关服务空间。竹桥村的建筑活化相对其他村落而言更加多元化，立足于青年旅游与休闲式旅游，目的在于吸引更多文艺青年或是喜爱文学的游人，环境老少皆宜，独具特色。

（四）下李村古建筑生活服务功能利用

有一些村落设置的服务功能较为特殊，如下李村的一座古宅被设为“长效管护办公室”，主要用于调解村民在日常生活中产生的矛盾与纷争。

图 4.1.22　下李村“长效管护办公室”组图（同时具村落议事、纠纷解决功能）

（竺頔　摄）

进入古宅可以看到，正墙上挂有镶着金框的年轻毛泽东画像和“毛主席语录”，下方挂有上书“办事依法、遇事找法、解决问题用法、化解矛盾靠法”标语的红白色宣传展板。房间两边的木制隔墙上也贴有与法律调解相关的展板，主要内容为“‘法律明白人’工作职责”“‘法律明白人’培养基本原则”“陆坊乡推广一户一位‘法律明白人’工作方案”“下李村骨干‘法律明白人’一览表”及一些相关“活动剪影”的照片，从中可以看出下李村在法律的普及方面做得比较到位。房间中央放着长方桌，桌上盖着红色的绒布，左右两边各放有几把木椅。桌上还有几枚名牌，上面写着“当事人”“记录人”，平时如果产生民事纠纷，大多会在这里解决，同时会有人在旁边记录每一次的纠纷与处理情况。这种类型的古建筑活化利用与一些村落商业化产生的民宿与餐厅等服务型古建筑不同，后者主要为游人带来便利与享受，至多可以给村民带来一些盈利；而前者则很好地做到利民、便民、为民，在村民的生活中起到极大的帮助作用，能够维持村内的秩序，建设文明和谐的村落氛围，这为村落的后续开发打下了很好的精神基础。

（五）洽湾村古建筑生活服务功能利用

图 4.1.23 为洽湾村的一个胡氏分祠，当地的后代村民将该分祠作为农家乐之用，餐馆经营提供当地居民三五好友相聚餐的场地，甚至还可作为婚宴待客场所。然而，在传统建筑物中开设农家乐，不免让人担心会因长期的厨房烹饪而伤害了建筑文物本体，建议有关单位应适时进行督导，在建筑文物内部仅保留用餐场地，将厨房功能移到建筑体外，以确保建筑能得到妥善的保护。

图 4.1.23　洽湾村胡氏祠堂农家乐组图（标牌、餐厅、厨房）（李育菁　摄）

五、教育教学功能分析

传统村落古建筑的教育教学功能主要指利用建筑有目的地通过一些设备的购置、相关内容的传达及活动的开展去培养人，教育人，影响人的身心发展。这里主要讨论目前抚州村落建筑的教育潜力现状，以及其对于本地村民与外地游客可提供教育教学服务的程度。通过对村落传统建筑在教育教学功能方面活化利用状态的实地考察，可以更好地为传统村落建筑的保护与利用提供参考与建议，有助于人口素质的提高。

有的村落在教育研学方面的建筑规划目前仅仅有初步设想，如竹桥村的传承之地被设想为设立一个教育基地，在未来可能会运营研学团队，促进文化传播与当地的经济发展；发挥其本身具有的印刷文化，开辟与雕版印刷历史相关的体验与研学活动。

（一）陆坊村古建筑教育教学功能利用

在教育功能的落实方面，陆坊村有一所名为“槐堂书屋”的古建筑，其为旧时的封建私塾，共有两层，曾经招收学前班的孩子。这些孩子必须等到拥有秀才以上的功名后，才有资格踏足二楼。根据资料记载，原私塾建筑在“破四旧”时期遭到毁坏，后根据资料进行一比一复建。从图 4.1.24 中可以看到，“槐堂书屋”整体并没有偏现代化的改造，整体依旧非常传统、朴素，然而其功能却今非昔比。

图 4.1.24　槐堂书屋内部（竺頔　摄）

图 4.1.25　陆坊村古建筑教育教学功能利用组图（竺頔　摄）

书屋左边的楼梯挂有“桂楼”标示牌，右边则为“滋兰阁”。此处为陆氏家族的与众不同之处：“桂楼”在旧时供男孩使用，“滋兰阁”供女孩使用，对于陆氏家族而言，重男轻女的思想并不明显。如今，阁楼主要用于展示，也用于接待重要的客人。据村民表述，当县城或政府里有专家前来考察或研究时会开放阁楼。一楼摆放着许多木桌与木凳，其形制为旧时的书桌凳。如今，“槐堂书屋”主要作为建筑文化历史展示区、参观景点使用，也供小学组织学生开展活动，供工厂开展主题日活动等。学校通过与陆坊村相关管理人员对接，带着学生前来开展私塾体验活动，在这种安逸宁静的环境中给学生上课，教授知识，让孩子们在参观中潜移默化地接受传统文化的熏陶与教育。这里还有很多单独开辟出来的“阅读室”，里面放有书桌与木凳，桌上还摆有各种各样的古籍，仿佛旧时的情景再现，能够很好地营造教育与学习的氛围，让前来参观的游人更真切地感受到陆坊村的文化与历史。

（二）后龚村古建筑教育教学功能利用

在研学活动与教育的推广方面，后龚村有一座民居——詹小华民居，先是由民居被征用为红军服务社，如今又用作研学基地。其门口左边的两块红木牌上写着“安才研学（厦门）商贸服务有限公司”“研学超市扶贫孵化基地”，右边贴有“金溪狼盾研学文化服务有限公司‘研学盖章处’”的木牌。

目前，该建筑用于金溪狼盾研学文化服务有限公司对于“红色后龚”主题研学教育活动的宣传与推广，建筑内的墙上贴满了展板，分别讲述了研学营地的相关内容、承办企业的优势，并且介绍了相关活动如“雕版印刷”体验、“鲜花造纸”活动与走近“农耕文化”的照片，还进行了诸如“行军饼的由

图 4.1.26 后龚村研学孵化基地组图（竺頔 摄）

来”的科普，并且展示了曾在此举办的“我是特种兵”等研学活动。当有研学活动开始时，该建筑也能容纳一部分学生，充当文化与教育的输送媒介，以此带动村落红色文化的流动与传扬。

（三）游垫村古建筑教育教学功能利用

与前文所提到的村落案例略有不同的是，游垫村由于企业的承包而拥有了更为全面而整体的系统规划，“研学旅游”区域的规划在一开始就被纳入村落的发展打造计划之中。

图 4.1.27 游垫村研学旅游中心组图（图片来源：《中国（金溪）游垫 CHCD 基地村核心区修建性详细规划》，北京清城睿现数字科技研究院有限公司提供）

从图 4.1.27 中可以看到，游垫村的古建筑群被修缮、保留，用作大型的研学中心。这些古建筑的传统功能包括民居古宅、公祠家祠等，而在功能划分中，赋予了这些古建筑更多类型的功能，如大师馆、基金会驻地、清华驻地、国际顾问驻地、修缮工坊、游垫儿童之家、冷餐餐厅、游垫祠堂村史馆、

Workshop（工作坊）、游垫古村管理处、中国民居展览、文旅创新实践中心等。这些具有不同新功能的古建筑群所涵盖的区域总功能为研学教育，以不同的方式达成共同的目的——让学生或游人在研学过程中潜移默化地受到关于村落历史、村落文化的教育，从而扩大村落的知名度，吸引更多的外来者。

六、综合性功能分析

传统村落的古建筑综合性功能主要指该建筑是由多种功能空间组成的综合体，或是其空间拥有两种以上的功能。这里主要讨论目前抚州村落建筑的多功能发展可能性，以及目前单体建筑对于本地村民与外地游客可提供各类服务的功能类型。通过对村落传统建筑在综合性功能方面活化利用状态的实地考察，可以更好地为传统村落建筑的保护与利用提供参考与建议，有助于村落景区服务中心等大型业务点的建设。

说到综合性功能，不得不提的一所建筑是后龚村的龚氏宗祠。龚氏宗祠由主、次厅堂和下屋三栋建筑连成一体，原本具备的传统功能如祭祀、朝拜、正月初一上族谱等，随着红军的到来增添了一层红色文化色彩，使宗祠现在成了一座具备多种功能的综合性建筑。这所宗祠在近代曾经作为中央红军司令部，之后经过改造还曾经作为学校、村委会，直到如今作为红色文化展览馆出现在大众视野里。本研究团队将其归类为建筑的综合性功能层面，主要体现在其同时拥有文化展示、文化体验、生活服务及教育教学四类功能。

图 4.1.28　龚氏祠堂前厅的文化展示功能利用（前厅全景、部分展示）（竺頔　摄）

在文化展示功能方面，可以看到祠堂内部两边墙壁贴满了展板，其内容有对后龚村的介绍、与红色文化有关的历史、如何协助抗战的历史，及重要人物介绍、相关战役介绍等。其进行了较为系统的内容分区，如“红色记忆”“红军在金溪”“创建新苏区”“心系老百姓”等，下面配有适当的图片与文字。

图 4.1.29　龚氏祠堂小空间的文化体验功能利用组图（储藏室、会议室、养病室）（竺頔　摄）

在文化体验功能方面，现宗祠内设置有全景区的音响工作室，方便通知村内公众事务。由于龚氏祠堂的体量之大，使得其有多个厅室，次厅堂前部有许多隔间，能看到在许多小房间内都摆放着一些当年红一方面军司令部的红军们使用的工具道具模型，门口挂着诸如“养病室”“储藏室”“会议室”“厨房”等木牌标识。养病室的门都紧紧关上，隔着门仿佛能听到红军伤员们隐忍的呼声；储藏室内放满了瓶瓶罐罐；会议室内放有一张古旧的木桌，桌上有一

图 4.1.30　龚氏祠堂传统空间的生活服务功能利用（戏台）（竺頔　摄）

个壶，还有两个陶杯；厨房内则是古朴的灶台。这些设计会令游人身临其境，仿佛参与了那段历史，不由得肃然起敬。

在生活服务功能方面，宗祠内有一个厅室设置了戏台。据村民所说，每当逢年过节或是重要人士来访时，戏台上会有采茶戏等娱乐活动演出，台上的演员神采奕奕，台下的观众兴致勃勃，目之所及皆是热闹非凡的景象。该类活动在某种意义上属于村民传统生活状态的一种延伸，延伸了过去在生活方面对村民的服务传统，并且拓展了村民传统生活习俗对于外来者、重要宾客的接待、娱乐功能。

在教育教学功能方面，主要指龚氏祠堂的次厅堂前部分。墙上悬挂着人民解放军十大元帅的画像，厅内陈列着“黄狮渡大捷”的绘画图片，并且介绍了朱德在后龚村的故事。这些画像中间有一块巨大的幕布用于投影图像。厅堂内摆满了长木桌和长木凳，整体格局像一间教室里摆放着桌椅，而最前方有老师在幕布上投屏讲课；也像会议室，供每个人汇报工作所用。据村里的书记说，这里经常举办一些大学生的研学旅游活动，还用以供县城里的所有党员开会学习。

图 4.1.31 龚氏祠堂内部空间的教育研学功能利用（研学教室、投影屏幕）（竺頔 摄）

根据以上分析可以看出，如龚氏祠堂这种古建筑的综合功能形式主要源于建筑的体量——一般情况下，更大体量的古建筑更容易出现多种功能的活化利用形式。后续的村落规划可以参考这种规律，把村内的一些大型建筑进行详细规划，做成中心式的综合型场馆。

第二节　国内外传统村落活化利用的案例

一、传统建筑功能利用借鉴

（一）意大利分散型旅馆的建筑利用与开发模式[①]

1. 分散型旅馆的定义

分散型旅馆是重新利用空屋打造的住宿设施，与分散于整座村镇的服务结合，以整座村镇招待观光客。意大利文中的“albergo”是旅馆，而“diffuso”则有分散的意思，因此“分散型旅馆”就是“albergo diffuso”的直译。传统旅馆的柜台、大厅、客房、餐厅等，以垂直方向容纳于单一个体的建筑物中，而分散型旅馆的柜台、客房、餐厅、小店等，则以水平方向散布在整座城镇。

图 4.2.1　传统旅馆 VS 分散型旅馆（图片来源：《地方创生最前线》）

分散型旅馆是吉安卡洛·戴尔拉（Giancarlo Dall’Ara）在 1976 年的威尼斯北部大地震后，以灾后复兴为目的构思的住宿模式。后来虽然在几个小镇尝试，但许多空屋的所有者都住在国外，因此实现起来有困难。直到 90 年代中期，这种住宿模式的原型才终于在撒丁岛（Sardegna）中西部一座名为波萨

① 中桥惠等：《地方创生最前线》，林咏纯译，行人出版社，2018，第 53–72 页。

（Bosa）的小镇中诞生。对于戴尔拉的创意产生共鸣的建筑师，花了好几年的时间收购空屋，逐渐增加房间数。但撒丁岛政府直到2002年才发布条例承认分散型旅馆是一种住宿设施。受到波萨的触发，分散型旅馆的开幕潮就像涟漪一样逐渐扩及周边城镇。此外，我们也可以从意大利度假村史的角度探讨分散型旅馆。意大利因为战后的经济成长而变得富足，20世纪60年代左右，出现了一股以海边度假村为中心的度假热潮，海水疗法也蔚为流行。以一周为单位在海边居住的休假形态，逐渐根植于意大利家庭或银发族身上。原本撒丁岛北部寂寥的海岸、渔村与群岛，现在都成为知名的度假胜地。除此之外的小镇或村落，只要有美丽的海岸，供应美味的餐点，也能带来富足的经济。但远离海岸的城镇却处在地理上的劣势。这些山里的村庄或小镇，也希望自己能够靠着分散型旅馆的观光效果，达到振兴地域的目的。分散型旅馆除了像休闲农场一样可以体验地产地消的饮食文化之外，也因为观光、购物等所有事务都必须以步行的方式才能完成，因此可以感受散步、健行等徒步旅行的乐趣。

2. 分散型旅馆的运作状况

戴尔拉为了方便经营者之间交换资讯，并维持旅馆的品质，在2005年成立了分散型旅馆协会。截至2021年1月，协会登录在案的旅馆在全球不少于300座，并从意大利跨国到克罗埃西亚（即克罗地亚）、西班牙，甚至到了日本东京的谷中。[①] 可见，登录件数在日后必将逐年增加。这些旅馆的经营方法与形态各不相同。有些是由屋主兼任经营者，有些是由数名合伙人购买空屋经营，也有人租房子经营。实际用来住宿的住宅，有些改造得魅力十足，甚至成为电影或电视剧的拍摄场地，但绝大部分都是质朴的普通住宅。实际上，分散型旅馆很少采取像是可以刊登在杂志上那样的美丽设计。虽然部分分散型旅馆总是客满，但大部分分散型旅馆都还处于推广阶段，还需时间慢慢充实服务。许多分散型旅馆都费尽千辛万苦只为打造观光资源，因为旅馆的所在地如果没有重要的历史古迹，或不曾拥有超凡美景，就只能靠着经营者为地域创造出新的价值。

对分散型旅馆的经营者而言，最辛苦的在于他们不能像某些著名城镇那

① Albergo Diffuso Official Website，*Albergo Diffuso*，https://www.alberghidiffusi.it/?lang=en，访问日期：2021年4月12日。

样打造一座人工的观光小镇，而是必须让这座接纳观光客的小镇与居民的生活共存。如果想要获得居民的理解，需要付出相当的努力、热情与准备时间。分散型旅馆的经营者如果不与当地居民建立强烈的信赖关系，使居民对旅馆产生共鸣，居民对于路上擦身而过的观光客就不会感兴趣。各个乡镇的气氛会因居民的意识不同而大相径庭。经营的家族或团队投入愈充沛的资金，具备愈丰富的专业知识、经验与技术，分散型旅馆的运作就能愈顺利。现在，意大利因为人口减少与外流，约有多达 5000 个乡镇逐渐化为废墟，其中 3000 个乡镇正面临废村危机。目前，几座意大利面临废村危机的村落都已经成为名副其实的空城。从空城状态发展成观光区，要走过一条非常漫长的道路。现在常听到“永续旅游”这个词语，但有时候很难由当地居民来重新肯定地域环境与文化的价值。在分散型旅馆案例中，有些旅馆通过海外观光客对村落的正面评价，以及日后的持续造访，改变当地居民的行动与意识。分散型旅馆利用空屋住宿设施将“失业的年轻人”“日益增加的高龄者”“0 食物里程的小规模生产的农作物”“当地人情”等要素进行串联，形成了服务网络。

3. 抚州借鉴分散型旅馆的运作方式

抚州目前有许多村落因村民外流呈现空心村的状态，这样的空心村，如果建筑物所有权人能产生共识，可通过主题化的方式打造成分散型旅馆。首先要统一村里所有权人的观念，这方面可通过政府以托管的方式进行，前期借由托管方式给予村民每年一定金额的补贴，后期在分散型旅馆开始产生收益时，给予村民一定的盈利分红。通过托管方式解决建筑物使用权问题是发展分散型旅馆的第一步。第二步，确定分散型旅馆主题。抚州市县里的传统村落，多数除了村落本身以外并无其他旅游景点，若分散型旅馆仅有住宿功能，是无法吸引游客前往体验的，因而在打造旅馆的同时还要打造旅游景点，将旅馆与景点结合打造是一种可行的方式。打造带有主题风格的分散型旅馆是目前抚州传统村落可以发展的方向之一，例如目前金溪县已在进行打造的世界村、荷兰村及法国村，都是国外元素挪移的主题村落。此外，挖掘传统村落的历史、文化、民俗来打造主题村落亦为方向之一，例如状元村落、商贸村落、非遗体验村落、民俗文化体验村落等，即是不同于前者国外元素挪移的另一种思路的主题村落打造方式。第三步，打造 0 里程的旅馆食品与伴手礼供应。抚州部分村落仍保留农耕文化，可将农耕成果与分散型旅馆的运作进行结合，旅馆内可标榜0里程食材供应，以吸引现代生活中重视养生的消费者。此外，可以利用农产品作为元素举办相关活动，例如举办假日农产品市集。假日市集除了可以增添旅游的活动选项，也可以刺激当地农产品的销售。除了食材供应及市集活动外，将农作品进行精致包装转化成伴手礼，亦是一种销售方式。通过此种方式除了可以销售抚州当地的农产品外，还可以借由伴手礼打造提升农产品的经济价值。

（二）中国台湾地区宝藏岩：依山而建的艺术村落活化利用

1. 宝藏岩艺术村背景简介

宝藏岩聚落，位于台北市中正区西南端小观音山南侧一个依山而造的、由违建集合而成的小邻里社区，得名于该地佛寺宝藏岩观音亭。其乃非正式营造过程中所形成的聚落，有荣民、城乡移民与都市居民等社会弱势族群。在政府都市更新政策下面临非法违建拆迁之命运。宝藏岩从1997年开始得到学术界的关注，并在当地居民抗争与各方人士积极保存后，于2004年正式登录为台北市第一处历史聚落，而这之中艺术村的进驻与参与，以关键性的因素巧妙地改变了这个地方的性质。经过整建与媒体报道，2006年，《纽约时报》将该聚落报道为台北最具特色的景点之一，与当时全世界第一高楼台北101并列。

图4.2.2 宝藏岩艺术村（图片来源：痞客邦①）

① 珍妮佛的花草呢喃：《台北国际艺术村“宝藏岩”》，痞客邦，2017年8月6日，https://julialkpkpk.pixnet.net/blog/post/459627007。

2. 宝藏岩建筑空间、艺术与居民和谐共生的方式

宝藏岩以由内而外、由小而大的整体规划发展而成，重视原始精神的保留，并从基础的卫生及安全角度进行改善，进一步在空间中增加适合社区的设施，从精神需求上注入艺术力量，重新思考整个宝藏岩空间机能运用，并利用闲置空间开创新的空间机能及寻找各种发展潜力。宝藏岩聚落成功的发展主要得力于以下关键因素。

第一，村落的活态保存理念。宝藏岩聚落保存工作以“人的保存”“空间的保存”“活动的保存”为“活保存”之三大主要元素，借以推动“聚落活保存”机制。除了建筑物的保存外，把聚落内有纪念性的、具共同回忆的、有价值的过程及社区人际网络保存和记录下来。人的保存方面，在安置的过程中首先推动居民信赖感及安全感的营造，搭配快速便利的拆迁补偿费发放作业及有效率的安置安排；召开多次现场说明会，日间由市政府联合工作小组进驻现场直接开办拆迁补偿申请及安置选择意愿登记，夜间则到聚落内进行家户拜访，逐户劝导说明配合政策的优势，是安置作业成功关键。空间的保存方面，在都市计划拟订时，在主要计划或细部计划制订前，均应充分试算聚落在未来营运模式的财务评估是否可行。委托规划设计阶段应划为设计前、中、后三阶段，规划前期应由主管机关邀集各单位与设计单位先行沟通讨论园区部署与责任分界点，并制定修缮规范。拆除或重要之整修，必须避开对外的印象特色，如层叠的房舍及朴素的建材等都不可刻意修改。活动的保存方面，新引入之活动及人口社群应与宝藏岩聚落生活经验相结合，以提供真实的文化体验，结合艺术家驻村、青年会所、环境学习等相关计划推动社区文化产业，并结合周边生活圈发展为历史聚落保存，结合艺术文化，并带动社会与文化教育的特色基地。①

第二，艺居共生理念推动。宝藏岩艺居共生的关系很紧密，所涉的议题相较一般文艺馆所更为深层。对于历史共业所留下的违建事实，宝藏岩只得选择门槛最低的解决途径，以艺术村的形式被保留下来。宝藏岩居民在聚落保存后所必须面对的不仅仅是地理环境上的改变，更由原先单纯的社区环境转为

① 林志鸣：《宝藏岩聚落活保存机制之研究》，硕士学位论文，台北科技大学，2013。

与艺术品、艺术家、游客及艺术村的工作人员共同生活的环境。艺术村计划落实初期，艺术家与居民会带领居民一同实现美学的环境生态行动，例如种花整草、整顿农园等。[①] 聚落空间与居民将以“文化景观”“历史聚落”和“艺文展演区”等正面形象，一步一步转化其作为都市违建和社会弱势的颓势，并与城市风貌发展产生新的联结，从都市更新其中的一处角落转为现代城市发展不可或缺的历史区域。其中，艺术被赋予了更多的公共与社会服务意涵，促成了2003—2010年以居民为主角的“艺居共生”实验计划。[②]

第三，敦亲睦邻的设计概念。将特殊的历史魅力融入，创造新的空间，利用闲置空间，提供场地设计休闲区，以接纳临时性的外来游客，建设贴心的顶盖休闲空间及园林设施，可作为居民休闲去处，亦包容附近庙方的信众。如此聚落与庙双方皆有益，更是最好的邻里共处关系。

第四，创造经济性休闲产业。为社区注入新的生命力，保留前卫艺术展演区，适度整修环境，创造经济性产业，例如利用层层叠叠的半毁空间作为写生区或观景区，也可用作户外咖啡区。设立特色商店或有机饮食坊，居民自营或租外经营，都可促进经济效益。

3. 宝藏岩艺居共生活态保存方案对抚州的借鉴

抚州从宝藏岩的经验可借鉴到，文化保存对于传统村落发展的重要性而言，不仅是从空间使用的意义上将官方引入的艺术村政策从过往闲置再利用思维转为文化资产再利用，更是从居民保留的意义上将违建筑之名提升到日常生活与地方记忆保存的层次。这一方面可以避免居民就地留下居住诉求在艺术村设置计划中没有长期延续的立基，另一方面也确保未来艺术进驻后不会僭越居民居住主体位阶。这个引领居民至聚落主体的文化保存论述，更进一步革除了其于建筑更新中老旧凋零区域的旧名，重新赋予其更多当地丰富的历史文化价值，并使其与城市发展结合。因此，在“艺居共生”概念中，“居”将转化为文化保存的意涵，成为共生艺栈、聚落发展的核心。[③]

① 林克玢：《艺术社区之生成及其影响——以宝藏岩聚落为例》，硕士学位论文，台湾师范大学，2014。

② 林嘉芬：《艺术村作为文化保存实践之再思考：以宝藏岩艺居共生为例》，硕士学位论文，台北艺术大学，2013。

③ 林志鸣：《宝藏岩聚落活保存机制之研究》，硕士学位论文，台北科技大学，2013。

此外，抚州在传统村落的保护与利用上可通过“艺居共生”观念的借鉴，将原先静态的建筑保存，提升为艺术、空间与居民三者间的动态保存。艺术元素的注入，增添了居民与外界互动及沟通的渠道。目前抚州对于传统村落的保存多数仍停留在建筑“物”的阶段，缺乏对村落中“人”与“活动”的关怀。艺术进入社区不仅会对物质的地理环境有所影响，对村民心理层面的启发也不容忽视。宝藏岩的经验启示我们，不光仅止于艺术介入村落所造成的影响，更是介入的过程中，不论是艺术作品、艺术家、志工还是工作同仁，都给予了社区认同及尊重之感。[①]

在聚落空间与居民逐渐转向文化保存的过程中，除了传统村落本身存在的历史文化价值，其古迹、文化保存与“聚落、艺文展演区”均采取同时进行建置的策略，因为无论是聚落空间还是居民，皆将面临“该如何保存”的课题。宝藏岩文化保存的实践过程给予抚州的启发在于“艺术再利用”的规划过程。换言之，即设想把艺术导入传统聚落之中，将“艺术家驻村创作能量”与“聚落原居民参与”进行异质的结合，试图建构两者之间依附互利的共生关系，达到重建聚落的社会网络功能，以活络传统村落的生命力，使之永续发展。[②]

二、传统村落保护与开发制度借鉴

（一）里斯本住宅政策：市政府与居民共同推动的居住环境改善计划[③]

里斯本市已经成为世界级的观光都市，不管是在行政单位属性还是观光化成熟度方面，里斯本都与抚州市有所不同。里斯本的成功模式对于抚州的借鉴性在表面上看似有限，但从传统村落的居住环境改善的角度而言，是有参考价值的。一般而言，一地在观光化发展之后，居民的存在感就会降低，但现在的里斯本却是日常生活与观光产业并存，对旅游者而言，更是一处能体验当地

① 黄靖超：《艺居共生？艺术进入宝藏岩对居民生活世界影响之探究》，硕士学位论文，台湾师范大学，2013。

② 林佩瑶：《宝藏岩国际艺术村微型群聚的艺居共生实践之探究》，硕士学位论文，台北大学，2015。

③ 中桥惠等：《地方创生最前线》，林咏纯译，行人出版社，2018，第112-115页。

生活魅力的观光胜地。因而，里斯本市政府与居民共同推动的居住环境改善计划，对于让抚州传统村落居民生活方式与村落利用开发和谐共存有一定的借鉴意义。

1. 里斯本居住环境改善计划的背景

葡萄牙在 1974 年从过去长期持续的独裁政权转变成共和制，并采取殖民地解放政策，因此来自安哥拉（Angola）、莫桑比克（Moçambique）、维德角（Cabo Verde）等昔日殖民地的归国者及移民大量涌入。当时的葡萄牙尚未做好接受他们的准备，导致里斯本旧市街周边形成了居住环境与卫生状态恶劣的贫民窟。虽然为了解决贫民窟的问题，里斯本当初在郊外建造社会住宅，但居民由于工作与社群等因素的考量，即便贫民窟环境恶劣，也不愿意搬离，使得居住环境的改善迟迟没有进展，导致市中心因环境因素开始衰退。1960 年是里斯本市中心人口最多的一年，当时市中心人口为 80 万人，郊外则为 119 万人。然而到了 1990 年，两者的人口分别变成 60 万人与 250 万人。

因上述背景，里斯本留下了环境与卫生条件低劣的严重问题。从 1990 年到 2000 年，菲力普·马里欧·洛佩斯（Filipe Mário Lopes）担任都市再生任务的负责人，他于 1990 年就任时，里斯本的环境卫生缺乏整顿，甚至还有霍乱等传染病，因而他提出了里斯本居住环境改善计划。

2. 里斯本居住环境改善计划介绍

由于上述问题，里斯本市启动居住环境改善方针，从原本的供给新建社会住宅，转换成翻修原有住宅。市政府对民间所有者实施补助政策，针对改善居住环境的翻修给予 65%的补助。通过活用既有的住宅存量，整顿市中心的居住环境来落实政策，不仅可以抑制居民迁出，同时也成功降低了改善居住环境的花费。使用传统工法翻修方式，只需花费新建社会住宅的一半费用，即可提供卫生且抗震性强的住宅，计划仅花费 139 亿欧元即能整顿 7400 间住宅。市政府分别在六个预计整顿的区域成立技术办公室，并配置 20~30 名人员，技术团队由建筑师、设计师、社会学家、地理学家和考古学家等各领域专家组成，针对各个地区的特性解决当地问题。这六个整顿的区域也包含 90 年代才编入里斯本市的村庄，在整顿过程中关注各地区的发展特性与差异，延续继承其地域认同。此居住环境整顿计划关注到若发生居民一口气替换出现士绅化（gentrification）现象，将使地域的社群瓦解。因而，计划明确宗旨为：“整顿居住环境必须与居民并肩，为居民执行。”在计划执行过程中，政府单位计划用大量时间与居民交谈，探索出能让居民继续住在当地的方法。居民虽然必须为了翻修工程而暂时离开，但翻修与改建相比时间较短，有助于减轻居民的负担。

3. 抚州对居住环境改善计划的借鉴

里斯本居住环境改善计划给予了抚州传统村落保护与利用第一个重要的启示，即改造了地方环境空间与创造地方的全新面貌后，其新的改造结果反而使当地区民无法继续居住，这样的整顿就不能算是成功。多数乡村振兴强调在硬体环境的优化与振兴之后所带来的经济效益，缺乏对于当地“人”的关怀。乡村振兴除了更新环境与提升地方收入外，更重要的是如何取得地方居民的认同，这样的认同不只是从“物”的角度完善村落的建筑与街景，更重要的是振兴后的社区文化认同，形成当地“人”与更新“物”的协调发展，毕竟村民是构成传统村落并传承文化不可或缺的要素。抚州传统村落的保护与利用必须回归到人的视角，以更长远的眼光看待村落要素的传承、整合与更新，并将传统村落文化永续地传承下去。

里斯本居住环境改善计划给予了抚州传统村落保护与利用第二个重要的启示，即该计划有逻辑性地将预计整顿的区域分为六大区，并分别成立技术办公室，配置各领域的专业人员，形成一支结合建筑师、设计师、社会学家、地理学家和考古学家等具有多方专长的强大团队。团队成员通过彼此专业视角的研讨、互补与协调，让计划能以更完善且一次性的方式完成。融合各方专业人员的团队能有效避免在村落更新过程中任一视角的遗漏，防止不同专业人员各自为政，杜绝形成多头马车的资源浪费结果。根据本团队考察，目前关于抚州地区尚未结合各方领域专业团队来执行传统村落保护与开发，多数计划都是由不同专业的人士分批考察并提出不同视角的报告，这样的工作形式缺乏团队整合的概念，容易出现专业视角遗漏、公家资源多次浪费及重工等问题。建议抚州地区关于传统村落保护与利用相关项目的执行应具有结合不同专业团队的意识和观念。

（二）日本乡村振兴交付金政策：根据绩效考核调整资金补助

1. 地方创生交付金政策的生成背景

日本在推行地方创生（即国内所谓的乡村振兴）交付金政策前，曾出台“故乡创生”政策，提供一亿日元给地方政府进行建设，然而其效果有限，没有“可经得起检验”的成果，也没有制定“政策评价”机制，因而遭到各方人士的强烈批判。日本在失败的政策经验上，提出以成果绩效考核作为补助金提拨款项比例的参考，进而提出新版的“地方创生交付金”政策。

2. 地方创生交付金政策的落实方式[①]

日本地方创生交付金政策的关键在于，申请的经费由地方政府出一半，中央政府出资另一半，并采取有目的的地方补助金，由地方政府与公共团体自主申请，以中央政府的“地方创生战略”为目标和蓝本，提出相对应的地方版地方创生目标，通过设定计划 KPI（Key Performance Indicator，关键绩效指标）及 PDCA（Plan -Do-Check-Action，绩效管理循环）年度政策绩效改善制度，看计划成效逐年提高补助金，推动地方永续经营计划，同时也视地方执行成效来逐年反馈给中央，调整地方创生中央综合战略。

日本地方创生交付金的拨款额度是根据创生地 KPI 的计划与达成率决定的，因而细化该政策的实行，需先厘清 KPI 计划的“驱动要素”。

第一要素，自立性。在申请补助时，要确保计划是“能营利的”，换言之，只有不依靠补助也能活下去的计划，才符合自立性的提案。关于自立性的 KPI 设定如为旅游景点，则可设定使用当地付费观光设施的旅客数量、旅宿设施新企划商品数量、新的额外付费旅游商品数量、访问两次以上获得该计划地区的比率。又例如以开发贩售农产品、加工品等“在地商品”为本业的地方商铺，为求扩大销售额，提升稳定的收入，可与邻近的几个车站通路合作贩卖，让“在地商品”像群体品牌一样，不断进行新的独立开发与销售。而上述地方商铺的 KPI 设定，包括商品开发数、车站下车旅客数、地方商社销售额和雇用人数等。

第二要素，官民联合制作。所谓联合制作，政府的角色并不只是用“检

① 关键评论：《台湾“地方创生元年”之后：看日本政府如何设定发展》，https://www.thenewslens.com/article/98991，访问日期：2021 年 4 月 14 日。

视”的方式与地方公共团体合作，而是联合制作，通过参与甚至合作获得更多来自民间的投资。例如日本宫崎县高锅町“高锅设计计划”，由高锅町与高锅信用银行签订合作协定，并与信用中央金库及日本设计振兴会合作，实现有资金的出资投资，有设计能力的出设计产品，形成非常明确的官民行销分工。其 KPI 的设定为新设计产品数、销售成长额、新雇用人数及新通路数量。

第三要素，跨地区合作。申请计划时，尽量与和企划内容有关或邻近地方的政府合作，广泛发挥彼此长处。如日本佐贺县观光公共关系企划，结合当地观光 DMO（各级政府旅游局承担了相关职能）、食文化、传统产品等观光内容，运用 LINE 和网站等工具，并整合县内所有周游工具，强化当地所有观光相关团体企业的职能。其 KPI 的设定如外国旅客住宿人数、日本观光客住宿人数。

第四要素，跨政策间合作。不只以单一政策目的为出发点，而是通盘检视，发挥地方创生相关的政策效果，并整备满足利用者的需求。如新潟县上越市欲打造一个商业小镇，利用当地的两栋百年建筑——料理亭和电影院发展历史文化创造观光的再生，同时结合产业振兴政策，与首都圈的 IT 企业办公室合作，将地方空屋改建为 share housc（共享房屋），并进行市场导向的社会实验，促进定居人口增长。其 KPI 的设定如空屋活用数、街区集客人数、百年建筑来客数及街区平日与假日步行人数。

第五要素，计划推动的主体明确性。日本奈良县曾尔村的地方创业计划为成立农林业公社，由当地第一的米农家率先发声。米农家有十年以上的米种植与销售经验，因此能协助村内其他五个地区的生产者扩大营销计划。其 KPI 的设定如新创品牌数量与创业团体数量，借此增加移居定居的人数。

第六要素，确保培育地方创生人才。日本冈山县西粟仓村提出扩大地方投资计划，由当地活化林业产业公司西粟仓森的学校创办人创设地方创业孵化器，作为地方创业学校，提供创业人才育成与投资支援。其 KPI 指标为创业者数、移居人数、投资活用产业团体数、节点设施设备利用当地的木材量。

由于 KPI 的设定会与未来 PDCA 政策评价有联动关系，因此，应根据过去的绩效设定更高的目标，尽量不要设定能被预期结果的目标。当设定完 KPI 后，则需通过 PDCA 进行政策评价与流程检讨。P（Plan）包含计划的点子、检讨与具体化。D（Do）是计划具体化后的落实。C（Check）为计划的检验与评价。A（Action）为计划检验与评价后的执行改善。通过上述流程落实与检讨原先 KPI 设定的目标，并作为交付金额度配置的参考，使得政府挹注资金能更有效地发挥与运用。

3. 抚州在日本地方创生交付金政策上的借鉴

日本推动地方创生交付金政策，针对衡量政策的 KPI，其设定方法重视自立性、将来性、地方性、直接性及结果性，其驱动要素包含目标的主体性确立、政策联合、跨地区合作、官民联合、人才培育等。这些设定方法与驱动因素都是抚州地区在执行传统村落保护与开发时可借鉴的手段与要素。日本交付金的 KPI 的设定逻辑与 PDCA 的检视方式亦可作为中国各级政府在执行传统村落保护与利用相关政策的参考，尤其是在 KPI 与 PDCA 达成目标的基础上发放政策资金支持，是目前抚州乃至整个中国大陆珍贵的借鉴政策。通过目标设定与检验能有效地运用政府资金，避免公家资源的浪费。例如抚州金溪县在 2018 年争取到 4000 万元的“拯救老屋行动”计划，如能以 KPI 设定目标，并借由 PDCA 进行成果检视，则更有助于未来老屋修缮计划的执行与相关资金的规划。

三、村落开发的商业模式借鉴

（一）妖怪村：中国台湾地区溪头森林风景区的传说元素商业价值开发

结合当地居民神鬼传说与创意人天马行空超幻想的庞大村落生态化产物，2011 年溪头妖怪村松林町日式商圈正式诞生。其位于溪头森林游乐区出入口旁的明山森林会馆文创商圈，随着知名度的提升，也为溪头森林游乐风景线带来了源源不绝的人潮。目前来说，对“传说文化”的研究集中在宗教文化、少数民族传说等闻名遐迩的文化上，极少将传说文化与乡村社区营造联系起来，而妖怪村就是其中成功开发的代表。溪头妖怪村原先只是一个小山庄，根据当地的传说发展出创意的妖怪传说文化，并依靠“妖怪”一词的特殊眼球经济强力效应和精心设计的妖怪文化创意社区，在极短时间内就成为台湾地区充满个性的创意园区。

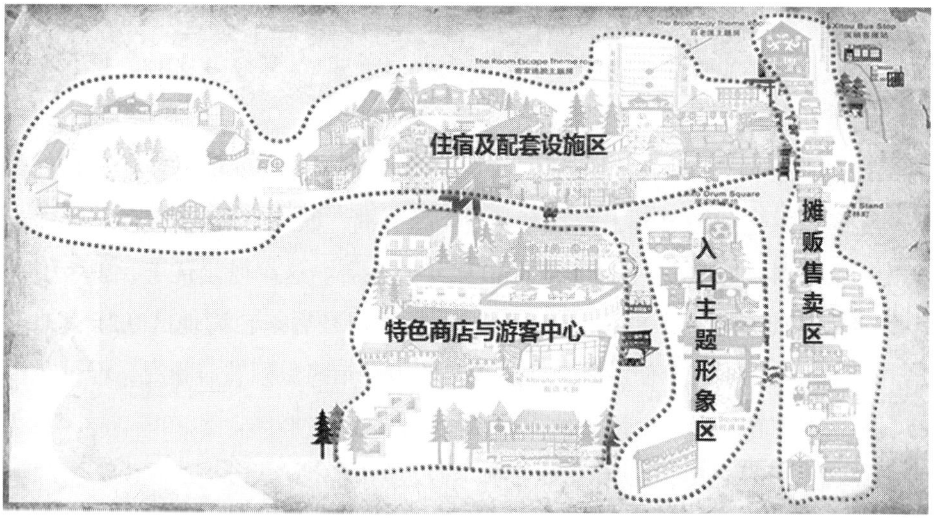

图 4.2.3　台湾地区南投溪头妖怪村整体规划图（图片来源：字媒体[①]）

1. 妖怪村主题村落打造简介

妖怪村打造的主要特征为挖掘乡村当地文化，同时植入异地文化、引入动漫影视文化，建构独特的乡村形象 IP 化主题和品牌。妖怪村落形象的文化资源缘起于当地的故事传说——现任明山会馆继承人的爷爷松林胜一，于 1911 年捡到濒危物种幼崽，并且遭遇不明物体攻击的故事。依托传说故事，将故事内容、主题人物形象化，将妖怪进行“KUSO 搞怪萌”的个性定位，构建讽刺效果的娱乐文化。

将形象化后的主题应用并落实到商圈各个角落、商品，并与游客产生联系，增加互动性。在传说文化故事主轴上，增加附属的陪衬对象，创造故事传说世界观。在统一世界观的基础上开发主题性产品，例如住宿、IP 衍生产品销售、主题体验活动。经营主体为明山森林会馆，内有 6 间自营商店、28 家商铺、21 间别墅与酒店。

溪头妖怪村的营造来自对妖怪传说文化这一当地特色文化资源的转化与运营。其中文化资源的创意开发是贯穿社区营造的主线，创意激活并重组了传说文化的资源，提升了其价值。形成了“传说文化资源挖掘—文化符号化—文

① 《妖怪村启示录 | 文化资源的产业化和商业化之路》，字媒体，https://zi.media/@yidianzixun/post/qssW54。

化产业化—文化商圈化—社区化”的乡村社区营造模式。

2. 妖怪村商业模式成功的几个关键点[①]

（1）传说故事资源的挖掘

任何一个景区或是旅游景点的开发，首先应该考虑该景区或景点的目标市场定位，在定位的基础上挖掘和开发主题方向。妖怪村毗邻溪头森林公园，实为明山森林会馆，是一个经营了40多年的酒店。这里风景优美，曾吸引许多年轻人来此度蜜月，也有“蜜月馆”之称。但是后来台湾地区9.21大地震给其带来了巨大破坏，使游客急速减少。明山会馆想重振昔日盛况，经过分析将目标市场定在年轻人，因为他们是最有活力的消费群体。

在选定目标之后，必须考量主题对游客的吸引力。当时，明山会馆的林总经理采用了爷爷经历的妖怪故事。林爷爷年轻时在山上捡到了一只黑熊和一只云豹（分别取名为枯麻和八豆），并饲养了它们。有一天，林爷爷工作时遇到了妖怪，枯麻和八豆挺身而出解救了主人，但是，枯麻因此失踪，八豆因此牺牲。林总经理以非常规的思维将重点放在了“妖怪”上，并融合日本动漫的风格，建构了妖怪村的IP形象。相对吸睛的“妖怪”主题突破了人们通常对旅游景点与景区的认知，却能在第一时间抓住人们的眼球，吸引人们的注意力，形成商业价值。在吸引人们眼球的基础上，采用了“KUSO搞怪萌”的个性定位，因此妖怪形象并不恐怖。妖怪村的首要形象代表就是当时营救爷爷的枯麻和八豆，它们的造型也是搞怪萌化定位，个性鲜明清晰。

（2）妖怪村传说故事的文化符号化建构

“文化符号化”是妖怪村基于传说文化，进行社区营造的基础。在确定好妖怪村的定位之后，接着采用创意设计的手段将传说故事打造成为现实形象，形成表征文化。在妖怪村，为了纪念为救林爷爷牺牲的八豆，各个角落都有云豹的雕像；传说中，枯麻在与妖怪对战的过程中走失，因此村落里常见“小心枯麻”的标语，将传说形象生动化，融入村落的场景体验之中。创意团队将这二者的形象设定为各种场景与故事的主角，使它们活跃于生活和商业角落，与人群拉近关系。此外，为了丰富妖怪元素，创意团队还引用来自漫画和故事的

① 《妖怪村启示录丨文化资源的产业化和商业化之路》，字媒体，https://zi.media/@yidianzixun/post/qssW54，访问日期：2021年4月13日。

妖怪角色，如长鼻子天狗等。虽然以妖怪为主题的村落园区看似骇人，但经过团队的创意巧思，使得村落整体都营造出轻松搞怪的基调，拉近了游客与妖怪主题的距离。

（3）妖怪村传说的文化产业化

在妖怪传说文化符号建立的基础上，妖怪文化与形象被不断挖掘与开发设计，应用到各个行业中，尤其是当地的小吃、礼品和旅馆，备受人们的欢迎。当地的小吃在造型、用料和命名上都充分切合定位基调，例如热销的咬人猫面包、妖怪冰激凌、妖鸡和黑心店等。当地的伴手礼也独具匠心，旅馆则直接以两个角色的IP形象命名为“枯麻馆”和“八豆馆”，馆内的布置也是由它们的萌化形象进行空间设计的。在特色小吃方面，为了力求真实，更贴近妖怪村的文化设定，设计师曾为了卖香肠雕刻了一个天狗，后来，天狗成了妖怪村的地标，也由此打造了热销美食——天狗牌香肠。为了卖枯麻烧，设计师做了一辆妖怪公车；为了卖包子，设计师画了一本《山大王包》漫画。如此精益求精，促使游客们买账。其实，妖怪村是完全免费开放的村落，并不依靠门票经济，然而在创意小吃、伴手礼方面的收益则占了旅游收入中的不少份额。另外，每逢节日都有各种各样的文化秀和特色活动，让旅客参与其中。

（4）妖怪村文化创意社区营造

这一系列策略作用的结果就是文化创意园区的形成，集中民众的力量，合理运用文化资源，不断挖掘创新，与原创设计者共同成长。妖怪村采用集中管理和开发经营的模式，把饼不断做大，分享给同行，一起投资经营，坚持在免门票的机制下创造商机，依靠消费者的旅游购物行为获得主要收入。

3. 妖怪村对抚州传统村落商业开发的启示

就类似的景区和乡村而言，成功的商业模式与经验是相通的，因此妖怪村的成功方式对于抚州地区的传统村落商业活化是有借鉴价值的。第一，通过目标市场的选择与定位，对当地的特色文化进行挖掘；第二，对本地的独特文化要素进行不断深挖与提炼，形成具有当地特点的文化，并将其进行符号化与人格化；第三，在确定的文化定位和特色的文化符号上，用创意的手段进行产品开发，通过旅游价值链的完善，形成独具氛围的产业和商圈。在这一系列形象 IP 与村落主题的打造过程中，要借助不断被扩大和共享的文化形象、媒体宣传、商圈效用及公众反哺力营造内外共同参与的互通效应，不断进行设计创新，形成巩固的文化创意社区，这样才能具有永续发展的可能性。

根据本团队的调研，发现抚州地区不少村落有属于其村落的独特的传说故事与传奇人物，例如浛湾村的胡乔仂、蒲塘村的徐祥可（徐神仙），甚至还有一些非遗民间传说。这些传说故事与传奇人物在经年累月的传诵下，在当地人心中已占据了不可撼动的地位。例如，蒲塘村的村民为了建设徐神仙庙而集资贷款，徐神仙的神话效应亦传播到村落之外，在传统节假日时吸引了许多村外慕名而来的祭祀者，因而该庙香火鼎盛。然而，由于村落缺乏形象 IP 化运作与营销的观念，尚未将这些传奇人物与故事进行深度挖掘与开发，也未形成当地独特的文化商品或主题体验社区。如何通过传统故事与人物的 IP 形象化开发，增添并延长传统村落的旅游与体验价值链，是抚州村落在活化民间传说时不得不重视与借鉴的一环。

（二）安徽三瓜公社：三农融合与电商平台驱动村落发展

1. 三瓜公社背景简介

三瓜公社村庄总面积 10 平方公里左右，包括半汤街道部分区域及周边十余个村，其中一期重点开发冬瓜民俗村、南瓜电商村及西瓜美食村。三瓜公社通过自身拥有的自然资源，最大限度地还原了当地最原始、最淳朴的风土人情，建立了集农产品销售、休闲旅游、田园观光为一体的现代休闲度假景区。2017 年，三瓜公社特色小镇荣获安徽省首批特色小镇第一名称誉。根据 2018 年 5 月发布的《中国特色小（城）镇 2018 年发展指数报告》，三瓜公社入选“最美特色小镇”50 强。

2. 三瓜公社发展策略

第一，“企业 + 政府”的开发建设模式。合巢经济开发区管委会与安徽淮商集团共同成立了三瓜公社投资发展有限公司。按照“冬瓜民俗村”“西瓜美食村”和“南瓜电商村”三大主题定位，对民居进行重新定位设计，构建起“线下实地体验、线上平台销售，企业示范引领、农户全面参与，基地种植、景点示范”的产业发展模式，围绕民俗、文化、旅游、餐饮、休闲等多个领域，综合现代农特产品的生产、开发、线上线下交易、物流等环节，探索出一条信息化时代的“互联网 + 三农”之路。[①]

第二，特色农产品与电商产业融合。以“互联网 + 三农”为实施路径，探索一、二、三产业融合，打造农旅、商旅、文旅“三旅结合”的休闲农业和美丽乡村建设新模式，重点打造南瓜电商村、冬瓜民俗村和西瓜美食村三个特色村。大力发展现代农业，通过电子商务打开当地农特产品的市场，吸引年轻人返乡创业，鼓励新农人入乡创业，成立农民专业合作社，进行优质特色农产品生产，带动加工，让村民足不出户把产品卖向全国，激活乡村市场，盘活乡村资源，为农业注入新的生命。以电子商务为抓手，依托南瓜电商村，建设线上线下店铺，建立创客中心，吸引年轻人入乡加入电子商务就业创业平台。通过电子商务，驱动农产品生产加工，通过农特产品的生产加工，吸引和保障更多本地村民就业和创业。[②]

第三，以乡村旅游为载体，深挖本土民俗文化。三瓜公社的冬瓜民俗村在发展基础性旅游业的基础上，根植传统农村文化，融入当地特色文化，以文带旅，提升三瓜公社整体文化的吸引力和凝聚力，既实现了乡村文化的传承，也推动了当地旅游经济的发展。冬瓜民俗村的打造是三瓜公社通过发展乡村旅游来推动民俗文化发展的重要体现。该民俗村目前总体围绕着“半汤六千年民俗馆、有巢印象、传统手工艺坊、主题农业带”这四个主题进行建设。以农业为基调，发掘农业文明，让游客感知农业，进而感知农业文明。其中“半汤六千年民俗馆”是保护和传播巢湖地区六千年来形成的带有本土特色的文化的重要途径。这种地方文化的保护与当地的发展息息相关，诸如该地区古温泉文化的传承与发展极大地推动了当地温泉旅游的发展，吸引了全国各地的游客来体验温泉文化；“有巢印象”则从历史的角度出发，还原古代有巢氏的生活场景，让游客立体化体验有巢文化，丰富旅游资源，提升其内在文化底蕴；“传统手工艺坊”的建设旨在将半汤传统的油坊、布坊、茶坊、烤茶等作坊和场景进行再现，以达到传承民间手工艺、振兴传统乡村文化的目的。此外，三瓜公社逐步在冬瓜民俗村打造了 200 余

① 知乎：《乡村产业振兴的十种模式》，https://zhuanlan.zhihu.com/p/65135928，访问日期：2021 年 4 月 15 日。

② 知乎：《乡村产业振兴的十种模式》，https://zhuanlan.zhihu.com/p/65135928，访问日期：2021 年 4 月 15 日。

公顷观光、体验、旅游三个“主题农业带”，进一步为游客打造带有乡村文化特色的旅游体验。据调研数据显示，2018 年三瓜公社接待游客近 720 万人次。这种将乡土文化融入乡村旅游的模式，着实推动了三瓜公社乡村旅游产业的发展。①

第四，筑巢引凤，基于电商平台的人才吸引。三瓜公社利用无空间与距离限制的电商平台为利基，吸引创新人才的加入，其主要方式可以归纳为以下四点。

（1）创新政企模式，以平台公信力吸引创业人才。区别于完全的市场化运作，公社采用政府宏观指导与企业市场化运作有机结合的建设模式，构建“政府指导，村组主导，全民参与”的发展机制。在政企模式下，扎实推进产业、项目、人才、资金等相关政策落实到位，为电商创业人才提供体制机制保障，具有强大公信力。

（2）创新产业特色，以平台生态力吸引创业人才。借助互联网与海量数据信息分析消费者的需求走向，开发乡土风俗，解决农村创业同质化的共性问题，营造可持续发展的创业生态。这既可以满足风味饮食、购物畅享、休闲度假、民俗体验等多层次、多元化的消费需求，又可以形成突出印象，吸引对口的专业化创业人才加入，为人才搭建良性平台和创新沃土。

（3）创新用人机制，以平台成长力吸引创业人才。目前，农村电商产业的整体收入水平与高新技术产业还有一定差距，为增强吸引力，公社以“农创”和“乡创”为抓手，针对入乡创客、返乡创业及本地农户等富有发展潜力的创业人才设立双创平台，为其提供成长机会。

（4）创新资金扶持，以平台支撑力吸引创业人才。资金的有力支撑决定平台的现有规模和未来发展，直接影响农村电商创业人才的开发。作为政企开发项目，公社拥有相对充足的资金保障。公社项目于 2015 年立项，预计总投资达 10 亿元，规划面积 3 平方公里，建设面积 1 平方公里。②

围绕餐饮、民宿、旅游、电商等，三产业态已初见成效。三瓜公社强调的是全产业链的协同发展，通过统筹协调各类资源，使一、二、三产业在总体

① 邱浩、王义德：《城乡融合发展视域下乡村振兴的实现路径——以巢湖市三瓜公社为例》，《佳木斯大学社会科学学报》2020 年第 6 期，第 53–56 页。

② 马婕菲、陈松林：《“互联网 + 三农”电商平台创业人才开发策略——安徽省巢湖市三瓜公社的实践》，《中国人力资源社会保障》2021 年第 2 期，第 36–37 页。

规划中有序发展，良性互促。电商和旅游协同发展是三瓜公社电商特色小镇的独特模式探索：农旅是主，引领电商小镇品牌化建设；商旅是力，夯实三瓜公社特色小镇的产业支撑；文旅是魂，传承文化，塑造特色小镇的文化灵魂。

3. 三瓜公社模式对抚州传统村落利用的借鉴

虽然三瓜公社的发展规模小且打造门槛低，仍存在些许问题尚未解决，但也因规模小与低门槛，成为还停留在初级阶段的抚州大部分传统村落的参照对象，毕竟参照者与被参照者的发展规模与成熟度差距甚远的话，就不具备有效的参考价值。首先，三瓜公社借由电商平台的利基，打破交通和信息的传统壁垒，淡化人才对城乡二元差距的固化印象，消除人才的顾虑，从而有效吸引人才，实现创业项目和创业人才的固流、引流。抚州许多传统村落地处偏远，在空间与距离的限制下，不仅村落难以实现商业化开发，更不容易吸引创新人才的到来。抚州可适度借鉴三瓜公社的电商平台模式，减少因空间与距离所带来的村落发展短板。其次，抚州当地许多村落都有特有的农产品与经济作物，例如南丰蜜橘。然而，目前这些农产品仅停留于生产后的直接交易发展阶段，而没有将农业进行立体化产业升级，可适度效法三瓜公社的三农融合，以及农旅、商旅、文旅“三旅结合”的休闲农业和美丽乡村建设新模式，建立抚州地区以农产品（业）为主题的综合农产品体验区。抚州地区的传统村落应深度挖掘村落具有代表性的农副产品或民俗文化，仿效三瓜公社科学化打造农业与民俗文化特色村落，建设时应考虑到与周边乡村的关联性，如乡村的农产品、乡村旅游等产业都是特色村落发展的潜在对象。一旦企业入驻特色小镇，必然会给当地农民提供就业及创业的机会，有效解决目前抚州传统村落的空心化问题。

四、文化与资源利用策略借鉴

（一）日本小布施町：用葛饰北斋与栗子创生的发展哲学

1. 小布施町的地方创生之路简介[①]

小布施町的地方创生活化利用可分为两个时期。第一个时期是 20 世纪 70

① 关键评论：《用栗子“创生”整个城市：长野县小布施町的发展哲学》，https://www.thenewslens.com/article/103684，访问日期：2021 年 4 月 13 日。

年代，日本浮世绘大师葛饰北斋晚年在小布施町完成多幅巨作，于是当地在1976年成立了北斋馆，并进行修景计划，让居民、店铺经营者都有同一个新的、有个性的建筑外观。第二个时期是2000年，居民、企业家、专门大学机构及町外的企业，一起交流实践“町民力”，组织召开“地方未来营造会议”，并邀请日本各地对小布施町感兴趣的人展开“青年会议”，在固定时间交流并讨论。未来第三个时期，即10年后、20年后，小布施町会变成什么样的地方。除了活化发展外，小布施町更注重永续经营。把握住小布施町原有特色和至今的发展脉络，在探索地方经济的同时，也要共同讨论如何面对近在眼前的高龄少子化的危机，以及如何吸引更多年轻人，创造更多地方工作，共创新的价值观。

2. 小布施町的文化与资源利用策略[①]

小布施町的地方创生与文化复兴之路大致可分为三步：第一，文化驱动，北斋文化盘活小镇文化经济；第二，政策改造，响应政府乡村振兴计划；第三，产业复兴，挖掘旅游资源。

（1）复兴第一步：文化驱动，以北斋文化为契机，盘活整个小镇的文化经济。

葛饰北斋为美国《生活》杂志评选生活在1000年至1999年之间对全人类有巨大影响的著名人物的“百位世界千禧名人”中唯一的日本名人，其浮世绘风格作品《神奈川冲浪里》更是大众耳熟能详的经典之作。小布施町凭借着北斋的盛名，让没落的小镇重新回归到大众面前。

江户时代晚期，小布施町凭借千曲川的船运和周边完善的街道网络得以蓬勃发展，成为北信浓地的经济文化中心，形成独特的“小布施文化”而风靡一时。但从19世纪末开始，小布施町人口不断外流到周边大城市，其经济文化也开始走向衰退，几乎被世人遗忘。直至20世纪70年代，日本掀起“社区改造”运动，小布施町趁势着手建设公共设施，并于1976年建成北斋馆。开馆当年参访者达3万余人，超当地居民人数3倍有余，后稳步增加至5万人。与此同时，定居小布施町的居民数也随之缓慢上升，北斋馆可谓大获成功。

① 知乎：《从0到100万客流的突破！小布施町这条复兴路为何走得这么成功？》，https://zhuanlan.zhihu.com/p/110988666，访问日期：2021年4月13日。

在北斋馆的影响下，小布施町大大小小 10 多座美术馆陆续开馆，形成了浓厚的艺术文化氛围。其中包括高井鸿山纪念馆、小布施博物馆、中岛千波馆、日本灯具博物馆、小栗树美术馆、展示幕府时期以来茶具的“茶俚庵”、收藏古陶瓷器的“了庵”、收藏画家藤冈牧人作品的“小布施藤冈牧人美术馆”及展示小布施町历史的“历史民俗资料馆”等。

图 4.2.4　小布施町的北斋馆（图片来源：关键评论①）

（2）复兴第二步：政策改造，响应日本乡村振兴计划，打造“花之城”景观。

1980年，小布施町响应日本乡村振兴计划，再到2000年开展“开放花园”计划，使沿袭了传统江户风貌的小布施町凭借“葛饰北斋、栗子、花之城”三大招牌，吸引了接踵而至的游客，完成了活化复兴之路。1980 年，日本实施“乡村振兴计划”，给每个乡村提供 1 亿日元的资金支持，小布施町用深远的眼光选择将这一大笔资金用于人才培养，10 年间共计派遣 160 人前往欧洲研修，并为他们提供 20 万日元的免息贷款。归国后，他们将欧洲的生活方式和

① 谢子涵：《用栗子“创生”整个城市：长野县小布施町的发展哲学》，关键评论，2018 年 9 月 17 日，https://www.thenewslens.com/article/103684。

家家户户美丽的庭院带回了小布施町。与此同时，小布施町“花创造推进协议会”成立，公共空间中开始花景观改造，花除了作为景观元素之外，还被赋予发展乡村建设的意义。在他们的带动下，小布施町居民逐渐形成一种共识：房子内是家庭私人空间，外部庭院则属于公共的欣赏空间。

（3）复兴第三步：产业复兴，挖掘旅游资源，打造全国闻名的“栗子之乡”。

小布施町具有优质的酸性土壤等环境因素，出产的栗子品质相当高。在长达 600 年栽培栗子的历史中，小布施町的栗子更因江户时代被选中为进贡将军的珍品而闻名。小布施町以此作为突破口进行资源挖掘，并且秉持着“只有在这里才能品尝到的美味”的精神，开发了栗子糯米饭、栗子羊羹、栗子糖果、栗子和果子等各式栗子产品，甚至打造了一条用栗木边角料铺设的长达百米的观光小径，连接北斋馆和高井鸿山纪念馆，成为一道独特的风景线。

图 4.2.5　小布施町的特色栗子观光农副产品（图片来源：关键评论①）

小布施町的街道以栗子店为中心，从商店的招牌设计到贩售的纪念品，都能感受到小布施町不同于其他观光景点的特色，以及小布施町努力想要营造

① 谢子涵：《用栗子“创生”整个城市：长野县小布施町的发展哲学》，关键评论，2018 年 9 月 17 日，https://www.thenewslens.com/article/103684。

的氛围。许多当地居民甚至会开放自己的庭园，在庭园中放置啤酒供给器，让融入当地生活情境的旅客享用。

3. 小布施町复兴后的成功转变

第一，实现从 0 到 100 万人的游客量突破。改造前的小布施町仅有 1 家拉面店和 1 家荞麦面店，除此之外没有任何餐饮店面。因为算不上是一个观光区，所以没有任何游客前来。改造后，整个小布施町拥有 80 家餐饮商铺，13 家酒店住宿的规模，年游客量达到 100 万人，超当地居民人口数 100 倍左右，且数据仍持续攀升。第二，完成本土文化复兴，带来经济复苏。整体而言，小布施町并不具备显赫的观光资源，但却成了让人流连忘返的观光胜地，主要在于北斋文化为小布施町注入了强力的再生之源，带领独具当地特色的小布施町文化重新焕发光彩。这不仅为小布施町带来了大量稳定的游客，也使定居小布施町的居民数量随之得到提升。第三，促进产业复苏，打造栗子之乡的地域品牌。小布施町的栗子品牌化之路走得坚实稳定，关键在于“坚持对品牌质量的追求”的原则，从而完善了从开发生产到产品销售的完整产业链，打造出了名副其实的销售的完整产业链。最后，加强当地居民的地域认同，获得可持续的良性发展。为小布施町设计了诸多产品的建筑大师隈研吾评价小布施町：“是聚集最尖端的感性及网络的磁场，凝聚了比日本任何城市都要强的城市感性。”持续几十年的乡村改造使“小布施”成为日本社区改造和景观营造的顶级梯队中的一员，而且在乡村振兴和开放庭院中所体现的政府居民一体化的共同管理模式，不仅为政府带来了可持续耗资低的良性管理，也增强了当地居民的地域认同。

4. 小布施町对抚州传统村落开发的借鉴

小布施町“社区营造”规划了很多方面和细节，值得引起我们的思考，可作为抚州地区乡村振兴规划的参考。

第一，小布施町创生的独到特点在于开发精致的农副产品——栗子，对村落中的栗子元素进行立体化打造，从伴手礼、餐厅到通往美术馆的大道皆可看见其踪影。抚州地区村落其实也有很多代表性农副产品，例如广昌白莲、麻姑绿茶、浒湾油面、南丰蜜橘。因而抚州早已有努力向一村一品发展的规划，唯独缺乏参照对象与整体规划。小布施町是抚州村落打造一村一品可仿效的对象，学习小布施町对栗子产品的打造，即坚持“追求品牌质量”的原则，并成立了栗子研究所，不断精进开发栗子美食，进行质量把控，使整个小布施町地区的栗子得以品牌化。

第二，抚州传统村落的修缮与保护规划应向小布施町借鉴。小布施町传统街区修景规划深植于传统街区的历史文化，充分挖掘本地街区的特色，注重传统建筑与新建筑之间的协调性，打造出能唤醒乡土情怀的建筑景观。

第三，中国在进行村落保护与开发或是乡村振兴时，往往着重在景观的建设或是旅游设施的打造，严重缺乏关怀当地区民的视角。不同于中国模式，小布施町的“社区营造”规划充分尊重居住者的意愿、生活需求和生活方式，体现了人文关怀。小布施町为居民创造了美好的居住空间，提升了居住质量，形成了良好的社区氛围，从而才能为开展后续的规划打下良好的群众基础。除此之外，由当地居民连同外界人士组成的“町民力”“地方未来营造会议”及“花创造推进协议会” 可看出当地居民对于社区营造的参与深度，由年轻人所组成的“青年会议”更是为社区营造注入了新活力，并保证其持续性发展。从当地人的角度进行传统村落保护与开发是抚州地区乃至整个中国都应加强关注推行的政策。

（二）中国台湾地区宜兰白米木屐村：深度挖掘历史遗迹，打造旅游体验

1. 台湾地区白米木屐村简介

宜兰白米社区旧名“白米瓮”，清朝开凿苏花大道，以白米为起点辟通奇莱之路。日据时期，发展矿石工业。 因盛产江某树——制作木屐的良好素材，而发展出木屐产业，成为重要的供应地。 虽经过二三十年的没落，然而社区发挥创意及想象力，赋予木屐新生命，开始振兴木屐产业，以“白米心、木屐情”使白米木屐村逐渐成为家喻户晓的旅游观光景点及社区居民参与地方创生的典范。

2. 台湾地区白米木屐村运作策略

第一，社会企业推动村落发展。宜兰县地方文化馆在以“社区型”与“产业型”为主要形态的条件下，联结二者相辅相成形成“社会企业”组织概念。宜兰在这方面已有先行者，即白米木屐村。在“社区总体营造”中，白米社区团结当地居民，透过社区组织的经营，近年逐渐发展出独特的木屐文化产业，

并成立台湾地区唯一的木屐文化馆，将社区生活文化与产业充分结合，让访客在体验过程中不仅能认识木屐，更能认识社区的本地文化。白米社区被鼓励以社区文化资源的发掘与再造进行社造，并以白米社区日据时期的重要工艺产业——“木屐”作为社区文化产业再生的媒介，进而再造白米社区。白米社区中至少有两个组织，一个是推动社区营造的非营利组织“白米社区发展协会”（社会目的），另一个则是生产行销社区文化产业的新经济体，即“白米社区合作社”（经济目的）。两个组织各自独立运作，但相辅相成。

第二，说好历史故事。在日据时期，白米社区是一个以水泥为主的小型工业区；之后，发展为矿石加工业。在此过程中，社区的生活形态从农业社会转变为工业社会。然而采矿造成了环境污染与空气污染，这使白米社区曾是落尘最严重的地方。当地管理部门积极推动社区总体营造，随着社区组织由任务编组转为人民团体组织，白米社区发展协会也顺应潮流成立。当时，该协会在检视社区资源的过程中发现了传统的木屐文化，并通过 1993 年到 1998 年 5 年间的努力探索，确立了木屐作为文化产业的发展方向。将木屐文化元素进行深度挖掘，不仅仅只是展示木屐，更有木屐制作与体验，采用立体化的方式打造木屐主题空间，说好曾经的木屐故事。

第三，当地管理部门起头带动，扶植村落发展。虽然白米木屐村的模式乃是由社区居民通过社区营造过程开发出来的创意经营模式，但刚开始时政府角色是十分重要的。如果没有社区总体营造运动，提供若干补助，吸引一些地方社区发挥创意，以争取这些经费补助，那么白米木屐村不可能无心插柳地出现。例如，人才培养不是单一村落能自行完成的，在人才培养的过程中，政府扮演着很重要的角色，例如开设课程，培养居民符合社区发展需求的不同专长。一方面，社区通过自身特色去创造工作机会；另一方面，政府也在此过程中提供资源让社区发展。基本上是双方面的合作，再加上居民投入后学得不同专长，才能变成三赢的政策。

第四，社区居民自主式经营动力。刚开始是由当地管理部门推动并扮演触媒的角色，但久而久之，补助经费就被稀释和分散给地方不同社区来运用。然而，一旦这个社区的地方创意产业发展获得成功，就可以靠自给自足的经营模式来永续发展下去。此时一旦增进社区居民的当地认同感，提升居民的社区意识，创造正面良性的发展轨迹，政府起头及带动的角色功能就变得无足轻重，因为政府相关单位会转而去关心其他较为落后的社区，而对这些成功的社区不再给予太多经费补助与关注。由此可见，最后成功的经营模式还是得依靠社区本身自给自足和自力更生。社区在有了自己的当地特色，也培养出居民共同参与的社区认同意识之后，便能开花结果，成为吸引观光客来访的特色产业模式。

第五，村落永续经营理念。随着观光工厂的竞争日益激烈，白米木屐村体验馆的游客吸引力逐年下降，白米木屐村面临一次新的革命。社区力图转型，白米社区不仅有木屐，还有农村再生、艺术家驻村、溪流生态旅游、供背包客使用的木益客栈，可以通过多元化的体验项目让社区永续经营。

白米木屐村在推动产业的过程中，极大地改善了环境，从过往脏乱不堪、落尘量极大的地区渐渐演变为如今发展极为成功的社区。每逢假日，游客慕名而来，使白米木屐村成为其他社区争相学习的优良社区好模范。除此之外，居民对生活的态度也因此提升，积极营造了社区向善的共识，处处可见木屐创意融入居民的日常作息，社区整体的艺术感油然而生。

3. 台湾地区白米木屐村对抚州传统村落文化利用的借鉴

第一，白米木屐村的成功主要来自社会组织、社会企业的推动。抚州目前相类似性质的组织较少，据本团队考察得知，目前，抚州的南丰传统古村落保护协会及金溪传统古村落保护协会均是类似特性的团体。建议可以从政府鼓励做起，协助抚州地区成立相关组织，并进行适度的扶持，等待组织成熟后，政府再退居后位。第二，抚州可借鉴白米木屐村的地方在于对过去历史文化的深度挖掘，以及挖掘后的故事打造。抚州相对于白米木屐村绝对有更丰富的历史与文化题材可以挖掘并进行文化的立体化营造，然而目前抚州当地缺乏相关的意识，对于传统村落的保护仅停留在对建筑“物”的保护，而没有意识到对于传统村落中历史与文化的活态保护。建议抚州地区相关单位可以逐渐将保护的范畴扩大到历史与文化的保护，在保护完善的基础上，针对这些历史与文化进行活化应用。根据本团队考察，目前有这方面意识且做得较为完善的是金溪县的后龚村，该村落对于红色文化进行深度挖掘，并将村落打造成红色文化体验营，算是抚州地区的典范。建议成熟的保护与活化利用概念，应渐渐拓展应用到其他村落，做一个金溪全域式的传统村落体验示范基地。第三，村落永续经营理念是白米木屐村提供给抚州传统村落的重要借鉴。目前，关于抚州地区传统村落的保护与利用，缺乏永续经营的概念，因而许多村落在被打造成景点后，起初形成一股旅游热潮，后续却乏人问津，例如竹桥村。这方面除了投资者的经营责任外，更重要的是当地村民与政府的支持。只有村民“自下而上”及政府“自上而下”双向推动永续经营的理念，才能使村落的发展走到更长远的道路上。

第三节　抚州传统村落自身发展利用路径

一、传统村落旅游景点活化利用

（一）传统村落的旅游景点开发的重要性及意义

近年来，国内旅游业发展迅速，并呈现多元态势，以原汁原味、古色古香为特色的传统村落旅游成为旅游活动的主要形式，也成为都市消费者远离尘嚣的热门旅游选项之一。传统村落旅游是我国传统文化与旅游相结合的产物，不仅能够丰富旅游产品，而且能够对传统文化进行传承和发扬，深化群众对传统文化的认识。抚州传统村落面临多种发展路径的选择，其中许多村落选择通过发展旅游业，实现村落经济、社会、文化的复苏与可持续发展的目标。近年来，大批传统村落的消失已经引起国家和社会的重视，传统村落保护与开发工作正稳步进行，传统村落名录不断更新。同时，入选名单的传统村落在拿到专项资金后，急需相关活化路径对策来指导当地如何将文化遗产保护与旅游发展有机结合，因此，梳理传统村落文化遗产保护与旅游发展历史、现状与问题，通过合理的制度安排来解决传统村落旅游化路径，具有十分重要的现实意义。

（二）传统村落旅游景点的活化利用现阶段存在的问题

当前抚州传统村落的旅游管理与开发制度存在诸多不足，导致村落旅游化成效不尽如人意。抚州传统村落的旅游景点活化目前存在以下几个问题。

1. 传统村落知名度较低，商业性开发不足。

传统村落旅游发展迅速，生活在快节奏城市的消费者，对于旅游产品的选择更加倾向于能放慢脚步的传统村落。因而，目前大量的传统村落积极开发旅游资源，抚州地区的古村落也不例外。但抚州部分传统村落没有形成独特的文化，导致游客在此仅能走马看花，无法深入体验传统村落的民俗与历史文化，甚至有游客将传统村落旅游与农家乐视为同一类型的旅游产品。相较于同处江西的婺源，抚州地区多数传统村落的知名度较低，甚至当地人对于自处村落的了解也不够深入。面对旅游行业激烈的市场竞争，传统村落知名度相对较低，势必会影响到自身旅游发展效果。本团队在流坑村考察过程中发现，游客在此由导游带领游览村落主干道，平均逗留时间低于 2 小时，过夜的游客占极少数，大多游客都在村落景区外就餐，导致传统村落 80% 的景点收入来自景区门票，商业性收入所占比例很低。

2. 文化资源挖掘不够深入，游客体验参与度低落。

传统村落文化并非单独存在，而是建筑、民俗及文学等存在密切联系、多元文化融合的成果。然而，村民对于村落的高专业性、内涵丰富的历史文化等相关知识薄弱。游客来到此地主要是观赏传统建筑物，聆听导游解说传统村落历史，感受景区文化底蕴，但这些游览项目多停留于表面性参访，游客体验和参与程度较低。除了村落中建筑的文化外，村落无法给予游客过多的审美体验与文化熏陶。此外，抚州地区待开发村落借鉴开发村落，出现相互模仿抄袭的现象，多偏重对观光产品导向的项目开发，导致旅游产品趋同性明显，不利于传统村落旅游差异化效果的提升。究其根本，问题在于当地相关单位对于各个村落文化资源挖掘的深度不足，因而无法区别出自身与其他村落的差异性。游客无法从各个村落感受和体验到与众不同的差异，无法留下印象深刻的旅游体验，此原因在很大程度上阻碍了抚州传统村落旅游的进一步发展。

3. 村民文化认知度偏低，传统建筑遭到破坏。

在抚州传统村落中，当地村民对于村落文化与历史的了解和学习尚处于低水平状态。在日常生活中，村民并不会主动探究传统村落文化，导致村民保护意识较为薄弱，对于传统村落文化的认知深度不够。面对现代文化的冲击，传统村落文明逐步受到挤压，无法得到良好的传承和发扬。村民身为传统村落文明保护的重要主体，缺乏文化保护意识，文化认知度低，因而出现许多在传统建筑旁自行建构新房，以及进行破坏性改造问题，使新旧建筑混杂，影响古村落的整体布局和视觉审美效果，也使传统村落失去了原有的韵味。上述因素使得目前抚州传统村落旅游开发状态尚不乐观。当地应针对传统村落优质的旅游资源给予更多关注和重视，提升村民的文化水平与保护意识，扩大旅游资源的影响力。

（三）传统村落的旅游景点的活化利用路径发展建议

1. 拓展旅游空间、主题，提升旅游参观的深度性。

传统村落的活化利用，要探讨并制定抚州地区传统村落旅游开发建设的可行性方案，丰富传统村落的旅游景点选择性，拓展旅游空间的可观性，延长游客逗留村落的时间，打造人文历史与自然风光相融合的独特旅游资源。单纯的传统村落景点单一、数量较少，不能满足游客的需求，不利于当地旅游业的发展。因此，要丰富旅游项目，增加旅游内容，加入特色乡村旅游项目，提高游客再访意愿。抚州以明清建筑为主题的传统村落旅游过于单一，建议抚州地区应筛选出几个可以打造的主题村落，加快旅游开发和建设的进度，打造出抚州传统村落旅游景区的示范点，以点带面推进抚州地区传统村落旅游的发展。在开发主题村落的过程中，可以考虑抱团进行，组成联合体，做成各具特色的主题村落，提供给游客自由选择的机会。目前金溪县的游垫村、大坊村、全坊村等村落正分别打造为世界村、荷兰村与法国村，通过这些村落联通设置大型的旅游示范点，并向四周辐射，扩大村落旅游的影响力，以点带面形成旅游商业圈。抚州除了传统村落参观主题的单一性问题外，另外的问题即各村落挖掘文化深度与体验性的旅游开发程度不足。建议抚州相关单位尽快找到各个古村落具有特色的文化支撑点，深入挖掘古村落背后的历史和文化趣事，将其转化为可供游客参观体验的旅游景点项目，开发更多古村落休闲旅游文化特色，以此提升这些古村落的文化内涵、吸引力和品位。

2. 提升传统村落旅游开发的基础设施完善性。

传统村落的旅游发展始终离不开保护的要求，基础设施作为村落发展的一个重要因素，也须从保护层面来考虑其改善问题。现代基础设施的引进带来了很多对传统风貌造成冲击的问题。从法律法规的内容来看，《历史文化名城名镇名村保护条例》和《关于加强传统村落保护发展工作的指导意见》等相关文件都指出了村落内的基础设施建设活动，须在满足保护规划的前提下进行，因而在旅游开发的过程中要注重基础设施建设是否造成了传统村落原生态样貌的破坏。除了基础设施建设过程中要注意对传统村落原始样貌的保护外，加大交通建设资金投入力度，提升乡村公路等级，破除交通瓶颈制约亦为重中之重。例如乐安县的稠溪村地处偏远，虽然道路可以通行，游客却不容易到达。目前，稠溪村的乡村公路交通问题因项目建设投入而得到了缓解。然而，抚州还有许多村落跟稠溪村一样通而不易达，需要更多相关单位进行大量的资金投入，才能完善公路与基础设施建设，让美丽的村落成为美丽的景点。传统村落旅游的发展带动游客数量的逐渐增加，随之产生了垃圾日益增多的问题。然而，抚州传统村落的垃圾处理基础设施尚不够完善，对垃圾污染的处理相对落后。因此，抚州相关单位要健全传统村落的基础设施，并对村民与游客积极提倡垃圾分类，加强村民和游客的卫生环保意识，严禁游客污染水体、践踏植被、破坏建筑等行为。此外，采取控制进出村落的车流数量，降低废气排放量，减少对生态环境的破坏等措施，是传统村落旅游开发的重要前提。

3. 传统村落保护与旅游发展在产、官、民三方的合作共赢制度落实。

传统村落的保护主体主要包括政府、旅游企业和当地居民。在制定传统村落保护制度前，应当明确不同保护主体的权利与义务。[①] 政府作为传统村落保护的主要推动者，对传统村落保护有制定政策、监督执行的权力。当前在国家层面主要有住建部、财务部和文化部等三个主体负责传统村落的文化遗产保护与旅游开发工作，具体到地方同样涉及众多部门参与。在开发旅游的传统村落，旅游局是保护主体部门。不同的部门应承担不同的责任与义务。住建部主要负责对传统村落文化遗产保护中涉及居民住宅方面的统查、保护与旅游开发的后期规划工作。财务部主要负责传统村落文化遗产保护专项资金的审批与管理，以及出台文化遗产保护的居民补偿标准。文化部主要负责传统村落文化遗产排查与保护工作，出台相应的保护规定，并依法监督地方文化遗产保护工作，对违法行为予以行政处罚，审核传统村落项目的申报文件。旅游局主要负责出台基于保护理念的传统村落旅游开发指导文件，联合各级旅游部门，定期监督传统村落旅游开发中文化遗产的保护情况，对于违法情况及时联合地方文物管理部门依法处置。旅游企业有权依托传统村落文化遗产开发旅游产品，获

---

① 朱毓旻：《基于居民感知的传统村落旅游发展制度安排研究》，硕士学位论文，华东师范大学，2016。

取经济收益，但同时也应当承担保护文化遗产的义务。首先，应充分了解当地文化遗产，开发具有特色的旅游产品。在旅游开发前，旅游企业应通过当地居民、文献资料或专家学者研究当地文化遗产，邀请具有专业资质的规划机构进行旅游产品的科学规划，使产品充分体现当地历史文化的独特性，同时注重文化遗产的完整性、互动性与体验性。其次，尊重当地文化习俗，保障传统村落的居民利益。居民与地方习俗作为文化遗产不可分割的组成部分，应当得到旅游企业的充分尊重。在发展旅游的过程中，应当尽量尊重当地文化习俗，保持村落居民的居住率，避免旅游活动对当地生活产生影响。居民作为传统村落文化遗产的重要组成部分，有权保留自己对传统村落中古建筑的所有权与居住权，同时也需要承担相应的保护义务。居民应遵循相关规定，承担保护房屋结构与外观的义务，协助留存文化遗产的相关资料，并应当对文化遗产破坏行为实施监督。传统村落居民应当承担文化遗产的传承任务。通过沿袭传统的生活方式、参与宣传或开发当地文化遗产、成为非物质文化遗产的传承人等方式，积极参与文化遗产保护、传承与旅游开发等工作。

4. 强化传统村落旅游开发产业结构的丰富性。

传统村落是中国传统文化的发源地，可以将文化与产业相结合，依靠多种产业为传统村落的保护与发展提供支持。传统村落要结合自身的文化特点，开发出新的产业结构。深入挖掘传统村落原生的美食美景、民风民俗、历史遗迹、非物质文化遗产，配以文化属性，创造独具魅力的民风民俗文化体验产品，打造具有当地特色与乡愁乡情的美食文化氛围，设计具有当地文化遗产特点的精美文创伴手礼，使得当地资源充满文化属性并融入传统村落的文化氛围之中。生态旅游、休闲居住、农庄经济、乡村养老、艺术家驻村、农家乐、博物馆等一系列经济活动可提升产业结构的丰富性，既改善了村民的就业率，解决了传统村落空心化问题，又能够吸引游客资源，弘扬传统村落的历史文化。最重要的是，可以避免千村一面开发的窘境，最终形成传统村落发展的内在动能。旅游开发商应注重传统村落的个性化开发，深入挖掘传统村落的地方特色和文化内涵，利用村落自身的资源优势，尽可能在小幅度的开发力度下更突出地展现村落的文化特色，并借由村落独特的文化特性完善旅游产品的多样性与产业结构的丰富性。此外，还应挖掘传统村落的特色产业，结合旅游业双向开发，进行产业结构升级并将其文创化。文创产业是以创造力为核心的新兴产业，发展文创产业可以将传统村落的精神文明与创意相互碰撞，产生不一样的艺术火花，激发村落生长活力，创造更大的旅游经济价值。①

二、写生教育基地活化利用

（一）传统村落与写生教育结合的重要性及意义

抚州传统村落展现了江西地区独特的明清建筑格局和活态传统，承载了当地的地域和民族文化信息，极具文化历史价值。在面对传统村落传承与开发问题时，需要结合当地自身资源优势把握其发展定位。将写生活动作为传统村落旅游开发的延伸产业，从而对传统村落的发展方向产生一定的影响。写生活动是历史传统文化传承的重要手段之一，它具有三方面的文化意义。第一，传统历史文化传承意义。通过写生基地的打造，将传统历史村落重新活化并传播给师生大众。第二，历史文化的教育意义。通过写生教育活动，借由教学手段，让传统历史建筑文化走进课堂，成为青年学子的学习内容。第三，传统历史文化推广意义。教育是推广方式中最受重视的一环，亦是推广方式中最具正向意义的一环。通过传统写生基地的打造与教育活动相结合，能使传统村落的历史、文化与人文情怀发挥最大化的效益。

（二）传统村落写生基地的活化利用现阶段存在的问题

传统村落依托独特的地域建筑遗存与特征明显的山水自然景观及丰富的文化底蕴，吸引了来自全国各地院校不同专业的师生、写生培训组织。然而，传统村落在写生基地发展的同时对经济效益的过度追求，使空间格局、人文景观和地方居民生活同时遭到一定程度的破坏。加上写生人群的大量涌入和村落基础设施的落后，也暴露出影响村民原本的生活方式、写生颜料造成环境污染、缺乏公共服务设施、写生基地接待条件差等一系列问题。这时，我们需要思考如何在发展村落写生经济、提升村落居民生活水平的同时，合理保护及更新传统村落的原真与原始状态。

① 刘梦晓、陆引：《“文化 +”背景下传统村落旅游规划策略研究——以龙海市东园镇埭美古村落为例》，《中外建筑》2019 年第 10 期，第 92–95 页。

（三）传统村落写生基地的活化利用路径发展建议

1. 开发写生基地时不宜过度打扰居民的原本生活。

乐安流坑村已开发为成熟的村落景区，甚至成为许多艺术院校指明的写生基地，这为该传统村落带来了许多游客。然而，根据本团队在流坑村的访谈与调研发现，当地居民对于村落发展为景区与写生基地提出了许多负面的意见。当地的年长居民表示，自从流坑村发展为景区与写生基地后，严重破坏并打扰了村民们原本的生活。他们提出，最重要的问题在于学校与医院随着景区与写生基地的开发而从村落中迁移，造成他们就学与就医极其不方便。因而，在开发景区与写生基地的同时，必须注意到是否过度影响当地居民原本的生活。在传统村落朝景点与写生基地转型时，必须考虑维持居民原先生活运作的基本设施，如学校、医院等。

2. 加强传统村落写生基地的管理与控制。

传统村落遭受破坏的原因多数来自对现存文化遗产保护力度的不足，缺乏相对完整的保护机制与完善的监督体制。相对于金溪县的传统村落保护政策，乐安县对古建筑和历史文脉的保护力度和保护措施相对不到位。本团队提出将“自上而下”的保护政策方针与“自下而上”的村民需求意愿相结合的政策方针，即在保护政策稳固的基础上，结合基层群众自治组织，通过自身示范并加强引导，实施适宜可行的村落写生基地开发的保护管理措施。作为基层村落领导者的村委会应根据相应政策方针和村落自身发展方向，切实加强传统村落在写生基地开发过程中保护规划的执行力度，促进传统村落的有效保护与发展。此外，建立完善写生基地监督体制。首先，确保保护规划法律和政策的有效实施；其次，作为主要推动者的政府和村委会应对传统村落写生基地的保护规划工作进行指导与宣传，作为村落保护主体的村民应从自身角度出发提出建议并监督政府在写生基地开发过程中的保护工作是否有效得以实施。传统村落的活态保护离不开村民、游客、写生群体的责任意识和自觉行为，政府应加强宣传重要历史文化的价值和保护的重要性，提高不同人群对传统村落保护实践工作的参与意识。

3. 合理开发传统村落的写生活动。

首先，明确抚州传统村落的写生资源特征。保存完整的赣派建筑、突出村落脉络结构的传统街巷、明清时期的建筑体等写生资源都是在抚州自身潜在的历史文化基底下所孕育形成的，抚州依靠独特的自然与人文资源优势吸引了大量的写生群体，带动了村落经济发展。其次，明确写生资源的珍贵性。保护写生资源的原真性、完整性，对写生资源采取分类与分级保护措施，加强相关写生资源的保护与持续利用，才会利于写生产业可持续发展。抚州各级单位应在物质与非物质文化遗产和生态环境保护的基础上，科学合理地开发利用写生和旅游资源，充分挖掘儒耕文化、历史建筑、生态环境形成的特色写生资源，提高写生资源的独特性和吸引力。不仅能为不同的写生者和游客人群提供写生观光资源，也能提升传统村落环境资源的优势，维护抚州传统村落的名片品质。

4. 基于写生基地的打造，促进传统建筑保护与开发的多样化。

抚州地区的传统建筑是极具地域特点的，但建筑特色较为单一，容易形成审美疲劳。传统村落的写生基地打造应根据各个村落地区特有的地形地貌、动植物资源、景观资源的特点，全面加强多元化开发与建设力度。在多元化开发的目标引领下，加强基础设施建设，需由相关部门进行全面布局，总体策划，立足眼下，长远发展，优化写生基地开发建设与保护之间的关系。制定完善的写生基地开发配套机制，避免抚州地区自然生态因写生人潮而遭受破坏。建立监管机构，对政策运行进行全面监督和修正，对有关部门进行有效约束。建立规范化管理制度，从制度与法律角度进行强有力的管理。特殊的传统建筑形成了人文景观的独特性，抚州部分村落已经吸引了游客与写生团体来访，进行旅游与研学活动，一方面带动了地方经济的增长，另一方面也加强了城乡文化的融合。构建特色写生基地开发模式，首先要加强对现存文化遗产的保护，确保现存遗迹不再继续遭到破坏，保存村落整体风貌和传统建筑风格，对留存的建筑与物质文化遗产进行合理保护和良性翻新重建。在开发过程中，注重对民俗传统的保护，提高全民的保护意识，保持村民现有生活方式不被改变、现有生活习惯不被破坏，同时需要挖掘培养非物质文化传承人，建立文化传承保护机制，大力扶持非物质文化传承项目，组织开展具有特色的民俗活动，使写生团体除了通过物质的建筑描绘学习外，还有其他非物质文化活动能充实其学习内容与精神生活。营造抚州地区特色文化氛围，展现抚州村落的整体文化风貌，将当地各方面文化、传统与历史等融入写生学习活动之中，借此加强美术院校和艺术家的参与力度，吸纳高校优秀艺术工作者参与人文景观的活化工作，这样才能真正实现传统村落、人与自然的和谐共存。

三、农副产品体验活化利用

（一）抚州传统村落农副产品目前发展现况

1. 抚州传统村落农副产品种植种类及推广现况

抚州市金溪县作为中国唯一的三绿工程示范县，全县森林覆盖率高达54.6%，农产品以“绿色”著称。有关抚州市金溪县传统村落在农副产品开发及售卖方面的现况，目前各村通过体验基地方式来推广特色农副产品，实现建设美丽乡村的愿景目标。根据本研究团队调研了解，目前抚州传统村落农副产品的种植种类，大致可分为粮食作物与经济作物两大类。粮食作物方面，以水稻为大宗；经济作物方面，以蜜橘、白茶、绿茶、山茶油、菜籽油、花卉、田藕、白莲等为主。二者主要推广形式以线下产出售卖为主，并多有自产自销现象。

诸如陆坊村通过“农业 +”模式进行规模种植，目前以高档花卉苗木和大棚蔬菜为主要经济作物，试图打造陆坊农业示范园。据访谈了解，目前陆坊村主要依靠产出花卉收益，并与浙江某工厂签约共同种植西兰花经济作物，实现合作共赢；下李村与邻近村落陆坊村共同种植花卉经济作物，打造万花道；岐山村主要以水稻作为粮食作物，其他经济作物有棕树、柚子树、蒲叶等；全坊村主要以经济作物为收入来源，包括梨、桃子等；游垫村秉持金溪县推广环境保护的宗旨，发展绿色生态经济，主要种植经济作物如葡萄、柚子、橘子等，作物多以自用为主，部分用于外销，目前已有 20 多户果农种植葡萄，种植面积达 60 多亩。葡萄种植模式追求产量最大化，为有效杜绝葡萄植株病虫害问题，金溪县引导葡萄种植户改用有机肥，改良土壤性质，提高葡萄安全性及品质，并引进“夏黑”“阳光玫瑰”等优质品种，推进葡萄产业转型升级。浒湾村是金溪县著名蔗糖生产基地之一，种植面积约有 1500 亩，此外，其亦是蔬菜最大种植基地，蔬菜种类多达几十种，包括冬瓜、苦瓜、地瓜、丝瓜、田藕等产品，种植面积达到4600亩，现已初具规模；蒲塘村主要经济作物为油茶、柑橘、马家柚、香菇、枣子、草莓、青花菜等，集体产业则种植了500亩的迷迭香。其中，种植3万余亩生态莲藕，是金溪县颇具规模性的传统优势产业。近年来，金溪县人民政府引导农民大面积种植莲藕，通过“鸡（鸭）粪+莲藕+泥鳅（小龙虾）”特色生态循环种植养殖模式，助力当地农民增加收益。

2. 抚州传统村落农副产品流通网络转型升级模式

近年来，为加快抚州市传统村落农副产品转型升级，助力新兴产业加快成长，有效推动区域经济高质量发展，抚州市通过创新驱动，提升改善传统产业，在传统村落农副产品未来推广方向多聚焦于流通网络方面进行转型升级。根据本研究团队调研了解，目前已有村落率先实施转型升级模式，较为成功者大致可分为以下两种模式。

（1）“合作社+互联网+农户”模式

竹桥村为该模式代表。村中主要农产品种类多样丰富，包括菠菜、黄绿苹果、美洲南瓜、苋菜、豌豆苗、栗子、洋萝卜。由于受到政府政策影响，金溪县人民政府鼓励县民扩大务农生产，欲打造古村葵舞生态园，通过种植经济作物秋葵，加工制成秋葵花茶进行外销，鼓励当地农民扩大种植秋葵500亩，并融合电商平台整合资源，助力农产品品牌化，将秋葵、秋葵花茶等特色农产品外销至全国及周边国家，包括日本、韩国、东南亚等国家，实现农民脱贫致富的目标。

（2）“互联网+”研学超市基地合作模式

后龚村为该模式代表。后龚村有得天独厚的地理位置，山水相依，物产丰饶，农副产品种类丰富，包括美洲南瓜、秋葵、甜菜、芋瓠、甜椒、黄瓜、水稻。回溯历史，后龚村具有红军革命遗址的特殊性，因此，后龚村在农副产品推广方面融入红色文化，目前推广较为成功的产品有“行军饼”饮食文化。行军饼又称光饼，是行军军粮。据福州府志记载：明嘉靖四十二年（1563年），戚继光率军入闽追击倭寇，为行军方便，烤制简易小饼充当行军干粮，而后，戚家军大败倭寇，后人为感念戚公，便将其饼命名为“光饼”，民间又称为“官饼”。

后龚村与厦门狼盾文化传播有限公司（狼盾研学）建立合作机制，建立资源整合体验基地，并与旗下子公司进行资源整合工作，包括奇迹同行（厦门）体育服务有限公司、研学超市扶贫孵化基地、安才研学（厦门）商贸服务有限公司、金溪狼盾研学文化服务有限公司。其中，研学超市扶贫孵化基地，通过“互联网 +”模式创建电商公共服务平台，扶持本地运营商，打造本地农副产品群众脱贫培训基地。

根据调研显示，后龚村成立该孵化基地，与江西周边企业建立合作机制，进行多种类的农副产品推广，见表 4.3.1。

表 4.3.1 后龚村研学超市基地合作者

企业名称（公司或合作社）	农副产品及服务管理
金溪县马街生态农业发展有限公司	蜜橘、白茶、绿茶
金溪冰缘食品有限公司	速冻食品（含肉制品）生产、销售、运输
金溪县凤尾山果园种植基地	金溪蜜梨
江西赣粮农业发展有限公司	有机富硒大米
江西省金溪县天竹生态农业有限公司	有机米
金溪县象山鑫源实用菌专业合作社	食用菌种植、管理、技术培训及销售服务
江西天为农业开发有限公司	苏庆牌藕丝糖、匠牛郎牌牛肉及其他农副产品
金溪县东建家庭农场	生态米
金溪县金源农业有限公司	有机水果、有机茶叶、有机蔬菜、有机粮食作物、有机油料植物、有机菌类植物、有机药用植物种植、加工、销售；生态禽畜动物、生态水产动物养殖、加工、销售等
江西省塘圣源油茶种植专业合作社	山茶油
金溪县犇众养专业合作社	养牛事业
金溪山里人家土鸡养殖有限公司	本地散养土鸡、土鸡蛋、鸭、鸭蛋
江西千晨农业有限公司	大米、山茶油、菜籽油、米粉、米线
江西徐式生态农业有限公司	养殖（家禽、家畜的养殖）、销售；农产品种植、销售

（二）抚州传统村落农副产品发展路径存在的问题

1. 抚州传统村落农副产品品牌混杂，品牌特色挖掘不深

根据本研究团队调研发现，抚州传统村落现阶段对于农副产品的发展规划呈现产品品牌混杂、品牌特色挖掘不深等现象。多数村落主要维持金溪县大规模种植水稻传统作为粮食作物来源，经济作物种植方面则没有凸显各村特点。即便目前已逐渐建立"一村一策"发展思路，在农副产品推广上仍没有突显各村特点的战略实施，品牌特色相对薄弱，缺乏政府整体宏观指导及统一规划要点，且多为各村零散自产自销用途，应着眼长远布局，优化升级。

对于多数村落调研结果显示，仅浒湾村是唯一成功案例，品牌效应佳，其著名产品"浒湾油面"是创于明朝末年的特色产品，在清代曾被定为宫廷食品，又称龙须贡面、龙凤见喜、挂面、须面、福禄喜面、寿面等。由于制面技艺特殊，"浒湾油面"成功被列入省级非物质文化遗产名录。2011 年，"浒湾油面"被认定为"中华老字号"，除了用于外销之外，也成为村民日常及节日必买产品。因此，仅在浒湾村老街区生产油面的工坊就多达 100 余家，年产量达 1400 多吨。

除此之外，2020 年 9 月抚州市人民政府推出有关政策，对于采购贫困地区农副产品扶贫情况通报，计划推动消费扶贫，助力解决传统村落脱贫攻坚问题。其中，金溪县财政局年度农副产品采购总额高达 1819.28 万元，拟预留采购总额 363.54 万元，已完成交易总额为 11.33 万元。[①] 由此可知，目前政府对于抚州传统村落农副产品的推广成效不足，推广力度有待加强。

另外，抚州传统村落农副产品推广迟缓的重要原因在于青年人口外流严重，导致村内劳动力不足，无法有效建立各村农副产品品牌特色的永续性发展。例如，下李村由于青年人口长期外流，欲开展传统村落转型旅游观光发展模式，以应对解决青年人口外流危机。不过，下李村对于现阶段问题的应对做法仍停留在村中人员外出务工形态，留在村中的人进行特色蛋糕、面包制作，将产品外销至全国各地。同时，村中通过厂房租赁模式，实行长期外租，收取租金，增加收益。整体而言，农副产品的长期发展路径没有得到有效改善。

① 抚州市人民政府：《关于全市政府采购贫困地区农副产品情况的通报》，http://www.jxfz.gov.cn/art/2020/9/10/art_3256_3553440.html，访问日期：2021 年 3 月 8 日。

2. 抚州传统村落商业开发导致农耕文化的破坏

随着城镇化加速发展，受到商业大力开发的影响，抚州传统村落面临消失，“空心村”等严重危机问题日益加剧，日益显著。抚州市人民政府对于传统村落复兴保护问题，以及加强村落生态文明建设，表现出积极态度。然而，产、官、民三方沟通及协调仍处于失衡状态，诸如政府托管村落建设过程中重建新屋，导致农耕文化遭到破坏。

2020 年 7 月，中国金溪 CHCD 基地村概念性规划设计评审会明确指出，由于游垫古村拥有优越的地理位置，未来有意将其连接成金溪县古村入口中心点，也将其打造成 5A 级景区，并定位为“世界村”目标。[①]2020 年 12 月，金溪县人民政府强力推进游垫古村保护利用项目，重建古村工程开始施工，并预期快速投入使用。

根据本研究团队调研发现，为确保项目如期高标准完成，游垫村开展近百人施工。虽因老屋毁损重建，但村里居民却不断反映在开发的同时，村里环境遭到破坏，村中种植的经济作物因重建工程遭到毁坏，诸如葡萄树、柚子树等，导致村民因自产自销供应不足现象而发出抗议，但是政府对此无明确的处置方式，也无相关补偿解决方案。

（三）抚州传统村落农副产品利用路径建议与对策

1. 积极落实“一村一品”农副产品万亩循环种植加工基地

2009 年，抚州市通过一村一品“百村示范千村推进”工程，对于提升示范村，集中连片、整体推进发展，迎来崭新的机遇。2013 年，抚州市再度提高重视“一村一品”农副产品发展步伐，通过政府落实惠农政策，全市落实“一村一品”扶助资金，提供“一村一品”建设项目补贴。根据本研究团队调研结果，认为目前抚州市非常重视推动有关传统村落的农副产品，也在出台政策方面发挥了较大的作用。然而，具体落实“一村一品”农副产品万亩循环种植基地目前成效不佳。调研期间，本研究团队发现抚州传统村落的农副产品种类繁杂，未见“一村一品”种植特色，各村落亦无聚焦各村主打农副产品的发展工作。因此，欲加速推进“一村一品”有效落实，应做好农村产业顶层设计

① 搜狐新闻：《游垫村将被打造成 5A 级景区，并定位为“世界村”中国金溪 CHCD 基地村》，https://www.sohu.com/a/408409517_257666，访问日期：2021 年 3 月 8 日。

及宏观布局，提炼各村农副产品品牌特色，完善规划各村万亩循环种植加工基地，形成“种植 + 加工 + 销售”三位一体模式，推进独具特色的一、二、三业产融合发展路径，并且提升农副产品种植规模化、科技化、产业化的现实发展，这样一来不仅能起到加强抚州传统村落的生态保护，优化农副产品推广结构的作用，也能提高农民收入，改善农村人口的贫困生活。

2. 打造“农业 + 文创”农副产品体验中心，吸引外出青年返乡创业

如前所述，现阶段抚州传统村落对于农副产品的开发状况，仍有较多未完善之处。调研结果显示，最大的问题在于农副产品的品牌定位不明，各村落目前未设置相关农副产品推广合作机制，也未设立专门推广农副产品的重要基地。因此，未来欲发展抚州传统村落农副产品的活化利用新路径，首先应积极梳理各村落原产地农副产品的品类资源，通过挖掘具有地方特色的农业产品，打造品牌特色，具体做到凸显各村风土人情、挖掘历史韵味，嫁接传统文化等，建立所谓农副产品品牌差异性，发展各村个性化农副产品。其次，以“农业 + 文创”模式为辅助，借助各村为节点，设立农副产品体验中心，搭建村民与外来游客的沟通平台和重要基地，并借助文创思维逻辑，将文化、技术、农业三者有机融合，积极推进农副产品产业活化与转型升级。对外方面，提供农副产品体验中心平台，吸引游客前来观光旅游；对内方面，创造村落工作机会，有效引流外出青年返乡意愿，通过“农业 + 文创”模式建立抚州传统村落农副产品推广新理念，提升当地村民的文创意识，吸引返乡青年成为新农人、农创客，运用文创营销、广告营销、包装设计等创意思维，助力家乡农副产品活化与转型升级推广，做好新时代农业人才永续发展接棒工作，将家乡农副产品销往全国。

3. “干部带货”农副产品与网红经济有机融合新趋势

近年来，互联网技术蓬勃发展带动了传统村落农副产品业态升级现象，尤其是电商平台的发起，让更多传统村落农副产品拥有更多机会增加曝光量。2019 年，中央一号文件出台相关政策，率先实施数字乡村战略蓝图，以实施乡村振兴战略为总抓手，提升新时代乡村农业发展质量，培育乡村发展新动能，加强数字化“互联网 + 农业”推广模式，加快解决农业农村发展问题。①

---

① 搜狐新闻：《中央一号文件提出实施数字乡村战略，相关公司受关注》，https://www.sohu.com/a/295991156_100008953，访问日期：2021 年 3 月 10 日。

根据现阶段调研结果，可知抚州某些村落的农副产品已开始通过“互联网 +”企业合作基地形式进行对外售卖推广，但仍处于发展初期，在售卖影响力方面无较大优势。因此，应进一步升级利用网络电商平台资源，通过“干部带货”的网红经济销售新思路，切实提升抚州传统村落农副产品的外销产量收益。具体做法如下：一是梳理目前抚州传统村落开发农副产品网络销售现状，加强村落农副产品品牌故事挖掘，提升展示、宣传、推介地方形象的有机部属。二是以村为单位遴选适合投入“干部带货”的网红人选，应先考虑干部本身的流量问题，优先选择拥有一定声望、地位的干部或是村中具备意见领袖超人气的村民。其具备较多个人流量，可成功带来农副产品推广销量成果，最终起到“流量变现”作用。三是以村委会为“干部带货”网红经济核心基地，加强宣导新思路的农副产品推广，积极做到引流推广、完善品控、市场开拓，拓展粉丝数量，通过口碑传播形式，打造村落农副产品发展在经济价值、农业技术价值和文化价值方面的优势竞争力。

四、红色文化研学旅游活化利用

（一）抚州传统村落的红色文化资源

抚州有着光荣的革命历史。在第二次国内革命战争时期，随着井冈山革命根据地的建立，毛泽东、周恩来、朱德、邓小平、陈毅等中央领导人都曾多次在这里领导和指挥武装革命斗争，建立苏维埃新生政权，目前抚州市下辖的乐安、南丰、宜黄、广昌、黎川、资溪、南城、崇仁、金溪 9 个县均先后成立了县级的苏维埃政府，进而成为中央苏区的一部分，临川的边远乡镇也成立了乡级的苏维埃政府。此外，东乡归属于浙赣省苏维埃政府。据统计，抚州现存红色文物 295 处，其中战斗战役遗址 36 处、烈士墓及纪念设施 25 处、重要历史事件和重要机构旧址 105 处、其他（含红军标语）129 处[①]。因此，与红色文化相结合，同样是抚州古村落活化利用的重要路径之一。其中以金溪县后龚村、乐安县湖坪村、南丰县康都村等最为典型。

① 抚州市文化广电新闻出版旅游局：《红色文化》，http://wgxlj.jxfz.gov.cn/art/2019/5/9/art_6532_2043633.html，访问日期：2021 年 4 月 10 日。

（二）红色文化开发现状和主要问题

目前，抚州的不少红色古村落均开展了不同形式的红色旅游，且能够结合史实进行有针对性的开发。湖坪古村红色旅游开发的核心是“红色标语”，乐安县将县红色标语博物馆落户于该村的国宝公祠，湖坪古村也因此受到了社会各界的广泛关注，并先后成为抚州市红色基因传承基地、中国井冈山干部学院现场教学点。博物馆于 2019 年 8 月免费对外开放，这是全省首家以红军标语为主题的博物馆。红军标语博物馆分序厅、展厅、多媒体室、文物库房等，陈展面积 1000 余平方米，300 多条珍贵的红军标语客观真实地展示了中央苏区时期，工农红军、地方武装、苏维埃政权及群团组织等书写标语动员群众、组织群众、武装群众，分化打击敌人的斗争历史[①]。依托红色旅游热，湖坪古村也迎来了很多研学游团队到此进行革命传统教育。

金溪县的后龚村，经过几年的维修保护，成为金溪县重要的红色教育基地。村中最重要的建筑龚氏宗祠也成为中国工农红军第一方面军司令部旧址。近年来，金溪县将后龚村作为重要的景区进行打造，村内围绕红色主题，增加了亲自研学、穿红军服、吃红军饭等体验性项目，不少周边区县的党员干部、学生组团到这里来缅怀先烈，感受红色文化的魅力。南丰县康都村由于留存有大量的革命史迹而受到县政府的重视，县政府划拨专款进行康都会议旧址建设，充分挖掘红色旅游资源。目前，“康都会议”旧址已成为重要的爱国主义教育基地，每年接待游客 2 万余人次。

课题组在对抚州市域内以红色文化为主要特色的传统村落调研时发现，各级政府均给予了这些村落较高程度的重视，包括对红色文物保护的专项经费，定期组织党员干部的学习活动等，在很大程度上助推了红色文化景区的打造和当地的红色研学教育。同时，对于这些传统村落，在古建筑保护、人居环境营造等方面均给予了较为充裕的资金支持。因此，如何以红色文化为引领，带动周边传统村落的保护，是今后红色文化传统村落发展的方向之一。以金溪县后龚村为例，尽管金溪县整县推动的“拯救老屋行动”对老屋居民修缮老屋给予了一定的财政补贴，以解决文物保护与村民改善居住条件需求之间的

① 乐安县人民政府：《乐安建成全省首家红军标语博物馆》，http://www.jxlean.gov.cn/art/2020/6/4/art_447_3463100.html，访问日期：2021 年 3 月 10 日。

矛盾，但红色景区整体规划和统一开发后的景区建筑和景观明显优于景区周边的村落。与此同时，不少红色文化传统村落自从被开辟为景区后，所有村民已迁离老屋，房屋采用政府或开发企业托管的方式进行开发，在景区很难感受到传统的生活方式。如何在村民生产生活的原生态保护和红色旅游开发之间找到“平衡点”，仍然是红色旅游开发过程中所必须面对的课题。

另外，在红色旅游产品的开发方面，从课题组到访的几处红色古村落来看，旅游业态仍然较为单一，以博物馆、故居、旧址等观光型项目为主。景区或纪念场馆对红色文化的挖掘也不够深入，停留在由团队导游对红军历史进行讲解的层面，形式单一枯燥。同时，不少红色古村由于尚处在旅游开发初期，缺乏相应的经验，也存在配套服务不足、精品意识和服务意识不强等问题。目前金溪县后龚村尽管在景区内设立了面向青少年的红色研学项目，但内容较为简单，且主题不够鲜明。

（三）提升与发展对策

第一，红色旅游从本质上来讲是一种教育活动，起着传播红色文化、传承红色精神的作用。近年来，党中央、国务院十分重视对革命文物的保护利用，革命文物行政机构从无到有，革命文物工作力量不断强化，革命文物工作基础不断夯实。但与之相应的，不少地区，尤其是传统村落，对于革命文物的保存、挖掘、展示、利用等仍然有较大的提升空间。例如乐安县湖坪村在红色标语的保护方面开展了大量工作，但对于本村的红色文化和革命记忆的挖掘却略显不足。因此各村需要邀请本地专家学者系统地挖掘和梳理本地的革命历史，以确保宣讲史实的严谨性。各村的纪念场馆可以与市县的博物馆、党史办、文化馆等展开合作，通过人员交流、资料共享等途径提升专业水准和业务能力。

第二，今后还需要进一步创新形式和载体，让红色教育真正做到寓教于乐，使传统村落的红色文化以喜闻乐见的形式呈现在大众面前。例如，要重视对历史现场感的营造，让静态的历史变成动态的展示，将想象的记忆变成“虚拟”的真实存在。还可以增加与游客互动的情景剧表演，让游客穿红军装，扮演成各种革命角色，经历红色革命情景，让历史活跃起来，让文化深入人心。因此有必要请专业的教育专家和研学团队创新策划，使研学旅游等活动能够动静结合、劳逸结合，有体验，有思考。还可以推动革命文物场馆数字化建设，对革命文物进行全景式、立体式、延伸式宣传，方便快捷地为公众提供学习教育信息和资源的服务。同时利用现代化信息技术，建立革命文物线上阐释传播系统，讲好革命故事。

第三，合理的红色旅游开发对传统村落的文物与景观保护也能够起到促进作用。因此，传统村落需要充分利用红色旅游带来的“人气”和资金，整合并提升本地特色民俗、非遗、美食等特色文化资源，开发民俗风情游、橘文化节等旅游活动，让游客在接受红色教育的同时也能够领略地方风土人情和特色文化。通过综合开发、围绕红色文化构建体系，将有助于打造本村、本乡镇、本区县的文化旅游品牌形象。

第四，红色旅游开发作为一种以爱国主义与革命传统教育为宗旨的旅游产品，不可随意让“产业化”“市场化”削弱了其文化主题和公益性质。因此红色文化传统村落的旅游产业化发展要以“政府主导、市场运作、全社会参与”为基本模式，由政府负责顶层设计和宣传推广，从而确保不背离开展红色旅游的“初心和使命”。

第五，由于红色旅游资源具有特殊性和跨区域性，决定了红色传统村落的旅游开发可以走区域合作的道路。通过村落之间、乡镇之间、区县之间的合作，联合推出革命根据地行军路线，让游客亲身体验红军在“反围剿”时与敌人斗智斗勇的过程。同时，通过资源共享，也能够形成独具特色和区域影响力的红色旅游线路。

五、非物质文化遗产研学旅游活化利用

（一）非遗和研学旅行教育结合的重要性及意义

“非遗文化”和“研学之旅”二者相得益彰。抚州拥有丰富的非物质文化遗产，这些非遗同时有着珍贵的历史、文化和艺术价值，凝结着当地优秀的传统文化内涵。我国的非遗保护工作自启动以来成效显著，也越来越受到全社会的关注。但是在此次抚州考察之行中，我们也发现了一些问题：非遗传承人断层突出，后继乏人，如很多年轻人对非遗背后的美学价值和文化内涵不了解，

受众面窄，消费市场小，宣传力度不够，缺乏传播动力等。因此还需进一步向大众宣传“非遗”，尤其应该在青少年群体中普及非遗知识。2016年教育部等11部委联合发布了《关于推进中小学生研学旅行的意见》，明确提出将研学旅行纳入中小学教学计划，进一步推动研学旅行的快速发展。将“非遗”和“研学旅行”融合起来，有利于扩大非物质文化遗产的传承群体规模。如果说“偶遇体验非遗”使人们知道非遗，“非遗进校园”让人们了解非遗，那么“非遗研学旅行”将促进人们懂得非遗，使旅行者走进原生环境中更直观、更系统、更全面、更深入地学习和了解非遗，从而更喜爱非遗，做到主动传播非遗、传承非遗，从而进一步塑造民族品格，增强民族认同感和自豪感，提升文化自觉意识和全民素养。同时，非物质文化遗产是一种独具魅力的宝贵文化旅游资源，将非遗与研学旅行相结合，打造极具代表性的地方名片，创新高品质研学旅行产品，能更加吸引旅行者的视线，让旅行者真切感受到“不虚此行”，由此加大市场经济驱动力，增强抚州当地旅游业的发展功能，从而进一步拓展旅游市场，带动抚州当地的经济发展与提升。

（二）非遗和研学旅行结合的对策

1. 挖掘非遗研学旅行的中心主题

“非遗研学旅行”的主要目的是非物质文化遗产资源主体及其相关的无形资源和有形资源的展示、科普、传承与发扬。无形资源包括传统节庆、社会风俗、表演艺术、手工技艺等；有形资源主要指在研学旅行中可直接使用或开发的人力、物力资源，例如非遗保护中最重要的人力资源——“非遗传承人”，又如由非遗资源形成的非遗展览馆、非遗授课学堂、非遗传承基地、非遗研究基地、非遗景区与景点等物力资源。当前非遗资源丰富，种类繁多，就“研学旅行”而言，不一定所有的类别都适合旅行主体。在巨大的非遗宝库中，深入挖掘自身优势，寻找文化气息浓、美学价值高、实践体验好、互动交流强的项目，挖掘其具有代表性的中心主题，立足优势非遗资源，找准适合研学旅行主体的亮点进行开发，将其有机融入研学旅行之中，整合非遗研学优势资源，逐步打造非遗研学主题，有利于跟紧时代，保护并发展非遗，同时提升旅行的意义和乐趣。

在此次对抚州市金溪县进行实地调研和考察访问的过程中，我们发现一部分古村落已开始向非遗研学旅游基地及旅游景区方向开发，通过挖掘当地村落的标志性、代表性非遗文化，利用其无形、有形资源，将可进行系统整合规划，打造主题型非遗研学旅游基地。例如石邮村以当地标志性非遗文化——傩文化为改造主题，建设石邮傩文化小镇；浒湾村以雕版印刷小镇的主题进行修缮与改造，并将非遗资源——油面作为标志性文化对外宣传等。这些传统村落已初具规模且将继续投入开发，对外开放。

2. 完善非遗研学旅行的组织机构

非遗研学旅行机构是开展非遗研学旅行活动的组织机构，除了商业旅游机构外，还包括学校、企业、研究院等。综合来看，非遗研学旅行机构应对应不同的旅行人员，例如学校定期组织学生前往非遗研学基地进行学习与实践体验，企业、公司会在团建日组织非遗主题的研学旅游，研究院会自发组织非遗文化调研团队进行研学，等等。村落应充分利用好当地特色非遗文化资源，科学设计非遗研学旅行路线；成立专业非遗文化课程研究团队，做好非遗文化研学旅行系统课程；积极联络当地非遗传承人，打造复合型导师队伍；建立非遗文化信息公开平台，加大多元非遗文化宣传力度；提供意见反馈渠道，促进非遗研学活动可持续发展，全方位、多角度切实提升研学旅行人员的出行安全感、文化体验感、学习获得感、研修成就感和旅行幸福感。

不久前，抚州石邮村迎来了由乐安县第三小学的 400 多名师生组成的研学旅游团队。该团队在石邮村开展研学实践教育活动，孩子们观看傩舞表演，在傩舞艺人的指导下学跳傩舞，现场感受和体验国家非物质文化遗产——南丰傩舞的独特魅力。非遗文化研学旅游基地都是独一无二、不可替代的文化传承与发扬基地，你只有真正来过，才能了解它的构建、它的故事，才能明白它的雄伟、它的壮观，才能体会它有多震撼，多独特。在此次调研中，通过采访负责管理不同非遗旅游基地的村书记、村主任等，我们了解到较多的非遗文化研学基地都有非遗研学团队不定期前来进行研学活动，而这些研学人员大多来自附近的学校与企业，还有来自不同省市的研究人员。非遗研学旅游机构相对而言可以组织更为系统与专业的行程，同时也拥有较多的针对性研学人员。完善非遗研学旅游的组织机构，有助于非遗研学基地拥有充足稳定的研学人员，同时可以避免单一化的非遗研学人员类型，使得当地村落的非遗文化更多样化地对外输出。

3. 做好非遗研学旅行的保障建设

“非遗研学旅行”除了组织方在专项活动全过程中要做好统一的组织保障、后勤保障、安全保障等各项保障以外，“非遗”与“研学旅行”要获得广泛推动、规范发展和整体提升，还需要国家相关政策的进一步推进，需要政府多个部门的统一协作，需要社会多方力量的积极配合。2015 年发布的《关于进一步促进旅游投资和消费的若干意见》，鼓励各地依托自然和文化遗产资源、红色旅游经典景区等开展研学旅行活动；2017 年发布的《关于实施中华优秀传统文化传承发展工程的意见》，提出利用历史文化资源、非物质文化资源设计专题研学旅游线路。国家颁布的有关研学旅行的各项政策、指导意见无不体现出研学旅行的重要性，同时强调研学旅游需和文化结合，不管是非遗还是历史文化，都具备现实指导意义，各级政府部门需严格执行文件内容，贯彻落实非遗研学旅行，做好非遗研学旅行的保障工作。

抚州石邮村领导十分重视当地村落的发展，并落实研学旅行计划，做好保障工作。三溪乡党委书记甘光辉表示三溪乡认真贯彻落实县委、县政府决策部署，多举措丰富石邮傩非遗文化小镇的旅游业态，引进投资主体在石邮村开展非遗文化研学旅游。为深入推进“石邮傩非遗文化小镇”的传承与保护，当地政府全面启动“石邮傩非遗文化小镇”重点项目建设，充分挖掘傩文化底蕴，弘扬、传承、发展傩等民间传统文化，着力打造具有本土特色的集旅游、研学于一体的“非遗文化，研学旅游”乡村文旅综合体，成为闻名遐迩的傩文化古镇，吸引了周边大批游客及教育机构来此体验、互动，感受传统非遗文化，逐步形成了“古色与绿色相映、自然与人文相融”的生态宜居宜游小镇。

4. 打造非遗研学专题的衍生品牌商品

目前，非遗研学旅游市场仍然以服务体系为主，未形成在该领域的领先品牌或标志性商品。当客户群作出选择时，它并不构成品牌知名度和忠诚度，而是侧重于知道项目的来源。各行各业都有领先的公司或商业影响力，每个品牌都有自己的客户群，创建非遗关联品牌必然能够在一定程度上开拓市场。非遗研学旅游市场才刚刚开始，如何创建研学旅游品牌形象是非遗所在地急需解决的难题。

在此次的调研过程中，大部分村落在改造后都拥有自己的村史馆，用于介绍和展览本村落的历史发展与文化传承，对外宣传本村落的非遗文化等。此外，还有其他服务设施，例如非遗授课学堂、非遗物品纪念馆等，大部分都是抽象化的建设，甚少有村落拥有具有当地代表性的非遗品牌实体化商品。商业化相对较好的是抚州竹桥村，该村落已形成比较系统和完整的旅游体系，同时也售卖一些私人制作的小商品，即当地的非遗物品，如藕丝糖；还有给游客用于体验与实践的打铁坊、雕版室等。但是最根本问题在于，这些非遗商品并未形成标志性的非遗品牌商品，也没有进行系统专业的营销与开发，都是村民私人的小商铺，很难形成具有一定知名度的商业品牌。可见，非遗产品及其文化并没有成功对外输出，也没有成为当地古村落代表性的非遗文化名片，难以创造较大的商业价值。当地政府及相关部门、机构人员需结合当地非遗特色，着力打造非遗研学专题的标志性品牌，丰富其品牌内涵与文化，推出代表性商品用于商业发展，以开拓非遗研学旅游的商品市场。

5. 建设非遗研学旅行的完整传播体系

在现在这个事事基于网络的互联网时代，网络传播成为一种重要的传播方式，打破了传播的地域限制，提升了传播内容的丰富性与时效性，扩大了传播内容的宣传范围，能够使一项内容实现更快速的宣传，提升了传播效率。非遗与研学旅行对网络传播有明显的适应性，网络传播能使其在传播中面向更广阔的地域，通过网络传播的生产形式，提升非遗与研学旅行的影响力。同时，网络传播作为现代经济的组成部分，能够推动非遗与研学旅行产业链的完善，有助于打造“网络传播 + 宣传”“网络传播 + 带货”等传播方式，进一步提升非遗与研学旅行产业的盈利能力。当地政府及相关部门应紧跟时代潮流，建设专门用于宣传的线上账号并长期有效经营，以开拓当地村落非遗文化的知名度，充分利用线上、线下两条途径来拉动当地非遗研学旅游市场的发展。

目前，在调研的村落中，只有竹桥村采取了线上传播的形式。通过采访当地村民，我们了解到有个体商户在抖音、微博等线上平台宣传村落，但是传播范围较小，传播内容不够有趣，账号运营不够专业，导致宣传效果有限。因此，鉴于个体的力量比较微弱，就需要当地政府出面，起到带领与引导的作用，也与其他相关部门、机构配合，采用更加有效高效的运营方式，以当地村落的非遗文化、历史传统等具有代表性和标志性的文化为宣传主题，规划好宣传方案与路径，以创新型开拓方式进行非遗旅游研学，打开线上的流通市场，增加非遗研学旅游的热度，掀起体验感受和学习非遗文化的热潮。此外，还可利用网络平台的力量吸引外来旅游人员来到当地古村落亲历非遗研学旅行，从而使得非遗文化更完整、更有效地对外输出与传承。

第五章　抚州传统村落保护与利用的村民意愿、现状与问题

第一节　村民意见反馈

一、样本基本资料

本次考察调研以抚州金溪古村落当地居民为基础研究对象，深入调查研究现如今古村落村民的居住情况、生活现状、古宅利用情况、古村落保护与利用现状，以及他们对生活居住现状的看法，对古宅、古村落保护与利用的意见与建议。本研究通过对抚州不同古村落当地的村民进行采访，了解其生活现状及其古宅利用现状，并合计回收有效调查问卷共59份。根据住房和城乡建设部、文化部、国家文物局、财政部《关于切实加强中国传统村落保护的指导意见》《传统村落保护发展规划编制基本要求》等政策意见要求，各个古村落切实响应政府的号召，开展因地制宜的改造与重建修缮工作。本研究将调查抚州金溪县村民对于古村落居住现状及古宅保护与利用发展的看法与意见，为传统古村落今后的保护利用工作与发展方向提供参考与建议。

（一）居住的村落

由图5.1.1可知，本次调查问卷数据来自金溪县的11个古村落，分别是浯溪村、陆坊村、浒湾村、涂坊村、游垫村、后龚村、蒲塘村、岐山村、下李村、东源村及全坊村。其中，考察调研游垫村时，该古村落正如火如荼地进行村落的修缮与改造工作，村落中大部分村民参与到村落的保护与利用的工作中，人群比较集中且想法较多，因此受访人群最多，有26人，占比44.07%；

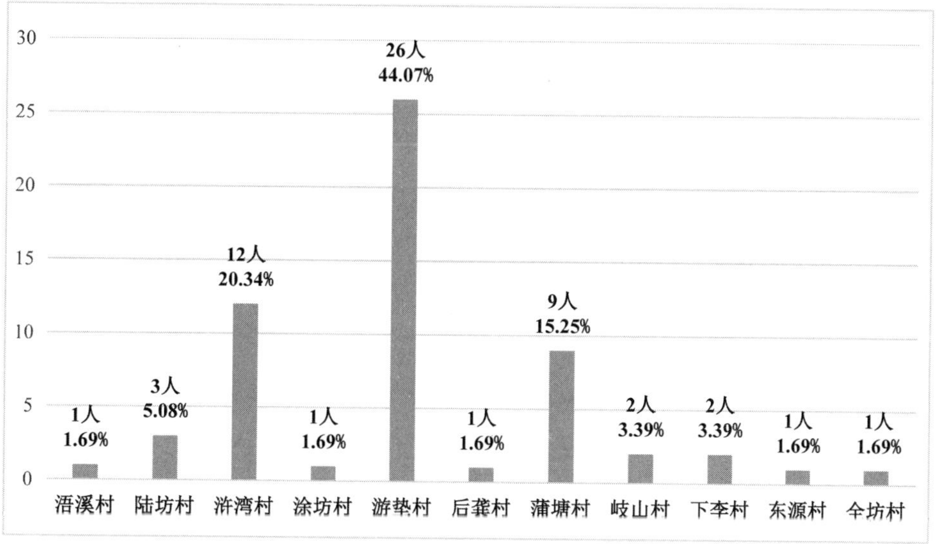

图 5.1.1　受访者目前居住的村落

其次是浒湾村，有 12 人，占比 20.34%，且受访者都为古村落现居住村民，因此受访内容的真实性与可参考性较强；再次是蒲塘村，该村落受访人数为 9 人，占比 15.25%。其他村落受访人数较少，受访者为比较零散的村民，因部分村民表述为当地方言，沟通比较缓慢，因此最后问卷数量有限。陆坊村受访村民为 3 人，占比 5.08%；岐山村、下李村受访村民皆为 2 人，占比皆为 3.39%；浯溪村、涂坊村、后龚村、东源村、全坊村受访村民皆为 1 人，占比皆为 1.69%。由结果分析可知，本次受访村民范围较广，涉及考察调研的绝大部分古村落，因此获得的数据可以保证下文调研结果的广泛性与可参考性，适用范围较广。

（二）年龄

如图 5.1.2 所示，受访村民以 61 岁及以上的人数为多，有 23 人，占统计总人数的 38.98%；41~50 岁和 51~60 岁的受访村民人数也比较多，两者都是 12 人，占统计总人数的 20.34%；年龄分布在 31~40 岁的受访村民人数相对而言偏少，有 6 人，占统计总人数的 10.17%；年龄分布于 11~18 岁、19~25 岁、26~30 岁的人数较少，分别只有 2 人，占比皆为 3.39%；10 岁及以下则没有受访村民，人数为零。由调查结果可知，抚州金溪县古村落老年人比

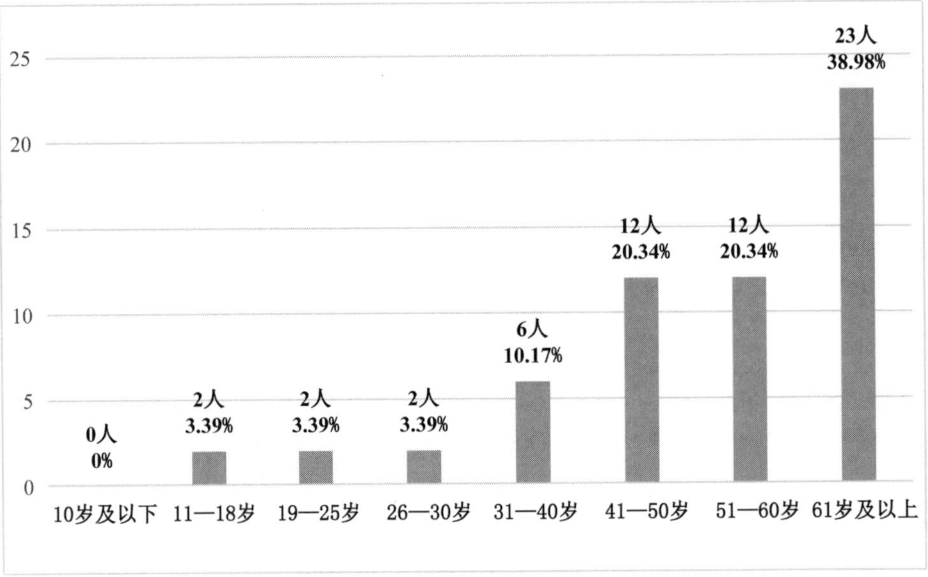

图 5.1.2　受访者年龄分布

较多，村中大部分为 61 岁及以上的老年人，且大部分为留守老人，互相扶持和互相陪伴；年轻人较少，主要劳动力比较缺乏。通过与当地村民交流后可知：村落中的大部分年轻人都外出务工，近的去县城，远的则出省务工。特别是目前受疫情影响，大部分年轻人即便过年也不会回乡。村落中主要的劳动力是小部分 30 岁左右的年轻人和大部分 40~60 岁的中年人，他们一般会在村落附近的工厂上班，或者通过经商、种田、种植花卉水果等增加个人收入以维持生活。有个别受访者为年龄 11~18 岁或者 19~25 岁的青年人，他们是因过年而回家的学生。

（三）性别

由图 5.1.3 可知，在调查的古村落村民中 31 人为男性，占统计总人数的 52.54%；28 人为女性，占统计总人数的 47.46%。从调查结果可以看出：男女人数相差不大，调查取样的样本较为均衡，男女皆有，不会因性别差异而导致较大的数据偏差。同时也可看出，古村落中男女人数比较均衡，没有很大的性别数量差异，相对而言比较稳定。

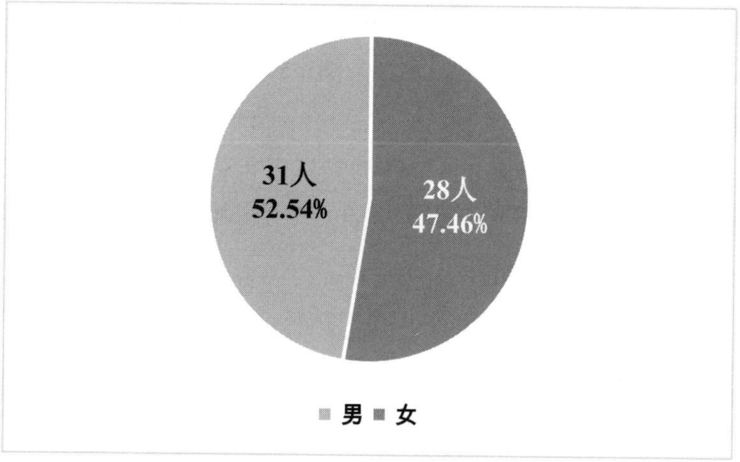

图 5.1.3　受访者性别

（四）职业

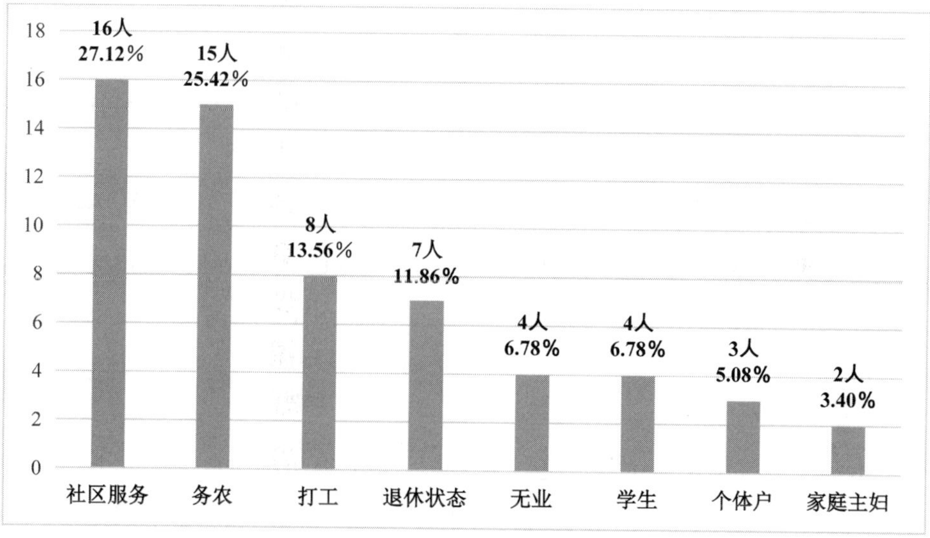

图 5.1.4　受访者职业状况

从图 5.1.4 中可知，在随机抽取参与调查的村民受访者中，从事社区服务工作的共有 16 人，占 27.12%；在家务农者共有 15 人，占 25.42%；打工的共有8人，占13.56%；处于退休状态的共有7人，占11.86%；无业者共有4人，占6.78%；学生共有4人，占6.78%；个体户经营者共有3人，占5.08%；家庭主妇共有2人，占3.40%。

社区服务类型的16位职业人员中包括社区主任6人、村委会妇联主席2人、村书记2人、村干部2人、公务员1人、村主任1人、办公职员1人、村落交通人员1人；从事打工的8人包括普通打工者3人、工厂上班者1人、工业园区工作人员1人、家管1人、外地务工1人、村里工作1人；处于退休状态的7位人员中有退休教师3人、退休赋闲2人、退役军人1人、退休干部1人；从事个体户经营的3人中有1人从事木雕生意。

由该结果可以看出，当下村内村民的管理依旧以自治为主，由基层管理人员为村民提供日常生活上的便利与服务，在社区工作的人员都有较高的服务意识，也希望自己的村子变得越来越好。对于普通村民而言，务农与打工依旧是首选职业类型，其中以务农这种传统农村生产方式为主要职业的村民占更大的比例，说明田野乡间对耕种劳作的重视，粮食仍然为劳作目的之首。打工者与个体户的总数占比达到了18.64%，说明村落内的村民也在寻找可以令自身及家庭更富裕的方式，他们通过外出打工寻找机会，或是靠自己的能力经营个体生意，以此谋求更多的财富，过上好日子。退休人员的比率体现出随着现代化与城市化的进一步推进，村落内留守老人与退休后返乡的老人数目可观，这也是乡村发展过程中需要注意的现象。退休的老人已经出现体力衰减现象，但是拥有较为丰富的工作经验与阅历，如果能合理利用，将会成为一笔不小的精神财富。

（五）人口状况

本问卷调查结果显示，传统村落家庭平均人口数为7人，家庭平均外出打工或求学人数为2.8人，在传统村落中有近1/3的人口在外求学或打工，并不住在村落中。填答者中最多家庭人口数为16人，最多家庭外出打工或求学人数为14人。上述数据显示，传统村落由于产业经济发展薄弱、就业机会稀缺、受教育资源短缺、无法满足村民日益增长的生活需求，因而人口外流严重，呈现空心化的趋势。针对传统村落空心化的现象，培育发展特色产业是传统村落建设的关键。此外，为提升传统村落创新创意产业发展活力，以及

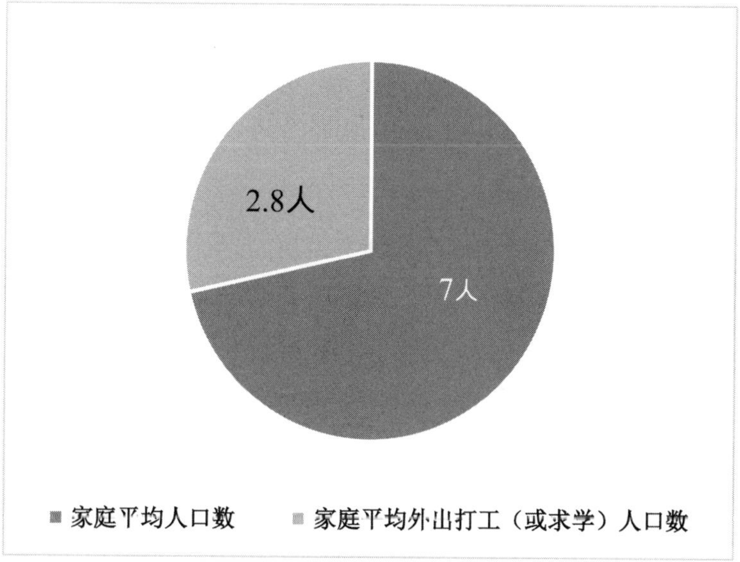

图 5.1.5　受访者家庭人口状况

区域经济发展的带动性，产业打造应充分考虑适宜当地经济发展的要素，合理利用自身的历史文化优势，发挥当地特色，激发有创新活力的产业类型。① 另有学者针对空心村提出整治模式，借由城镇化引领模式，对农村居民点用地、低效利用的空闲土地进行综合整治，实现农民居住城镇化、耕地面积有效增加和土地经营规模化；借由中心村整合型模式，解决扩大农户土地经营规模、促进农村居住集中化、产业发展集聚化、土地利用集约化的问题；借由村内集约型模式，解决农村宅基地集约利用、农村环境改善和公共资源配置的问题。②

① 刘梦晓、陆引：《“文化 +”背景下传统村落旅游规划策略研究——以龙海市东园镇埭美古村落为例》，《中外建筑》2019 年第 10 期，第 92–95 页。

② 陈玉福、孙虎、刘彦随：《中国典型农区空心村综合整治模式》，《地理学报》2010 年第 6 期，第 727–735 页。

（六）家庭收入主要来源

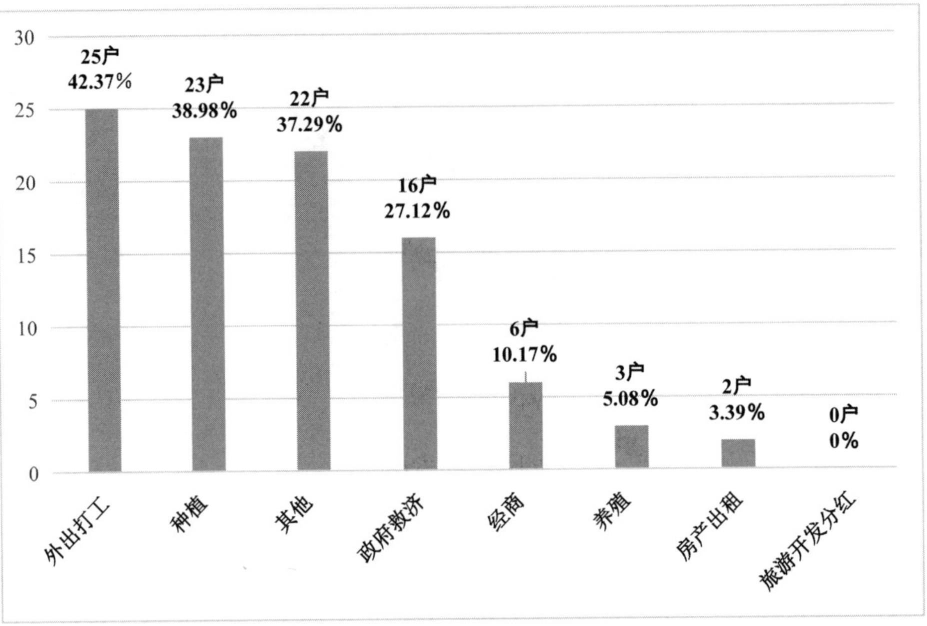

图 5.1.6 受访者家庭收入来源状况

由图 5.1.6 可知，在随机抽取参与调查的村民受访者的家庭收入来源中，以外出打工为收入来源的共有 25 户，占 42.37%；从事种植从而获得收入的共有 23 户，占 38.98%；选择其他选项的共有 22 户，占 37.29%；靠政府救济维持生活的共有 16 户，占 27.12%；经商赚得收入的共有 6 户，占 10.17%；靠养殖维系生活的共有 3 户，占 5.08%；通过房产出租收租获得收入的共有 2 户，占 3.39%；被调查者中暂时没有通过旅游开发分红获得收入的。

由该调查结果可以看出，外出打工为大部分村民受访者家庭收入来源类型之一，占比最高，说明务工对于村民而言更容易获得收入，也是村民在挣取收入时较为普遍的选择之一。而种植选项，即种地、农耕、耕作，该种劳动方式受到季节性影响，春秋季耕田，后期需要休耕田，因而该时期的耕地无法创造收入。政府救济位于打工、种植之后，大于经商养殖等方式，说明政府政策的落实较为到位，对于村落居民的补贴与救济基本能够落实到户，从而对村民进行及时的经济支持与资助。经商、养殖与房产出租整体占比不高，说明选择这几种获利方式的村内居民较少，其在租赁、买卖方面的涉猎也相对较少，观念仍然较为传统。而旅游开发分红的占比为零，也证实了大部分村落都处于开发不完全的状态，存在开发的潜力，同时需要村民的积极参与，这样村民才能在未来建设成功时共享成果。

关于受访村民家庭收入来源的开放式问答，通过大致的归类分析，受访村民自发填写的“其他”类型内容大致可以分为做小生意、乡政机关工作、打工务工、退休金及提供相关建议五种类型。其中做小生意包括开农家乐、做小贩贩卖一些商品或是平日里卖一些米饺；乡政机关工作包括做书记、村委干部、村主任等获得工资收入；打工务工包括在厂里上班、工地打工，以及在村委会打工等赚取劳务报酬；退休金包括老年补助、国家发放退休金，以及有些女性村民靠自己丈夫的退休金生活等。也有一些村民认为自己的工资待遇具有提升的潜力，政府应该在力所能及的范围之内发放一些钱款用于村民自发自费整修房子的补贴。由此可以看出，大部分村民会选择打工从而增加收入，而国家对于村民的资助、补助在他们的收入占比中也较为可观。这反映了两种可能：其一，国家对于村落发展的重视，即对于村民的经济问题十分看重，清楚地认识到农民富裕的重要性；其二，村落目前发展状况的潜力，即村民有待改变他们较为传统的盈利方式，去寻求更好的收入来源，从而增加自身的收入。

二、村民对于古村落文化保护与传承工作的参与状况

（一）是否知道自己居住的村落是“中国传统村落”或“中国历史文化名村”

从图 5.1.7 中可以看出，在随机抽取参与调查的村民受访者中，知道自己居住的村落是“中国传统村落”或“中国历史文化名村”的共有 50 人，占 84.75%；不知道的共有 9 人，占 15.25%。“中国传统村落”指民国以前所建的村，村落里蕴含着丰富的历史信息与文化景观，属于中国农耕文明留下的最大遗产。“中国历史文化名村”是保存文物特别丰富且具有重大历史价值或纪念意义的，能较完整地反映一些历史时期传统风貌和地方民族特色的村子。由

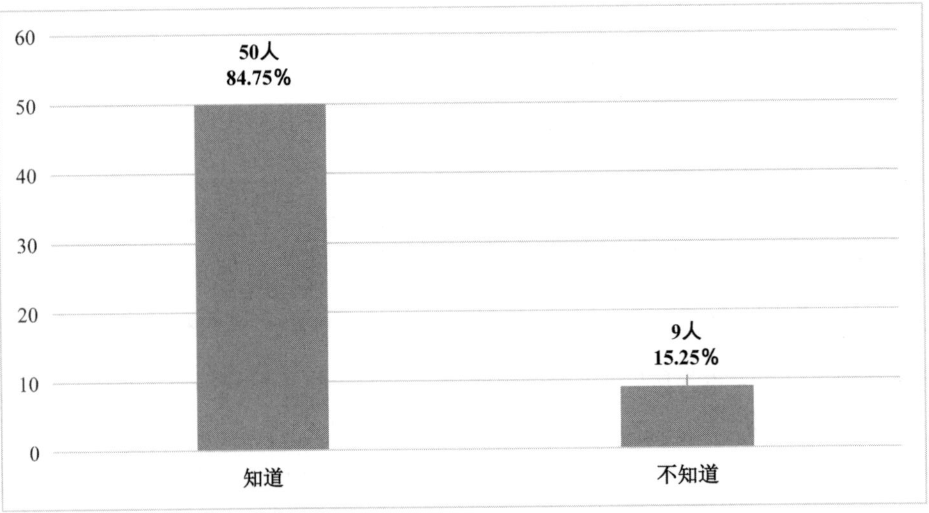

图 5.1.7　受访者对居住村落的了解情况

此可以看出，大部分村民对自己所居住的村落都有一定的了解，说明相关部门的宣传比较到位，能够积极配合政府及相关政策对村落进行及时保护与改造，同时对村民采取温柔的引导方式，让他们认识到自己所居住的地方具有的价值，对后续的保护措施有推动作用。

（二）居住在中国传统村落或中国历史文化名村的感受

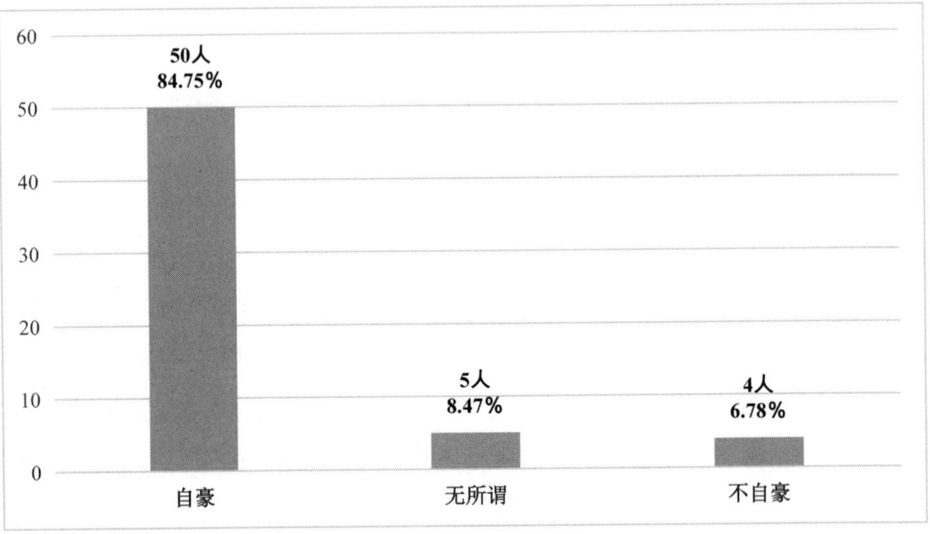

图 5.1.8　受访者居住心态情况

由图 5.1.8 可知，在随机抽取参与调查的受访村民中，因为居住在中国传统村落或中国历史文化名村而感到自豪的共有 50 人，占 84.75%；感到无所谓的共有 5 人，占 8.47%；感到不自豪的共有 4 人，占 6.78%。由此结果可以看出，大部分参与调查的受访村民都在了解到自己居住的村落为“中国传统村落”或“中国历史文化名村”后感到自豪，心态的改变能够令他们更加自信，从而积极投身于村落的建设之中，怀着更大的热情参与拥抱家乡的建设。持无所谓态度的村民分为了解了但是无所谓、不了解感到无所谓两类，前者没有被调动热情，缺乏相关意识，后者说明政府的宣传工作依然不够彻底、到位，难以每一次都将消息传递给每一位村民，这其中存在着长足的发展空间，有待政府的继续发掘。不自豪的村民也可以分为了解过后仍然感到不自豪、不了解而感到不自豪两类，对于怀有该种心态的村民，相关部门应该发掘其中的原因，找出村民缺乏自豪感的根源，有可能缘于对居住环境的失望、相关政策没有落实或是缺乏精神关注等。对于感到无所谓或是不满意的村民，建议政府重视他们的需求，探寻其背后的原因，积极寻求相关处理措施，鼓励村民积极构建新农村新邻里，主动参与家乡建设，逐步培养起他们的自信与文化自豪感。

（三）对于所住传统村落的历史文化价值认可度

从图 5.1.9 中能够看出，在随机抽取参与调查的受访村民中，认为自己所居住的传统村落的历史文化价值较高的共有 42 人，占 71.19%；认为历史文化价值一般的共有 14 人，占 23.73%；认为无价值的共有 3 人，占 5.08%。传统村落既是历史发展的产物，也是时代进步的印证，其通过时间及空间两个维度来传递相应的历史文化信息。传统村落的历史文化价值是指对各个历史时期人们为了生存而进行的各种各样的社会实践及其成果的相关记载。建议政府及相关开发企业可以多进行传统村落的相应解读，从而分析人类历史及文明的发展轨迹，设计出更加合适的保护及开发方案，让游客深刻地体会村落经历过的变迁。大部分村民对自己村落的历史文化价值认同度较高，认为自己所在的村落拥有很高的历史文化价值，说明多数村民对于村落的建设抱有积极态度，认为村内的相关历史与文化值得保护与传承。这在某种意义上既反映了传统村落中村民的传统性与保守性，也反映出根植于村民心底的对于传承的执着性。多

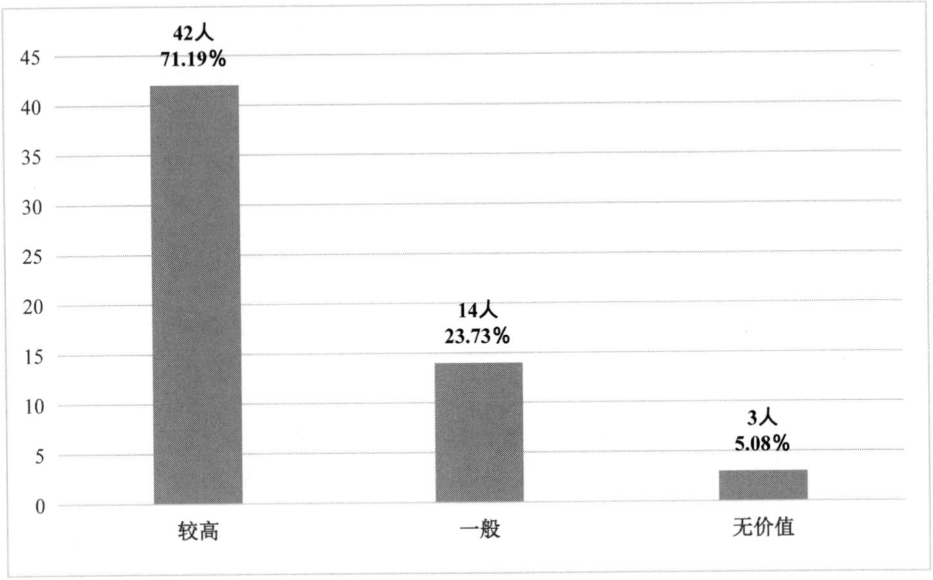

图 5.1.9　受访者对村落历史文化价值认同情况

数村民的毕生追求就是结婚生子并且将自己的血脉进行传承，在此过程中经历的故事得以成为历史，由此形成属于他们自己的村落文化。对于认为自身所在村落文化价值较为一般或无价值的村民，尤其是认为自己所在村落的历史文化无价值的三人，对于自己居住在文化名村多怀有无所谓或不自豪的态度，说明这类村民内心对村落缺乏认同感与归属感，对于环境现状可能较为不满意。建议相关部门与政府多关注村民的内心状态，提升他们对家乡的文化认同与归属感，从而让他们自发地、主动地进行家乡建设，提升自己的生活品质，共建和谐新农村。

（四）对传统村落保护责任归属的认知

由图 5.1.10 可知，在随机抽取参与调查的受访村民中，认为传统村落保护主要是政府责任的共有 27 人，占 45.76%；认为是村民责任的共有 22 人，占 37.29%；认为是全社会责任的共有 21 人，占 35.59%；认为是旅游开发公司责任的共有 6 人，占 10.17%；认为是相关保护组织责任的共有 2 人，占 3.39%。

从该结果可以明显看出，对于村民而言，他们认为村落保护最首要的任

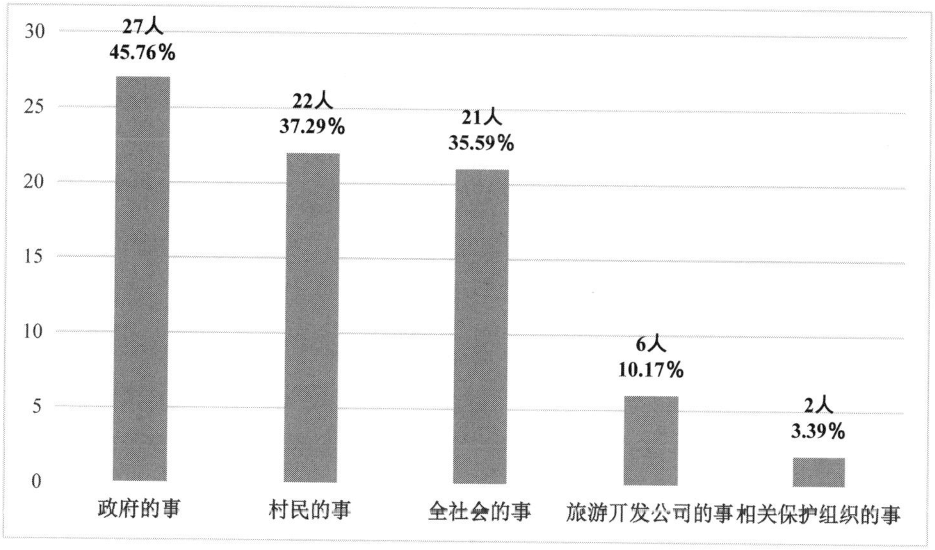

图 5.1.10　受访者对传统村落保护责任归属的认知状况

务是将其落实在政府层面上。第一，这能反映出人民对于政府的高信任度，也从侧面体现出人民对于政府的认可，说明他们对于政府管理的信心与强期待值；第二，这能反映出村民在村落及住房修葺等公共资源、建筑资源上，对于其管理归属的认知，认为政府应该占最大的比例做最切实、最基础的工作。“村民的事”与“全社会的事”占比相近，但都大于后两者，一方面说明村民对于投身村落保护与建设的觉悟性较高，意识到自身行动对于村落的积极意义；另一方面也体现出村民对社会的期待与期许，他们相信在自身努力保护村落的情况下会得到社会的帮助。旅游开发公司与相关保护组织不被看好的原因有两点：第一，前者由于有时带有目的地进行投资的性质，容易与较为保守的村民产生矛盾，阻碍保护进行；第二，后者由于宣传力度或是知名度不高，村民难以知晓相关实际保护措施，难以树立信任。因此，建议政府做好本职工作，不辜负村民的期待，尽最大的能力做能做的事；建议村民保持热情，相信社会；建议旅游开发公司在进行保护开发时多从村民的角度进行思考，出现矛盾设法解决，减少冲突，提升自身在村民心中的可信度；最后建议相关保护组织的作风可以更加实际一些，走进村落，宣传自己，提升知名度与可信度，加强与村民的交流与沟通。

（五）对村落文化氛围的认知状况

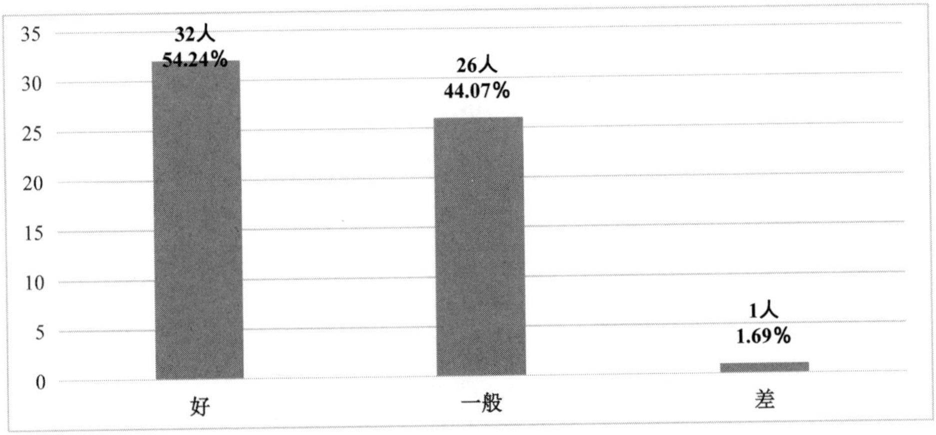

图 5.1.11　受访者对村落文化氛围的认知状况

通过图 5.1.11 可以看出，在随机抽取参与调查的受访村民中，认为村内文化氛围好的共有 32 人，占 54.24%；认为村内文化氛围一般的共有 26 人，占 44.07%；感觉村内文化氛围差的共有 1 人，占 1.69%。认为好和一般的村民共计 58 人，首先，说明大部分村民对于自己村落的文化发展状态较为满意。其次，大部分村民对于自己村落的人文环境氛围、邻里交流状况也比较认可。结合上表的相关调查结果可以看出，当村民对村落文化氛围的评价较高时会产生更高的文化自豪感，这在村落旅游化过程中可以与外界文化产生碰撞，创造火花，对于进一步的建设与发展具有精神文明方面的意义。最后，从该调查结果也能看到，也存在村民认为村落文化氛围较差。针对此种情况，建议政府与相关企业在村落旅游化过程中考虑加强村落的文化氛围，多举办一些与村落文化相关的集体活动，提高村民在精神文化方面的自豪感与维护村落文化氛围的责任感。

（六）本村最具有代表性的文化

由图 5.1.12 可知，在随机抽取参与调查的受访村民中，关于自己本村最具有代表性的文化，选择其他选项的人数最多，共有 19 人，占 32.2%；选择名人文化的共有 16 人，占 27.12%；选择家族文化的共有 12 人，占 20.34%；选择非遗文化的共有 10 人，占 16.95%；选择农耕文化的共有 7 人，占 11.86%。

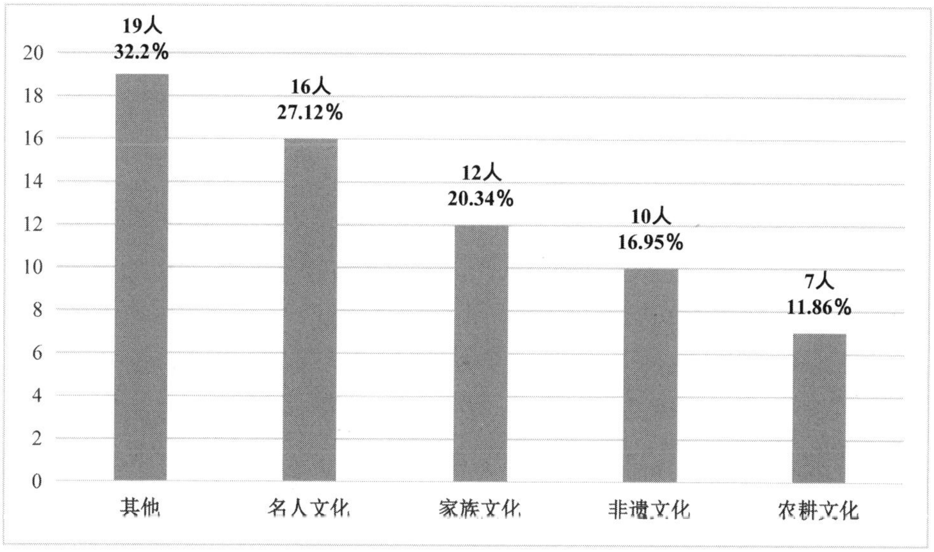

图 5.1.12　受访者对村落代表性文化认知状况

由图可以看出，除去“其他”选项以外，名人文化占比最高，其主要指村落在历史上曾经诞生过一些大官、大夫、将军等功成名就的人，正是这些人创造了历史，构建了历史，成就了村落的历史价值，因为他们的根在这里。家族文化占比位居其次，由于村落在很早之前由各个家族搬迁聚集形成，因而至今很多村落里大部分村民都是同一种姓氏，也有的村落只有两到三种姓氏。这种由血缘关系形成的家族随着朝代的更迭与历史时期的变化，也在不断改善自己的族内管理与精神态度，以此逐渐形成了属于自己家族的独特文化。其中，大部分文化环绕宗祠与门楼、牌坊等建筑遗留的故事、历史、精神展开。非遗文化占比再次一些，大部分原因是村落之间距离较近，彼此常会互通有无，在风俗习惯及日常生活方面都很难形成独特的、独属于某一个村子的非遗文化。大部分村落的非遗文化存在重叠现象，且还存在一些村民并不了解自身非遗文化的情况。农耕文化占比最小，究其原因在于该文化种类本身具有的普遍性。作为人们在长期农业生产中形成的一种风俗文化，农耕文化是世界上存在最为广泛的文化集成。对于村民来说，大多数人不再纯粹围绕着农田生活，更多的人外出打工来维持收入，这使他们认为自己距离这种文化越来越远。建议政府在进行村落文化保护时多考虑村民的想法，因为他们的想法代表着目前该村落的发展状况及未来有可能的发展方向，有利于政府避免在开发与改造过程中形成冲突与矛盾。

关于受访村民所住村落拥有的代表性文化的开放式问答，经大致归类分析，受访村民自发填写的“其他”类型内容大致可以分为习俗文化、雕版印刷文化、历史文化、建筑文化、特色文化及文化概念模糊六种类型。习俗文化主要包括龙灯、马灯、采茶灯、描绘、传统文化和演戏等，属于很多村落在节日时都会举办的具体风俗习惯；雕版印刷文化包括雕版文化（有2人填写），以及村内曾经开过印刷厂、做过雕版印刷等，属于特殊文化类型；历史文化主要为当官文化（名人、大官）、进士文化（出过状元等）、神仙文化（2人填写，主要指蒲塘村里的“徐神仙”），属于与历史相关的内容，存在一定的开发价值；建筑文化包括明代古建筑文化、清代古建筑文化等，在建筑方面具有一定的保护与研究价值；特色文化主要为水塘文化与特色牌坊等，属于类型较为特殊且由于特殊而存在相应研究价值的文化。值得一提的是，有6人填写“不知道”，2人分别填写“没有”与“不好说”，总人数达到8人，占比达到十分之一以上，说明部分村民对于本村的代表性文化存在概念模糊现象，这种现象有可能会导致不自信、缺乏自豪感及消极生产的情况。政府与相关企业应深入了解各个村落的历史文化情况，并且采取相应措施进行宣传与引导，以民意为基础，深入发掘每个村落的代表性文化，进一步对其进行目的性保护与改造。

（七）是否赞成村里的宗祠或祠堂在不改变功能的基础上对外开放

图5.1.13显示，在随机抽取参与调查的受访村民中，关于是否赞成村内宗祠或祠堂在不改变功能的基础上对外开放，赞成的共有57人，占96.61%；不赞成的共有2人，占3.39%。由该结果可以看出，多数村民支持村内宗祠或祠堂对外开放，认为此举可以更好地向游客传递自己村落的历史文化脉络。宗祠作为供奉与祭祀祖先或先贤的场所，是我国儒家传统文化的象征，也是族权与神权的交织中心。宗祠的开放代表着村落家族历史的开放，在维持自身功能（如过年时家族团聚、正月上族谱等活动）的前提下，面向旅客和游人，向外来者普及宗族文化与宗族历史，是宣传村落的绝佳途径，可以更好地促进外来文化与村内文化的交流与融合。建议政府及相关企业在进行村落抢修、保护与改建时对于宗祠与祠堂进行重点保护、重点对待、重点规划，为未来

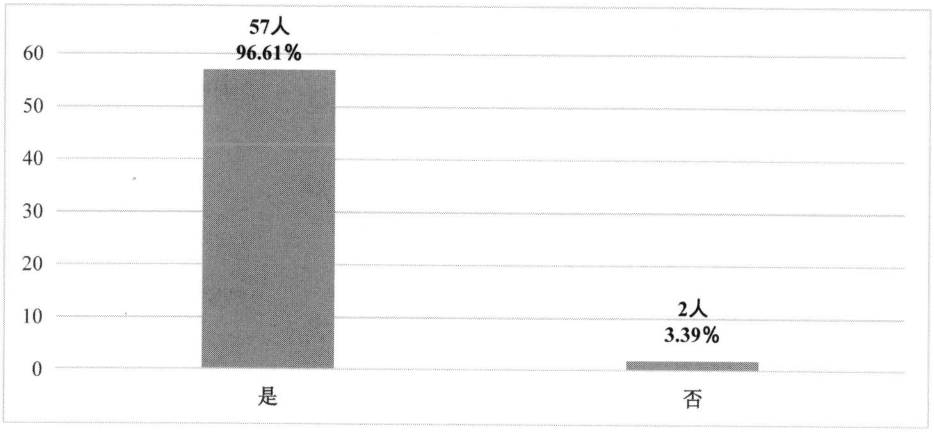

图 5.1.13　受访者对祠堂开放态度

更好地发展做好基础的建设准备。在图上能看出受访村民中依旧存在不愿意让宗祠与祠堂对外开放的现象，说明目前的村落发展依然存在保守面，拥有传统观念的村民认为宗祠具有神圣性，不应该被与宗族无关的人员以游玩的形式参观，这是对祖先的不尊重。建议政府与相关企业在开发与改造的过程中将保守型村民纳入考虑范围，尽量避免极端性反对行为出现，同时积极引导村民对文化传承形成正确的认知与看法，使村民逐渐以展示自身村落文化为荣。

（八）如果村里的祠堂用于其他开发，最合适的用途是什么

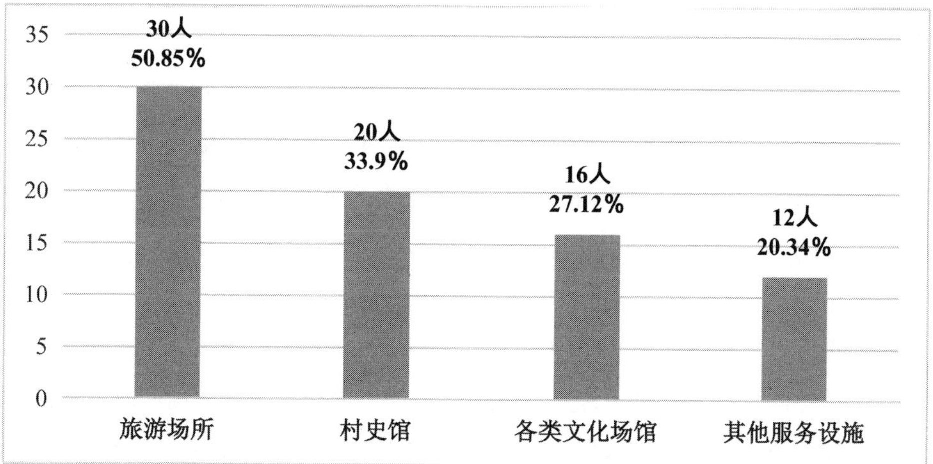

图 5.1.14　受访者对祠堂开发用途的偏好

由图 5.1.14 可知，在随机抽取参与调查的受访村民中，关于村内祠堂的开发，认为可以改造成旅游场所的共有 30 人，占 50.85%；赞成改造为村史馆的共有 20 人，占 33.9%；认为可以改造成各类文化场馆的共有 16 人，占 27.12%；认为可以建造成其他服务设施的共有 12 人，占 20.34%。由该结果可以看出，首先，对于村内祠堂的开发，大部分村民更倾向于改为旅游场所，通过旅游场所的开放，让来访者以游览村落的方式，对村落历史文化及宗族传承方面有更进一步的了解。其次，村史馆作为铭刻历史事件与宗族故事，带有严肃性、科普性、展示性质的建筑，也影响了许多村民对于祠堂开发的偏好，说明祠堂本身带有的传统宗族色彩至今仍然有较强的影响力。对于村民而言，祠堂本身就是一种带有诉说性质及传承性质的建筑，其特点恰好与村史馆相重合。而各类文化场馆涵盖的面积比较广，选择该选项的村民人数更次于选择村史馆的人数，说明即便相关文化场馆具有文化推广与文化传播性，但是其运作形式与展示方式却未必符合村民心中的预期形象。对于政府与相关部门、企业来说，建议在针对祠堂进行改造的目标时多考虑旅游场所与村史馆，这样更容易获得村民的认可与支持，从而实现双赢；同时，在构建相关文化场所时可以考虑其形式的多元性，将村民的需求与游客的需要相结合，寻求更加稳妥的方案。

关于受访村民对村内祠堂开发开放状态想法的开放式问答，经归类分析发现，受访村民自发填写的“其他”类型内容大致可以分为游客服务、老人服务、展示服务、公共服务及传统服务五种类型。游客服务主要以游客服务中心及一些能够创造营收的服务设施为主。陆坊村的村干部认为在未来可以培养一批高素质的导游，将村子展示区域内的祠堂直接做成游客接待中心或重点景区，使村落更加旅游化，为游客提供更专业化的服务，从而吸引更多的游客，促进村子的经济发展。老人服务主要指可供老人居家养老或是提供饭食、休息的休憩中心：其一，老人多为村内德高望重的长辈，劳碌半生，将宗祠改为老人服务设施可以延续人类文明中对于长者的尊敬与爱戴精神；其二，随着现代化与城市化的进一步推进，许多村落内的留守老人数量正在逐渐增多，村落人口中老年人所占的比例越来越大，此种形式的改造可以令村落环境对老年人更有利，也在更多方面为老年人群体提供服务，有助于村落的发展。展示服务主要指以展览的形式做成相关的特色场馆，如雕版印刷的历史文化展示、油面展示、龙船文化展览、火把节风俗展示等，种类多元，对于拥有独属于自身的传统特色与非遗类文化的村落是较好的选择。公共服务包括运动场所等比较好玩有趣的场所，其实用性大于展示性，不仅可以为游客提供服务，也能够为居住在村子内的村民提供合适的场所进行娱乐与休闲活动。传统服务主要以沿袭历史用途，即发挥宗祠本来的用途为主，也有村民不同意对外开放，该类想法较为保守，但也可以理解。建议当相关保护与改造方案实施时，有必要对持这类观点的村民进行疏通与开导，从而确保项目的正常进行。

三、村民对于古村落保护与利用工作的参与程度

（一）村民参与传统村落文化的保护与传承的意愿

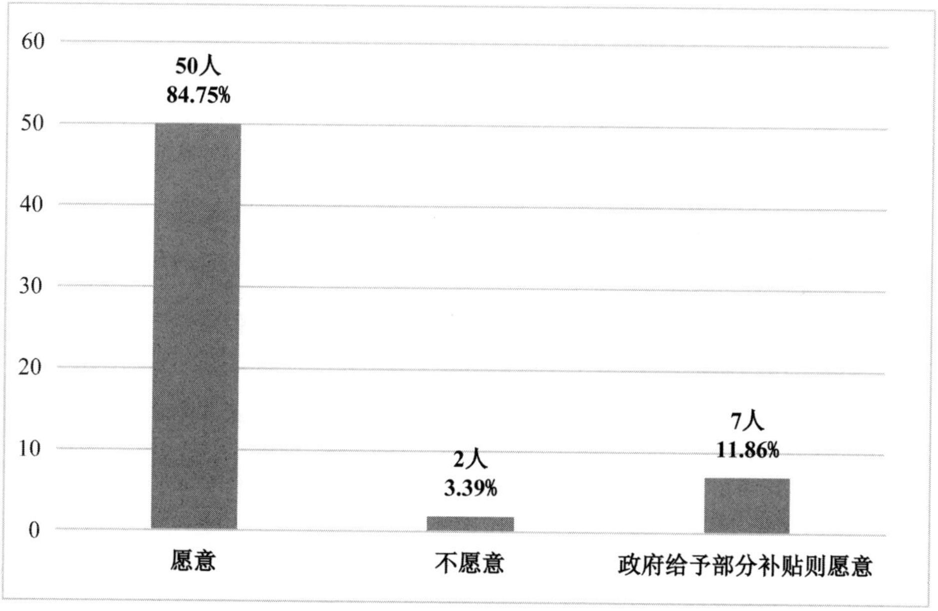

图 5.1.15　村民参与传统村落文化的保护与传承的意愿

如图 5.1.15 所示，在受访村民中，绝大部分人都愿意参与传统村落文化的保护与传承，人数为 50 人，占统计总人数的 84.75%；有 7 人表示，如果

政府给予部分补贴，则愿意参与古村落的文化保护与传承，占统计总人数的11.86%；仅有很少部分的村民表示不愿意参与古村落的文化保护与传承工作，占统计总人数的3.39%。由调查结果可知，古村落的绝大部分村民都愿意主动承担传统村落文化的保护与传承的工作与任务。在实地调研考察的过程中，通过与当地村民面对面地对话与交谈，可以非常明显地感受到他们对古村落的依赖，对这片养育了他们世世代代家族的土地的热爱。因此，在询问村民是否愿意参与到传统村落文化的保护与传承中时，很多村民都是毫不犹豫地表示愿意；有些村民则表示个人的能力和力量有限，但是如果村子需要他们做什么，肯定义不容辞。且村民们表示，希望古村落能成功修缮与改造，将古村落悠久的历史和珍贵的文化继续传承下去，并多多对外宣传，使得古村落能够长久地存在，并继续完好地对外展示。

（二）村民自发向政府提文化保护与传承意见的意识

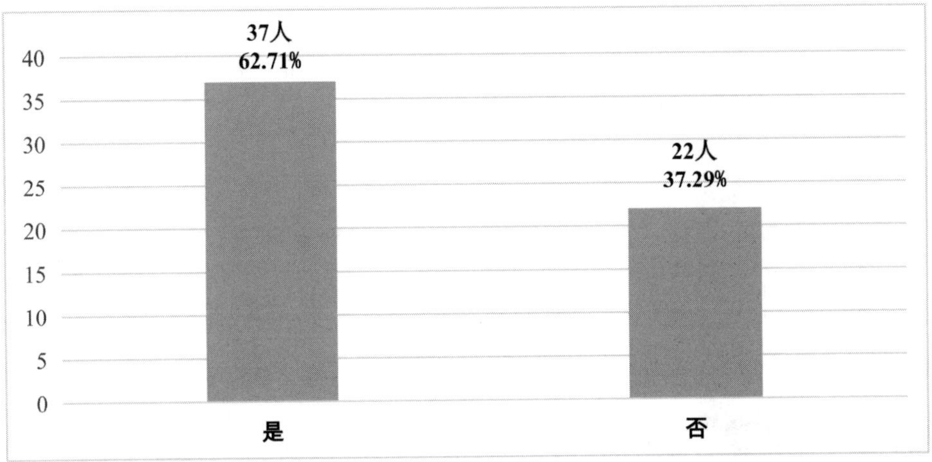

图 5.1.16　村民自发向政府提文化保护与传承意见的意识

图 5.1.16 反映的是村民是否有自发向政府提交文化保护与传承的意见或建议的意识。受访村民中有 37 人表示会主动向政府提建议，占统计总人数的 62.71%；有 22 名受访村民表示不会主动向政府提建议等，占统计总人数的37.29%。调查结果显示，大部分村民会主动向当地政府提交与古村落文化保护与利用相关的意见和建议，并希望政府能听取与参考村民的建议与需求，倾

听普通百姓的心声。通过与当地古村落的村民交谈可以了解到，大部分比较年轻的村民因信息接触较为广泛、外出见识较多，因此对于古村落的保护与利用、改造与修缮都比较有想法，且大多数意见与建议都是从当地村落的发展与村民的实际生活需要出发提出的，比较有参考价值；而年纪较大的老年人则表示不会向政府主动提意见，且对政府专门为老人建设的老人活动休闲室、老年人食堂十分满意，觉得生活更加便捷也更加丰富，因而十分感谢政府的照顾。

（三）村民是否有参与传统村落文化与保护并提意见的渠道

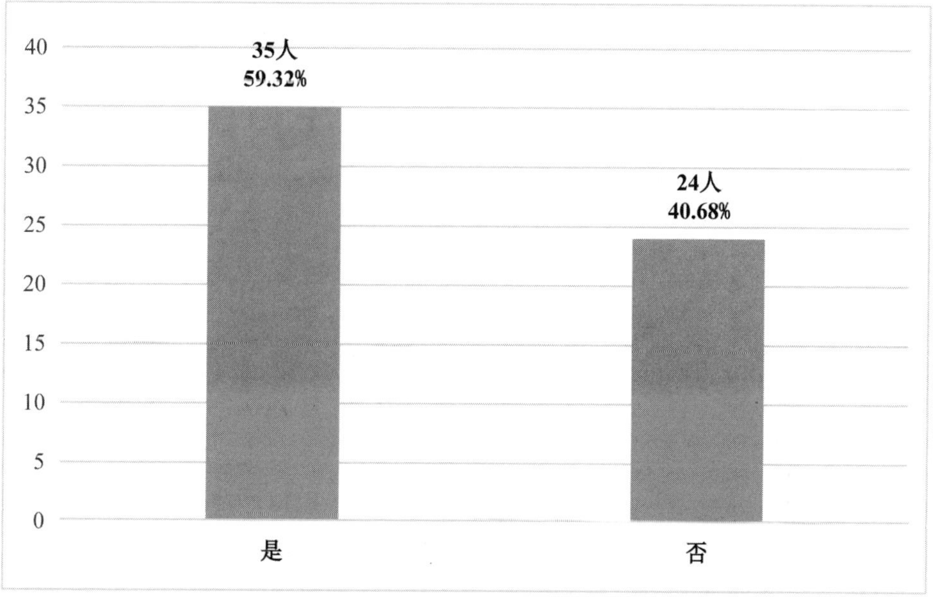

图 5.1.17　村民是否有参与传统村落文化保护并提意见的渠道

如图 5.1.17 所示，在受访的村民中，有渠道向政府提交个人关于传统村落文化与保护的意见的村民有 35 位，占统计总人数的 59.32%；有 24 位村民则表示没有可以提交个人关于古村落保护与利用的意见的渠道，占统计总人数的 40.68%。由调查结果可知，村落中大部分村民还是可以向领导或政府反映个人需求与要求的，少部分村民则认为目前没有这样的渠道，或者他们并不知晓有渠道，也从未提过个人意见。在本次的实地调研考察的工作中，在每个村落都对当地村民进行了采访。在游垫村采访一个年纪较大的阿姨时，她表示会经常向村领导或者政府提交个人意见与需求，最直接的反映上级为驻村干部，且对于她的大部分需求，政府都会满足并给予补贴。在村落保护与修缮、改造和扩展等方面，有个较为年轻的村民表示，他曾作为村里的村民代表向政府反映过相关的意见与想法。总体来看，村民对于政府的发展规划表示理解，同时希望政府能多听取村民的意见，多考虑村民的个人利益与生活，与村民之间互相体谅，互相理解。

（四）目前村落文化的保护与传承遇到的比较大的问题

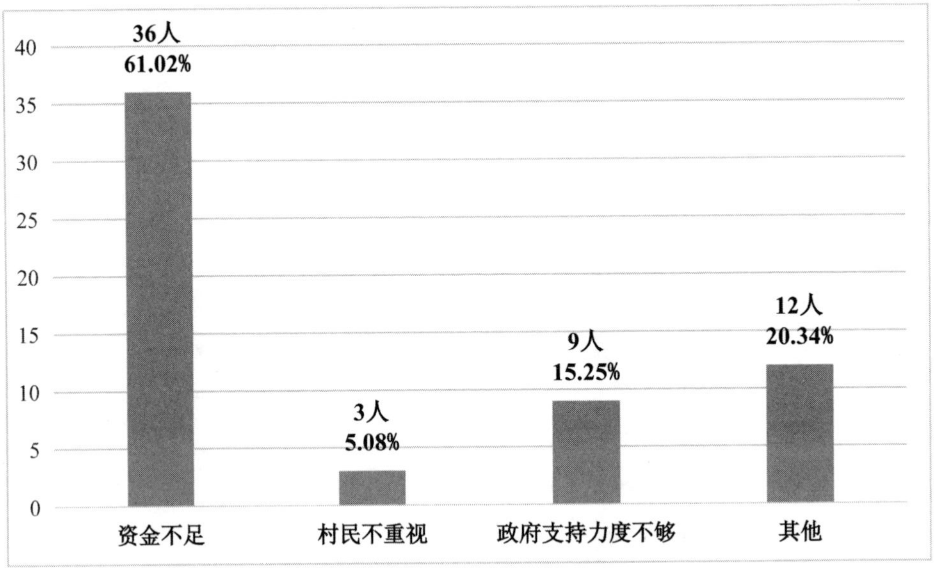

图 5.1.18　目前村落文化的保护与传承遇到的比较大的问题

由图 5.1.18 可知，大部分受访村民认为目前古村落文化的保护与传承遇到的比较大的问题是资金不足、拨款不够之类的问题，这样认为的村民有 36 人，占统计总人数的 61.02%；有其他原因及想法补充的村民有 12 人，占统计总人数的 20.34%；有 9 位受访村民则认为政府支持力度不够，占统计总人数的 15.25%；有少部分受访村民则认为是当地村民不够重视，没有配合政府工作，有 3 人，占统计总人数的 5.08%。

由调查统计结果可知，大部分村民认为目前村落文化的保护与传承遇到的比较大的问题是资金不足，所以导致古村落的改造与修缮工作推进较慢，时常处于停滞状态，不仅影响了村民的日常生活，还耽误了古村落文化保护与传承的工作。同时，还有村民认为政府对于古村落文化的保护与传承工作支持力度不够，所以在做相关工作时用心程度与关注度不够，使村落文化的保护与利用工作难以长久进行。且随着政府领导团队的不断更替与轮换，每一届领导的政策、工作方案和实施行动皆不同，这使古村落的文化保护与利用工作难以更进一步。另外，还有一小部分村民认为村民自身也不够重视，留在村中的大多数村民年纪较大，一辈子都很少外出，知识及想法有限，对于政府下达的政策工作大多是闷头接收，很少会反映和表达个人的独立想法，对于古村落文化的保护与传承方面没有个人的见解，重视程度不够。

根据选项，还有 12 人提出了其他的观点和想法。有一位村民认为，村落中的河流等自然资源需要进行改造，如制造堤坝，从而向景点、旅游休闲区等方向发展，增加休闲小船、水上游乐项目等旅游设施，充分利用当地古村落优美秀丽的自然景观文化，将自然文化与人文文化结合，也将历史文化与旅游文化结合，吸引游客前来观赏与消费，以较高效的开发利用方式改造、保护与传承古村落文化。还有四位村民则表示，目前村落文化的保护与传承遇到的比较大的问题是村民与政府之间的纠纷。因古村落需要进行整体的重新规划与整改，因此政府首先向村民提出了老屋托管的方式，即所有权仍归于村民本人，使用权则归于政府，政府给予村民一部分租赁补贴；村民与政府各出一部分资金（每个村落分配比例不同）对老屋进行修缮，并用于其他使用用途。有些村民表示托管期限长达 70 年，在这 70 年中村民及其后代将无法再使用老屋及周边土地、树林等资源，收入将减少较多，而托管补贴一直定额且数额过少，因此表示难以维持和保障生活质量，希望政府能多倾听村民心声并适当给予补贴，村民必然支持政府保护古村落文化与传承的工作。年纪较大的村民不愿意搬离居住多年的老屋，拒绝将老屋托管给政府，政府需要多考虑村民的个人意愿，不可强制性决断。还有六位村民对此表示并没有其他想法，对于具体的内容也不是很清楚。

（五）村民认为传统建筑的修缮改造处理方式

由图 5.1.19 可知，大部分村民认为应该对古村落中的传统建筑进行局部改造，有此想法的村民有 47 人，占统计总人数的 79.66%；有六位受访村民有其

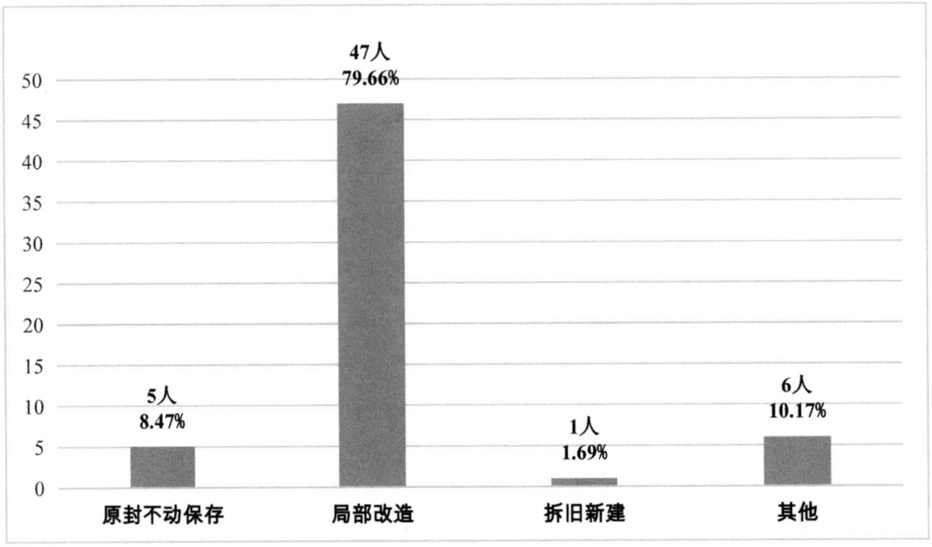

图 5.1.19　村民认为传统建筑的修缮改造处理方式

他想法，占统计总人数的 10.17%；有五位村民坚持应该原封不动地保存古建筑，占统计总人数的 8.47%；还有一位受访村民则认为古建筑应拆旧建新，占统计总人数的 1.69%。

根据选项“其他”的开放式填答分析，村民认为传统建筑的修缮改造处理方式的其他补充所示，有三位村民认为传统古建筑应全部改造修整，恢复成该建筑原有的样貌，在安全的前提下保证古建筑的完整性与历史性；有三位村民表示自己无法定夺，因为个人力量比较渺小，还是要依赖政府的规划与安排，由政府决定古建筑的去留。调查结果显示，绝大部分村民接受古村落的局部改造，修复已破败的古建筑，因为不舍得传统古建筑就此坍塌与消亡；同时，不接受古村落“改头换面”式改造，希望能保留古建筑旧有的历史风格，完好保存其“原汁原味”，使得赣式建筑成为一方独立的标志性名片。在与古村落当地村民交谈的过程中，可以清晰明确地感受到村民对于古建筑还是十分重视与爱惜的，也对这片土地与老屋怀有深厚的感情。作为当地历史文化、建筑文化、风俗人文文化象征的古村落传统建筑是独一无二的文化瑰宝，村民很希望能够对已摇摇欲坠的传统古建筑进行修缮，也希望破败的古建筑能焕然一新，使当地的古建筑文化得以继续保存与流传下去。政府应多方面考虑古村落文化建筑的保护与村民的意愿，在修缮改造老屋的过程中，尽可能还原老屋原有的风格及格局，保留老屋的历史文化特征，尊重村民的想法，在修缮改造工作与村民意见中达到平衡，尽可能找到最契合的关键点。

四、目前的居住状态

（一）村民对现在的居住情况感受

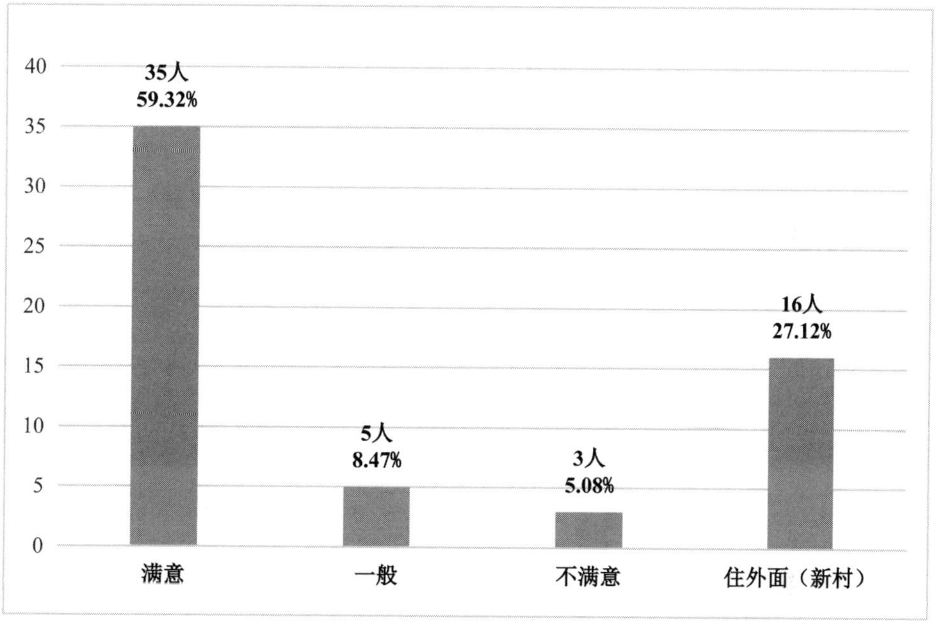

图 5.1.20　村民对现在的居住情况感受

如图 5.1.20 所示，有 35 位受访村民对目前的居住情况表示满意，占统计总人数的 59.32%；有 16 位受访村民表示自己有古宅，但是目前已搬去新村居住，占统计总人数的 27.12%；另外，有 5 位受访村民表示目前居住感受一般，占统计总人数的 8.47%；有 3 位受访村民则对现阶段的居住环境并不满意，占统计总人数的 5.08%。由调查结果可知，大多数的村民对于目前的居住环境还是比较满意的，且有一部分村民已搬迁到周边新村中居住，原古宅已托管给政府或者处于闲置状态。目前，古村落中主要是以年纪较大的少数老年人为主，他们因为不舍得搬离古村落或者是自身无法建新屋，或者是子女皆外出务工等原因，所以仍居住在老屋中。在此次实地调研的考察中，多数古村落都为继续居住在古村落的老年人们建设了老人活动休闲中心与老年人食堂，并且不定期针对老年人开设免费健康体检，给村落中的老年人带来方便与关爱。在蒲塘村的老年人食堂，我们在与前来用餐的老年人交谈的过程中，能够强烈地感受到老年人对政府食堂的感激，该食堂解决了老年人行动不便的问题，不用老人亲自上山砍柴生火做饭，也不用沾水洗菜洗碗，只需在饭点前来用餐或者打包带走即可。食堂旁边还有老年人休闲活动室，为此老年人对目前的居住环境十分满意。

（二）觉得一般或不满意的村民，希望改善住房条件的方式

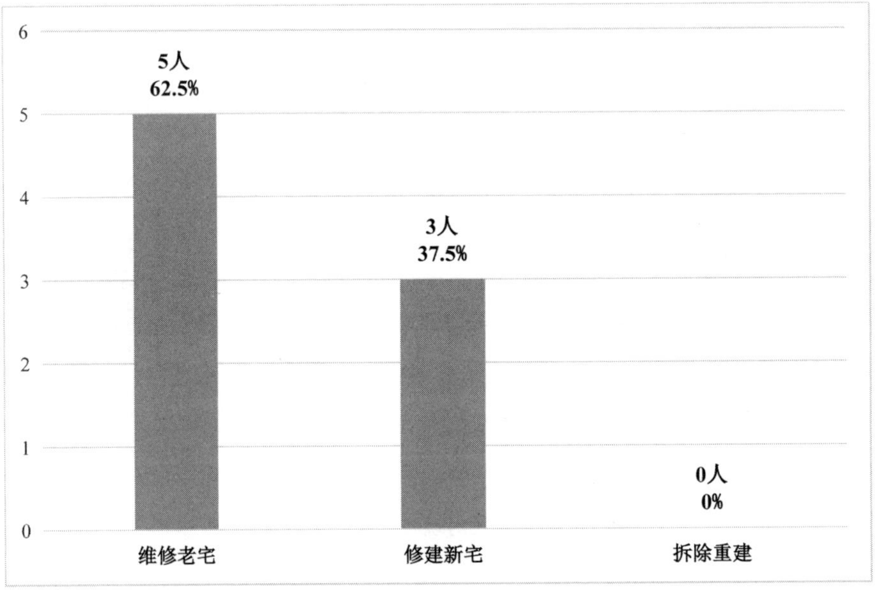

图 5.1.21　觉得一般或不满意的村民，希望改善住房条件的方式

由图 5.1.21 可知，对于目前居住环境表示一般或者不满意的村民，希望能通过维修老宅和修建新宅的方式改善住房条件。希望维修老宅的村民有 5 人，占该调查研究的 67.5%；希望修建新宅的村民有 3 人，占该调查研究的 37.5%；没有人选择拆除重建。由此调查结果可知，很多村民对老宅还是比较留恋和依赖的，希望能在原有的房屋中继续居住，然而，老宅年数太久，房屋设计比较老旧，墙体地面等比较破旧且有安全隐患，许多功能与现代建筑比起来比较落

后，例如采光、用电、燃气、用水、厕所等。此外，老宅的进深较深，许多房间采光不够，即使是大晴天，里屋也处于比较昏暗的状态；许多古村落用水仍以天然深井水为主，保留了长达上百年的古井，较多村落还未通自来水；在调研考察的古村落中，只有个别古村落已通燃气，绝大部分村民仍需上山砍柴拾薪来生火做饭，每家每户都在使用灶台。因此村民希望通过维修老宅，一方面能使房屋结构稳定坚固，居住时没有安全隐患；另一方面能丰富居住的功能，使平时的生活变得更加方便与快捷。还有一小部分村民希望能修建新宅。在浒湾村采访几位目前还居住在古村落的中老年人时，他们表示原老屋托管政策为用老屋换县城新屋，只是领导层不断更换导致该政策未能继续进行。他们希望政府能加快老屋托管的速度，用老屋换新屋居住，体会居住新屋的感觉。因为年纪大了且无额外收入，所以他们只能依赖政府政策，希望政府能为其修建新宅来交换老屋。

（三）目前的古宅利用状态

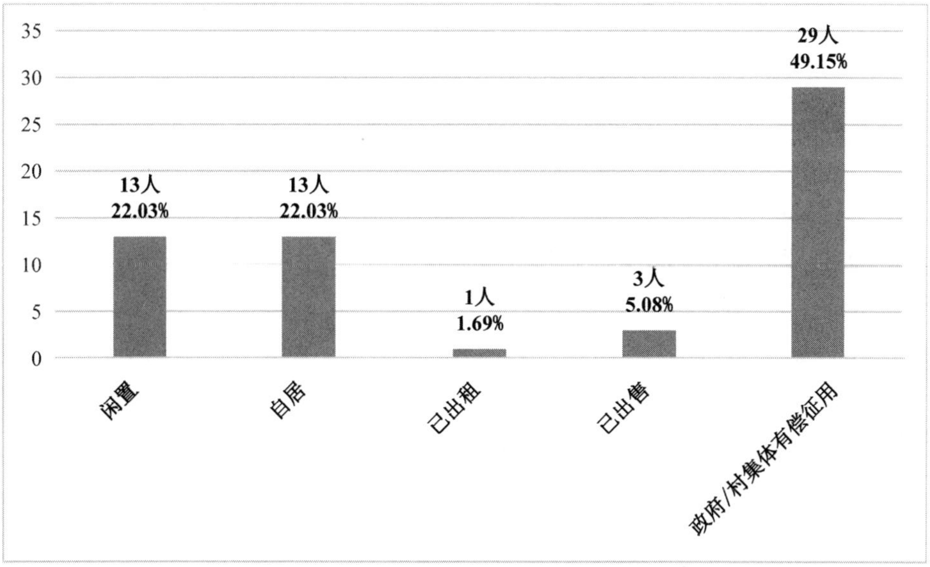

图 5.1.22 目前的古宅利用状态

如图 5.1.22 所示，较多受访村民目前的古宅利用状态为政府或村集体有偿征用，即老屋托管，有 29 人，占统计总人数的 49.15%；有 13 位受访村民目前古宅的利用状态为闲置，占统计总人数的 22.03%；同样有 13 位受访村民目前古宅的利用状态为自居，占统计总人数的 22.03%；有 3 位受访村民目前的古宅利用状态为已出售，占统计总人数的 5.08%；还有 1 位受访村民目前古宅的利用状态为已出租，占统计总人数的 1.69%。由调查结果可知，目前传统村落古宅的利用状态将近有一半为政府征用，即用有偿托管的形式对村落进行整体的规划与开发。经过此次团队的实地调研走访后发现，每一个村落都无法做到对该村落每一座古宅都托管征用，因需充分考虑村民的个人意愿、现实情况并尊重其想法，所以会出现多种古宅的利用状态。例如闲置状态，该类村民对于古宅的想法为即使目前无人居住，也不愿将个人的私有房屋对外开放，他们对自己的财产完全有支配权，政府必须尊重他们意愿。此外，在多种现实情况下，村民的个人生活需求和政府的规划安排也使得古宅的利用状态类型比较丰富。首先，政府可以多与闲置老屋拥有者进行交流沟通，向村民详细说明村落改造的益处及未来发展，希望村民能多理解与支持修缮改造工作，并给予相应补贴。其次，政府应多关注目前居住于老屋的村民，了解其居住老屋的原因及难处后进行有针对性的帮助。最后，政府需充分考虑不同村民的想法与现状，合理处理相关问题，将古村落老屋的修缮与改造工作妥善推进。

（四）如果未来出现自家房屋长期无人居住的情况，村民可能会采取的处理方式

如图 5.1.23 所示，如果未来出现自家房屋长期无人居住的情况，比较多的村民倾向于有偿出让给政府或者村集体，即以老屋托管的形式暂时租借给政府，有 13 位受访村民表示会这样选择，占统计总人数的 50%；有 5 位受访村民则坚持一定会个人保留，占统计总人数的 19.23%；还有 2 位受访村民则表示如果有人购买，则会考虑出售老宅，占统计总人数的 7.69%；没有村民选择出租个人古宅；还有 6 位受访村民选择了“其他”，这之中有 3 位村民补充说明，如果政府需要租用或者收购老宅，会考虑出让给政府用于村落建设、旅游开发，作为公共资源对外共享等；有 1 位村民则选择自留，作为个人手工艺作品的展示馆，并表示愿意对外开放共享；还有 2 位村民目前没有想法。由调查结果可知，村民对于政府还是比较依赖和信任的，大部分村民都选择把老宅出让给政府用于古村落的开发与利用，少部分村民选择自留。在对古村落当地村

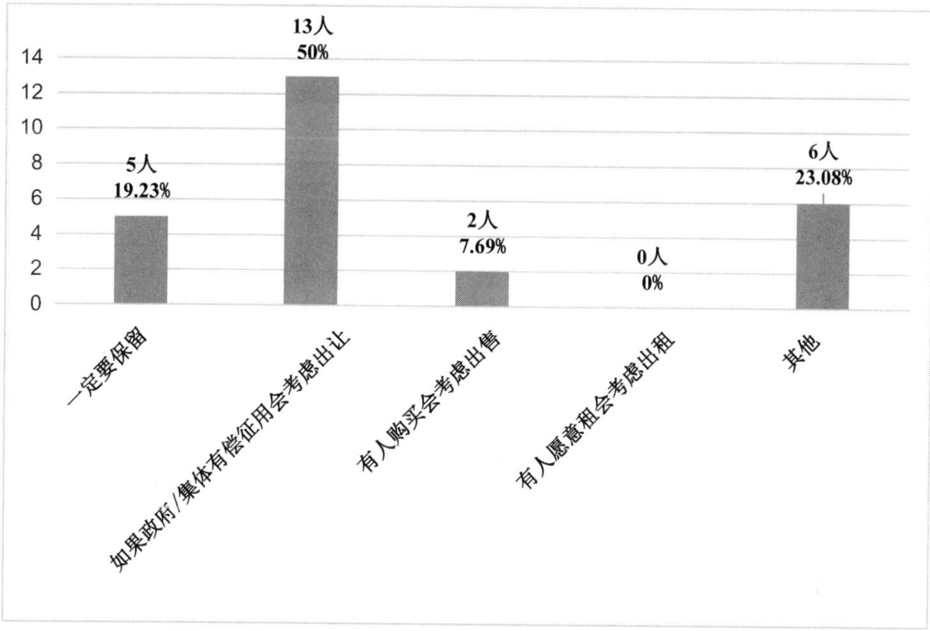

图 5.1.23　如果未来自家房屋长期无人居住，村民可能会采取的处理方式

民进行采访或与他们交谈的过程中，可以明确了解到村民对于政府修缮与改造古村落的政策十分支持，并表示愿意出个人一点微薄的力量保护古村落的古宅与文化，将当地的传统建筑与历史文化完好地保存下来，并继续传承与发扬。

五、村民对于当地村落经济状态的态度与想法

（一）村民对当地村落经济发展状况的满意程度

从图 5.1.24 村民对当地村落经济发展状况的满意度调查中可以看到，持满意态度和一般态度的受访村民皆为 22 人，两者皆占统计总人数的 37.29%；持不满意态度的村民有 15 人，占统计总人数的 25.42%。根据调查结果可知，村民对于当地村落的经济发展较为满意，但是整体满意程度并不高，大部分村民的生存状况也只是保证了个人及家人的温饱基础，生活水平较低，生活幸福指数不高，难以有高舒适度的生存状态与生活环境。在本次的实地考察调研走访过程中，本团队观察到大部分村民的生存状态是比较窘迫的，居住环境比较简

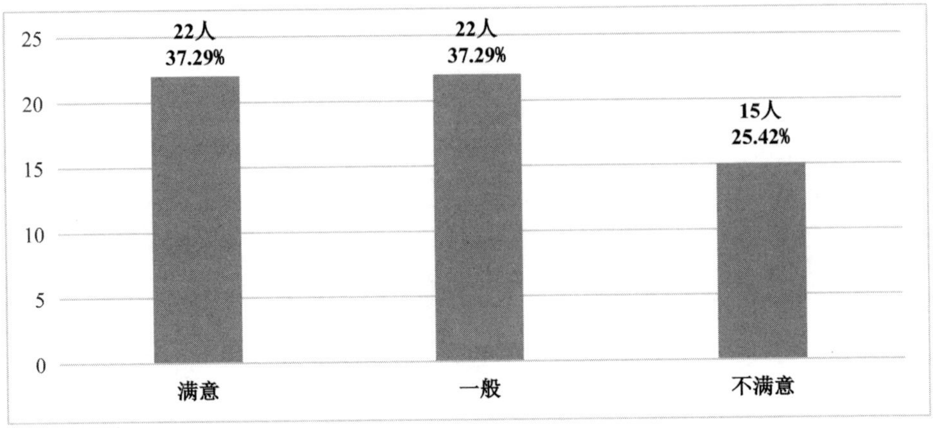

图 5.1.24 村民对当地村落经济发展状况的满意程度

陋，甚至有些破败；饮食方面也十分简朴，大多为自家栽种的一点蔬菜和饲养的鸡鸭等。在询问村民对当地村落经济发展状况的满意度时，大部分村民都比较迟疑或者沉默，同时寄希望于古村落的改造与开发能为当地村落带来一些经济效益，通过旅游、研学、农家乐、展览等方式带动当地经济发展，改善当地村民的生活水平，提高村民生活的满意度与幸福指数，从而形成更美更好的农村生活环境。

（二）村民对当地村落就业机会的满意程度

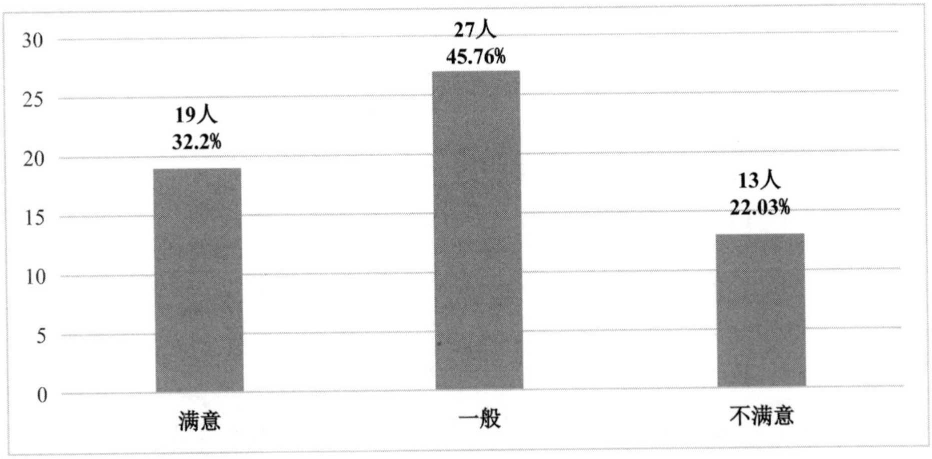

图 5.1.25 村民对当地村落就业机会的满意程度

如图 5.1.25 所示，村民对于当地村落就业机会的满意程度并不高。在受访村民中，对当地村落就业机会持满意态度的有 19 人，占统计总人数的 32.2%；对当地村落就业机会持一般态度的有 27 人，占统计总人数的 45.76%；有 13 人对当地村落就业机会持不满意的态度，占统计总人数的 22.03%。从该调查研究结果可知，村落中较多的村民对当地村落就业机会的满意程度并不高，村落中就业方式较为单一，主要以种植花卉、水果等作物作为商品向外输出，或是自己开设小商铺售卖一些生活必需品，还有去附近工厂上班或是去县城打工，整体收入并不高，只能保证全家人的基础生存与日常开销，生活较为紧蹙。且当地许多以种植水果为主的村民销售渠道十分狭窄，大多是自产自销，仅在村落内部进行简单售卖，甚少出售到外省，浪费比例极高，难以成长为经济作物。村落中十分受限的就业机会和微薄的经济收入直接导致了村落中绝大部分青年人外出务工的现状，产生的结果则为留守老人、儿童的增多与村落中主要劳动力的急剧减少，生产力下降后导致当地经济发展缓慢甚至停滞，从而互相影响，形成恶性循环。在此次的实地考察调研中，通过与当地村民交流，发现该现象已成为各个古村落的发展现状。为打破这个恶性循环并提高当地村落的收入水平，开发古村落的新经济模式，即开发当地特色旅游景点、研学基地的模式，已成为目前刻不容缓的经济发展任务。

（三）村民最希望以后家庭能够增加收入的方式

如图 5.1.26 所示，村民最希望以后家庭能够增加收入的方式为旅游开发，有 40 人选择该项，占统计总人数的 67.8%；其次，村民更偏好的增加收入的方式为文化传承利用，有 26 人选择该项，占统计总人数的 44.07%；然后分别是种植养殖与外出务工这两种方式，选择人数皆为 15 人，占统计总人数的比例相同，为 25.42%；选择经商的受访村民有 10 人，占统计总人数的 16.95%；还有 7 位受访村民有另外的增加收入的方式补充。其中有两位村民是针对政府补贴方面，希望政府能多增加托管及生活补贴来增加他们的个人收入，有一位村民则想通过做小工的方式增加收入。小工这个职业在抚州古村落较为常见，即政府短期或长期聘用当地村民在当地村落进行劳动，并给予相应报酬，这既解决了当地的人工需求问题，又可以给村民增加收入。还有一位村民提出对外招商来对当地增加投资，从而增加村民在商业方面的收入；也有村民在旅游开

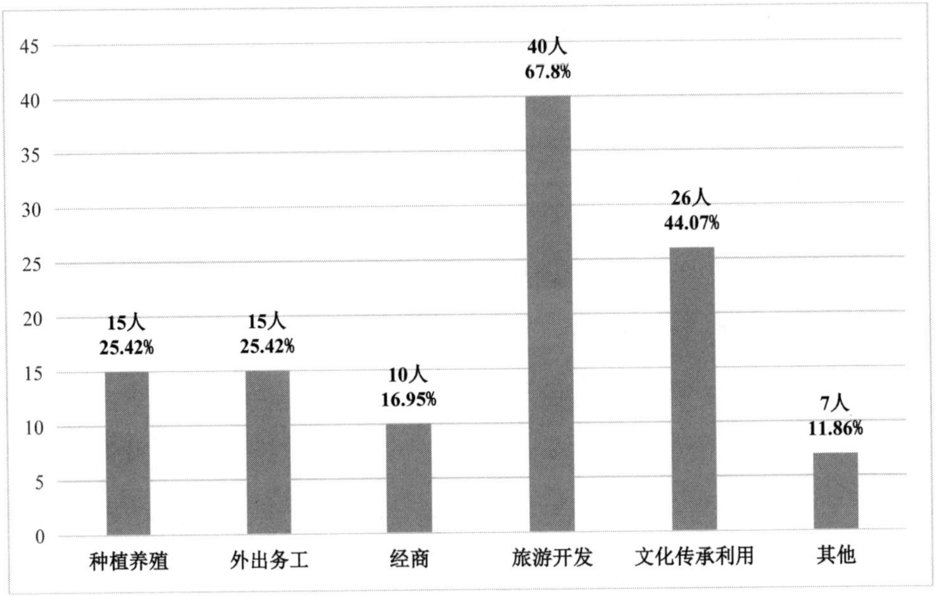

图 5.1.26 村民最希望以后家庭能够增加收入的方式

发的基础上思考多角度、多平台增加没有劳动能力的老年人的额外收入，从而提高老年人的生活质量。其他两位村民暂时还没有较好的想法。通过该研究调查结果可知，村民更偏好的增加家庭收入的方式为旅游开发和文化传承与利用。在竹桥村访问一位当地的导游，她表示古村落改造成旅游景点后带动当地经济发展，村民家庭的收入将有所提高，家人也不用常年外出务工了。旅游将会增加一系列工作职位，例如导游、观光车司机等景区工作职位，因而古村落旅游开发后，村民的整体生活水平和幸福指数都将提高。政府应多倾听村民的心声，考虑其提出的意见与建议，加快古村落的旅游与开发，充分利用古村落的历史文化、人文文化、非遗文化等特色标志性资源，在多渠道增加当地村民收入的同时，还能使特色文化资源更好地传承与发扬。

六、村民对于当地村落环境状态与旅游开发的态度

（一）对当前的村落环境是否满意

由图 5.1.27 可知，在随机抽取参与调查的受访村民中，关于对当前村落

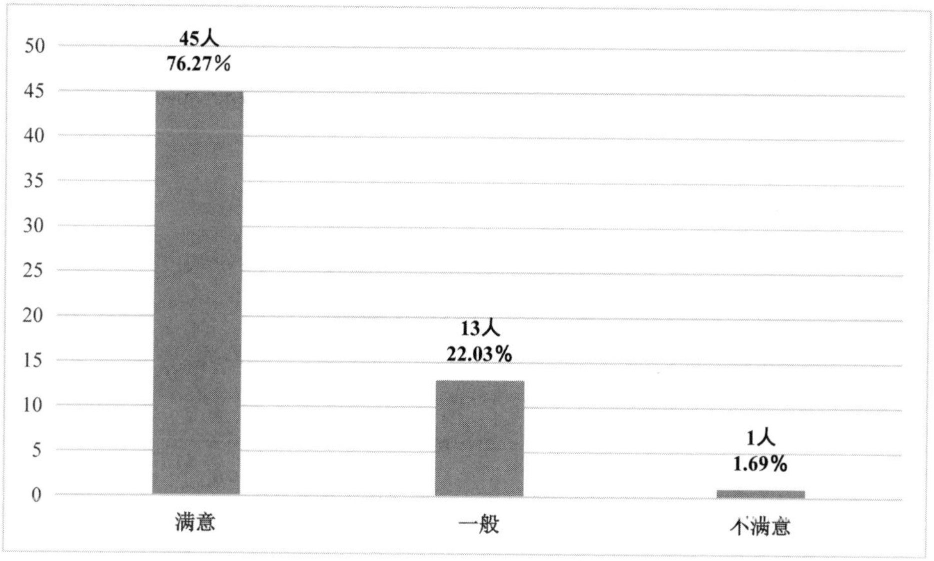

图 5.1.27　受访者对村落满意度状况

的满意程度，认为满意的人数最多，共有 45 人，占 76.27%；认为一般的共有 13 人，占 22.03%；认为不满意的共有 1 人，占 1.69%。由该结果可以看出，首先，大部分人对于自己所居住村落的环境都较为满意，说明当下金溪县的村落自然环境并没有遭到大肆破坏。从与村民的交谈中也能看出，相较于城市化带来的严重污染，许多村民都认为自己吃的是无公害无添加剂的天然食品，这在极大程度上提升了他们内心的自豪感。且大部分村民十分健康，看起来都比实际年龄年轻许多，这在某种意义上也是大部分村民对居住环境感到满意的原因。因此在建设村落时要逐步推进，避免一次性对环境造成较大的改变。对于选择一般的人而言，有一些人是对某种现状不满，也有的村民是因为去过一些较大的城市，因而对农村较为自然淳朴的环境感到不甚满意。对于不满意的村民，需要弄清其不满意的具体原因，找到相应的处理办法，从而推动村落后续的发展。对于认为一般与不满意的村民，建议政府重视这些对环境存在较高要求的村民意见，考虑从他们的角度出发解决问题，这样才能令村落发展得更顺利也更和谐。

（二）如果觉得一般或不满意，认为需要改善哪些方面

如图 5.1.28 所示，在随机抽取参与调查的受访村民中，对村落环境觉得一

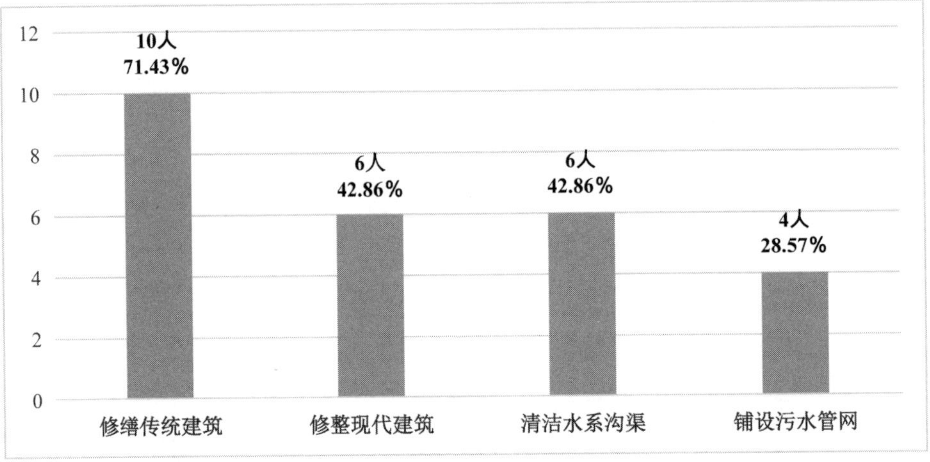

图 5.1.28　受访者对村落改善建议偏好

般或是不满意的共 26 人，在村落环境改善方面，认为需要改善传统建筑的共有 10 人，占 71.43%；认为应修整现代建筑的共有 6 人，占 42.86%；认为应该清洁水系沟渠的共有 6 人，占 42.86%；认为应该铺设污水管网的共有 4 人，占 28.57%。能够看出村民对于传统建筑的重视与保护意识，由于许多古村落内的老宅都有历史，且对于村民而言祖祖辈辈传承下来的无非就是田地、姓氏与古宅，因此他们对于古宅等传统建筑更为看重。且传统的特点是民族色彩与地方色彩，传统建筑正是村落传统文化与族群特色最直观的传承载体与表现形式，保护传统建筑就是保护文化，也是保护传承。建议政府与相关企业在对村落建筑抢修的同时，对建筑做到多方面考虑，认识到每一座传统建筑都有其独特的故事与内涵，要在力所能及的范围内保护、抢修每一座建筑，使之焕发新的生机。选择修整现代建筑与清洁水系沟渠的村民人数相等，此两者的改善都能够促进民生，同时改善居住面貌，而现代建筑的整改尤其需要注意使其与传统建筑风格融合，防止出现过分突兀的情况。最后，选择铺设污水管网的村民不多，这是因为大部分村落内还在使用井水、泉水等自然水，村民的用水方式较为传统，对于污水管网的铺设较少关注也在情理之中。但随着村落的发展，该项建设有必要提上日程。

（三）村落旅游化后的感受

如图 5.1.29 所示，在随机抽取参与调查的受访村民中，对于自己村落旅游

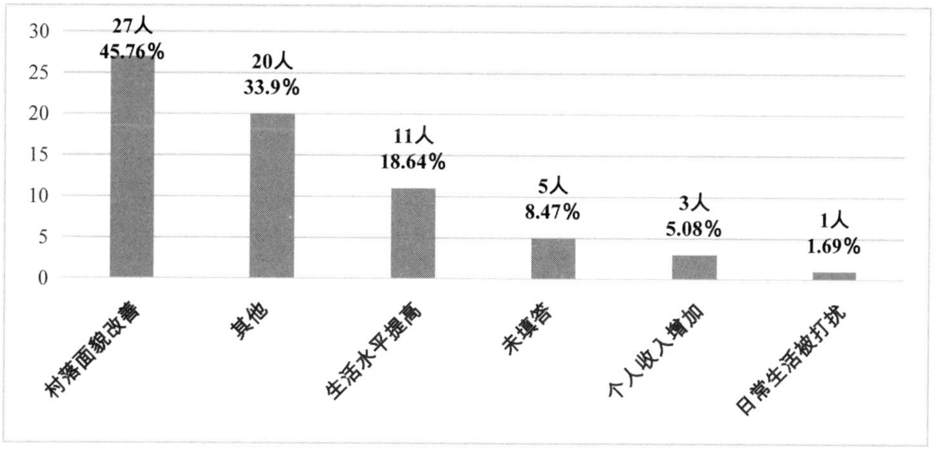

图 5.1.29　受访者对村落旅游化后的感受

化以后的感受，认为村落面貌改善的共有 27 人，占 45.76%；选择其他选项的共有 20 人，占 33.9%；认为自己生活水平提高的共有 11 人，占 18.64%；空缺未填，觉得没有明显变化的共有 5 人，占 8.47%；感觉个人收入增加的共有 3 人，占 5.08%；感受到自己日常生活被打扰的有 1 人，占 1.69%。首先，选择村落面貌改善的村民人数最多，说明村落旅游化对于环境质量及村落整体面貌都存在正面影响，且被村民认可，该结果与大部分村民希望加大旅游开发力度的调查结果相吻合。其次，选择“其他”选项的村民在内容填写中内容基本为“正在旅游开发中”，这是由于他们所居住的村落还处于建设状态，他们未享受到旅游化之后的成果，因此没有确切的感受。从该选项被选择的数量仅次于村落面貌改善可以看出，金溪县许多村落即便还未旅游化建设成功，却也已经在建设的状态，说明政府及相关企业对于村落建设的重视。再次，一些村民认为自己的生活水平在村落旅游化以后有所提高，个人收入增加，从此处也能看出，旅游化打开了村落与外界联系的渠道，对于村落发展、村民生活就目前而言整体上利大于弊，能够带来更多技术方面的便利，因此村落旅游化具有一定的意义。尽管如此，也有村民认为旅游化带来的游客与日常喧嚣打扰了自己的日常生活，对此建议政府与相关企业在开发建设时应考虑到少数较为传统的村民的需求，尽量减小旅游化带来的负面影响。

（四）是否希望所在村未来加大旅游开发力度

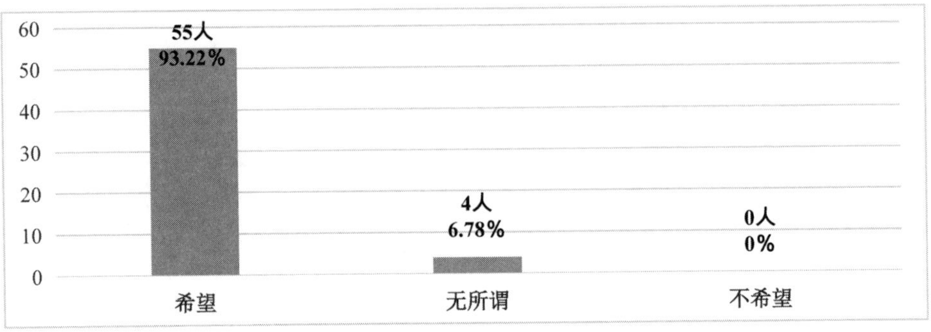

图 5.1.30　受访者对旅游开发力度加大的态度

由图 5.1.30 可知，在随机抽取参与调查的受访村民中，关于对村落开发力度的态度，希望未来加大力度的共有 55 人，占 93.22%；感到无所谓的共有 4 人，占 6.78%；没有人不希望加大旅游开发力度。由该结果可以明显看出，首先，没有村民反对加大旅游开发力度，说明在当下现代城市化及旅游业发展情景较好的大环境下，村民对旅游开发抱有积极心态，认为村落可以通过加大旅游开发的力度，加深其旅游化与商业化状态，从而给他们自身带来更多的发展机遇。而持无所谓态度的村民人数较少且无人反对，一样能够说明对于少数村民而言，即便对于村落旅游化的愿望并不强烈，也认可旅游化可能带来的较为积极的改变，并且对于村落的改变并不十分抗拒，整体怀着可有可无的态度。由此可以预见政府与相关旅游企业在对村落进行旅游开发时可能遭遇的阻碍较小，推进会较为顺利，但同时建议在大力开发时兼顾以人为本，可以考虑并尝试深度挖掘人脉资源，一方面尊重村民的生活习惯，另一方面构建更加科学、人性化的旅游景区，从而提升经济效益。

七、村民意见反馈之交叉分析

（一）性别与是否知晓自己的村落为“中国传统村落”或“中国历史文化名村”之交叉分析

如图 5.1.31 所示，超过 93% 的男性村民知道自己的村落为“中国传统

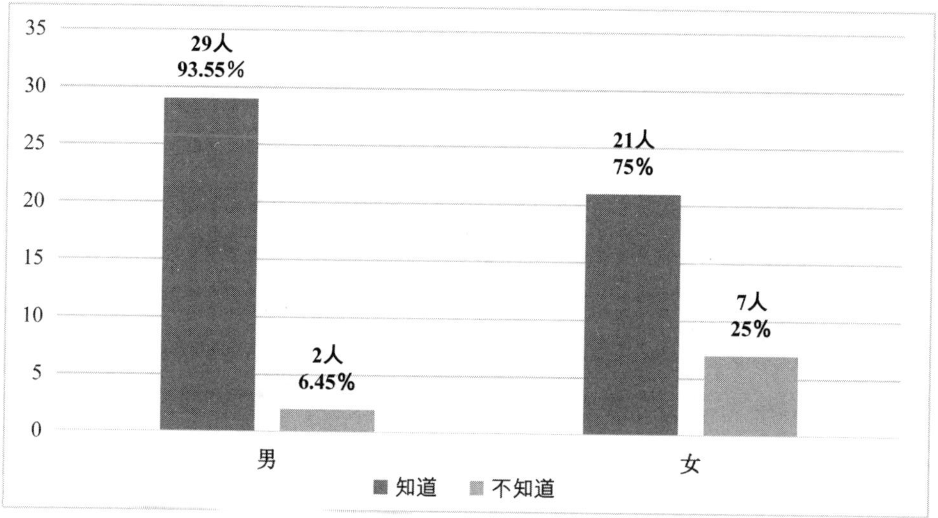

图 5.1.31　性别与是否知晓自己的村落为“中国传统村落”或“中国历史文化名村”之交叉分析

村落”或“中国历史文化名村”，仅有约 6% 的男性村民不知道自己的村落为“中国传统村落”或“中国历史文化名村”。然而，这项调查数据在女性村民的调查结果中有些微差异，女性村民中有 75% 的人知道自己所处的村落为“中国传统村落”或“中国历史文化名村”，有 25% 的女性村民不知道自己所处的村落为“中国传统村落”或“中国历史文化名村”。上述数据显示出女性对村落公共文化活动的参与行为与参与意识较男性薄弱。男权社会的性别结构制约女性参与者的主体能动性，社会对于传统村落的复兴与发展建设应为女性提供更多参与机会，提高女性村民对于所处村落的认同感与自豪感。

（二）村民性别与村落最具有代表性文化之交叉分析

如图 5.1.32 所示，男性村民认为其所处村落的最具代表性文化为家族文化，其后依次为名人文化，其他如村落的特色文化、非遗文化，最后则是农耕文化；女性村民认为其所处村落的最具代表性文化为其他，如村落的特色文化，其后依次为非遗文化、名人文化、农耕文化，最后才是家族文化。两性之间最大的差异在于男性将家族文化列为最具代表性文化中的首位，而女性则是将家族文化列为最具代表性文化中的末位。这显示出两性村民对于家族文化认同感的差异性。由于家族文化主要是以男性家族为代表，女性的认同感相较于

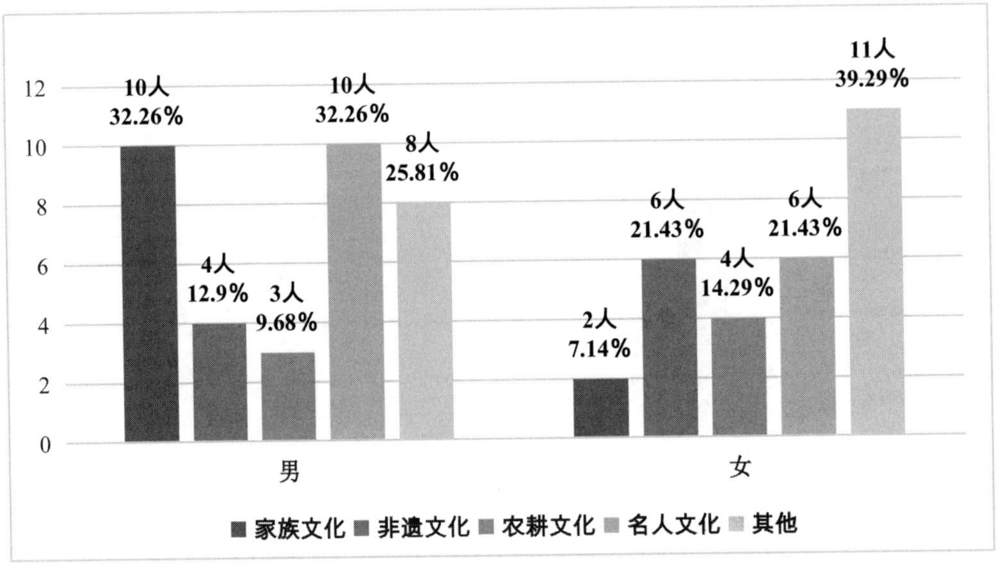

图 5.1.32　村民性别与村落最具有代表性文化之交叉分析

男性为低，这也是必然性结果。若以家族文化作为特色打造村落，首先要解决内部的女性村民文化认同感问题，唯有所有村民都具有高度认同感，才能形成强大的文化凝聚力，并形成村落的特色性文化。此外，从图表数据中也可以发现，女性村民选择其他村落的特色文化与非遗文化作为村落最具代表性文化，两者选项皆显著高于男性村民的认知。因而，若村落挖掘特色文化与非遗文化，应重视女性村民的参与性，让女性用行动来支持村落的特色文化与非遗文化。例如过去部分传统傩舞文化将女性排除在外，规定只有男性才能担任傩舞舞者。然而，非遗文化在面临传承的责任时不应区分性别，而是要鼓励全民参与，甚至提高女性的参与度，让女性将对非遗文化的认同度转化为实质行动力。

（三）不同年龄层村民与是否知晓自己的村落为 “中国传统村落”或“中国历史文化名村”之交叉分析

如图 5.1.33 所示，40 岁以下的青壮年 100% 知道自己所处的村落是“中国传统村落”或“中国历史文化名村”，而随着年龄层的增加，不知道自己所处的村落是“中国传统村落”或“中国历史文化名村”的村民比例逐渐增加。建议地方政府与乡村干部努力提升高年龄层村民对于自己村落历史文化价值的认识。高年龄层村民是留居传统村落的主要群体，普及其传统村落文化与历史知

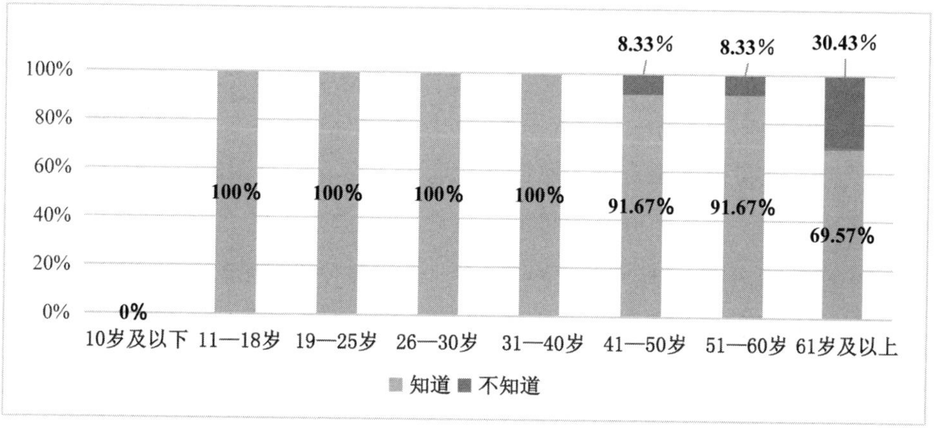

图 5.1.33　不同年龄层村民与是否知晓自己的村落为“中国传统村落”或“中国历史文化名村”之交叉分析

识更为当务之急。借由提升村民对于自身所处村落价值的认识而提升村民对于自身所处村落的自豪感，进而促进村民重视自身所处传统村落的历史与文化价值，并产生保护村落的自我意识，积极参与传统村落保护与传承的工作，降低村民对于传统村落因价值认知匮乏所产生的破坏。

（四）不同年龄层村民与所处村落最具有代表性的文化之交叉分析

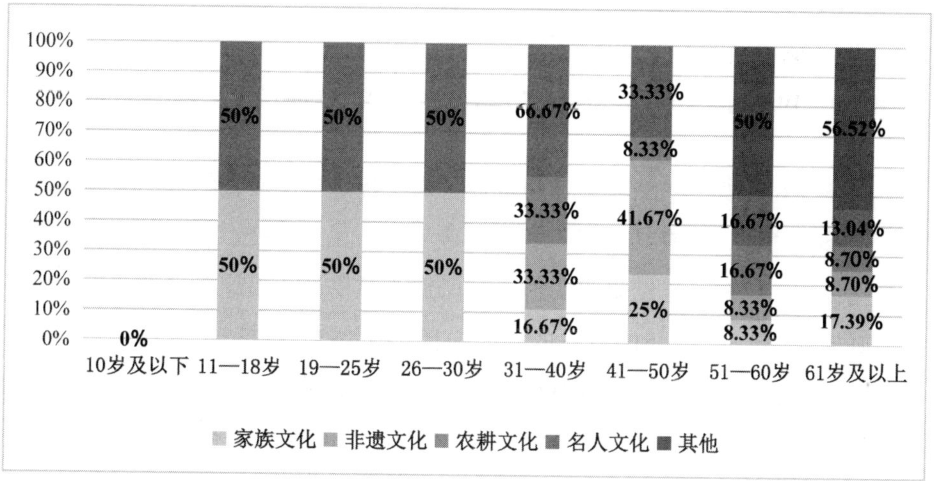

图 5.1.34　不同年龄层村民与所处村落最具有代表性的文化之交叉分析

如图 5.1.34 所示，不同年龄层认为其自处村落的最具代表性文化有显著差异。30 岁以下的村民认为其村落代表性文化聚焦于家族文化与名人文化两大类，而 30 岁以上村民则认为其村落的代表性文化较为多元，且随着年龄提升，村落的代表性文化认知越加丰富。该结果显示青年人对于村落文化的了解停留于较为表层且显而易见的家族文化与名人文化，对于村落中较有文化意涵的非遗文化，甚至是村落独特的代表性文化了解不多。建议地方政府或文化传承相关部门应重视此问题，因为青年人是传承传统文化的一代，对于文化传承的成功与否起到关键性作用。若村落中的青年人对于村落中具有深度与独特意涵的文化都不甚了解，那么如何让有价值的文化继续得到传承呢？让青年人对于其所处村落有深度价值的文化有所认知与理解，是传统村落文化传承的第一步。

（五）不同年龄层村民与是否愿意参与传统村落文化的保护与传承之交叉分析

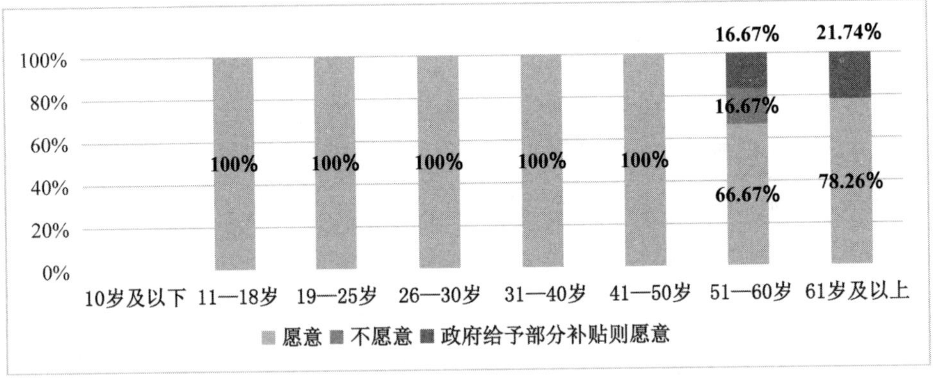

图 5.1.35　不同年龄层村民与是否愿意参与传统村落文化的保护与传承之交叉分析

如图 5.1.35 所示，50 岁及以下的族群对于传统村落文化的保护与传承都有高度的参与意愿，调查结果显示青壮年族群的村民皆 100% 愿意参与传统村落的文化传承与保护。这结果表明传承与保护意识在青壮年族群中得到巩固，是个良好的现象。然而，51~60 岁的族群中有大概 16% 的村民不愿意参与传统村落的文化传承与保护，有大概 16% 的村民要求政府对他们进行有偿补贴才愿意参与传统村落的文化传承与保护，而 61 岁及以上的族群中有大概 21% 的村民也要求政府对他们进行有偿补贴才愿意参与传统村落的文化传承与保护。这现象显示高年龄族群的村民参与传统村落的文化传承与保护的意愿较低，相关单位应重视这个问题，设法提升高年龄族群村民参与传统村落的文化传承与保护的意愿，因为该族群是留居与生活在传统村落的主要人士。若能提升该族群的传承与保护意识，就能让村民在日常生活中贯彻保护与传承传统村落文化的观念，所以提高高年龄族群村民参与传统村落文化与传承的意识更显重要。

（六）不同年龄层村民与是否有自发向政府提交文化保护与传承的意见或建议的意识之交叉分析

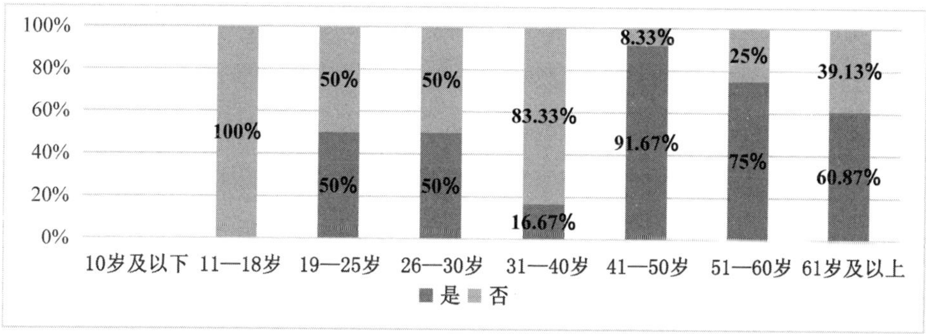

图 5.1.36　不同年龄层村民与是否有自发向政府提交文化保护与传承的意见或建议的意识之交叉分析

如图 5.1.36 所示，年龄层越低的村民自发向政府提交文化保护与传承的意见与建议的意识也越低，11~18 岁的村民 100% 没有相关意识，19~30 岁的族群中有 50% 的村民没有相关意识，31~40 岁的青壮年族群中也有超过 80% 的村民没有相关意识。随着年龄的提升，提交文化保护与传承的意见或建议的意识也得到了提升。青少年与青壮年族群是掌握传统村落发展的一代，其意见与想法将会带动整体村落的发展趋势。目前，调查数据显示这些重要族群提供相关意见的意识薄弱，这是影响传统村落是否可持续性发展的重要问题，相关单位应重视青少年与青壮年关于文化保护与传承的意见与建议，最重要的是激发这类族群自发提供相关建议的热忱，提供畅通的渠道给他们表达对传统村落文化保护与传承的想法。

（七）村民是否知晓所处村落为中国传统村落 / 中国历史文化名村与村民是否参与并提供传统村落文化与保护意见的渠道之交叉分析

如图 5.1.37 所示，知晓自己的村落为中国传统村落 / 中国历史文化名村的村民，其知道参与并提供传统村落文化与保护意见的渠道比例高于不知道的村

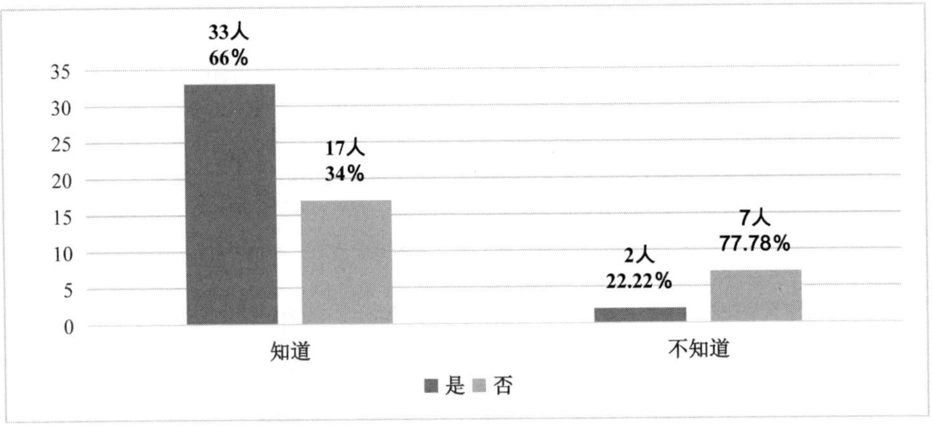

图 5.1.37　村民是否知晓所处村落为中国传统村落 / 中国历史文化名村与村民是否参与并提供传统村落文化与保护意见的渠道之交叉分析

民，知道者占 66%，不知者占 34%。然而，不知晓自己村落为中国传统村落中国传统村落 / 中国历史文化名村的村民，其不知道参与并提供传统村落文化与保护意见渠道的比例高于知道的村民，知道者占 22% 左右，不知者占 77% 左右。该数据结果显示是否知晓自己的村落为中国传统村落 / 中国历史文化名村与是否知道参与并提供传统村落文化与保护意见的渠道两者因素呈现正相关。地方政府与相关文化部门应重视村落中对于知晓传统文化传承与保护相关资讯落后的村民，对其进行村落历史文化的知识普及，并广泛宣传村落文化与保护意见渠道，提高村民对于村落历史与文化保护的认知率与参与率。

（八）村民是否赞成宗祠 / 祠堂不改变功能对外开放与村落最具有代表性的文化之交叉分析

如图 5.1.38 所示，不赞成对外开放宗祠或祠堂的村民，认为村落代表性的文化较为单一，全都局限在家族文化与名人文化；然而，赞成开放宗祠或祠堂的村民认知的村落代表性文化则较为多元。由此可知，对于村落代表性文化认知多元的村民，其对于村落宗祠或祠堂的开放意愿也较高，原因在于其文化认知与思想较为开阔，相比之下拥有较为开放的胸襟，因而对于宗祠或祠堂的利用也持开放的态度；而对于村落代表性文化认识仅聚焦在家族文化与名人文化的村民，其宗族观念较深，对村落文化的认知相对狭隘，所以对于宗祠或祠堂的利用则持相对保守的态度。

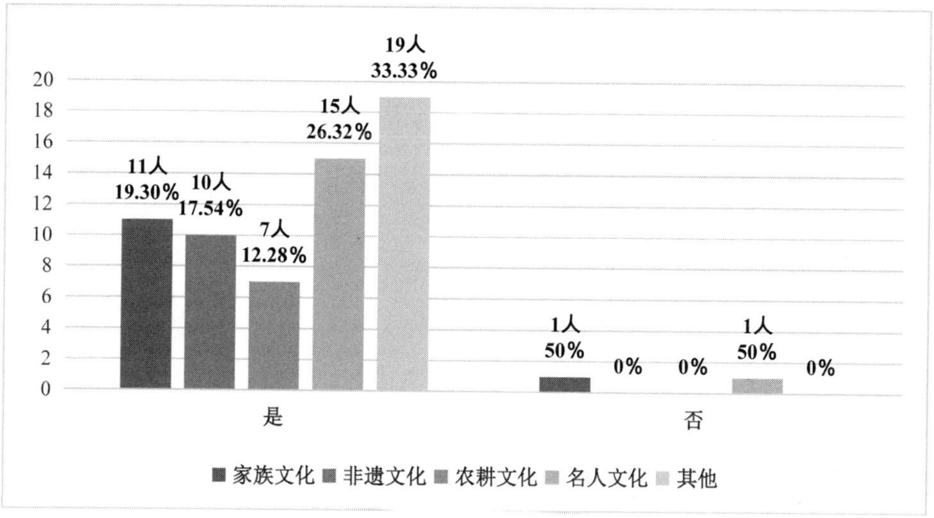

图 5.1.38　村民是否赞成宗祠 / 祠堂不改变功能对外开放与村落最具有代表性的文化之交叉分析

（九）村民是否愿意参与村落文化保护传承与认为所住的传统村落的历史文化价值之交叉分析

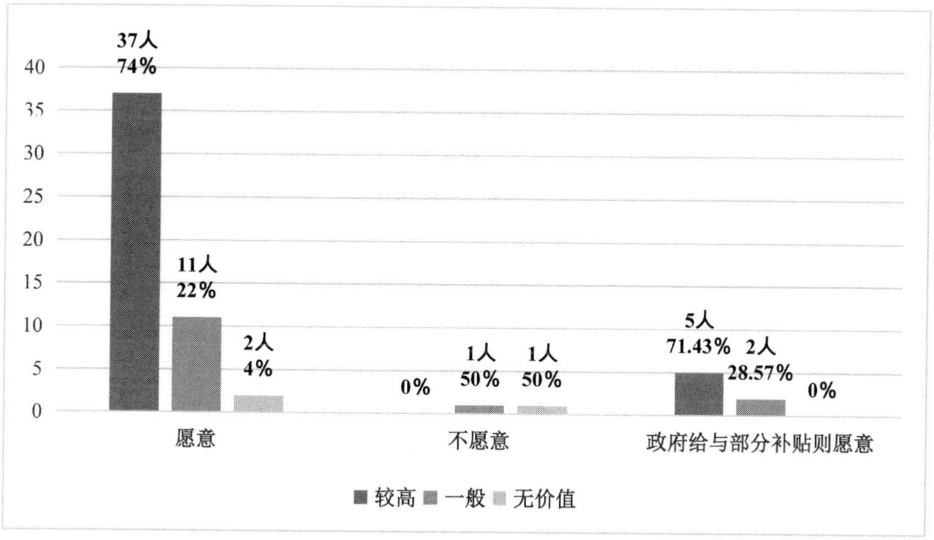

图 5.1.39　村民是否愿意参与村落文化保护传承与认为所住的传统村落的历史文化价值之交叉分析

如图 5.1.39 所示，愿意参与村落文化保护与传承的村民，其对于所处传统村落的历史文化价值的认知也较高，其中有 74% 的村民认为所处村落的历史文化价值较高，而仅有 4% 的村民认为无价值；而不愿意参与村落文化保护与传承的村民，其对于所处传统村落的历史文化价值的认知则为一般或较低，其中各有 50% 的村民认为所处村落的历史文化价值为一般或较低，甚至不愿意参与村落文化保护与传承的村民都不认为其所处村落有较高的历史文化价值。地方政府与有关文化部门应加强关注不愿意参与村落文化保护与传承的村民，了解其不认同所处村落历史文化价值的背后因素，设法消除其不认同村落价值的背后因素，并通过宣导改正这类村民的观念，强化其对于所处村落的文化认同感与自信感，提升这类村民参与村落文化保护与传承的意愿。

八、小结

（一）村民对所处村落的认知

1. 所处村落价值认知度

大部分参与调查的受访村民在了解到自己居住的村落为“中国传统村落”或“中国历史文化名村”后都感到自豪，心态的改变能够令他们更加自信，从而积极投身于村落的建设之中，怀有更大的热情投入家乡的建设。

大部分村民对自己所居住的村落都有一定的了解，说明相关部门的宣传比较到位，这使村民能够积极配合政府及相关政策，对村落进行及时的保护与改造。同时，政府应对村民采取温柔的引导方式，让他们对自己所居住村落的价值产生相应的概念，对后续保护措施产生推动作用。

大部分村民对自己村落的历史文化价值认同度较高，认为自己所在的村落拥有很高的历史文化价值，说明多数村民对于村落的建设抱有积极态度，认为村内的相关历史与文化值得保护与传承，这在某种意义上既反映了传统村落中村民的传统性与保守性，也反映出根植于村民心底的对于传承的执着性。多数村民的毕生追求就是结婚生子并且将自己的血脉进行传承，在此过程中，他们经历的故事得以成为历史，由此形成属于他们自己的村落文化。

2. 所处村落文化认同度

大部分村民对于所处村落的人文环境氛围、邻里交流状况比较认可，结合上述相关调查结果可以看出，当村民对村落文化氛围的评价较高时会产生更高的文化自豪感，这在村落旅游化过程中可以与外界文化产生碰撞、创造火花，对于进一步的建设与发展具有精神文明方面的意义。

3. 高年龄者对所处村落的认知问题

随着年龄层的增加，不知道自己所处的村落是“中国传统村落”或“中国历史文化名村”的村民比例逐渐增加。建议地方政府与乡村干部努力提升高年龄层村民对于所处村落历史文化价值的认识。

（二）村民对村落的保护意识

1. 村民对保护责任归属认知

对于村民而言，他们认为村落保护最首要应该落实在政府层面上，这反映出人民对于政府的高信任度，侧面体现出人民对于政府的认可，说明他们对于政府管理的信心与高度期待。“村民的事”与“全社会的事”占比相近，也体现出村民对社会的期待与期许，相信在自身努力保护村落的情况下会得到社会的帮助。

因此，首先建议政府做好本职工作，不辜负村民的期待，尽最大的能力做自己能做的事；其次，建议村民保持热情，相信社会，建议旅游开发公司在进行保护开发时多从村民的角度进行思考，出现矛盾设法解决，减少冲突，提升自身在村民心中的可信度；最后，建议相关保护组织作风更加实际，走进村落，宣传自己，提升知名度与可信度，加强与村民的交流与沟通。

2. 村民对古宅保护的认知

绝大部分村民接受古村落的局部改造，修复已破败的古建筑，因为不舍得传统古建筑就此坍塌与消亡；同时，不接受古村落“改头换面”式改造，希望能保留古建筑旧有的历史风格，完好保存其“原汁原味”，使得赣式建筑成为一方独立的标志性名片。

（三）村民对村落的开发利用意识

1. 宗祠的开放与利用

多数村民支持村内宗祠或祠堂的对外开放，认为此举可以更好地向游客传递自己村落的历史文化脉络。建议政府及相关企业在进行村落抢修、保护与改建时对宗祠与祠堂进行重点保护、重点对待、重点规划，为未来更好地发展做好基础的建设准备。首先，对于村内祠堂的开发，大部分村民更倾向于改为旅游场所，使之能够回答游人对于村落历史文化及宗族传承方面的相关问题，成为重要景点。其次，村史馆作为铭刻历史事件与宗族故事的场域，带有严肃性、科普性、展示性质的建筑，也成为许多村民对于祠堂开发的偏好，说明本身祠堂带有的传统宗族色彩至今仍然有较强的影响力，对于村民而言，祠堂本身属于一种带有诉说性质及传承性质的建筑，其特点恰好与村史馆相重合。

2. 自有古宅的开发与利用

目前传统村落古宅的利用状态将近有一半为政府所征用，即采取有偿托管的形式对村落进行整体规划与开发。村民对于政府还是比较依赖的，并且信任政府，大部分村民都会选择把古宅出让给政府用于古村落的开发与利用，少部分村民会选择自留。在对古村落当地村民进行采访的过程中，可以明确了解到村民对于政府修缮与改造古村落的政策都十分支持，并表示愿意出个人一点微薄的力量保护古村落的古宅与文化，将当地的传统建筑与历史文化完好地保存下来，并继续传承与发扬。

政府应回应村民的信任，积极展开村落的开发。首先，政府可以多与闲置老屋拥有者进行交流和沟通，向村民详细说明村落改造的益处及未来发展，希望村民能多理解与支持修缮改造工作，并相应给予补贴。其次，政府应多关注目前居住于老屋的村民，了解其留居的原因及难处后有针对性地进行合理处理。最后，政府需充分考虑不同村民的想法与现状，将古村落老屋的修缮与改造工作进行妥善推进。

3. 村落旅游化发展认知

没有村民反对加大旅游开发力度，说明在当下现代城市化及旅游业发展情景较好的大环境下，村民对旅游开发抱有积极心态，认为村落可以通过加大旅游开发的力度，加深其旅游化与商业化状态，从而给他们带来更多的发展机遇。

（四）村民对村落保护与开发的参与意识

1. 村民主动参与村落保护与开发的意识

村落中大部分村民可以向领导或政府反映个人需求与要求，少部分村民则认为目前没有这样的渠道，或者他们并不知晓有渠道也从未提交过个人意见。古村落的当地村民中，绝大部分村民都愿意主动承担传统村落文化的保护与传承的工作与任务。在实地调研考察的过程中，通过与当地村民面对面的对话与交谈，可以非常明显地感受到他们对自己村落的依赖，对这片养育了他们世世代代家族的土地的热爱，所以在询问村民是否愿意参与到传统村落文化的保护与传承中时，很多村民都毫不犹豫地表示愿意。

此外，大部分年轻的村民因信息接触较为广泛，外出见识较多，因此对于古村落的保护与利用、改造与修缮都比较有想法，且大多数意见与建议都是从当地村落的发展与村民生活的实际需要和考量有针对性地提出的，比较有参考价值。

2. 女性与高年龄层村民参与村落保护与开发意识较低

女性在村落公共文化活动的参与行为与参与意识较为男性薄弱。男权社会的性别结构制约女性参与者的主体能动性，社会对于传统村落的复兴与发展建设应为女性提供更多参与机会，提高女性村民对于所处村落的认同感与自豪感。

此外，高年龄族群的村民参与传统村落的文化传承与保护的意愿较低，相关单位应重视这个问题，设法提升高年龄族群村民参与传统村落的文化传承与保护的意愿。因该族群是留居与生活在传统村落的重要组成部分，若能提升该族群的传承与保护意识，就能让村民在日常生活中增强保护与传承传统村落的观念，所以高年龄族群村民的传统村落文化与传承的参与意识更显重要。

3. 村民对村落的价值认知会影响其参与村落保护与开发意愿

村民是否知晓所处村落为中国传统村落 / 中国历史文化名村与村民是否知道参与并提供传统村落文化与保护意见的渠道两者有正面相关性。因此，地方政府与相关文化部门应针对村落中掌握传统文化传承与保护相关资讯的落后者，进行村落历史文化的知识提升，并提高宣传村落文化与保护意见渠道的频率，以提高村民对于村落历史与文化保护的认知率与参与率。

第二节　产官民三方合作保护与利用传统村落的现状问题与建议

一、产官民三方合作保护与利用传统村落的现状问题

本研究团队通过深度访谈发现，对于传统村落保护，虽然产业界、政府及民间居民皆有参与合作的意愿，但三方之间出现了严重的沟通协调问题，导致传统村落的保护开发与可持续性发展在推动上出现严重阻碍。

1. 政府与产业之间的问题。产业者表示政府领导换届对于传统村落保护发布了新的政策方向，对原有业者已投入的传统村落发展方案不再重视，导致已开发传统村落的后续支持不到位，出现了可持续性发展问题，后续发展的资金投入压力全部落到了投资方身上。政府认为业者后续投入不足，而产业者认为政府后续支持力道不够，双方的意见不协调导致传统村落景区发展出现严重的停滞现象。

2. 产业者与居民之间的问题。产业者在与居民沟通过程中出现合同条件无法达成意见一致性问题，产业者认为居民无法履行起初协商的古建筑让渡金额条件，居民不遵守合同谈妥的古建筑使用金额条件，居民认识到古建筑的文化与商业价值后，坐地起价进而推翻原先谈妥的合同条件。居民则认为产业者借由拐骗的方式诱使居民以低价让渡古建筑，因而不愿履行合同约定。

3. 政府与居民之间的问题。政府方面与拥有古建筑产权的年长者签订合同，但合同上并未写明托管年限为70年，而是在村民签订合同后补上了70年，对此签约方式村民表示不满意。村民认为国家古建筑的托管年限为10~20年较为合适。对于村民而言，每年300元补贴的70年托管政策时间太长且收益少，后辈也没法使用古建筑。多数村民对于古建筑转交给政府托管进行修缮和旅游开发表示支持，也认为在开发中和开发后的前几年政府没有任何收入，村民同样可以共体时艰不要任何补贴。但是后期政府有了收入，村民要求有等量的分红，作为山田房的交换贴补。调查显示，村民认为分红政策比每年300元补贴更具有协商的公平性。

二、产官民三方合作保护与利用传统村落的落实建议

如前所述，当前抚州传统村落的保护与开发面临投资者、政府与居民三方沟通上的巨大阻碍。根据本研究团队调研，超过 90% 的居民愿意参与传统建筑的保护与开发工作，但对于自身利益的保障皆作出不甚满意的答复。显然，政府和业者在与当地居民的沟通过程中仍有所欠缺，推动传统村落的保护与开发仍需政府与业者投入更多的心力与资金，并适度考虑村民原本的经济收益，以及是否会过度打扰与破坏居民原本的生活。除此之外，政府在与居民签订古宅托管合同的过程中，应强调流程的正式性与透明化，同时重视居民对古宅托管割舍的心理，给予村民合理的经济补偿与心理辅导。同时，政府应在投资商与居民之间扮演好沟通的润滑角色。投资商是促进传统村落得以顺利发展的重要角色，然而部分居民对于投资商开发其村落的商业性怀有排斥心理。居民与投资商之间因各自利益问题而阻碍村落开发的进度，在这期间政府应作为第三方角色给予适度的协调，以提升传统村落开发流程的顺畅度。另外，政府应提供具有吸引力的招商引资政策以提升投资商对于传统村落投资发展的吸引力。政策上，除了初期投资经济上的补助力度外，在招商政策上应更加关注投资开发商后续的回收利润与开发后的可持续性发展问题，从而给予相关的政策支持。

第六章　抚州传统村落保护与利用的市场分析

江西省抚州市传统村落集群，是中国传统儒耕文化与临川文化的糅合体现。目前抚州保存完好的古村落很多，仅金溪县就有100多个格局完整、历史风貌较佳的村落，其丰富的物质遗产及千年以上的历史传承，都体现了抚州传统村落未来发展的竞争力。其中，独具特色的赣派建筑更是承载了村民大量的历史记忆和文化符号。

在这些集中成片的村落中，特有的风俗民情和当地传统的伦理观念都能在村里的一砖一瓦中找到蛛丝马迹。近年来，政府大力提倡乡村振兴战略，逐步加强农村基层基础建设，推进农村扶贫工作，抚州传统村落成为国家重要试点基地。

2020年5月，中国传统村落市场化运作机制座谈会召开，会议对于抚州传统村落未来的发展有了进一步战略规划。该次会议通过金融对接签约仪式，共签订合作框架协议等11个项目，并以29.95亿元签约授信资金投入，使得抚州传统村落后续发展问题备受瞩目。会议针对抚州传统村落市场化运作的实际问题进行现实讨论，诸如有效采取了传统文化活化利用、推进生态产品价值实现、推动抚州内陆双向开放等路径模式，望共同推进传统村落资本化、产业化、市场化、价值化。[①]

因此，现阶段欲加速实现抚州传统村落的保护与利用，应依循政府政策战略方向，通过对传统村落文化进行挖掘、保护、修缮、开发，做到科学规划，合理利用，铸造古村文化之魂，进一步提升抚州村落旅游价值及可持续性

① 抚州网:《签约29.95亿元！抚州将迎来大发展！》，https://baijiahao.baidu.com/s?id=1666719879505540390&wfr=spider&for=pc，访问日期：2021年4月8日。

发展，推进传统村落文化和旅游产业发展。对此，本研究团队将通过微观及宏观角度的市场分析进行探究，分别对抚州传统村落在保护及开发利用过程中进行条件评估，以下将试分析。

第一节　微观市场分析——SWOT 分析

一、优势

（一）古村落品牌独特性

抚州位于江西省东部、抚河上中游，地处华东地区，自隋朝建州以来已有1400 多年历史，其素有“江右古郡、才子之乡、文化之邦”的美称。历代以来，抚州就出了许多历史名人，尤其是临川自古出才子，人杰地灵，基础教育更是闻名全国。从宋朝开始就有“满朝文武半江西”的说法，在北宋期间便形成辉煌灿烂的“临川文化”，较为知名者有汤显祖、王安石、晏殊、曾巩、陆九渊、李觏、晏几道等。据《临川县志》记载：“文昌在斗而北，谓主抚州。”临川作为抚州才子之乡，文风鼎盛，英才辈出，文化资源丰富，源远流长，凸显了抚州地域文化的特点。

至今，抚州更有多个村落陆续被列入中国传统村落名录及中国历史文化名村。由于各村落历史悠久、文化底蕴深厚，大片古村落集群，可发现许多明清古建筑遗址。此外，抚州是国家园林城市，森林覆盖率较高，其秉持“绿水青山就是金山银山”的理念，坚持生态文明优先，绿色发展先行，取得了显著成就。

根据《江西省生态文明示范基地评选办法》可知，2016 年抚州古村落成功申报江西省第一批生态文明先行示范基地，其中各类分别占有三个入选名单：一是教育类，崇仁县源野青少年生态文化教育基地；二是公园类，江西资溪九龙湖国家湿地公园；三是生态村镇类，南城县万坊镇。①《江西省生态文明先行示范区建设实施方案》获批，江西作为我国首批全境列入生态文明先行

① 江西省发展和改革委员会：《江西省生态文明先行示范区领导小组办公室关于江西省第一批生态文明示范基地名单的公示》，http://drc.jiangxi.gov.cn/art/2016/7/20/art_14590_607674.html，访问日期：2021 年 4 月 8 日。

示范区建设省份，标志着江西省全域生态文明先行示范建设上升为国家战略关注重点，也推进了抚州“绿色崛起”的未来发展之路。

因此，抚州拥有独特的区位优势、生态特点、文化特色、人才资源，对于建立抚州古村落品牌独特性，在文化保护及利用效益上，均具有较大优势。

（二）文旅资源丰富

抚州文旅资源丰富，拥有自然旅游资源和人文旅游资源双重优势，为抚州未来打造文旅产业融合发展迎来新机遇。现存 100 多个古村中，明清古建筑多达 11,633 栋，乡村旅游点有 224 家。根据住房和城乡建设部公示结果，在第一批至第五批陆续列入中国传统村落的名录中，金溪县排名第一，总数量为 42 个，成片古村落集群，被誉为没有围墙的古村落博物馆，实至名归。

抚州自然旅游资源丰富，山清水秀，气候宜人，生态环境保护良好，境内水源涵养及森林覆盖率较高，先后获“国家森林城市”“国家园林城市”“中国城市第一氧吧”等城市名片殊荣，拥有众多旅游景点，如大觉山旅游风景区、大码头生态度假区、源野山庄景区、名人雕像园等。全市被列入省级历史文物保护单位的有 40 多处，省级自然保护区 3 个，具有较高的自然资源优势。

抚州人文旅游资源丰富，境内名胜古迹遍布，古村落集群成片，历史风貌独具特色，诸如陆坊村为心学开山鼻祖陆九渊的故乡；浒湾村为明清时期雕版印刷中心；游垫村人文底蕴深厚，历史名人文化资源显赫；后龚村红色文化遗址丰富，被列为抚州爱国主义教育基地等。故以“文化为魂、旅游为体”的原则来发展优质旅游，是抚州现阶段重要的人文旅游资源优势。

（三）基金会保护机制

为有效建立抚州古村落合作管理机制，平衡政府和民间的协调沟通，解决古村落保护发展怠慢、资金整合不健全等问题，应长期营造良好的农村社区性互助合作组织，以基金会作为古村落保护机制的重要平台，推进资金运作风险保障及监督工作。

据悉，2020 年 7 月，中国文物保护基金会江西省金溪县古村古建保护发展专项基金成立大会暨金溪外埠商会募捐大会在上海召开，现场进行授牌仪式，正式成立江西省金溪县古村古建保护发展专项基金会，由金溪县政府出资 1000 万元专款，加上会议现场募款所得资金，统一由基金会平台来共同运作，推进金溪县古村落的保护及活化利用工作。[①]

成立专项基金保护机制，能提升抚州传统村落的托管成效，确保金溪县“拯救老屋行动”项目顺利实施，推进其他古建筑修缮进度，建立市场运作及商业营销模式，共同守护抚州古村落的优质生态环境。

（四）荣获多项国家级认证农产品

抚州境内山奇水秀，物产丰饶，故有“赣抚粮仓”美誉，应发挥抚州的生态环境优势，为农产品生产基地持续创造优质出众的培养基地，为抚州这片鱼米之乡做好永续发展。现阶段抚州大力发展各色生态种植产业，较为著名的农产品有临川贡酒、南丰蜜橘、浒湾油面、广昌白莲、资溪白茶、崇仁麻鸡、赣南西瓜等。

2018 年 11 月，第十六届中国国际农产品交易会在湖南长沙召开。中国国际农产品交易会是我国农业领域规模最大、规格最高的品牌性展会，抚州市组织了 17 家优秀农业企业共同参展。经评委决议，抚州共有 4 个农产品获中国国际农交会金奖，分别为江西绿沐农业发展有限公司的王桥花果芋、江西东华种畜禽发展有限公司的东乡绿壳蛋、江西致纯有限公司的广昌白莲、江西国品麻鸡发展有限公司的崇仁麻鸡。[②]

2018 年 12 月，第十九届中国绿色食品博览会暨第十二届中国国际有机食品博览会在福建厦门国际会展中心召开。该博览会是国内绿色和有机食品领域最高级别的展会。抚州市广雅食品有限公司“广雅”牌竹笋罐头、五圆科农实业有限公司“黎米道”牌黎川黎米、苍源中药材股份有限公司“苍源”牌金银花等 3 个产品获金奖，全省共 5 个产品再度荣获金奖，占全省总数的 60%。[③]

此外，为助力抚州农业高质量增产，政府将“地标”农产品培育发展工作列为重要议程，并开展系列流程工作。目前全市已有地理标志商标 10 件，

① 抚州市人民政府：《金溪古村古建保护发展专项基金成立大会暨金溪外埠商会募捐大会在沪举行》，http://www.jxfz.gov.cn/art/2020/7/27/art_11_3532909.html，访问日期：2021 年 4 月 8 日。

② 江西省人民政府：《抚州市 4 个农产品获中国国际农交会金奖》，http://www.jiangxi.gov.cn/art/2018/11/13/art_399_404255.html?xxgkhide=1，访问日期：2021 年 4 月 8 日。

③ 江西新闻网：《抚州三个农产品获全国金奖》，https://jiangxi.jxnews.com.cn/system/2018/12/14/017270890.shtml，访问日期：2021 年 4 月 10 日。

地理标志保护产品5种。2020年5月，在“全国第四个中国品牌日”活动期间，抚州作为地理标志产品的南丰蜜橘、崇仁麻鸡，其品牌价值皆获批名列全国区域品牌前100强。其中，南丰蜜橘位居第15名、崇仁麻鸡位居第87名，江西省共10个地理标志产品区域品牌名列全国100强，占全国总数的20%。[①]

如上所述，抚州多项农产品陆续荣获国家级认证，更加坚定了抚州走农业发展的转型之路。本研究团队认为抚州农产品最大优势在于，目前政府、企业和社会各界皆有意共同助力抚州可持续性生态产品的创新路径，欲将全新生态链模式“循环经济”理念融入农业，进一步推进现代农业发展。因此，为推进高质量发展、绿色产业升级新业态，抚州市委、市政府统筹规划打造区域公用品牌“赣抚农品”，作为实现抚州“一县一业”“一村一品”特色农产品的新形象建设工作，“赣抚农品”将成为抚州精品农产品的优化新路径。

二、劣势

（一）抚州古村落旅游商品开发处于初级阶段

抚州现有国家5A级景区1个、4A级景区15个，丰富的景区旅游资源和成片的古村落集群皆是抚州重要的历史文化遗产，为实现景区生态的保护和开发利用。对景区旅游商品进行开发、深度挖掘文化内涵、提炼具有本地特色的文化符号，以及结合当代大众审美趣味，是促进景区旅游产业更有效的传播发展对策。

2020年9月，中国特色旅游商品大赛举办，这是继新冠肺炎疫情之后首次举行的全国综合类旅游商品大赛。在此次大赛中，抚州喜获2020中国特色旅游商品大赛2银1铜殊荣，分别为美尔络·丝丝茹蔻系列护肤洁肤品和韩员外·梅占红茶获得银奖；金源雾茗·资溪白茶获得铜奖。[②] 该次获奖对抚州古

① 地理标志网：《江西省抚州市擦亮“地标”农产品金字招牌 助力农业提质增效》，http://www.cpgi.org.cn/?c=i&a=detail&cataid=1&id=2148，访问日期：2021年4月8日。

② 抚州市人民政府：《喜报！抚州旅游商品荣获2020中国特色旅游商品大赛2银1铜》，http://www.jxfz.gov.cn/art/2020/9/26/art_7_3559490.html，访问日期：2021年4月10日。

村落旅游商品的开发，发挥了积极作用。

然而，本研究团队在考察多数村落的过程中，却未见旅游商品售卖服务站点，也无相关门户网站推介旅游商品，究其原因：一是目前抚州古村落保护重点落在村里的修缮工作，积极推进村落“拯救老屋”行动及基础设施和公共服务建设，尚未完全进入开发村落旅游商品阶段；二是抚州古村落开发利用程度不同，目前规划为景区使用的村落较少，景区活动多以村里人为主，游客较少，故对于景区旅游商品开发需求较低；三是抚州古村落皆有村民生产特色农产品，然而，现阶段多为自产自销，外销比例较低，原因在于抚州当地村民的售卖方式仍处于农业经济和工业经济阶段，村民消费行为尚未改变，开发重视服务经济的旅游商品没有新的生存价值和利用空间，故景区旅游商品开发仍停留在初级阶段。总体而言，现阶段抚州古村落旅游商品开发基础性不足，传播力度不够，竞争力薄弱。

（二）抚州古村落青壮年劳动力外流导致“空巢化”现象严重

本研究团队考察认为，目前抚州古村落多有空心村现象，即便政府已托管修缮古宅，也到处可见村里屋舍断垣残壁，以及无人居住且长满青苔、杂草的闲置空屋，村落“空巢化”现象严重。“空巢化”现象是村落进行保护与利用所面临的困局之一。在资金还未到位、经济发展滞后的情况下，无法有效改善村落基础设施条件，为村民提供较好的居住环境。包括防火系统、污水处理系统、环卫系统、医疗条件等，多数问题皆会导致村落逐年发生坏损、消失的情况。

本研究团队认为空巢化现象主因有三个方面：一是村落古宅年久失修，处境危险，恐有倒塌问题，村民由村里搬往村落周围或城里，故常可见村落周边有新屋建设；二是村里资源匮乏，就业机会低，劳动人口大量外流，呈现青壮年人口多往城镇打工、老弱病残和幼妇留守村中现象；三是村落地理位置偏远，村民生活条件艰困，医疗、休闲、教育、养老等资源不足皆是问题。

如上所述，抚州古村落“空巢化”现象严重，应继续推进美丽乡村建设，在对村落进行保护与开发的同时，提高乡村治理效能，优化村落生产条件及相关资源，提倡劳动人口回流，鼓励和支持村民回乡创业，实现村落“农产品出得去，资金进得来”的美好愿景。

（三）国外元素与当地文化的嫁接缺乏深度融合

目前，抚州尚处于对古村落进行保护和开发的阶段，需另选择打造国外主题村落的实例。大坊荷兰创意村就是抚州当地中荷文化融合碰撞的经典，其发展路径有别于抚州各村在乡村振兴的过程中打造与利用的传统路径。在重塑传统村落形象这条路上，将原有传统村落文化与国外新元素进行深度文化嫁接，却在外观设计上通过采取表面意象的复制与转移手法，使得村落流于表面套用国外元素，对传统文化的交流和运用产生断层，导致没有深度挖掘传统村落原有的历史文化价值基础。

本研究团队认为应将国外文化元素与抚州当地村落进行历史文化厚度的对应，在进行中外文化嫁接的同时，考虑符合两者的文化意义扣连性，借鉴国外文化元素的引进，讲好抚州传统村落的故事，赋予传统村落更加深厚的文化内涵，这样不仅能“引西润中”“融合中西”“借古开今”，更能借由国外新元素的洗礼，将抚州传统村落重塑成一座座小型且创新的文化“展览馆”。

（四）抚州古村落文化旅游基础设施薄弱

为适应新时代发展要求，助力“实施乡村振兴战略”和“建设美丽中国”工作，《抚州古村落文化保护与开发总体规划》出台，将古村落的保护开发纳入县（区）经济社会发展规划、城乡建设、美丽乡村建设中。

本团队调研发现，目前抚州古村落规划为景区旅游开发，普遍存在资源分配不均、村落开发程度不同、外来投资商与村民发生矛盾等问题，导致多数村落基础设施建设不足。根据本研究团队调研结果，对村落基础设施条件进行评估，大致可分为交通系统、排水系统、能源系统、通信系统、环卫系统供给五大建设，以下将分别详述。

交通系统方面，主要分为内部环境和外部环境两大类。外部环境多有景区铺设道路未完善现象。由于年久失修，产生原有道路毁损、道路崎岖不平等问题。有些景区为保留村落传统风貌，无进一步道路规划，动线设计不良。外部环境则多有景区之间交通动线缺失问题，包括未建立景区点对点交通联动机制、未设置景区旅游大巴接驳地点、未设置景区旅游综合平台以统筹交通指挥，景区周边停车场出入口动线设计不良，前往景区路标、指示牌尚未规划完善等。

排水系统方面，目前多数村落未全面开通自来水系统，修缮进度缓慢，多数村民主要饮用水源和日常取水习惯仍以井水为主。村民还会于村里水塘或溪边进行洗衣、洗菜活动。另外，有关水质监控问题，村落并没有全面建成污水处理系统，对景区的用水品质没有把关措施。

能源系统方面，主要涉及村落供电和燃气建设问题。为推进抚州传统村落升级为生态文明村，目前多数村落电线已实现全面地下化，村落电压不稳问题得到改善，并全面进行不使用柴火宣导，改用天然气，推进燃气在村落的使用率。然而，经考察发现，现阶段仍有多数村落未装设天然气设备，出现村落基础设施建设升级缓慢现象。

通信系统方面，主要涉及村落移动电话通信、网络连线问题，多数村落虽已规划为景区使用，但仍未采取景区全域 Wi-Fi 覆盖措施。

环卫系统供给方面，提倡维护村落整洁风貌，注重垃圾清洁管理，村落建立整洁监管机制服务，目前皆设立免费公共厕所，街道摆放垃圾桶，并设有可回收和不可回收分类垃圾桶，但村落皆未实行垃圾分类，对垃圾分类仍处于宣导阶段。

三、机会

（一）荣获多项品牌城市荣誉称号

抚州陆续荣获多项品牌城市殊荣，品牌认证对于建设美丽乡村、实践乡村振兴工作，有较大助力。同时，抚州品牌城市殊荣对于推进抚州古村落旅游开发具有间接性促进作用。

2017 年 12 月，由世界城市合作发展组织、香港中国城市竞争力研究会、香港桂强芳全球竞争力研究会联合举办的第 16 届全球城市竞争力排行榜新闻发布会在香港国际会展中心召开，抚州入选“中国文化竞争力十佳城市” 排行榜。抚州以“汤翁故里，才子之乡”的形象，位列中国文化竞争力十佳城市第六名，是江西省唯一入选城市。2018 年 10 月，抚州再度荣获“中国文化竞争力十佳城市”，同样名列第六。[①]

2019 年 11 月，中国城市大会在北京开幕，江西省抚州市获“世界一流品牌城市共建城市”。[②]2019 年 12 月，中国国际化招商引资合作与发展论坛暨“第九届环球总评榜”发布典礼在北京召开，抚州获“2019 中国投资环境质量十佳城市”。[③]

2020 年，江西省发布《关于表扬 2020 年度城市功能与品质提升考核先进单位的通报》，抚州市金溪县成为唯一上榜县城。这次评选综合考核了抚州市政府对于美丽乡村整体建设的成效，包括宜居品质、城市资源，乡村治理等良好效能，取得了短期佳绩，推进实现让人民满意居住的城市目标。[④]

（二）政府相关部门及媒体等给予大力支持

近年来，抚州古村落拥有政府相关部门及媒体的大力支持，从中央到地方多渠道筹措资金，共同推进村落的保护和开发，切实做到推进文化遗产保护管理，并且增强传统村落保护发展的综合能力。

根据江西省政府对抚州古村落全域保护实践报告[⑤]，从 2013 年至 2016 年，抚州金溪县建立了多元投入机制，积极争取多项古村落保护及修建资金的落实，诸如争取国家古建筑红色文物、传统村落集中连片古建筑文物、国保和基层文物保护经费达 5200 万元；建立古建筑文化遗产政府托管保护基金达 9300 万元；村集体与个人投入资金达 11,500 万元等。凡是涉及古建筑文物保护的建设点，皆积极投入维修工程，总资金达 2100 万元。

此外，2014 年金溪县委在第十三届八次全体（扩大）会议上，重点提出对于抚州古村落“双色”（即“古色”与“红色”）主题发展重要路径，制定

① 搜狐新闻：《昨天，抚州在全国火了！》，https://www.sohu.com/a/259293085_695263，访问日期：2021 年 4 月 10 日。

② 抚州市人民政府：《我市荣获世界一流品牌城市共建城市称号》，http://www.jxfz.gov.cn/art/2019/12/2/art_11_3232072.html，访问日期：2021 年 4 月 10 日。

③ 新浪网：《祝贺抚州，再次获得国字号荣誉！江西唯一上榜城市！》，https://k.sina.com.cn/article_7285899220_1b245ffd400100kkp6.html，访问日期：2021 年 4 月 10 日。

④ 贵溪新闻网：《点赞！推进城市功能与品质提升，贵溪获全省先进》，http://www.guixitv.com/ssyl/2021/0407/12463.html，访问日期：2021 年 4 月 10 日。

⑤ 江西省人民政府：《抚州：对传统村落全域保护的实践》，http://www.jiangxi.gov.cn/art/2017/10/18/art_5296_344780.html，访问日期：2021 年 4 月 18 日。

《关于成立金溪县文物保护管理委员会的通知》《关于加强我县文物保护工作的实施意见》《关于公布金溪县第二批县级文物保护单位的通知》《关于公布564处古村古建筑为县级文物保护点的通知》《关于加强全县不可移动文物保护管理的实施办法》等十多份文件。这次会议受到高度重视，金溪县成立了县文广新局、县建设局、县财政局、县发改委等相关部门，有效推进了抚州古村落文化遗产保护工作。

2017年，金溪县争取到“拯救老屋行动”资金，并于2018年正式启动该计划，借由中国文物保护基金会来推动整县项目，投入资金高达4000万元，为全县文化遗产保护工作提供了较高的保障条件。另外，自2016年上半年开始，抚州古村落即获中央电视台《国宝档案》栏目连续五期宣传金溪文化的宝贵机会，通过“数字遗产中国行”全国性大型活动进行广泛宣传。

2016年8月，抚州金溪古村落等文化遗产保护再获学术界重视。其在清华大学国际交流中心召开会议进行宣传时，抚州金溪古村落文化遗产保护赢得了在场国内外100多家主流媒体的关注，再次推进了抚州古村落保护的热潮，同时也吸引了支持抚州金溪文化遗产保护的领导、专家学者前来当地考察。

2017年、2018年，按住房和城乡建设部、文化部、国家文物局、财政部《关于切实加强中国传统村落保护的指导意见》，公布了中央财政支持范围内中国传统村落的名单。其中，抚州共有十个村落被列入名单，中央财政将按平均每村300万元的补助资金支持传统村落保护工作，为村落提供传统建筑保护利用示范、历史遗迹修缮建设、防灾减灾设施建设、环卫基础设施完善、公共环境治理、文物保护、国家级非物质文化遗产代表性项目保护等服务，切实落实整改村落历史遗存和人居环境的工作。①

诚如上述所言，从政府相关部门及媒体各界给予的出台政策和实践项目来看，抚州正因为获得了各界大力支持，传统村落全域保护工作才能逐年推进。

① 中华人民共和国住房和城乡建设部：《住房城乡建设部等部门关于公布2018年列入中央财政支持范围中国传统村落名单的通知》，http://www.mohurd.gov.cn/wjfb/201805/t20180511_236024.html，访问日期：2021年4月12日。

（三）实施乡村振兴战略，推进美丽乡村建设，助力古村落活化利用

加快建设美丽乡村、实现乡村振兴战略，是党中央高度重视乡村脱贫攻坚的国家战略，也是实现中华民族伟大复兴的路径。

2021 年 2 月，党的十九届五中全会通过《中共中央关于制定国民经济和社会发展第十四个五年规划和二〇三五年远景目标的建议》，公布《中共中央国务院关于全面推进乡村振兴加快农业农村现代化的意见》，对于全面推进乡村振兴发展新阶段，有了全面性的指导部署。该文件助力了抚州古村落在保护开发利用方面的市场问题，同时也加速了抚州通过传统村落文化产业化的转型，有效解决农村发展的共同问题，包括预期解决“三农”发展不平均问题，补齐农村短板弱项，推动城乡协调发展，扩大农村需求，畅通城乡经济循环等，以及统筹推进“五位一体”总体布局、“四个全面”战略布局等工作指导。①

习近平总书记说：“民族要复兴，乡村必振兴。”若能加速推进抚州古村落的美丽乡村建设，助力城乡融合、文旅融合、农旅融合等发展，则不仅能确保抚州乡村文化的传统延续性，更能加速推进抚州村落现代化建设，从而转向“以人为本”的现实需求工作导向，切实做到解决抚州区域之间村落保护及开发利用的资源分配不均问题，也能让亿万农民真正迈向美好生活。在美丽乡村建设的发展道路上，历史文化传统的积极保护和活化利用，是抚州古村落文化可持续性发展的关键，也是提升抚州基层乡村治理的服务方向。

四、竞争

（一）周边地区同类型古村落旅游竞争激烈

美丽乡村建设已成为都市人的出游新热点。游览山水田园风光，在传统村落品味乡愁，没有城市繁杂的喧嚣，乡村里的生态人文景观能满足人们对美好生活的向往。抚州作为江西省传统村落资源丰厚、规模成片集中、传承有

① 习近平：关于《中共中央关于制定国民经济和社会发展第十四个五年规划和二〇三五年远景目标的建议》的说明，人民网，2020 年 11 月 3 日，http://cpc.people.com.cn/n1/2020/1103/c64094-31917564.html，访问日期：2021 年 4 月 12 日。

序、类型独特的地区，由于国家政策及政府相关部门的大力支持，乡村旅游发展虽然处于起步阶段，未来却大有可期。

根据智研咨询发布的有关2014—2019年中国旅游收入及增速的统计数据（见图6.1.1）可知，我国乡村旅游热潮发展较为短暂，但游客数量和旅游收入快速增长，乡村旅游好光景比重逐年提升，未来市场前景广阔。2019年，中国旅游收入为6.63万亿元，同比增长11.1%。①

本团队调查显示，目前抚州各村落皆设有村委会，以党作为组织，是村落社区治理的中心基地。虽然各村落都存在建筑坏损问题、资源分配失衡、受理修缮进度缓慢等问题，但村里仍有村民居住，村落形成社区化规模发展，村落与村民生活息息相关，故抚州应归类为社区参与型古村落。同时，与周边地区同类型古村落发展乡村旅游存在竞争。

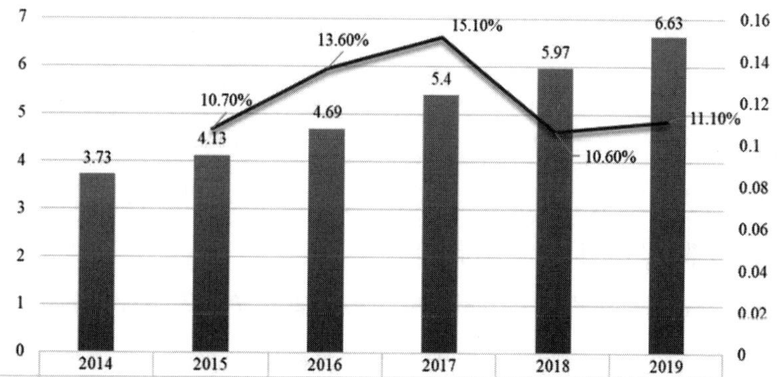

	2014	2015	2016	2017	2018	2019
旅游收入（万亿元）	3.73	4.13	4.69	5.4	5.97	6.63
增速		10.70%	13.60%	15.10%	10.60%	11.10%

图6.1.1　2014—2019年中国旅游收入及增速（资料来源：国家统计局、智研咨询整理）

本研究团队认为现阶段的最大竞争对手是江西省上饶市婺源县，其目前为抚州周边地区古建筑保存较好、发展较完善、规模较大的社区参与型古村落。自2011年起，婺源就被评为全国休闲农业与乡村旅游的示范县，全域获

① 中国产业信息网：《2020年中国乡村旅游发展态势分析：接待游客人数稳健增长》，https://www.chyxx.com/industry/202012/917870.html，访问日期：2021年4月12日。

全国唯一以整县命名国家3A级景区，是全国乡村旅游拥有最多4A级景区以上的县域，连续12年接待游客量位居江西省之首。婺源古村落荣获多项乡村旅游殊荣，诸如中国优秀国际乡村旅游目的地、全国森林旅游示范县、国家生态文明建设示范县、国家乡村旅游度假实验区等品牌名片。由此可知，抚州作为乡村旅游新兴发展区域，在村落保护、开发建设、抢占市场资源、吸引游客等方面，前期应有更多的投入，毕竟婺源古村落因为具备旅游竞争优势，已经成为抚州发展乡村旅游的最大竞争对手。

本研究团队认为，目前抚州古村落尚不如婺源古村落发展得好，最大因素在于现阶段抚州景区发展仍未完善打造全域旅游模式。根据考察结果，以下几点是抚州古村落旅游竞争力相对落后的原因。

一是景区配套设施不完善。抚州在交通出行方面有利条件较少，限制了游客的旅游意愿，包括离机场距离较远、无规划完善的旅游大巴直达景区等。相比之下，去婺源古村落旅游，乘客可搭乘高铁直达婺源站，并于高铁出站口搭乘正规旅游大巴，票价合理，直达景区，既可避免误乘黑车，又可提高出行安全。另外，婺源景区内设置了多间餐饮设施，提供外来游客解决用餐问题，并已全面建好公共厕所，提供游客游览期间良好的服务环境等。

二是景区旅游商品开发不足。一方面，抚州古村落旅游建设仍处初级阶段，多数景区未设置商品服务中心，特殊节庆期间无表演安排，夜间特色旅游项目较少，游客多为抚州当地游客，省外游客人数比例较低，游客旅游体验感有待提升。另一方面，对于婺源古村落旅游来说，景区旅游商品开发存在优势。目前，婺源古村落景区皆设有商品服务中心，满足游客游览景区的体验感。另外，在春秋两季会提供特殊节庆表演：春季时节，由婺源县文化广电新闻出版旅游局、婺源旅游股份有限公司共同主办“婺源油菜花旅游文化节”，至今已连续举办第三届；秋季时节，婺源有著名的篁岭晒秋活动，篁岭村民家家户户都在屋顶搭起晒架，绘就出“晒秋”农俗的特殊景观，篁岭晒秋景观符号于2014年入选最美的中国符号。婺源景区夜间设有“梦里山家”大型山水实景演出项目，填补了景区夜晚旅游项目的空缺。上述婺源所打造的消费景点皆成为抚州景区旅游的竞争对手。

三是村民社区参与性较低。抚州古村落虽然已有景区旅游规划，但仍有许多村落未完善旅游项目，也缺乏引进景区旅游管理专业人员，村落发展资源分配不均是最大问题。村民住在村落里，村集体互动低，就业机会较少，村中劳动人口多外出打工，村落存在“空巢化”现象，表现出村民社区参与性低的低迷状态。

本团队调查显示，有关村民社区参与问题，抚州仅游垫村作为村民社区参与性较高案例，欲打造中国 CHCD 基地村，将文化遗产与数字科技融合发展的时代成果进行资源整合，结合古村古香文化，形成“文化遗产 + 数字科技 + 古村古香”多元加持发展格局的示范村。前期规划建设须引进大量劳动人口，村集体成为游垫村推进建设的重要劳动力，这使村落释放出较多就业机会。本研究团队考察结果认为，游垫村民对于村落拥有较高归属感，未来有望降低劳动人口外流问题。

相较于抚州古村落，婺源古村落景区发展时间较久，已有较多完善的规划，景区旅游项目开发建设充足，种类繁多，政府制定当地旅游开发设计皆达较高标准，这就形成了婺源当地经济发展优势条件：村民投入社区参与比例比抚州高，景区大多数旅游项目都可见村民参与经营，这对于抚州古村落旅游发展无形中造成较大压力。

（二）部分旅游过度开发，原生态古村落恐遭受破坏

随着我国乡村振兴战略的实施，对于抚州传统村落保护已投入相当大的资源建设，并已取得短期成效。目前对于抚州古村落旅游开发问题，将以金溪县作为抚州古村落全域旅游示范点，推进其成为全国乃至国际古村文化旅游目的地，通过金溪县全域旅游示范点来逐步带动抚州其他村落集群的保护与开发，有望达成“一景区养活一村人”的发展目标。

抚州村落作为景区旅游开发，对于保有“绿水青山就是金山银山”的环境状态仍有较高期待。然而，村落在开发完善后迎来大量商机的同时，造成对环境的无形破坏。本研究团队认为该现象存在四点问题：一是村落多处古宅坏损，改建仿古民宿或餐馆，村落文化底蕴逐渐消失，造成新旧建筑景观设计有极不协调的情形；二是村落旅游开发越好，吸引过多游客，导致村落生活的清幽环境被破坏；三是景区建设人工景观过多，无法保留村落原生态风貌，村落文化将面临严峻续存危机；四是政府在保护古村落修缮期间，对整体缺乏长期

的综合性规划，造成各村建造模式杂乱，村落屋舍围墙标语林立，传统文化特色繁杂纷乱等。

（三）古村落治理集中于“自上而下”的单一方式

在抚州古村落保护发展进程中，各村皆设有村委会，派村书记主持村中任务，以党作为综合管理服务指挥中心，发挥网格化党建政治引领作用，村落社区治理普遍采取“自上而下”服务模式。本研究团队认为村落通过“自上而下”社区治理，模式过于单一化，存在较多现实纷争，包括村落资源掌握在村委会手里，资源无法切实发放到村民手中，行政效率低，导致村民消极参与社区工作等现象。在走访的许多村落中，大多村民皆强烈反映政府为村落提供修缮扶持，但政府将其古宅托管，村民却无较多收获，每户一年仅收到 300 元补助，对于真正改善村民日常生活问题，短期内无较大帮助。

另外，村落对于村民提出的问题，无法即时解决，无法通过面对面协商来取得共识，更不能达到整合资源、合作共赢的目的。故应建立“自下而上”治理模式，听取村民需求，成立专人负责协商中心，做到即时反映村民问题；推进解决村民问题完善机制；适当减少复杂行政公文审批流程，提高行政效率；彰显社区自治功能，提高社区村民自我管理水平；切实保障村民参与社区自治的权利，提升村民社区自治的基础素质。

第二节　宏观市场分析——PEST 分析

一、政策

（一）国家对乡村振兴战略的高度重视

一直以来，解决农村问题是党和国家工作的重中之重。十三五时期，党中央坚持农村精准扶贫、精准脱贫工作，推进解决“三农”问题，促进农业提质增效，并推进实现乡村宜居宜业、农民富裕富足状态，取得了积极成效。而后，党的十九大报告提出“乡村振兴战略”，以习近平同志为核心的党中央领导开启新时代新局面，全面建设社会主义现代化新征程，决策部署，加强农村现代化建设，健全城乡融合发展机制，加快推进城乡一体化发展，顺应亿万农民对美好生活的向往，以全面建成小康社会为目标。

实施乡村振兴战略，确实逐渐缓解了抚州当地存在的城乡发展不均现象。重视城乡一体化健全发展，提升抚州当地村落健康持续性发展，积极推进抚州县域人口乡村振兴综合发展，包括聚焦抚州农村市场经济改良、抚州农村经营创新模式、抚州农村公共服务、抚州农村传统文化与现代文化融合机制等，皆是目前抚州面临城乡发展矛盾的解决关键。

本团队调查发现，目前抚州城乡发展矛盾问题主要体现在三个方面：一是区域发展不均衡，城市与农村就业机会失衡，经济收入有较大差距；二是教育发展不均衡，教育资源主要集中在一、二线城市，农村教育资金不到位，因而导致农村地区办学条件较差，师资水平偏低，农村人口贫困进而享受不到优质的教育培养环境；三是产业发展不均衡，资源配置失衡，城乡产业结构严重扭曲，导致农村劳动人口大量外流，进城打工风气旺盛，乡村产业发展成效稍显薄弱。

从抚州人民政府角度来说，国家提出实施“乡村振兴战略”，犹如及时雨，助力了抚州当地对于美丽乡村建设的基本保障，也对抚州古村落保护工作起到全面提升作用，既是新机遇，也是新挑战。按国家政策发展来看，抚州在对古村落进行保护和开发的过程中，强而有力的背景和后盾可有效避免相关问题产生。

一是抚州在通过村落转型景区模式引进旅游项目的同时，由于有相关政策出台落实，保护了古村落顺应全域旅游发展商业模式，避免工作人员对古村落保护和利用认识不到位，导致商业开发大于保护等问题。

二是借由政策影响，派遣相关领域专家、学者赴抚州当地考察，对抚州本地的自然环境和历史环境进行了专业评估，在对传统村落文化遗产保护方面，也有较好的鉴定把关作用。

三是有效运作政府投入抚州古村落建设的资金，稳妥推进抚州面对传统村落的保护规划编制工作，以及推进长效管理机制的完善。

四是通过国家政策出台影响，提供相关专业培训课程，提升抚州当地乡镇干部对文化保护利用工作的认知水准。

五是从中央到地方的层层把关，对于抚州古村落开发问题进行严格审核，避免出现不合理的破坏性工程，诸如防止古宅遭受拆旧建新，导致村落记忆断裂、家园文化丧失。

六是提高抚州乡镇干部的整体文化素质，避免乡镇文化开发建设形成盲目、跟风的混乱现象。

七是督促地方政府有效实施政策扶持，提升抚州全域发展检视工作，在进行旧村改造的同时，防止村落陷入“千村一面”的修缮结果。

（二）财政部、文物局资助开展传统村落保护公益项目“拯救老屋行动”

“拯救老屋行动”一直是维护传统村落政策重要的一环，其政策发布是为解决传统村落的保护问题，提供更加健全的保障基础。关于“拯救老屋行动”项目开展，主要由中国文物保护基金会单位组织。基金会是由民政部批准，国家文物局主管的具有独立法人地位的全国公益基金组织，其秉持 “文物保护全民参与、保护成果全民共享”的发展理念，通过资助文物保护修缮工作，促进文物合理利用，开展文物价值的研究与传播，推进文物领域的公共文化服务。此外，基金会作为重要平台，负责组织联系全国文物保护社会组织和志愿者，推进社会力量广泛参与，促进文物保护事业可持续发展。

目前，抚州“拯救老屋行动”项目是由财政部、国家文物局批准设立的，中国文物保护基金会作为监督管理角色，专门对传统村落保护公益成效的执行进行审核，解决传统村落中属于私人财产的古宅进行维修所需经费的投入评估问题。其中，尤其针对那些消极维护的古宅产权人。据悉，抚州金溪县具有较多格局完善、古风保守较佳的明清古村落集群，约 101 个。其中，中国历史文化名村有 3 个，中国传统村落有 21 个，省级历史文化名村共 9 个，省级传统村落共 31 个，省级历史文化名街区有 2 个，现阶段还有约 49 个中国传统村落正申报审批中，古村落建筑达 11000 多栋。①

“拯救老屋行动”项目是抚州传统村落维护的重要政策，现阶段多数古村落皆积极落实此项目实施，其项目资助范围包括中国传统村落内各级文物保护单位、第三次全国文物普查登录所属的非移动性文物中的个人产权文物建筑。项目的资助内容除了将 50% 的修缮资金用于推进文物产权人和地方政府资源

① 新华网：《金溪县：“拯救老屋行动”重焕古村生机》，http://m.xinhuanet.com/jx/2018-03/19/c_1122556348.htm，访问日期：2021 年 4 月 12 日。

整合之外，其他50%的修缮资金用于吸引专业设计团队进驻。通过无偿模式，提供村落智力支持、志愿服务等社会性服务，全面建设以财政资助作为后盾和基础，促进古宅产权人、社会力量共同参与抚州传统村落的保护活动。

如上所述，“拯救老屋行动”项目实施，使得抚州古村落修缮保护有了更加巩固的工作保障，包括提升古宅产权所有人对保护祖屋的积极性，坚持通过创新改革模式助力古宅产权所有人对文物建筑修缮的保护机制认知问题，通过对抚州古村落的保护和活化，积极围绕乡村振兴国家战略实施，促进当地文物建筑的服务及惠民方案。

由此可知，“拯救老屋行动”项目不仅重新赋予了抚州古村落原生态风貌，对于保护村落周边自然生态环境也提供了避免开发造成破坏的基础保障。特别是村落周边种植特色经济作物，为村落古宅提供转型民宿或餐饮产业服务发展，皆可逐渐形成所谓“可复制性”的政策扶持经验。

（三）“加强产业对接，推动文旅融合发展”是江西省旅游重点工作之一

2020年江西省文化与旅游厅发布年度工作要点①，2020年是国家全面建设小康社会和决战脱贫攻坚的重要年份，也是“十三五”规划收官之年。江西省在文化和旅游体系建构工作中，一方面要以习近平新时代中国特色社会主义思想为核心；另一方面，要全面贯彻党的十九大报告工作重点，坚持新发展理念，以满足人们对美好生活的需求作为重要目标，提供更多优质文化产品及旅游产品。除了以党作为指挥中心来服务之外，应全面推进现代化建设，基于文化和旅游领域的治理体系和治理能力，建设和完善景区的基础设施和公共服务设施，着力推进红色基因的传承问题，全面深化文化和旅游领域等服务。

江西省颁布的政策《对于加强产业对接，推动文旅融合发展》是提升省内旅游的工作重点，也是解决抚州推广村落保护及旅游活化的关键助力。根据政策关注，以下列举几项政策重点。

一是大力提升艺术创作生产。加强展示江西形象优秀艺术创作，或重大革命或历史题材，突出红色文化、陶瓷文化，重点打造属于江西省的文化符

① 江西省文化与旅游厅：《关于印发〈江西省文化和旅游厅2020年工作要点〉的通知》，http://dct.jiangxi.gov.cn/attach/0/25aa1963cb7248a8ab88bdb67861c404.pdf，访问日期：2021年4月12日。

号，提升江西省艺术人才培养基地的教育教学水平，创作精品舞台剧、文艺展览表演节目，例如“2020 江西文化发展巡礼——新创剧目汇演”、第二届全国采茶戏汇演、汤显祖戏剧节暨国际戏剧交流月、江西省青年美术家优秀作品展、江西版画展等艺术活动。

二是加强现代公共服务体系建设。不仅可以做到完善江西省文化和旅游公共服务网络体系，更可以提升江西省旅游景区的服务档次，为抚州古村落旅游的转型铺垫了良好基础。江西省的大力扶持政策，能解决目前抚州古村落所面临的现实问题，包括交通建设的滞后、景区周边停车场动线不佳、交通标示引导体系薄弱、周边道路崎岖不平、景区旅游咨询服务及旅游公共服务空间的不完善等。

三是落实群众性文化活动的长效机制。通过建立群众文化活动服务平台，以举办多项群众文化活动的名义，积极开展全民艺术，普及民间交流，大力培育“一县一品”“一乡一品”“一村一品”等特色文化，并建立文化馆、图书馆、博物馆等公共文化机构。江西省相关政策的出台，有效助力了抚州开展群众性文化活动。现阶段抚州各村已落实“一村一品”农副产品售卖推广，或借由资源分配的支持，推进抚州村落内建设文化馆或展览馆。本团队调查发现，游垫村作为抚州金溪县资源集中打造的重点村落，通过召集村里劳动人口共同完善村落新兴建设，景区将实施重点规划，包括“一点、一带、四中心”目标：“一点”即光影水秀节点；“一带”为林间飘带；“四中心”涵盖了 CHCD 中心、文旅创新实践中心、数字科技研学中心、古建古村古民居研学中心。游垫村作为省政府政策实现群众性文化活动的先锋，率先解决了村里劳动人口的就业问题，也提升了村民对村落未来发展的美好向往，使他们对村落文化有更坚定的信任感和归属感。

四是持续推动优秀传统文化保护利用和传承发展。该项政策落实方向主要包括加强革命文物保护利用问题，重点在于借由推进红色文化基因传承，加强革命文物整体保护；为加大文物保护利用力度，现已出台相关政策，如《江西省重点发展区域文物保护和考古事项区域评估实施细则》《江西省文物保护工程竣工验收管理规定》等文件；大力推动博物馆规划，聚焦县域范围建设，在政策方面制定相关文件，如《关于疫情防控期间全省博物馆有序恢复开放的指导意见》，进一步完善博物馆的工作机制，扩大博物馆展览、巡展交流，增设博物馆线上服务资源等；加强非物质文化遗产的传承和传播，制定省级非遗项目代表性传承人认定与管理办法、省级非遗生产性保护传承传播基地管理办法和非遗项目申报工作指南等。

二、经济

国家、省级历史文化名村和中国传统村落保护得到重视，也获得了财政支持，且有显著成效。在抚州众多古村落中，获批国家或省级历史文化名村和中国传统村落名录的名单逐年增多，政府陆续推出有关传统村落申报资格修订公文，积极提供多方保障条件。这些荣誉村落的上榜，实则为抚州当地落实古村落保护及活化工作，带来了较多村落发展前期的优化作用。

据江西省政协十二届二次会议报告①，有关历史文化名村和中国传统村落的讨论，2012 年江西省已全面启动传统村落调查登记工作。据逐年登记结果，江西省共有 800 多个传统村落上报，其中有 50 个国家级历史文化名镇名村、66 个省级历史文化名镇名村、175 个中国传统村落。

2017 年，江西省政府有关部门联合开展了首批省级传统村落评定工作，并发布《江西省省级传统村落评价认定指标体系（试行）》，明确提出关于省级传统村落的申报资格、流程和要求等，并批准并公布 248 个省级传统村落，逐步制定关于国家、省级、市级名录的管理体制，通过数字化工程为江西省传统村落数字博物馆建馆开展前期工作提供从点到面的完善保护体系。

2019 年，国家新公示第五批中国传统村落，江西省共有 168 个村落入选。国家级历史文化名镇名村和中国传统村落数量分别列全国第 4 位和第 8 位。除此之外，为了落实抚州传统村落的保护利用建设，采取多渠道资金支持的政策，也为当地带来更多机会。从 2014 年至 2018 年，江西省 158 个中国传统村落经过积极争取，被列入中央财政支持范围，每村将获得 300 万元的中央补助。

---

① 江西省人民政府：《关于省政协十二届二次会议第 20190243 号提案的答复》，http://www.jiangxi.gov.cn/art/2019/6/12/art_13340_699054.html，访问日期：2021 年 4 月 12 日。

另外，2015年江西省财政统筹专项资金高达2亿元，获批支持20个传统村落保护项目实施，以及将村落规划为景区旅游开发使用。2019年，江西省住房和城乡建设厅专门通过城市建设专项资金拨付1000余万元，用以协助有关省内传统建筑的建设工作。各市县不断扩大对于传统村落保护的资金投入，例如安排传统村落奖补资金、保护发展基金、旅游收入反哺等，现已逐步建立长效的资金投入机制。

三、社会

（一）部分村落保护理念和保护机制尚未成形

随着政府积极开展传统村落的保护工作，许多传统村落陆续被列入中国传统村落和历史文化名村名录，村里的非物质文化遗产得以保护和传承，并且越来越受重视。现阶段，保护传统村落对于传承与发展中华优秀传统文化，具有现实意义。

2021年1月，江西省住房城乡建设厅发布《江西省传统村落整体保护规划》政策，明确提出进一步完善江西省传统村落保护计划。到2025年，江西省传统村落保护体系应初步建构完善，推进省内古村落基本保护，全面提升村落人居环境，形成乡村振兴先行示范区；到2035年，推进省内古村落有效保护，建成省内3处古村落集中连片示范区，成为江西乡村振兴和旅游发展的重要展示区。此外，对省内传统村落发展路径制定了分类指引，提出传统村落应按不同特色，发展出相应思路，包括重点发展、嵌入发展、融合发展、活化传承等，并对其所在环境，针对城市、产业、交通、旅游服务体系建设等方面提供完善对策。①

由此可知，政府积极重视传统村落保护工作，也预期完善规划目标，对于提升传统村落的保护理念和机制有进一步的发展。然而，在全面提升传统村落保护的同时，仍存在相关问题。有关抚州传统村落调研发现，目前部分村落的保护和开发工作，正面临以下问题。

① 潇湘晨报：《江西出台〈江西省传统村落整体保护规划〉》，https://baijiahao.baidu.com/s?id=1688288809692059288&wfr=spider&for=pc，访问日期：2021年4月12日。

一是村委会与村民在村落保护意识上有所不同。村落由村委会进行管理，落实党的服务胜过保护理念，村落到处可见墙上贴满党的标语，但缺乏提升村民的村落保护意识。研究团队走进村里与村民对话，大家关注的还是自身生活与发展问题，对于村落文化遗产保护采取忽视态度。

二是重视村落保护规划，未见实施效益。抚州的传统村落保护有资源分配不均现象，往往某些村落成为保护重点，积极推进建设工作，其他村落建设则有滞后现象。整体而言，抚州并未有一套真正适用传统村落的保护机制，这是现阶段较为可惜之处。

三是保护建设趋于形式化考量。在进行保护修缮期间，可见村落保留旧建筑，仅对局部进行修缮，新建筑则强调设计创新。新旧建设混杂的特点，说明村落未考虑新旧共生问题，遗失了村落原有的色彩样貌。

四是村落保护缺乏完善法规。针对村落保护资金管理问题，责任部门不够明确，虽资金来源较多，却无专门管理途径，导致资金未能确实善用。目前多为政府拨款资助，但款项须经层层关卡报账核销，无法真正落实资金快速到位，造成经费投入使用进度怠慢。

五是村落保护模式仍待完善。在进行保护和开发工作之际，村落转型旅游景区有开发失衡倾向，政府对于着力建设美丽乡村，打造文旅新业态、创造文旅新需求，有“重旅游、轻保护”现象。为满足外来游客的猎奇需求，景区规划多元表演节目，服务过度商业化。一方面，通过旅游带来经济收益；另一方面，景区游客逐年增加，人满为患，避免造成景区生态环境破坏，导致原汁原味的传统村落消失殆尽。

（二）新型城镇化建设推进村民搬往城市居住，部分村落形成空心村

为进行美丽乡村建设，助力农村建成生态宜居家园，要落实乡村振兴战略的有效实施，实现城乡一体化发展。根据乡村振兴战略，我国已步入新型城镇化建设阶段，农村人口就近转移居住地，全面提高城镇化移居质量，并出现基础设施和公共服务建设的城乡一体化。在人口城镇化的催促作用下，空心村现象加剧，这是农村集体逐渐实现现代化发展进程中的必然规律。因此，对于空心村的村民搬迁安置问题，是乡村振兴现阶段科学规划的重点。

基于新型城镇化发展背景，抚州部分村落亦有空心村现象产生，地方政

府已重视该问题，并提出解决方案。目前抚州最大的问题在于，虽然政府已经开展村落保护工作，但短时间未能有较好成效，故村民搬离村落，往城镇集中搬迁，仍是现阶段造成抚州空心村的主因。

本研究团队认为应顺应政府工作重点，借由政府力量来稳定空心村搬迁问题，积极配合政府，处理抚州空心村再度产生和蔓延的问题。尤其要关注以下重点，避免产生空心村。

一是在处理空心村问题方面，应与村民协商沟通，尊重村民意愿，借由村委会开会投票表决，不得强制搬迁；二是在阻止空心村蔓延方面，可借由提升村落基础建设或配套设施服务，体现良好的村落治理；三是在空心村内少数村民安置问题方面，应进行科学规划，将村民集中安置于适宜的区域，避免乱无章法地新建其他社区，导致村落景观不协调或相关机制不完善现象。

在本研究团队考察的村落中，由于村落大量人口的搬迁流失，造成村落老龄化现象严重、养老问题突出、村落大量古宅不能充分利用、周边土地荒废、田地久未使用、存在荒漠化和生态污染化问题等。实现新型城镇化发展，现阶段抚州应顺应趋势，坚持全域谋划，配合政府工作以解决空心村问题。

（三）村落古建筑乏人问津，村民于村落周边就地新建住宅，对原有古宅修缮积极性不高

乡村振兴离不开农村的全面发展，既要处理农村脱贫的旧问题，也要引来新的美好生活模式，为村民谋福利，发展村级集体经济。近年来，随着国家政策的不断推进，落实传统村落保护和开发工作，除了实施挂牌保护之外，还要迅速赢得多方面支持。届时，那些原本被废弃的古宅就有了发展新希望。国家对于传统村落的保护问题，首要重点便是留住村落里的文化传统。传统村落是我们中华民族共有的精神家园，是中国农耕文明留下来的重要遗产，更是乡土文化的重要载体。

江西省现存多个传统村落，那些历经百年风雨的古宅早已破败不堪。聚焦抚州，在我们走访的多数村落里，村民为谋求更好的生活条件，于村落周边就地新建住宅，对原有古宅修缮积极性不高，是目前普遍存在的现象。究其原因，在于国家落实的古村落保护实例。针对现阶段推动工作，各地皆出台了有关政策法规和保护条例，形成政府主导、多方参与的工作模式。然而，这些

工作未能快速见效，故无法全面解决村民所需问题，包括提高村民经济收入问题，解决村落劳动力流失问题，提升村民生活方式的便利性、优化村落教育资源，真正提升村民在村里生活的安全感、归属感等问题。另外，政府在推进古村落保护利用项目的过程中，应积极完善工作机制，并明确标准路径。

本团队调研发现，抚州有多数村民反映，政府虽大力支持古宅保护利用项目，也有部分村民持有的古宅被列入“拯救老屋行动”项目，这从表面上看古村落保护工作到位。实际上，仍有许多古宅处于修缮停滞状态。产权纠纷是最大的现实问题，一栋古宅产权持有人不仅仅一人，古宅产权持有人意见不合，沟通协商未获圆满结果，都会造成古宅修缮工作滞后。

如上所述，即便国家政策助力传统村落保护，但内部现实问题仍充满争议，包括古村落保护项目建设无法满足村民所有需求；村民对于文化保护和文化传承意识呈现低迷状态；村民将年久失修的建筑拆毁的意愿胜过保护旧有建筑的意愿。日益增长的矛盾问题，是当前传统村落保护与开发工作面临的较大难题。

四、科技（技术）

（一）旅游交通上存在“通而不易达”问题

自古以来，江西省作为华东地区重要省份，区位非常优越，并有“物华天宝、人杰地灵”的美誉，而“才子之乡、文化之邦”则是抚州作为历史文化名城的优势条件。面对如此实力雄厚的城市文化，作为环境优良的园林城市，抚州备受关注。关注抚州交通现状是当地对于传统村落保护和开发利用的重要环节，依据抚州城市特色，通过“文化为魂、旅游为体”的模式来带动当地经济，是抚州发展文旅产业的重要方向。

据 2020 年统计报告，抚州以全域旅游为主线，以文旅融合为突破口，实现文化产业的转型升级。全市共接待游客 7078.5 万人次，实现旅游收入 675 亿元，同比分别增长 10%、11%。[①] 如前所述，抚州全域旅游蓬勃发展，交通

① 腾讯网：《文旅融合，助力抚州文旅产业高质量发展》，https://new.qq.com/omn/20210227/20210227A05SN900.html，访问日期：2021 年 4 月 17 日。

是发展旅游的基础支撑和先决条件。然而，在本研究团队走访的村落中，“通而不易达”是抚州交通最大的问题。整体城市路网系统建设薄弱，行驶中常可见机动车、非机动车、行人混行，交通出行结构不合理和交通管理滞后，是抚州现阶段对于传统村落保护及活化转型的重要难关。

目前抚州借由文旅融合发展优势，各村落纷纷通过旅游实现转型升级，欲打造集旅游、文化、生态体验为一体的综合性景区。然而，在提升抚州景区品质之前，交通应先行。整体而言，抚州交通发展存在滞后现象，有较多问题。

一是村落地图定位无法显示。由于位置太过偏僻，导航无法进行精准定位，或 GPS 定位缓慢，导致部分村落难以寻找。这是村落发展旅游的硬伤，后续应完善抚州各个村落在百度及高德地图的信息服务。

二是城市建设发展之际，无法确保交通出行的安全性。抚州当地装载砂石车辆过多，大型车辆与小型车辆容易擦撞，交通安全事故频繁发生。应加大车流量的巡查力度，重视交通安全治理问题，包括重点检查大型车辆超限超载问题，货运车辆扬尘抛撒、带泥上路问题，确保公路环境干净和交通出行安全。

三是抚州大力推进乡村旅游，交通设施有不足现象，包括某些道路未设置路灯，导致夜间行驶过于黑暗，交通要道过于狭窄，行驶视线产生影响，容易造成会车事故；未规划交通出行方案，未设置往返景区之间的专线旅游大巴，各村落的外部交通和内部交通、停车场、服务驿站等，尚未建立系统性完善配套措施，也未建设良好的交通指引系统。无论是对抚州跟团旅游或是自驾游，交通皆存在较大的不便利性，应加速补齐交通设施短板，消除道路安全隐患。

四是抚州交通存在黑车泛滥问题。一直以来，抚州在发展旅游过程中，没有重点关注交通问题，由于尚未推行共享出行优惠方案或合法出租车旅游方案等，导致游客前来旅游有打不到出租车，或遭遇黑车拉客宰客等乱象产生，应有效提升交通整治，积极打击黑车非法营运，规范交通文明执法，努力打造公安交警队伍，有效维护交通道路的安全性、畅通性、秩序性。

（二）部分村落转型旅游景区，服务配套设施尚不健全

目前抚州许多村落为跟进乡村振兴战略发展，推进美丽乡村建设，纷纷

转型旅游景区，试图通过文旅融合综合优势，提升村落当地经济发展，解决青壮年劳动人口回流问题。因此，抚州许多村落积极发展为景区，大力推进景区整体配套设施建设，致力于提升游客旅游满意度。

本团队调查发现，目前抚州仍有部分村落在转型旅游景区的过程中，存在服务配套设施不健全现象。例如景区供水建设问题，自来水供应系统尚不成熟，且污水处理系统建设有待加强。对于用水问题无严谨的把关，暴露了景区旅游的不便利性和安全性问题。

景区对于能源系统建设也有待加强。多数景区以柴火作为主要用火模式，为改善景区基础设施建设，天然气管道的工程安装是现阶段推进农村整体生活水平的条件之一。宣导改用天然气来取代烧柴做饭，减少生态污染问题，是农村生活迈向现代化文明建设的趋势。然而，对于农村天然气的铺设工程跟进，以及是否将管线进行地下化建设，在安全性方面仍存在较大隐患。

景区对于交通系统设施未完善规划，是导致游客旅游意愿低落的主因，其问题包括景区门牌编号不清晰、景区路标不清楚、景区交通指示牌等交通路线规划不健全。此外，景区路灯装设工程不足，未能便民出行，导致使用率薄弱。落日之后，应提升路灯使用率，通过采取太阳能路灯，做到白天利用太阳储蓄电能，夜间使用效能提升的有效循环。

景区公共厕所建设水平参差不齐，建设标准不一致。为贯彻落实习近平总书记关于“厕所革命”的重要讲话精神，补足群众生活品质的短板，要全面推动景区厕所革命建设，这同样是抚州传统村落保护的重要工作之一。

2018 年，抚州政府在发布的《省政府办公厅关于印发江西省“厕所革命”三年攻坚行动方案的通知》中明确指出，到 2020 年，抚州市应全面完成公厕新建 913 座、改建 175 座，以及农村人口改厕工程 8.7 万户，推进抚州村落形成无害化卫生户厕普及率达至 90% 以上。①

如上所述，抚州政府对于景区建成无害公厕，推动工程标准化、管理规范化，表现出极大的积极性。调查显示，目前部分景区对于公厕挂有 3A 级标

① 抚州市人民政府:《抚州市人民政府办公室关于印发抚州市“厕所革命”三年攻坚行动实施方案的通知》, http://www.jxfz.gov.cn/art/2018/9/25/art_80_916817.html，访问日期：2021 年 4 月 17 日。

准，取得较大收获。此外，仍有部分公厕出现条件不佳、环卫系统有待提升等问题，包括公厕环境整洁责任管理不明确、如厕后冲水疏通问题、公厕未能与景区整体设计规划相结合、仍有少部分旱厕未改建等现象，应全面统一景区建设标准，持续优化服务配套设施。这是抚州当前亟须解决的问题。

（三）宣传营销工作尚有待加强

目前抚州大力推进文旅产业发展，各村落转型旅游景区，推动旅游项目的落实，并由抚州市文化广电新闻出版旅游局（以下简称文广新旅局）负责监督管理。为延续抚州文旅产业环境创造的良好成效，制定有效的宣传营销办法是目前推进抚州文旅产业发展的重要工作。故文广新旅局对于抚州市特定节庆活动进行策划申报，提供了优渥的奖励，吸引优秀人才或企业单位前来投标，扩大旅游人次的增量比率。

目前为止，抚州对外营销工作到位，整体环境状态有较好宣传成效。2020年，文广新旅局宣传推广科发布了一系列工作报告，加大抚州旅游的宣传力度，诸如与抚州电视台合作《文旅抚州》专栏节目；加大抚州旅游微信公众号的运营力度；与省旅游频道对接，报道有关抚州文旅动态多项节目；与抚州日报合作，刊登抚州文旅工作动态宣传画面；与全市重点酒店对接，实行对抚州旅游的画册宣传工作等。①

聚焦抚州村落保护及开发问题，在本研究团队考察的村落中，目前有关村落的宣传营销力度显得差强人意。传统村落作为抚州推广文旅产业重要的城市名片，纷纷转型旅游景区。从村委会的管理服务，再提升至景区游客服务中心的搭建，其作为景区游客获取旅游地第一手资料的重要来源，是村落宣传营销的推广中心。本团队调研发现，部分村落虽有转型景区的规划，但仍未建设游客服务中心，这是目前村落宣传营销存在的劣势。

以金溪县为例，虽然部分村落已设游客服务中心，然而，中心宣传工作却仍处于初级宣传阶段，主要存在以下两点问题：一是服务以线下为主，缺乏线上推广。游客服务中心前台放置了村落旅游简介或活动手册，供给游客免费拿取，但缺乏景区新媒体平台规划推广，也未设置村落旅游宣传门户网站。二

① 抚州市文化广电新闻出版旅游局：《宣传推广科 1—4 月小结及 5 月工作计划》，http://wgxlj.jxfz.gov.cn/art/2020/4/30/art_6858_3456144.html，访问日期：2021 年 4 月 17 日。

是虽然已搭建微信公众号，但缺乏有效的信息资源整合，这使各村落信息资源公布分配不均、不完善。村落进行旅游景区转型发展，应提供各村旅游指南介绍，但目前有关微信公众号的推广形态仍多以乡镇为主开设公众号，例如金溪资讯、金溪县陆坊人民政府、金溪之窗门户网、下李乡村和浒湾村书铺街等。以村落为主体开设公众号的宣传案例仅有少数，包括游垫之声、竹桥古村、创意大坊村等。研究团队认为，若要提升抚州各村落节点景区推广，应逐步统一规划管理，具有以点、线、面构成的概念，完善抚州村落旅游网格化管理及服务创新模式。

第七章　结　论

第一节　抚州地区传统村落保护总结

政府方面，抚州市人民政府网站关于传统村落与文物保护方面的资料仅更新至 2011 年，资讯滞后近 10 年，可见相关资讯统计与公开不够及时。建议各级政府单位每年在固定时间汇报传统村落与文物保护状况，建立相关资料的数据库，以便让各方人士能精准掌握保护状况，且能清楚明了地标明每年传统村落与文物保护的进度，作为相关执行进度的监控，并留下历史数据资料，供后人参阅。此外，市县级地方政府除了转达国家级与省级的传统村落与文物保护的精神外，应根据地方特色与需求发布相应的传统村落与文物保护的相关政策，以便量身定制，且更精准地执行地方村落的保护手段。

投资者方面，除了积极投入传统村落的商业开发外，业界应该更重视传统村落与文物的保护，不能仅将眼光聚焦在投资回报利益较高的村落商业开发上，还要将传统村落各方面的保护措施落实，将传统村落的建筑与环境维持好，才能保证后续的商业开发细水长流。

村民方面，根据问卷调查结果，大部分村民都愿意参与传统村落文化的保护与传承，而多数村民认为村落保护最首要的是应该落实在政府层面上，这首先能反映出村民对于政府的高度信任，侧面体现出村民对于政府的认可，说明他们对于政府管理的信心与强期待值。然而，另一方面也体现出村民对于自身村庄的保护意识尚不够明确，态度也不够积极。有关单位应多与村民沟通，借此强化村民对于自身村落的保护意识，将保护村落视为自身任务。此外，根据调查结果可知，大部分村民会主动向当地政府提出与古村落文化保护与利用相关的意见与建议，希望政府能听取并参考村民的建议与需求，倾听百姓的心声。

第二节 抚州地区传统村落开发利用总结

政府在打造与利用传统村落文化时，必须从两个维度进行。第一个维度，挖掘村落自身的文化价值。本团队在考察抚州传统村落文化的过程中发现，各村落的文化大背景虽然基本为中国传统儒耕文化与临川文化的糅合，然而又有各自的特色与区别，彼此之间不尽相同。传统村落的保护与开发应遵循各村的历史文化及人文文化，因而建议在编制古村保护方案之前，应邀请当地耆老与相关专家挖掘和整理各个村落的文化与历史，形成史料翔实、内容丰富的图书或影像资料。第二个维度，将原有传统村落文化与创新元素进行深度的文化嫁接。在深度挖掘传统村落原有的历史文化价值基础后，有逻辑地嫁接具有文化扣连性的新元素。避免流于表面元素的套用，缺乏深度挖掘创新元素与当地村落文化的相似性与联结性，以及在外观设计上采取表面意象的复制与转移，而没有在文化上进行深度的交流与运用。通过整理创新元素与传统村落的文化遗产扣连性，借由创新元素来丰富传统村落的人文元素，将创新元素与抚州当地村落进行历史文化厚度进行应对，将有一定知名度的古宅古建与创新元素进行深入挖掘与寻找文化意义上的扣连性，借由创新元素的进驻讲好古宅背后的故事。

投资者方面，业者在开发与利用传统村落时，不宜严重破坏与打扰村民们原本的生活。因而，在开发传统村落的同时，必须注意到是否过度影响当地居民原本的生活，应考虑到保留和维持居民原先生活运作的基本设施，如学校、医院等。此外，根据本团队调研结果，部分村落在开发与利用过程中出现业者与村民之间意见与想法的冲突，业者可就其开发后的利益回收分红观点与村民进行沟通和协商，形成取之于村落并回馈于村落的概念，以降低开发过程中因与村民意见相左所带来的障碍。

村民方面，根据问卷调查结果，多数村民支持将村内宗祠或祠堂对外开放，认为此举可以更好地向游客传递自己村落的历史文化脉络。其中，大部分村民更倾向于将宗祠改为旅游场所，通过旅游场所的开放，让来访者借由游览村落而对村落历史文化及宗族传承等方面有更进一步的了解。根据问卷调查结果，目前传统村落古宅的利用状态将近有一半为政府所征用，即通过有偿托管的形式对村落进行整体的规划与开发。经过此次团队的实地调研走访后发现，每一个村落都无法做到对该村落的所有古宅进行托管征用，因而需充分考虑村民的个人意愿、现实情况。

第三节　基于社区参与视角下抚州地区传统村落保护与开发利用总结

从社区治理实践来看抚州地区的传统村落保护与开发，由于村落的社区自治属性弱化、居民主体地位彰显不够、参与平台载体僵化趋同、社区信任危机与情感缺失等原因，导致居民参与村落治理意愿不强、内生动力不足。关于此问题的解决建议如下。

首先，社区赋能激发居民参与传统村落保护与开发的潜能和活力。传统村落保护与开发关注的是社区的人和事，发掘村落保护的真实需求，自下而上形成议题，激发居民深度参与，在保护与开发的治理中培养居民的自我管理与自我服务意识，让社区居民成为有机的治理共同体。要回归村落居民的自治功能，为居民赋权增能。政府有关部门职能下放要按实际需要，跟上一系列的人力、财力、物力配套，做到充分为社区赋能。

其次，通过尊重村民主体地位，激活村民参与村落保护与开发的热情。居民参与社区治理的内生动力必须源于自我本体的内在推动力量，这是关乎“人”最核心、最重要的基础性原动力。然而，在实际工作中，居民作为主体的地位并未得到有效彰显，主体意识明显不足。为此，要坚持以人民为中心，从居民差异化和个性化需求出发，满足其物质、文化、心理、情感等不同方面的合理需求，在顶层设计传统村落保护与开发的居民自治规划、建立健全社区自治制度、进行社区决策等重要节点，推动形成参与社区治理的“自觉”，让其主体地位和意识得到充分彰显。

最后，建立并完善居民参与传统村落保护与开发的多元化治理平台。居民是传统村落保护与开发的基石，是多方主体参与社区治理的载体，也是各级政策的落实点、各类资源的交汇点。目前，抚州地区传统村落保护与开发工作存在形式单一、载体僵化趋同等问题，上述问题已成为制约居民参与的瓶颈。因此，必须打破原有单一工作模式，全面整合基层党组织、居民、社会组织等各方资源和力量，采取多种举措搭建参与平台。

参考文献

［1］尤智玉，段德罡，常铭玮．弃置型古村落保护与利用浅思［C］// 中国城市规划学会．共享与品质——2018 中国城市规划年会论文集．北京：中国建筑工业出版社，2018：7.

［2］房泽昊，朱雪芹，张晨．城镇化进程中村落文化保护与创新研究——基于黄岛区个案分析［J］．中小企业管理与科技（下旬刊），2016（8）：80–81.

［3］杜鹏飞，袁洪升，古勇，刘妙君．村落古街区调研和改造方法研究——以河北西码头村为例［J］．居舍，2020（31）：167–168.

［4］李希郎，张卫文，胡笃朋．青原区革命文物保护利用实施“五个一”——革命文物与传统村落保护利用相结合的青原模式［J］．南方文物，2019（2）：270–271.

［5］李焰，刘月月，陈帅．江西金溪县东源曾家村传统古村落的田野调查［J］．南方文物，2018（2）：261–265.

［6］刘婷．旅游空间再造与传统村落的文化适应研究——云南省怒江州百花岭村的研究案例［J］．贵州民族研究，2020，41（9）：48–56.

［7］刘宁宁．乡村旅游中村民参与研究［J］．旅游纵览（下半月），2013（8）：131–132.

［8］罗萍嘉，苗晏凯．“外因到内生”：村民参与视角下乡村人居环境改善影响机制研究——以徐州市吴邵村为例［J］．农村经济，2019（10）：101–108.

［9］罗玉芬．乡村振兴视域下传统村落的保护与活化利用——以珠海市会

同村为例［J］. 中国民族博览，2019（6）：56–57.

［10］胡祖明，耿虹，郑天铭 . 基于“三生”协调发展目标的武汉市罗家岗古村落整体性风貌保护与更新利用策略研究［J］. 小城镇建设，2020，38（8）：74–80，98.

［11］季文媚，宁尚明 . 乡村旅游发展中村民参与度影响因素——以泰安市岱岳区道朗镇北部山区为例［J］. 泰山学院学报，2020，42（6）：51–56.

［12］全峰梅，黄晓晓 . 坚守 重构 革新——广西传统村落保护与利用的几种模式探讨［J］. 城市建筑，2019，16（13）：155–158，192.

［13］余青 . 村民参与乡村旅游发展的必要性及措施［J］. 时代农机，2015，42（12）：82，84.

［14］徐虹，韩静 . 共享发展视角下传统村落的保护与利用——基于原居民与游客价值的对策研究［J］. 未来与发展，2017，41（3）：13–16.

［15］程惠珊，苏涵，贾彦飞，陶欣冉，李霄鹤，兰思仁 . 村民参与式乡村微景观营造模式研究——以晋江市乡村为例［J］. 昆明理工大学学报（自然科学版），2020，45（2）：124–129.

［16］崔海洋，苟志宏 . 传统村落保护与利用研究进展及展望［J］. 贵州民族研究，2019，40（12）：66–73.

［17］吴志刚 . 浙江台州：古村落建档及开发利用［J］. 中国档案，2017（7）：73–75.

［18］王美麟，蔡辉，张瑜茜 . 基于空间句法的“非典型传统村落”保护与利用研究——以咸阳市泾阳县岳家坡村为例［J］. 西部人居环境学刊，2020，35（2）：67–73.

［19］王景新，朱强，余国静，吴一鸣，李琳琳，沈凌峰 . 浙江历史文化村落保护利用与持续发展［J］. 西北农林科技大学学报（社会科学版），2016，16（5）：77–86.

［20］孙九霞 . 传统村落：理论内涵与发展路径［J］. 旅游学刊，2017，32（1）：1–3.

［21］张兴艳 . 乡村振兴背景下村庄规划与传统村落保护及利用研究［J］. 安徽农学通报，2018，24（24）：13–14.

［22］杨彩虹，王开开．美丽乡村建设过程中传统村落的保护与利用［J］．中州学刊，2016（6）：86–89.

［23］贺海芳，郑侃，倪绍敏，冷浩然．近20年来江西省古村落研究综述与展望［J］．城市发展研究，2019，26（4）：26–32.

［24］陆天军，姜小隆，郑素芬，徐兵，赵丽雅，邵梦婷．江山历史文化（传统）村落保护利用的实践与思考［J］．新农村，2020（8）：17–18.

［25］陈兴贵，王美．反思与展望：中国传统村落保护利用研究30年［J］．湖北民族大学学报（哲学社会科学版），2020，38（2）：114–125.

［26］马翀炜，覃丽赢．回归村落：保护与利用传统村落的出路［J］．旅游学刊，2017，32（2）：9–11.

［27］龚蓓伦．从《福州古厝》序谈传统古村落的保护利用［J］．中国房地产，2020（10）：61–64.

［28］北川フラム，瀬戸内国際芸術祭実行委員会．瀬戸内国際芸術祭2013［M］．美術出版社，2014.

［29］宮本結佳．アートと地域づくりの社会学：直島・大島・越後妻有にみる記憶と創造［M］．昭和堂，2018.

［30］黒田乃生，et al. 白川村荻町伝統的建造物群保存地区における集落景観の特徴とその保全に関する研究［C］// 日本造園学会．ランドスケープ研究 .2000：759–764.

［31］荒井崇浩，十代田朗．農山村の観光地化に伴う住民の観光業への生業意識の形成過程［J］．観光研究，2002，14（1）：17–24.

［32］鈴木涼太郎．観光研究としての「観光人類学」の展望［J］．観光研究，2005，17（1）：19–28.

［33］才津祐美子．世界遺産の保全と住民生活——「白川郷」を事例として［J］．環境社会学研究，2006（12）：23–40.

［34］増淵敏之．コンテンツツーリズムの発展的研究—「北の国から」再考［J］．地域イノベーション，2010（3）：45–53.

［35］麻国庆．日本稻作传统中的“村落共同体”［J］．读书，2018（12）：80–85.

［36］下田正寿．明日香村ふるさと投資の取組み～空き家とクラウドファンディングを活用してインバウンド推進［J］．日本不動産学会誌，2019，32（4）：88–92.

［37］国土交通省．明日香村特別措置法［EB/OL］．（1980–05–26）［2021–04–10］．https://www.mlit.go.jp/crd/rekimachi/asuka_law/index.html.

［38］白川村役場．荻町伝統的建造物群保存地区及びその防災施設の概要［EB/OL］．（2012–06–11）［2021–04–10］．http://shirakawa–go.org/kurashi/anzen/495/.

［39］白川村役場．白川村伝統的建造物群保存地区［EB/OL］．（2016–10–05）［2021–04–10］．http://kankou.shirakawa–go.org/siru/1041/.

［40］Stokes，Samuel N.，A. Elizabeth Watson，and Shelley S. Mastran. Saving America's Countryside：A Guide to Rural Conservation［M］. JHU Press，1997.

［41］Oliver，Paul. Built to Meet Needs：Cultural Issues in Vernacular Architecture［M］. Routledge，2007.

［42］De Filippi，Francesca. Sustainable Living Heritage Conservation Through Community Based Approaches［C］// 10th International Seminar，Newcastle，2005.

［43］Rahman，A. A.，S. M. Ismail，and N. F. M. Ariffin. Public Perspective on Conservation Value of Malay Rural Traditional Village Landscape in Langkawi Geopark［C］// IOP Conference Series：Earth and Environmental Science Vol. 179. No. 1. IOP，2018.

［44］Benyei，Petra，Guadalupe Arreola，and Victoria Reyes–García. Storing and Sharing：A Review of Indigenous and Local Knowledge Conservation Initiatives［J］. Ambio，2020，49（1）：218–230.

［45］Dolejš，Martin，et al. Frozen Histories or Narratives of Change? Contextualizing Land–use Dynamics for Conservation of Historical Rural Landscapes［J］. Environmental Management，2019，63（3）：352–365.

［46］Durukan，Ayşegül，et al. Evaluation of Sustainability Principles in Adaptable Re–Functioning：Traditional Residences in Demirel Complex［J］. Sustainability，2021，13（5）：2514.

[47] Fischer, Joern, Tibor Hartel, and Tobias Kuemmerle. Conservation Policy in Traditional Farming Landscapes [J]. Conservation Letters, 2012, 5 (3): 167–175.

[48] Fisher, Darrell G. The Potential for Rural Heritage Tourism in the Clarence Valley of Northern New South Wales [J]. Australian Geographer, 2006, 37 (3): 411–424.

[49] Ford, Margaret, Hisham El Kadi, and Linda Watson. The Relevance of GIS in the Evaluation of Vernacular Architecture [J]. Journal of Architectural Conservation, 1999, 5 (3): 64–75.

[50] Foruzanmehr, Ahmadreza, and Marcel Vellinga. Vernacular Architecture: Questions of Comfort and Practicability [J]. Building Research & Information, 2011, 39 (3): 274–285.

[51] Fuentes, José–Maria, et al. New Uses for Old Traditional Farm Buildings: The Case of the Underground Wine Cellars in Spain [J]. Land Use Policy, 2010, 27 (3): 738–748.

[52] Gil–Piqueras, Teresa, and Pablo Rodríguez–Navarro. Tradition and Sustainability in Vernacular Architecture of Southeast Morocco [J]. Sustainability, 2021, 13 (2): 684.

[53] Gronau, Steven, Etti Winter, and Ulrike Grote. Modelling Nature–based Tourism Impacts on Rural Development and Conservation in Sikunga Conservancy, Namibia [J]. Development Southern Africa, 2017, 34 (3): 276–294.

[54] Kastenholz, Elisabeth, et al. Understanding and Managing the Rural Tourism Experience—The Case of A Historical Village in Portugal [J]. Tourism Management Perspectives, 2012 (4): 207–214.

[55] Kretser, Heidi E., et al. Factors Influencing Adoption and Implementation of Conservation Development Ordinances in Rural United States [J]. Society & Natural Resources, 2019, 32 (9): 1021–1039.

[56] Lepp, Andrew. Residents' Attitudes Towards Tourism in Bigodi Village, Uganda [J]. Tourism Management, 2007, 28 (3): 876–885.

［57］Méndez-López，María Elena，et al. Who Participates in Conservation Initiatives? Case Studies in Six Rural Communities of Mexico［J］. Journal of Environmental Planning and Management，2019，62（6）：1045–1064.

［58］Philokyprou，Maria，and Aimilios Michael. Environmental Sustainability in the Conservation of Vernacular Architecture. The Case of Rural and Urban Traditional Settlements in Cyprus［J］. International Journal of Architectural Heritage，2020：1–23.

［59］Pinto-Correia，Teresa. Future Development in Portuguese Rural Areas：How to Manage Agricultural Support for Landscape Conservation?［J］. Landscape and Urban Planning，2000，50（1–3）：95–106.

［60］Ribeiro，Sabina，et al. Aligning Conservation and Development Goals with Rural Community Priorities：Capacity Building for Forest Health Monitoring in An Extractive Reserve in Brazil［J］. Ecology and Society，2020，25（3）：5.

［61］Steiner，Artur Adam，and Jane Farmer. Engage，Participate，Empower：Modelling Power Transfer in Disadvantaged Rural Communities［J］. Environment and Planning C：Politics and Space，2018，36（1）：118–138.

［62］Verdini，Giulio. Is the Incipient Chinese Civil Society Playing A Role in Regenerating Historic Urban Areas? Evidence from Nanjing，Suzhou and Shanghai［J］. Habitat International，2015，50：366–372.

［63］Warnholtz，Gerda，Neil Ormerod，and Chris Cooper. The Use of Tourism as A Social Intervention in Indigenous Communities to Support the Conservation of Natural Protected Areas in Mexico［J］. Journal of Sustainable Tourism，2020：1–16.

［64］Yıldırım，Mücahit，and Gizem Turan. Sustainable Development in Historic Areas：Adaptive Re-use Challenges in Traditional Houses in Sanliurfa，Turkey［J］. Habitat International，2012，36（4）：493–503.

［65］Yokohari，Makoto，Robert D. Brown，and Kazuhiko Takeuchi. A Framework for the Conservation of Rural Ecological Landscapes in the Urban Fringe Area in Japan［J］. Landscape and Urban Planning，1994，29（2–3）：103–116.

[66] Young, Linda. Villages that Never Were: the Museum Village as A Heritage Genre [J]. International Journal of Heritage Studies, 2006, 12 (4): 321-338.

致　谢

首先，感谢北大文化传承与创新研究院（抚州）给予的机会与信任，资助本团队完成调研，最终顺利出版本书。谢谢东南大学赵政原老师及广东技术师范大学谢雅卉老师，他们放下自身手边的工作，给了我大力的支持与协助。同时，谢谢我各司其职的团队成员，也谢谢我的硕士研究生竺岥和尤佳丽，感谢他们在调研过程中的细心记录，以及调研后对报告的用心撰写。本研究能顺利完成，离不开各位团队成员的努力与付出。还要谢谢各级地方单位的用心对接，让我们在抚州能顺利地拿到一手资料并深入地方调研；谢谢可爱亲切的村民们对问卷题目的耐心回答。在研究报告撰写的过程中，解决遇到的困难和疑惑，离不开当地人民给予的丰富资料与悉心指点，以及他们对报告内容提出的许多有益的改善性意见。另外，谢谢抚州适合调研的好天气，使得调研过程一路顺利。在奔忙于各个调研村落的过程中，大家相互学习，相互帮助，一起度过了一段完美难忘的时光，使我感恩自己拥有的一切小幸福。最后，感谢自己、团队成员及出版社的编辑，正因为所有人同心协力，我们才能一起圆满完成项目并顺利出版本书。

本书章节分工：

第一章　绪论（李育菁、赵政原、尤佳丽、竺岥）

第二章　抚州传统村落的历史沿革与文化内涵梳理（赵政原）

第三章　抚州传统村落保护现况分析（谢雅卉、尤佳丽、竺岥）

第四章　抚州传统村落活化利用路径（赵政原、谢雅卉、李育菁、尤佳丽、竺岥）

第五章　抚州传统村落保护与利用的村民意愿、现状与问题（李育菁、尤

佳丽、竺頔）

第六章　抚州传统村落保护与利用的市场分析（谢雅卉）

第七章　结论（李育菁）

南京航空航天大学　李育菁

2022 年 5 月 20 日